高等职业教育城市轨道交通系列新形态一体化规划教材

桥梁检测技术

QIAOLIANG JIANCE JISHU

宋艳飞　王翠翠◎主编
张　冰◎主审

中国铁道出版社有限公司
CHINA RAILWAY PUBLISHING HOUSE CO., LTD.

内 容 简 介

本书是高等职业教育城市轨道交通系列新形态一体化规划教材。全书按照高职院校土木工程检测技术专业及其相关专业教学的实际需要，本着建设行业一线对技术技能型人才的需要，以就业为导向，以全面素质为基础的理念编写。

全书共有9个模块，主要内容包括绪论、桥梁工程试验检测的量测技术、桥梁技术状况评定、桥梁工程原材料试验检测、桥梁工程制品试验检测、无损检测技术、地基与基础试验检测、桥梁荷载试验、桥梁承载力评定等。

本书具有较强的可操作性和实用性，适合作为土木工程检测技术、道路工程技术与管理等专业教材，也可供相关专业技术人员参考使用。

图书在版编目(CIP)数据

桥梁检测技术/宋艳飞，王翠翠主编. —北京：中国铁道出版社有限公司，2021.1(2023.5重印)

高等职业教育城市轨道交通系列新形态一体化规划教材

ISBN 978-7-113-27507-5

Ⅰ.①桥… Ⅱ.①宋…②王… Ⅲ.①桥梁工程-检测-高等职业教育-教材 Ⅳ.①U446

中国版本图书馆CIP数据核字(2020)第249821号

书　　名：桥梁检测技术
作　　者：宋艳飞　王翠翠

策　　划：何红艳　　　　　　　**编辑部电话：**(010)63560043
责任编辑：何红艳　包　宁
封面设计：刘　颖
责任校对：张玉华
责任印制：樊启鹏

出版发行：中国铁道出版社有限公司(100054，北京市西城区右安门西街8号)
网　　址：http://www.tdpress.com/51eds/
印　　刷：三河市航远印刷有限公司
版　　次：2021年1月第1版　2023年5月第2次印刷
开　　本：850 mm×1 168 mm 1/16　**印张：**20　**字数：**496千
书　　号：ISBN 978-7-113-27507-5
定　　价：59.80元

前 言

截至2019年底，全国公路桥梁近87万座，约59 000 km。根据交通运输部制定的《国家公路网规划(2013—2030年)》，普通国道网由12条首都放射线、47条北南纵线、60条东西横线和81条联络线组成，总规模约26.5万km。这表明公路桥梁在未来10年的数量还会快速增加。随着使用时间的增长，一大批现有桥梁也产生了老化或破损。因此，对桥梁进行检测，确保桥梁安全使用已经是必须要解决的问题。

“桥梁检测技术”是土木工程检测技术等相关专业的一门重要的专业必修课程。全书依据土木工程检测职业岗位的技能标准，结合课程建设的要求，在内容的选取上，以理论知识适度、够用为原则，充分结合工程实践，突出实际应用与动手操作技能，并对传统土木工程检测方法与技术进行了取舍，注重培养和提高读者的实践能力，突出实用性和先进性。

教材编写以工学结合的人才培养模式为指导，坚持高等职业教育人才培养的基本要求，将整个教学内容以及学习过程通过实际工程案例进行串联，以技能培养为中心，把所学内容紧密融入实际工作过程中，坚持面向建设行业第一线，充分结合社会行业和企业需求，听取相关行业专家对课程建设的意见和建议，并聘请企业工作多年且具有丰富工作经验的相关人员参与本教材的编写工作。本书注重实训教学的直观性、趣味性、形象性，易于学生理解和掌握，通过实训培养学生的实际操作技能并将理论知识运用到实际工程的能力，培养学生自主学习、分析问题、解决问题的能力，充分体现了“以教师为主导、以学生为主体”的教学模式。

本书由宋艳飞、王翠翠任主编，具体分工如下：模块0由王婷编写；模块1由王雪飞、杨惠宁编写；模块2由罗超编写；模块3、模块4和模块5由王翠翠编写；模块6、模块7和模块8由宋艳飞编写。全书由张冰主审。

本书在编写过程中，参阅并借鉴了一些优秀教材，在此向相关作者表示衷心的感谢。限于编者水平，书中疏漏之处恳请使用本书的读者批评指正，以使本书在教学实践中逐步完善。

编　者

2020年10月

前言

目 录

模块0

绪论

知识目标

1. 掌握桥梁工程试验检测的内容。
2. 熟悉桥梁工程试验检测的依据。
3. 了解质量等级评定的方法。

能力目标

1. 掌握桥梁工程试验检测的分类。
2. 掌握桥梁工程常规试验检测的内容。

模块要点

1. 桥梁工程试验检测的任务和意义。
2. 桥梁工程试验检测的内容和依据。
3. 桥梁工程质量检验评定及试验检测内容。

0.1 桥梁工程试验检测的任务和意义

随着我国公路交通行业的迅猛发展,我国在桥梁建设方面已经跨入世界先进行列,成为桥梁大国。桥梁建设者今后面临的任务就是从桥梁大国向桥梁强国转变,其中的部分原因是来自桥梁的安全隐患问题。

如果说交通是国家的命脉,那么桥梁就是这条命脉的咽喉节点。保证桥梁按照建设预期安全可靠、稳定耐久地为社会服务,是桥梁建设的基本目标,为此,需要对既有的桥梁、在建的桥梁进行桥梁工程试验检测。

一般从以下五个方面理解桥梁工程试验检测任务的意义。

1.确定新建桥梁的承载能力和使用条件

新建桥梁在竣工之际,通过桥梁工程试验检测或者荷载试验考察桥梁的建设质量与结构性能,验定桥梁结构的实际承载能力,为竣工验收、运营管理提供实测依据。

2.评估既有桥梁的使用性能与承载能力

既有桥梁结构在使用期间，会因为当初的设计、施工不当而产生缺陷，也会受到洪水、地震等自然灾害或者是车船撞击等人为事故的危害，或者是随着时间的推移使用荷载大幅度增长而超过桥梁的设计荷载等级，以及因为实际需要进行桥梁的加固改造。此外，现有的一些桥梁存在设计文件、施工资料缺失的情况。这些都需要通过桥梁工程试验检测或者荷载试验来评估既有桥梁的使用性能与承载能力，为既有桥梁的养护管理、加固改建或限载决策提供科学的依据。

3.确保在建桥梁的变形、受力、稳定可控

施工过程中的桥梁需要施工监控，即监测施工过程中桥梁结构的变形、应力、稳定性，把它们控制在预计的范围内，以保证施工过程安全并且保证桥梁结构完成后的线型、结构内力符合设计要求。

4.对运营中的桥梁进行健康监测

桥梁健康监测是一种国际先进的理念和管理内容。我们对使用中的桥梁的变形、内力、稳定状态进行监测，及时发现桥梁状态的异动，及时采取相应的维修养护措施，这样可以保证或者延长桥梁使用寿命，防止交通安全事故，避免桥梁突然垮塌或者桥梁严重病害中断交通。

5.研究桥梁结构的受力行为

在桥梁建设的发展过程中不断涌现新的结构设计计算理论、设计方法、桥梁结构形式以及建筑材料和施工工艺。对于新桥型结构、新材料、新工艺，必须通过试验检测鉴定其是否符合国家标准和设计文件的要求。桥梁工程试验检测是这些新理论、新方法、新结构、新材料、新工艺的基本实证方法。通过桥梁工程试验检测获得的实际数据来验证上述理论方法、材料、工艺，并且为它们的完善积累实践资料。

0.2 桥梁工程试验检测的内容和依据

0.2.1 桥梁工程试验检测的内容

桥检人员接手的桥梁工程试验检测任务可能只是一座小桥梁的“外观检查”，也可能是一座大桥的竣工“荷载试验”，它们的工作内容差别很大，涉及的理论知识和实用方法也完全不同。

为此，首先要概要了解桥梁工程试验检测的内容和步骤，并且要做好充足的思想准备：桥梁工程试验检测是一项知识性、能力性、综合性很强的工作。

1.桥梁工程试验检测的内容

一般来说桥梁工程试验检测内容包括桥梁检查、静载试验、动载试验、无损检测、施工监控、健康监测等几个方面。

(1)桥梁检查

桥梁检查是指按照公路、市政、铁路等主管部门对所属行业的服役桥梁所做的养护规范的要求，基层养护管理部门实施的桥梁检查工作。

(2)静载试验

桥梁静载试验是将静止的荷载作用在桥梁上的指定位置而测试结构的静力位移、静力应变、裂缝等参数的试验项目,据此推断桥梁结构在荷载作用下的工作性能及使用能力。

(3)动载试验

动载试验是利用某种激振方法激起桥梁结构的振动,测定桥梁结构的固有频率、阻尼比、振型、动力冲击系数、行车响应等参数的试验项目,从而判断桥梁结构的整体刚度与行车性能。

(4)无损检测

无损检测是指对桥梁结构和使用性能没有损害的情况下,利用声、光、热、电、磁和射线等方法,检测桥梁结构、材料的相关物理量,推定结构的强度、结构内部缺陷等的测试技术。

(5)施工监控

施工监控是指对桥梁施工过程中结构的受力、变形及稳定进行监测,控制施工中的结构状态处于比较理想的状态,保证施工过程安全和成桥状态(包括内力和线型状态)符合设计、规范要求。

(6)健康监测

健康监测是对运营中的桥梁结构的荷载源、重要部位的变形、桥梁结构的反应等的实时监测,通过对监测数据的分析、处理,评估桥梁可能的损伤以及潜在的质量隐患。

2.桥梁工程试验检测的分类

桥梁工程试验检测又称桥梁试验。可以从如下角度理解桥梁试验:

(1)科学研究性试验和生产鉴定性试验

科学研究性试验的目的是建立计算理论和经验公式;生产鉴定性试验就是人们所说的桥梁工程试验检测,它直接服务于生产。

(2)原型试验和模型试验

原型试验以现场真实的桥梁为对象,模型试验则以在实验室建立的桥梁结构模型为对象。科学研究性试验可采用模型试验,生产鉴定性试验则要做原型试验。

(3)破坏性试验和非破坏性试验

鉴定性试验多为非破坏性试验,破坏性试验宜以模型结构为对象。

(4)短期试验和长期试验

鉴定性试验与一般性的研究试验多为短期试验,诸如基础沉降、混凝土徐变等需要进行长期的试验观测,而健康监测则为实时监测。

3.桥梁工程常规试验检测的内容

桥梁工程一般常规试验检测的主要内容包括施工准备阶段的试验检测、施工过程中的试验检测、施工完成后的试验检测和在用桥梁工程试验检测等几个方面。

(1)施工准备阶段的试验检测

桥位放样测量;钢材原材料试验;钢结构连接性能试验;预应力锚具、夹具和连接器试验;水泥性能试验;混凝土粗细集料试验;混凝土配合比试验;砌体材料性能试验;台后压实标准试验;其他成品、半成品试验检测。

(2)施工过程中的试验检测

地基承载力试验检测;基础位置、尺寸和高程检测;钢筋位置、尺寸和高程检测;钢筋加工检测;混凝土强度抽样试验;砂浆强度抽样试验;桩基检测;墩台位置、尺寸和高程检测;上部结构(构件)位置、尺寸检测;预制构件张拉、运输和安装强度控制试验;预应力张拉控制检测;桥梁上部结构高程、变形、内力(应力)监测;支架内力、变形和稳定性监测;钢结构连接加工检测;钢构件防护涂装检测。

(3)施工完成后的试验检测

桥梁总体检测;桥梁荷载试验;桥梁使用性能监测。

(4)在用桥梁工程试验检测

桥梁几何形态参数测定;桥梁结构恒载变异状况调查;桥梁结构构件材质强度检测与评定;混凝土中钢筋锈蚀电位的检测;混凝土中氯离子含量的测定;混凝土电阻率的检测;混凝土碳化状况的检测;混凝土结构钢筋分布状况的调查;桥梁结构固有模态参数的测定;索结构索力的测量;桥梁墩台与基础变位情况调查;地基与基础的检验。

0.2.2 桥梁工程试验检测的依据

公路桥梁工程试验检测应以国家和交通运输部颁布的有关公路工程的法规、技术标准、设计施工规范和材料试验规程为依据进行,对于某些新结构以及采用新材料和新工艺的桥梁暂无相关条款规定时,可以借鉴执行国外或国内其他行业的相关标准、规范的有关规定执行。

我国结构工程的标准和规范可以分为综合基础标准、专业基础标准、专业通用标准和专业专用标准四个层次。

0.3 桥梁工程质量检验评定及试验检测内容

0.3.1 桥梁工程质量检验评定的依据

《公路工程质量检验评定标准 第一册 土建工程》(JTG F80/1—2017)适用于公路工程施工单位、工程监理单位、建设单位、质量检测机构和质量监督部门对公路工程质量的管理、监控和检验评定。它是公路工程检查与验收的质量评定依据。

《公路工程质量检验评定标准 第一册 土建工程》(JTG F80/1—2017)包含检验标准和评定准则两部分内容。

检验标准部分规定了检查项目方法、数量及检查项目合格应满足的要求,评定准则部分规定了质量等级制度和如何利用检验结果进行评判的方法。按照《公路工程质量检验评定标准 第一册 土建工程》(JTG F80/1—2017)对公路桥梁进行质量检验时,具体试验检测还要以设计文件以及《公路桥涵施工技术规范》(JTG/T F50—2011)的有关规定为依据。

对于新结构或采用新材料、新工艺的桥梁,或特殊地区、特殊要求的桥梁,在《公路工程质量检验评定标准 第一册 土建工程》(JTG F80/1—2017)缺乏适宜的技术规定时,在确保工程质量的前提下,可参照国内外公路行业或其他行业的标准、规范,按照实际情况制定相应的技术标准,并按规定报主管部门批准。

0.3.2 质量等级评定的方法

1.桥梁工程划分

桥梁工程按照工程建设规模大小、结构部位和施工工序将建设项目划分为单位工程、分部工程和分项工程。

(1)单位工程

在建设项目中,具有独立施工条件和结构功能的工程。

(2)分部工程

在单位工程中,按照结构部位、路段长度及施工特点或施工任务划分为若干个分部工程。

(3)分项工程

在分部工程中,应按不同的施工工序、工艺或材料等划分为若干个分项工程。

《公路工程质量检验评定标准 第一册 土建工程》(JTG F80/1—2017)中公路桥涵质量等级评定工程划分的规定见表0-1和表0-2,其中小桥和涵洞被划分到路基单位工程。

表0-1 单位、分部及分项工程的划分

单位工程	分部工程	分项工程
桥梁工程①(每座或每合同段)	基础及下部构造(1~3墩台)②	钢筋加工及安装,预应力筋加工和张拉,预应力管道压浆,混凝土扩大基础,钻孔灌注桩,挖孔桩,沉入桩,灌注桩桩底压浆,地下连续墙,沉井,沉井、钢围堰的混凝土封底,承台等大体积混凝土结构,砌体,混凝土墩、台,墩台身安装,支座垫石和挡块,拱桥组合桥台,台背填土等
	上部构造预制和安装(1~3跨)②	钢筋加工及安装,预应力筋加工和张拉,预应力管道压浆,预制安装梁、板,悬臂施工梁,顶推施工梁,转体施工梁,拱圈节段预制,拱的安装,转体施工拱,中下承式拱吊杆和柔性系杆,刚性系杆,钢梁制作,钢梁安装,钢梁防护等
	上部构造现场浇筑(1~3跨)②	钢筋加工及安装,预应力筋加工和张拉,预应力管道压浆,就地浇筑梁、板,悬臂施工梁,就地浇筑拱圈,劲性骨架混凝土拱,钢管混凝土拱,中下承式拱吊杆和柔性系杆,刚性系杆等
	桥面系、附属工程及桥梁总体	钢筋加工及安装,混凝土桥面板桥面防水层,钢桥面板上防水黏结层,混凝土桥面板桥面铺装,钢桥面板上沥青混凝土铺装,支座安装,伸缩装置安装,人行道铺设,栏杆安装,混凝土护栏、钢桥上钢护栏安装,桥头搭板,混凝土小型构件预制,砌体坡面护坡,混凝土构件表面防护,桥梁总体等
	防护工程	砌体坡面护坡,护岸③,导流工程等
	引道工程	见路基工程、路面工程的分项工程

注:①分幅桥梁按照单幅划分,特大斜拉桥和悬索桥按照表0-2进行划分,其他斜拉桥和悬索桥可作为一个单位工程参照表0-2进行划分。

②按单孔跨径确定的特大桥取1,其余根据规模取2或3。

③护岸可参照挡土墙进行划分。

表 0-2　特大斜拉桥、特大悬索桥工程划分

单位工程	分部工程	分项工程
塔及辅助、过渡墩(每个)	塔基础	钢筋加工及安装,混凝土扩大基础,钻孔灌注桩,灌注桩桩底压浆,沉井,沉井、钢围堰的混凝土封底等
	塔承台	钢筋加工及安装,双壁钢围堰,沉井、钢围堰的混凝土封底,承台等大体积混凝土结构等
	索塔	钢筋加工及安装,预应力筋加工和张拉,预应力管道压浆,混凝土索塔,索塔钢锚箱节段制作,索塔钢锚箱节段安装、支座垫石和挡块等
	辅助墩	钢筋加工及安装,预应力筋加工和张拉,预应力管道压浆,钻孔灌注桩,灌注桩桩底压浆,承台等大体积混凝土结构,沉井、钢围堰的混凝土封底,混凝土墩、台,墩台身安装、支座垫石和挡块等
	过渡墩	
锚碇(每个)	锚碇基础	钢筋加工及安装,混凝土扩大基础,钻孔灌注桩,灌注桩桩底压浆,地下连续墙,沉井,沉井、钢围堰的混凝土封底等
	锚体	钢筋加工及安装,锚碇锚固系统制作,锚碇锚固系统安装,锚碇混凝土块体,预应力锚索的张拉与压浆等
上部钢结构制作与防护	主缆	索股和锚头的制作与防护,主缆防护
	索鞍	索鞍制作,索鞍防护
	索夹	索夹制作,索夹防护
	吊索	吊索和锚头制作与防护
	加劲梁	钢梁制作,钢梁防护,自锚式悬索桥主缆索股的锚固系统制作等
上部结构浇筑与安装	加劲梁浇筑	混凝土斜拉桥主墩上梁段的浇筑,混凝土斜拉桥梁的悬臂施工,组合梁斜拉桥的混凝土板等
	安装	索鞍安装,主缆架设,索夹和吊索安装,悬索桥钢加劲梁安装,自锚式悬索桥主缆索股的锚固系统安装,自锚式悬索桥吊索张拉和体系转换,钢斜拉桥钢箱梁段的拼装、组合梁斜拉桥工字梁段的悬臂拼装,混凝土斜拉桥梁的悬臂施工等
桥面系、附属工程及桥梁总体	桥面系	钢筋加工及安装,混凝土桥面板桥面防水层或钢桥面板上防水黏结层,混凝土桥面板桥面铺装或钢桥面板上沥青混凝土铺装
	附属工程及桥梁总体	支座安装,伸缩装置安装,人行道铺设,栏杆安装,混凝土护栏、钢桥上钢护栏安装,混凝土构件表面防护,桥头搭板,桥梁总体等

2.工程质量检验

工程质量检验评定以分项工程为基本单元。检验内容包括基本要求检查、实测项目检验、外观质量检查和质量保证资料四个部分。

(1)基本要求检查

检查工程所用的各种原材料的品种规格、质量及混合料配合比和半成品、成品是否符合有关技术标准规定并满足设计要求。

(2)实测项目检验

检查项目分为一般项目和关键项目。涉及结构安全和使用功能的重要实测项目为关键项目,其他项目均为一般项目。现场随机抽样对分项工程的各检查项目直接计算合格率。关键项目的合格率不得低于95%,一般项目的合格率应不低于80%,否则该检查项目为不合格。

(3)外观质量检查

外观质量应进行全面检查,并满足规定要求,否则该检验项目为不合格。

(4)质量保证资料

工程应有真实、准确、齐全、完整的施工原始记录、试验检测数据、质量检验结果等质量保证资料。

3.工程质量等级评定

工程质量等级评定分为合格与不合格,按照分项工程、分部工程、单位工程、合同段和建设项目逐级评定。

(1)分项工程质量等级评定

当分项工程的检验记录完整,实测项目合格,外观质量满足要求时,该分项工程评定为合格,否则为不合格。

(2)分部工程质量等级评定

当分部工程的评定资料完整、所含分项工程及实测项目合格、外观质量满足要求时,该分部工程评定为合格,否则为不合格。

(3)单位工程质量等级评定

当单位工程的评定资料完整所含分部工程合格、外观质量满足要求时,该单位工程评定为合格,否则为不合格。

(4)合同段和建设项目质量等级评定

当单位工程合格,该合同段评定为合格;当合同段合格,该建设项目评定为合格,否则为不合格。

评定为不合格的分项工程分部工程,经返工、加固补强或调测,满足设计要求后,可重新进行检验评定。

习　　题

1. 简述桥梁工程试验检测的任务和意义。
2. 简述桥梁工程试验检测的内容和依据。
3. 简述桥梁工程常规试验检测的内容
4. 桥梁工程按照工程建设规模大小、结构部位和施工工序分为哪几方面?
5. 简述工程质量检验的检验内容。
6. 简述工程质量等级评定内容。

模块1 桥梁工程试验检测的量测技术

知识目标

1. 掌握应变量测技术、变形量测技术和振动测试技术。
2. 熟悉桥梁工程试验检测仪器的分类方法。
3. 了解桥梁工程试验检测仪器设备的计量检定。

能力目标

1. 了解桥梁工程试验检测仪器的要求。
2. 熟悉桥梁工程试验检测仪器设备的参数指标。
3. 掌握振弦式应变计的安装方法。

模块要点

1. 应变量测技术。
2. 变形量测技术与技术。
3. 振动测试仪器与技术。

1.1 概　　述

1.桥梁工程试验检测的量测内容

桥梁工程试验检测涉及以下量测内容：

(1)力的量测

例如试验荷载、构件内力、支座反力、推力等。

(2)应力量测

例如控制截面上应力及其分布。

(3)变形量测

例如水平位移、竖向挠度、相对滑移、转角等。

(4)外观量测

例如结构外观实际尺寸,裂缝宽度、深度,钢筋保护层厚度等。

(5)动力特性与动力响应测试

例如桥梁结构自振频率、阻尼比、动应力、加速度等。

2.桥梁工程试验检测仪器的分类

桥梁工程试验检测仪器的常用分类方法如下:

(1)按原理分

按原理可分为机械仪器、电测仪器、光学仪器、声学仪器、复合式仪器、伺服式仪器等。

(2)按用途分

按用途可分为测力计、应变计、位移计、倾角仪、测振仪等。

(3)按显示记录方式分

按显示记录方式可分为直读式、自动记录式、模拟式、数字式等。

(4)按位置分

按位置可分为附着式、接触式、手持式、遥测式等。

3.桥梁工程试验检测仪器设备的参数指标

(1)量程

仪器的测量范围称为量程。如千分表的量程有 3 mm 和 5 mm。

(2)最小分度值

仪器读数装置的最小刻度所代表的数值称为最小分度值。如百分表的最小刻度代表 0.01 mm,千分表的最小刻度代表 0.001 mm。

(3)灵敏度

被测物理量的单位变化引起仪器读数装置的变化值称为灵敏度。在检测长度时,灵敏度无单位,可用仪器的放大率来表示,灵敏度与最小刻度互为倒数。

(4)准确度

实测数值与被测物理量真实值相符合的程度称为准确度。

(5)误差

实测数值与被测物理量真实值之差称为仪器的绝对误差,简称误差。仪器准确度高,误差就小;准确度低,误差就大。

当然,仪表的使用性能,应从多方面去衡量。上述的性能之间有时是相互矛盾的,如灵敏度高的量程常较小;准确度高的往往适应性差。

所以,在选用仪表时,应根据检测的目的和要求,综合考虑;应防止盲目地使用高灵敏度、高准确度的仪表,其实,在桥梁工程检测中,对量测仪表的基本要求是:量测仪表不应影响桥梁结构工作性能和受力情况;仪表性能需满足检测的具体要求,如合适的灵敏度、恰当的准确度和足够的量程;使用方便、工作可靠和经济耐用等。

4.桥梁工程试验检测仪器的要求

(1)合理选用仪器的参数

如量程、准确度、灵敏度等。

(2)仪器要稳定可靠

现场检测条件恶劣,干扰复杂,仪器的不稳定往往耽误大事。

(3)仪器要简单易用

从实用角度说,仪器的安装、使用越简单越好。

(4)仪器要便携,具有多用途

桥梁工程试验检测多在野外,携带笨重的仪器是自讨苦吃。

(5)仪器要使用安全

包括仪器本身不易损坏,不会危及操作人员的人身安全。

5.桥梁工程试验检测仪器设备的计量检定

(1)计量检定的含义

所谓计量检定(又称标定)是指国家计量或者技术监督部门,对计量仪器依法进行检定,以保证计量仪器的量值与国家计量基准在规定的误差范围内,达到统一量值的目的。

(2)仪器的标定的分类

仪器的标定可以分为强制标定和非强制标定两类。强制标定的仪器仪表实行定点、定期标定,非强制标定的仪器仪表可由使用单位依法自选定期标定。

(3)标定的目的

确保量值的统一,主要是评定量测仪器的计量性能,确定仪器的误差大小、准确程度、使用寿命、安全性能等。

(4)标定的结论

要确定仪器是否合格,是否可以继续正常使用,是否达到国家计量标准。

(5)标定具有法制性

标定证书在社会上具有法律效力,标定的本身是国家对量测的一种监督,标定结果具有法律地位和效力。

桥梁工程试验检测人员要注意,使用未经过计量标定、计量标定已过期、计量标定不合格的仪器进行桥梁工程试验检测会触犯相应法律。

1.2 应变量测技术

荷载作用下的结构应力难于直接量测,一般通过测定其应变的方法求得。应变量测就是将应变测试元件固定在构件上,使其产生与构件同步的变形,这样测试元件的应变就是构件的应变。应变测试元件有三种:电阻应变片、振弦式应变计、光纤光栅应变传感器。相应的量测技术称为电阻应变量测技术、振弦式应变量测技术、光纤光栅应变量测技术。

1.2.1 电阻应变量测技术

1.电阻应变量测技术的含义

电阻应变量测技术是将安装在试件上的电阻应变片的微小力学(应变、变形)量变,转换成易于判读的电学(电阻、电压、电流、功率)量变的量测方法,俗称电测法。

2.电阻应变量测技术的特点

①适用广泛。可以制成不同形状、尺寸以适应不同结构位置,也可适应各种条件(温度、压力、速度)。

②易于实现自动化数据采集、多点同步测量、远距离测量和遥控检测。

③灵敏度、准确度可满足大部分情况。通常可测得 1×10^{-6}的应变。

④操作方便,测试方法易于掌握。

⑤不足之处在于贴片工作量大,使用的导线多,易受温度、磁场影响,应变片不能重复使用。

3.电阻应变片

1)电阻应变片原理

电阻应变片是将应变转换为电阻的传感元件。其工作原理如下:

如图 1-1 所示,长度为 L,直径为 D,截面积为 A,电阻率为ρ 的金属丝,则其电阻 R 为

$$R=\rho\frac{L}{A} \tag{1-1}$$

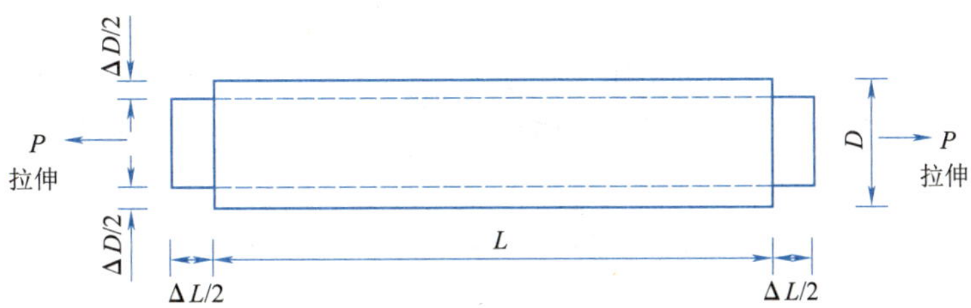

图 1-1 电阻应变片原理

当金属丝受拉而伸长 ΔL,则电阻的变化率 $\mathrm{d}R/R$ 与应变 ε 有如下关系:

$$\frac{\mathrm{d}R}{R}=K\varepsilon \tag{1-2}$$

即应变片的电阻变化率与应变值成线性关系。该批产品的灵敏系数 K 一般取 2.0。依据式(1-2),量测应变值就变成了简单的量测电阻变化率了。

2)电阻应变片构造

图 1-2 所示为丝绕式电阻应变片的构造,主要由敏感栅、基底和覆盖层、黏结剂和引出线组成。

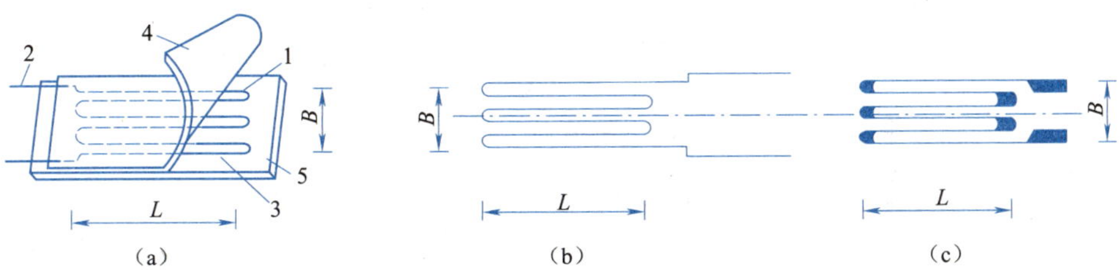

图 1-2 电阻应变片构造

1—敏感栅;2—引出线;3—黏结剂;4—覆盖层;5—基底

①敏感栅:敏感元件,一般由金属或半导体材料制成单丝或栅状体。其形状和尺寸直接影响应变片的性能。栅长 L 和栅宽 B 即代表应变片的规格。

②基底和覆盖层:是敏感栅的定位和保护层,同时使敏感栅与被测试件之间绝缘。纸基常用厚度0.015~0.02 mm高强度、绝缘性能良好的纸张制作。胶基用性能稳定、绝缘度高、耐腐蚀的聚合胶制作。

③黏合剂:一种具有一定绝缘性能的黏结材料,用于将敏感栅固定在基底上或将应变片粘贴在试件上。

④引出线:一般采用镀银、镀锡或镀合金的软铜线制成,在制作应变片时与电阻丝焊接在一起。引出线通过测量导线接入应变仪。

3)电阻应变片指标

①长宽 L、B:敏感栅的长度、宽度,单位为 mm。

②电阻值 R:应变片出厂时的电阻值,单位为 Ω,一般为 120 Ω。

③灵敏系数 K:轴向应力作用下,应变片电阻变化率与试件应变的比值:

$$K=\frac{\Delta R/R}{\Delta L/L} \tag{1-3}$$

式中:K——应变片灵敏系数,一般是该批产品抽样测得的平均值;

$\Delta L/L$——试件轴向应变;

$\Delta R/R$——由 $\Delta L/L$ 引起的应变片的电阻变化率。

④应变极限 ε_j:把指示应变和真实应变的相对误差为10%的应变值定义为应变片的应变极限。

⑤最大允许电流 $I_{\max}$:不影响应变片工作特性的最大允许通过电流,一般静态测量时为25 mA,动态时为75~100 mA。

⑥温度效应:应变片电阻值随温度而变化的现象,一般环境温变、敏感栅通电,都会产生温度效应。

⑦零点漂移和蠕变:零点漂移是指粘贴好的应变片,在恒温、没有测试应变的条件下,指示应变随时间的变化,用 με/h 表示,简称零漂。而恒温、恒定测试应变的条件下,指示应变随时间的变化则是蠕变。

⑧疲劳寿命:在一定温度、应变条件下,应变片不会产生疲劳损坏的循环工作次数。

4)电阻应变片分类

应变片可按如下方法分类:

- 根据敏感元件材料
  - 金属应变片
    - 体型应变片
      - 丝式应变片
        - 丝绕式应变片
        - 短接式应变片
      - 箔片应变片
    - 薄膜应变片
  - 半导体应变片
    - 体型半导体应变片
    - 扩散性半导体应变片
    - 薄膜型半导体应变片

- 根据基底材料
  - 纸基应变片
  - 胶基应变片
  - 金属片基应变片
  - 临时基底应变片

根据敏感栅形状：
- 单轴应变片
- 应变花

(1)丝绕式应变片

图1-3所示为丝绕式应变片，是把电阻丝绕在绝缘基底上制成。这种应变片的制造设备和技术都较为简单，价格也较低廉，是一种较为常用的应变片。此类电阻应变片是用直径0.02～0.05 mm的镍铬丝或康铜丝回绕成栅状，用胶水将其固定在两层绝缘材料之间，引线用直径0.15～0.3 mm的镀锡铜线或铜带，再用纤焊或点焊与线栅相接而制成的。此类应变片有圆角线栅式(U形丝式)和直角线栅式(短接式)两种。圆角线栅式易于制造，但横向效应大；直角线栅式横向效应小，但不适用于动应变测量。

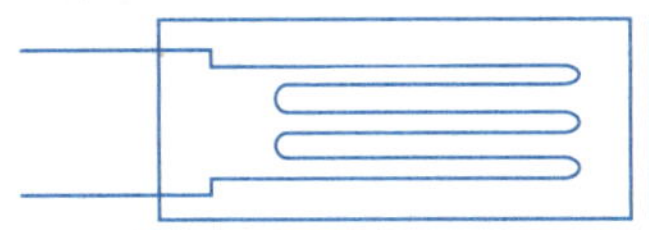

图1-3　丝绕式应变片

(2)箔式应变片

在镍铜或镍铬箔片的一面涂胶，形成胶基底，在基底上用光刻腐蚀技术制成预定形状，便是箔式应变片，如图1-4所示。箔式应变片的几何形状和尺寸非常精密，横向效应小，阻值及灵敏系数稳定，易于制成小标距及各种形式的应变花。由于敏感栅断面平而薄的矩形截面，表面积大，因而粘贴牢固，减小零点漂移，并且散热条件好，允许通过较大的电流，提高了测量的灵敏度。其纵横向丝是整体的，在纵横丝交接处抗剪能力强、疲劳寿命高，但制作工艺复杂。它传递变形的性能较丝绕式应变片好。

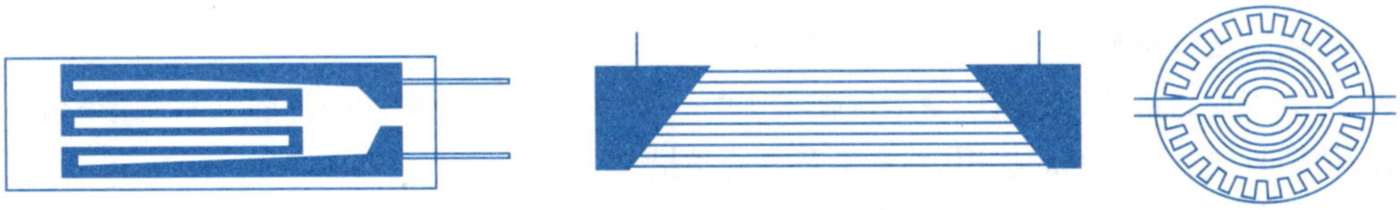

(a)　(b)　(c)

图1-4　箔式应变片

(3)半导体应变片

半导体材料轴向受力产生变形时，电阻会发生变化，这种电阻随应变变化的现象称为压阻效应。夹在两层绝缘材料间的是一片轴线与晶轴方向一致的单晶片，当其晶轴方向受力作用时，电阻值就会改变。根据这个原理就制造出半导体应变片。其构造如图1-5所示。半导体应变片尺寸小，灵敏系数比金属应变片的大几十倍，所以无须放大器就可直接测量其输出信号。它的机械滞后和横向效应小。缺点是温度变化对它的电阻值与灵敏度影响较大，稳定性差，测量精度较低。测量较大应变时，它的非线性度大。

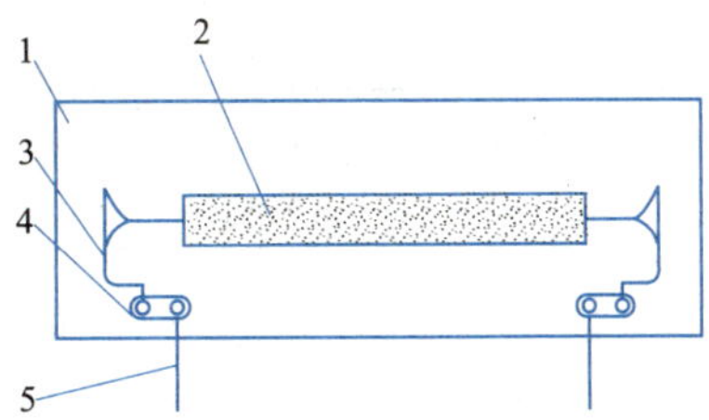

图1-5　半导体应变片

1—胶膜衬底；2—P-SI电阻条；3—内部引线；4—内部接线端子；5—外引线

(4)应变花

在工程实际中，有时需要测出几个方向的应变，这时会使用应变花。应变花是在一个基底上、按指定方向布置的多个敏感栅组，如图1-6所示。

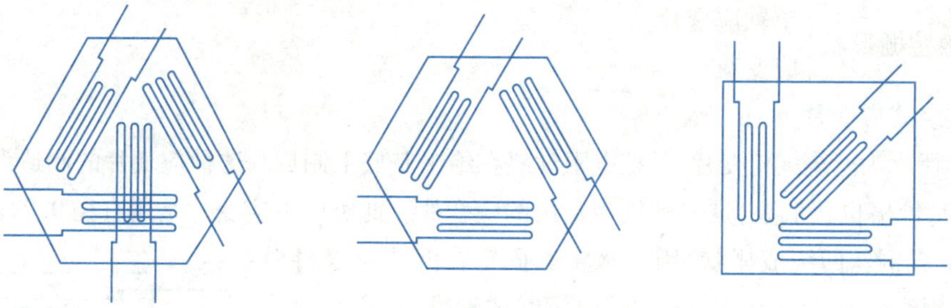

(a)　　(b)　　(c)

图 1-6　应变花

5)电阻应变片选用

①标距:对于应力梯度较大、材质均匀的结构和试件,应选用小标距应变片,如钢材试件宜选用标距为 5 ~ 20 mm 的电阻应变片。对于应力分布变化缓慢,材质不均匀的结构和试件,应选用大标距应变片,如混凝土常用 80 ~ 150 mm 电阻应变片。

②电阻值:应变片与应变仪配合使用,所以选择电阻值时两者要呼应统一,常见应变片、应变仪多按 120 Ω 设计。如不能一致,要按仪器的使用说明书予以修正。

③灵敏系数:常用应变片取灵敏系数 $K = 2.0$,应变仪的灵敏系数也应调整一致或者做结果修正。

④基底种类:一般测试可用纸基应变片,野外及稳定性要求高的长期试验,宜用胶基应变片。

⑤敏感栅材料:康铜丝材的温度稳定性较好,适用于大应变测量。

微课

电阻应变片粘贴

6)电阻应变片粘贴

电阻应变片的粘贴是电阻应变测试技术中的一个关键环节,电阻应变片的粘贴质量影响测试结果。粘贴时注意黏结剂的选用、粘贴工艺与防护措施三方面。

(1)黏结剂的选用

黏结剂的主要作用是传递变形,一般采用快干胶或环氧树脂胶。

(2)粘贴工艺

贴片技术包括试件表面处理、贴片、固化及防潮处理、焊接导线、质量检查等技术。应变片的粘贴工艺如表 1-1 所示。

表 1-1　应变片的粘贴工艺

工作顺序	工作内容		操作方法	要　求
1	检查分选	外观检查	借助放大镜,用肉眼检查	无气泡、霉点、锈点,外观平直
		阻值检查	用精度为 1% Ω 的万用表检查	无短路、断路,同一测区应变片阻值相差不大于 0.5 Ω
2	测点检查	初步定位	初定测点的大致范围	应变片周边宽 3 ~ 5 cm 的测区
		测点检查	检查测点处的表面状况	平整、无缺陷、无裂缝
		打磨	磨光机或 1 号砂纸打磨	平整、无锈、无浮浆
		清洗	用镊子夹脱脂棉、纱布蘸丙酮或无水乙醇清洗	擦干时无污染
		准确定位	准确画出测点的纵横中心线	纵线应与主应变方向一致

续上表

工作顺序	工作内容		操作方法	要　求
3	粘贴	上胶	用合适的小灰刀在测点上均匀涂抹调制好的一层薄胶，用手握住应变片引出线，在其背面均匀涂抹一层胶水，然后放在测点上	应变片的定位标志与十字中心线对准
		挤压	将应变片放在定位线上，盖上塑料薄膜，用手指沿一个方向轻轻滚压，挤出多余的胶水和气泡	胶层应尽可能薄，挤压时注意保持应变片不滑移
		加压	用手指轻按 1 ~ 2 min，待胶水初步固化后，即可松手	应达到粘胶的初凝时间
		粘贴端子	接线端子靠近应变片引出线，用贴片胶粘贴	胶达到强度后无松动、脱落
		应变片的防护	把应变片引线和连接导线分别焊在接线端子上，然后立即涂防护层	防止应变片受潮和机械损伤
4	固化处理	自然干燥	根据自然条件和粘胶特性确定时间	粘胶强度达到强度
		人工固化	粘胶达到初凝时间后用红外线灯照射或电吹风机吹热风	加热温度不超过 50 ℃，受热均匀
5	粘贴质量检查	外观检查	借助放大镜，用肉眼检查	位置准确、无气泡、粘贴牢固
		阻值检查	用万用表检查	无短路、断路
		绝缘检查	用欧姆表检查	绝缘电阻应达到 200 MΩ 以上
6	导线连接	引出线绝缘	应变片引出线底下涂粘贴胶或贴胶布	引出线不能短路
		导线焊接	用电烙铁、焊锡把应变片引出线和测量导线焊接在接线端子上	焊点应圆滑、无虚焊
		固定导线	用粘胶或胶布固定测量导线	轻微摇动导线不影响焊点
7	防潮保护		焊接完成，用万用表检查测量导线连接到应变仪的一端，应略大于应变片的阻值（含导线电阻）后在应变片和接线端子上涂上防潮胶	涂胶面积应大于应变片周边宽约 1 cm。特殊环境还应增加机械损伤的缓冲层

①试件表面处理。对金属试件应先将贴片处表面的锈、油污和附着物全部除尽，然后用砂布先粗、后细地抛光。砂布打磨方向应与电阻应变片主轴方向成45°，抛光后，用丙酮将贴片处清洗干净。若打磨后不立即贴片，则应对贴片处进行防尘和防潮处理。对混凝土试件，在贴片处不允许有麻面、气孔和浮浆。对贴片处用砂轮打磨机或砂布进行表面磨平，清除浮尘，然后用环氧树脂胶涂一厚度为0.05 ~0.2 mm 的底层。待底层完全固化后，再用砂布打磨平，最后用丙酮将贴片处表面清洗干净。

②贴片。用划针或记号笔在试件的贴片处画出定位轴线。重新用丙酮清洗贴片处及其附近，在电阻应变片基底面均匀地涂一层环氧类黏结剂或502 胶水，然后将电阻应变片依据定位线放在测点上，在电阻应变片上覆盖一小片聚四氟乙烯薄膜或玻璃纸，用手指在其上轻轻滚压，挤出气泡

和多余的胶水，再用手指按压 1～2 min，待胶水初步固化后即可松手。注意贴片按压时不要移动，改变电阻应变片规定的位置和方向；引线不要粘在试件上；按压的力不要太大，以免使电阻值改变。

③焊接导线。应变片粘贴后，把引线和导线焊接在接线端子上，然后立即涂上防护层，防止应变片受潮和机械损伤。防护是粘贴的重要环节，通常用应变片和结构表面的绝缘电阻值来检查，一般要求静态绝缘电阻大于 200 MΩ，对于长期检测、动态测量和精度要求高的检测，绝缘电阻应大于 500 MΩ。

(3)防护措施

贴片后必须使黏结剂充分干燥，以保证能准确传递试件的变形和电阻应变片的绝缘度以提高测量精度。一般自然干燥需 24～48 h。当环境温度低、湿度大时可进行人工干燥，可用红外线灯或电吹风机等烘干设备进行干燥处理。但必须注意，不允许烘干温度太高，以免造成试件与电阻应变片基底脱离或基底与应变栅脱离，导致测量误差增大甚至失败的后果。固化和绝缘电阻达到要求后，应立即进行防潮处理，对电阻应变片敷设防潮层。必要时还应敷设防护罩防水和防机械损伤。防潮材料常用的有环氧树脂胶、无水凡士林和石腊混合剂以及松香、石腊。

2.电阻应变仪

结构在弹性范围内的应变通常是很小的。如钢材 $E=2\times10^5$ MPa，量测时要求能分辨出 20 MPa，当应变片阻值为 120 Ω，$K=2.0$ 时，$\Delta R=R\cdot K\cdot\sigma/E=0.024$ Ω。因此，测量电阻用的仪器必须能够分辨出 120 Ω 和 120.024 Ω 的电阻，这是一般常用测量电阻的仪表达不到的，必须借助专门的电子仪器进行测量和鉴别，这就是电阻应变仪(简称应变仪)。

电阻应变仪根据测量应变的工作频率，可分为静态电阻应变仪、动态电阻应变仪和静动态电阻应变仪。静态电阻应变仪用于测量静态应变，要求仪器的放大器具有良好的稳定性，零点漂移小。配备平衡箱时可进行多点应变测量。动态电阻应变仪用于测量 500 Hz 以下的动态应变，除要求其稳定性好以外，还需要有高的灵敏度和足够的功率输出以及小的非线性失真、低的噪声和一定的频宽特性，以便对测量信号的各种频率或非正弦波信号均能如实放大。动态电阻应变仪一般做成多通道，同时采集多个动态信号。

应变仪除用于应变量测外，也应用在力、压力、扭矩、位移、振幅、速度、加速度等多个物理量的量测，是试验应力分析中常用的仪器。电阻应变仪主要由供电电源、振荡器、测量桥路、放大器、相敏检波器、滤波器和指示记录器组成。图 1-7 所示为应变仪组成框图。

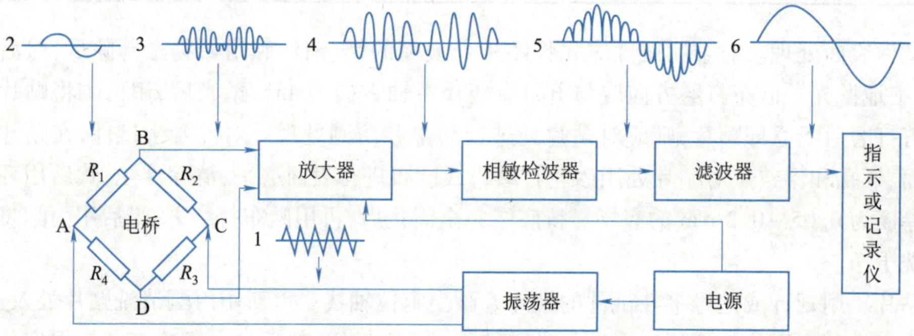

图 1-7 应变仪组成框图

(1)单臂电桥

应变仪的电路一般采用单臂电桥,如图1-8所示。R_1、R_2、R_3、R_4称为电桥的臂,AC之间接电源U,BD之间接负载U_{BD}。电桥按供电性质可分为交流电桥和直流电桥。直流电桥的特点是抗干扰能力强,可选择电池供电便于应急。现以直流电桥为例进行分析。

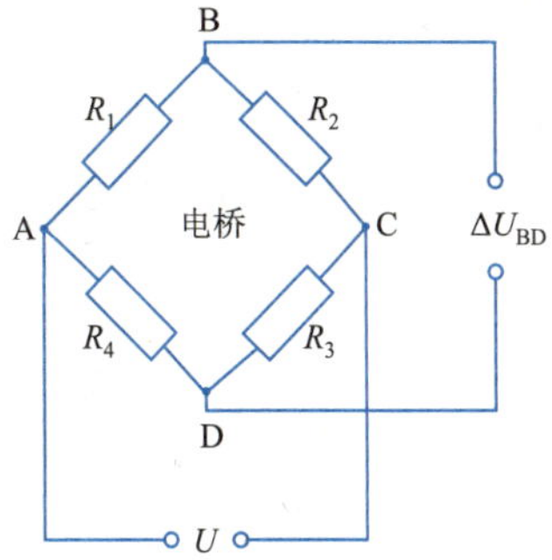

图1-8　单臂电桥

将R_1、R_2、R_3、R_4看成四个应变片,当$R_1=R_2=R_3=R_4=R$,$K_1=K_2=K_3=K_4=K$时。根据基尔霍夫定律可得出如下结论:

$$\Delta U_{BD}=\frac{1}{4}UK(\varepsilon_1-\varepsilon_2+\varepsilon_3-\varepsilon_4) \tag{1-4}$$

即电桥输出电压的增量ΔU_{BD}与桥臂应变的代数和$(\varepsilon_1-\varepsilon_2+\varepsilon_3-\varepsilon_4)$成线性关系。相邻桥臂的应变符号相反,相对桥臂的应变符号相同。利用这一特性,可以提高测量的灵敏度和解决温度补偿问题。

(2)平衡电桥

在实际工作中,应变仪都采用平衡电桥,如图1-9所示。所谓平衡电桥,就是在R_3、R_4之间加入滑线电阻r,触点D平分r。R_1为工作片,R_2为温度补偿片,且使桥路$R_1=R_2=R'$,$R_3=R_4=R''$。

构件受力前,电桥处于平衡:$R_1R_3=R_2R_4$。

构件受力变形后,工作片阻值R_1有微小增量ΔR_1,此时电桥失去平衡,调整触点D使桥路重新恢复平衡。此时:

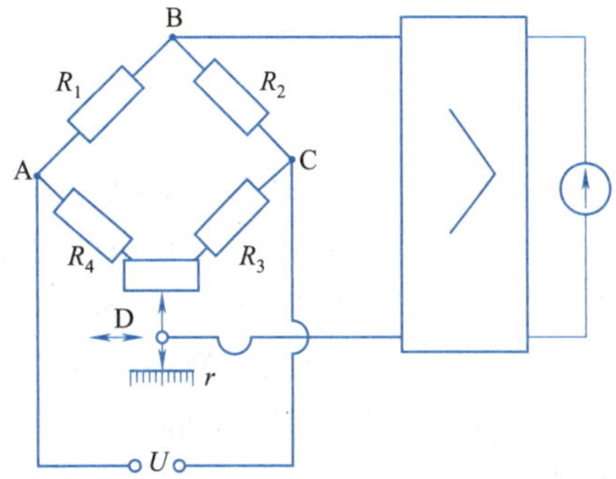

图1-9　平衡电桥原理

$$\varepsilon=\frac{3\times\Delta r}{KR''} \tag{1-5}$$

即可以用滑线电阻的阻值变化量Δr度量工作电阻的应变量ε,此法称为零位测定法。

(3)温度补偿

电阻应变片的阻值,除受试件应变影响外,还受环境温度的影响,这种影响称为温度效应。产生温度效应的原因有两个:一是电阻丝温度改变,电阻值将随之改变;二是电阻丝与试件材料的膨胀系数不相等,两者粘合在一起,当温度改变时,引起一个附加电阻变化ΔR_t,总应变效应为两者之和。

温度补偿可解决温度效应问题。如图1-10所示,在电桥的BC臂上接一个与工作应变片R_1完全一样的温度补偿应变片R_2。R_1贴在受力构件上,既受应变作用又受温度作用,电阻变化为$\Delta R_1+\Delta R_{1t}$;温度补偿片R_2贴在与试件材料相同并放置在与测试对象完全相同的环境中,感受相同的温度变化,温度影响$\Delta R_{2t}=\Delta R_{1t}$,应变的影响$\Delta R_2=0$。此时:

$$\Delta U_{BD}=\frac{U}{4}K\varepsilon_1 \tag{1-6}$$

即测量结果仅为测试对象受力后产生的应变值,不受温度的影响,这就是温度补偿。

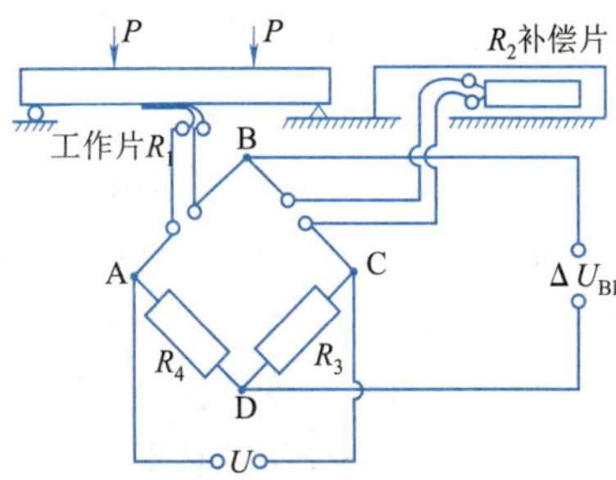

图1-10　温度补偿原理

(4)动态电阻应变仪

如图 1-11 所示,动态应变仪与静态应变仪稍有不同:

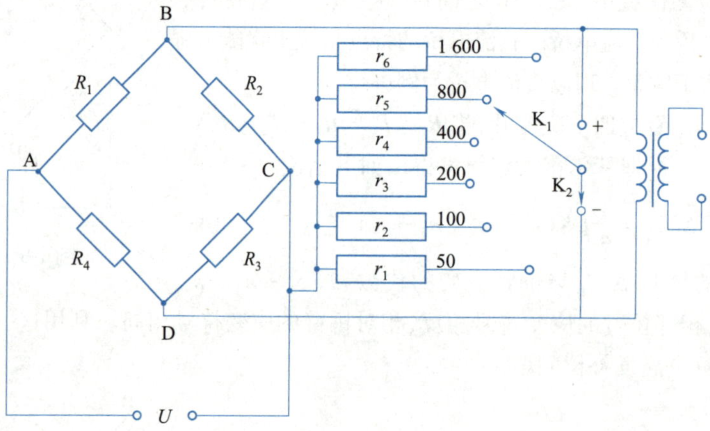

图 1-11　动态应变仪电桥原理

①动态应变仪多采用立式电桥,以提高抗干扰能力。

②对预调平衡要求高。动态应变仪内部分布电容对桥路平衡影响很大,量测时既要调节电阻平衡,还要调节电容平衡。多点量测时,各通道的平衡应尽量一致靠近 0 位。

③动态应变仪未设读数桥,而是附设了一套"电标定"电路,方便对被测应变进行计量。"电标定"就是在工作桥臂上并联电阻,使应变仪上产生一个已知的模拟"标准应变",并把它记录下来,然后再把被测物体的应变记录下来相对比,以标准应变为准尺,从而获得被测应变的大小。标定电阻 r_i通过开关 K_1并联在电路中,通过开关 K_2切换并联在 R_2上为正应变,并联在 R_3上为负应变。$r_1 \sim r_6$采用精密金属膜电阻,其阻值由所产生的标准应变的大小确定。

(5)应变测量注意事项

①半桥测量采用三芯屏蔽导线,全桥测量采用四芯屏蔽导线。

②尽量使导线和应变仪远离电磁场等干扰源。

③尽量缩短导线长度,合理选用导线面积。

④屏蔽网接在应变仪外壳接地点并要良好接地,接地绝缘电阻应尽可能小,以有效抑制电磁波和静电干扰。

⑤应变片与被测构件的绝缘电阻应符合要求。

3.电阻应变式传感器

在测试技术中,广泛利用电阻应变片(丝)制成各种应变式传感器来测定力、扭矩、位移、变形、压力和加速度等物理量。应变式传感器的基本构成可分为两部分:弹性敏感元件和电阻应变片(丝)。弹性元件在被测物理量的作用下,产生一个与此物理量成正比的应变;然后,应变片(丝)作为传感元件将应变转换为电阻变化,最后通过电阻应变仪或同类型的专用仪器,将所测物理量得出。下面分别介绍几种常用的此类传感器。

(1)应变式测力传感器

应变式测力传感器的结构形式有圆柱式、圆筒式、圆环式、扁圆或椭圆式、弯曲梁式及轮辐式等。

(2)应变式位移传感器

应变式位移传感器是把被测位移量变成弹性元件的变形和应变。应变式位移传感器的弹性元件有悬臂梁式和弹簧组合式位移传感器。

(3)差动式应变计

差动式应变计用于测量混凝土内部或表面的应变,同时可兼测埋设点的温度。它是基于钢丝变形使其电阻产生相应变化和钢丝电阻随其本身的温度而变化这两个原理设计而成的。

1.2.2　振弦式(钢弦式)应变量测技术

1.振弦式应变量测技术简介

振弦式传感器是以被张紧的钢弦作为敏感元件,利用其固有频率与张拉力的函数关系,根据固有频率的变化来反映外界作用力的大小。

(1)振弦式传感器(钢弦式传感器)的优点

①分辨率高,测量结果精确、可靠,常用的振弦式应变计分辨率可达到0.1 με。

②抗温度和电磁场干扰强,特别适于野外量测。

③便于全自动化数据采集、多点同步量测、远距离量测和遥控量测。

④现场操作方便,量测方法简单。

(2)振弦式应变测试技术的不足

①应变计标距较大。一般为100～150 mm,不宜量测梯度较大的应变,也难以量测小尺寸构件的应变。

②响应速度较慢,不能用于动态和瞬态应变量测。

③量程小,一般为－1 500～1 500 με,不能用于大应变量测。

④测试元件及仪器成本相对较高。

2.振弦式应变计的工作原理

张紧的钢弦通过两端安装块安装于构件上,构件变形使得钢弦张力变化最终反映在钢弦的振动频率变化上,这样量测构件应变就转变成量测钢弦振动频率问题。钢弦振动频率的量测首先通过电流脉冲吸附、释放钢弦使其产生自由振动,其次通过电磁线圈与振弦的间隙变化,产生交变电势输出来量测振弦频率,如图1-12所示。

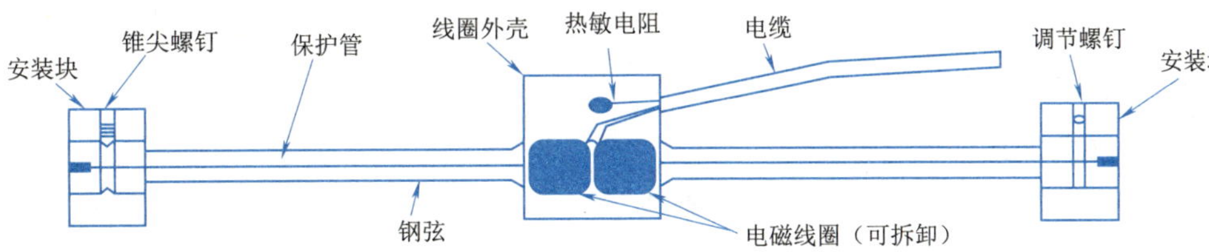

图1-12　振弦式应变计

振弦的频率计算公式为

$$f=\frac{1}{2L_{\mathrm{W}}}\sqrt{\frac{F}{m}} \tag{1-7}$$

式中:f——钢弦的振动频率;

L_W——钢弦的长度；

F——钢弦的张力；

m——钢弦的单位长度质量。

钢弦张力与钢弦应变关系为

$$F=\varepsilon_W E_A \tag{1-8}$$

式中：ε_W——钢弦的应变；

E_A——钢弦的弹性模量。

因为振弦式应变计的变形与构件的变形一致，所以

$$\varepsilon_W L_W=\varepsilon L_g \tag{1-9}$$

式中：ε——待测应变；

L_g——振弦式应变计的长度。

最后整理出待测应变 ε 与振弦频率 f 的关系

$$\varepsilon=\frac{4m(L_W)^3}{E_a L_g}f^2=Kf^2 \tag{1-10}$$

式中：K——振弦应变计材质、尺寸相关的常数。

由以上推导可知：待测应变与振弦应变计振动频率的二次方成正比，测出构件上安装的振弦应变计的振动频率，便可计算出构件相应部位的应变。

3.振弦式应变计的技术指标

(1)标距 Lg

振弦应变计的长度，即两个安装块之间的距离，一般为 100～500 mm。

(2)量程

振弦应变计能够测量的应变范围，一般约为 3 000 με。

(3)率定系数 K

与振弦应变计材质、尺寸相关的常数。

(4)分辨率

振弦应变计能分辨出的最小应变，一般可达到 0.1 με。

(5)适用温度范围

适用温度范围为 -20～+80 ℃。

微课

振弦式钢筋计安装方法

4.振弦式应变计的安装

(1)埋入式振弦应变计的安装

埋入式振弦应变计又称埋入式应变传感器，多埋于混凝土、钢筋混凝土等结构物中。主要用于结构物内部应变(应力)的长期观测；也可用于病害工程，采取凿孔(槽)埋入混凝土中，观测病害的发展情况。

埋入式混凝土应变计为薄壁圆筒结构，可根据不同的混凝土标号选用不同规格的应变计，以使两者合理匹配，避免超载损坏应变计或灵敏度太低影响测量精度。

当混凝土发生应变(应力)变化时，埋设在混凝土内的应变计同时变化，它根据应变的大小而输出不同的频率。然后，根据其输出的频率，计算混凝土发生的应变(应力)的变化。

(2)表面式振弦应变计的安装

表面式振弦应变计安装在结构物的表面,用于结构物的应变或混凝土结构裂缝发展的观测。

表面式振弦应变计的安装是将应变计固定在与之配套的底座上,底座与结构物之间可用胶黏结、螺栓连接或焊接,如图 1-13 所示。

安装表面式振弦应变计时,首先在结构物表面预定位置固定应变计的两块底座。为确保两底座之间的距离与应变计的标距一致,并在同一轴线上,须用与底座配套的定位标准杆定位。

应变计安装完成后,应使其初始频率与出厂标定的初始频率值一致。具体方法是先将应变计的一端紧固在底板上,调整另一端的微调螺母,使应变计的初频值与原出厂标定的初频值一致,然后扭紧固定螺钉。为保护表面应变传感元件的稳定性,应变计应避免较大冲击。

表面式应变计的数据处理方法与埋入式应变计相同。

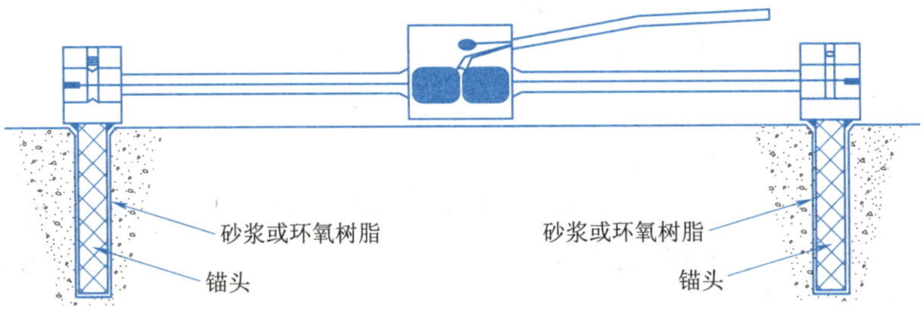

图 1-13　表面式振弦应变计的安装

(3)钢筋应力计的安装

钢筋应力计又称钢筋应力传感器。常用于量测钢筋混凝土结构中的钢筋应力,亦可将其串联起来用于量测隧道及地下结构锚杆的应力分布。

钢筋应力计埋设时,应将钢筋应力计两端的拉杆焊接在被测钢筋上。焊接面积应不小于钢筋的有效面积;亦可采用两根短头钢筋夹在焊点两侧并焊牢。焊接时必须对钢筋应力计进行水冷却,以免由于焊接时的高温传到应力计上,损坏应力计内部的电气元件。焊接前、后应分别对钢筋应力计的初始频率进行测试,测试结果应和标定表的零点频率相同。

钢筋应力计的数据处理方法与埋入式应变计相同。

(4)土压力计

土压力计属于静态、单向、边界型力传感器。它采用薄板式结构、振弦型传感方式与带有脉冲激发器的频率仪配合使用,组成完整的量测系统。

土压力计适用静态或缓慢变化状态边界压力的测定,在房屋基础、挡土结构、桥梁墩台、沉井、土坝、隧道、船坞等结构的土压力量测中具有广泛用途。

土压力计埋设时,可以直接埋设在预定位置,亦可先将压力盒浇入小混凝土块内,再行埋设。

(5)孔隙水压力计

孔隙水压力计主要用于测试软基处理和基础病害整治等工程中的岩石和土壤地下水的流动状态和水压力的大小,并把水压力从所量测的总土压力中分离出来;也可用孔隙水压力计量测孔隙水压力的大小和分布。孔隙水压力计埋设前,要排除孔隙水压力计空腔内的空气,即将压力盒透水石朝上,向内灌满水。

5.振弦式应变计的温度影响

因为钢弦与钢材、混凝土的温度膨胀系数基本一致,量测应变时无须温度校正。但在钢弦应变计和被测构件处于不同的温度变化条件时，钢弦应变计的示值变化包括了应变计本身的温度变化和被测构件温度效应，导致应变测试误差较大，因此，应变测量应尽量安排在温度较为稳定的时间。

1.2.3　光纤光栅应变量测技术

光纤光栅传感技术是新兴的传感量测技术，它为解决现代桥梁结构监测的高精度、远距离、分布式和长期性提供了良好的技术手段。光纤光栅不仅具有光纤的小巧、柔软、抗电磁干扰能力强、集传感与传输于一体、易于制作和埋入结构内部的优点，而且光栅的波长分离能力强、传感精度和灵敏度极高、能进行外界参量的绝对测量，其体积和力学强度小，在粘贴或嵌入到主体中不会对其性能和结构造成影响。特别是它可实现分布式传感，即在一根光纤上根据应用要求刻写多个不同波长的光栅，在光纤一端实现所有光栅信号的检测；同时能进一步集合成分布传感网络系统，可广泛应用于桥梁结构的应力、应变、温度等参数以及内部裂缝、变形等结构参数的实时在线、分布式检测，能够测量工程结构的外部荷载以及结构本身对荷载的响应。

1.光纤光栅的传感原理

光纤光栅的制作一般采用普通通信单模光纤。含锗光纤在波长 240 nm 附近有一因锗相关缺陷而形成的吸收峰，当光纤受这一波长附近的紫外光照射后，会引起光纤折射率的永久性变化，在光敏光纤中形成光栅。通过对光纤内部写入的光栅反射或投射波长的检测，来实现对结构的应变和温度量值的测量。

2.光栅传感系统的基本结构

光栅传感系统由光源、光纤光栅传感器和光谱分析仪三个基本部分组成，如图 1-14 所示。光源将光入射到传输光纤中，一段狭窄光谱被光栅反射回波长光谱分析仪，在没有被反射的透射光谱中就缺少了这段光谱，应变和温度引起的波长漂移就可以通过反射光和透射光的光谱获得。

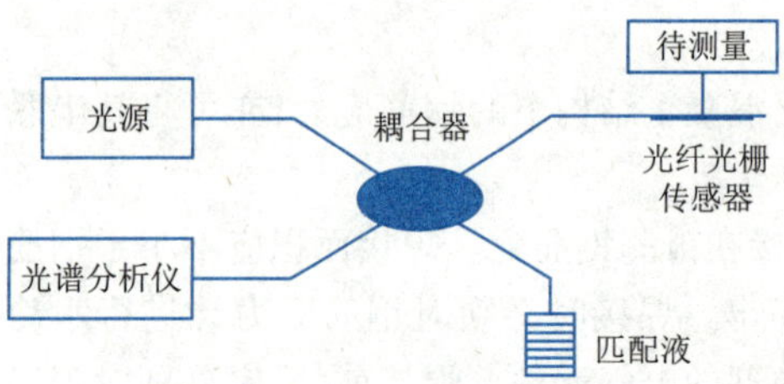

图 1-14　光栅传感系统

3.光纤光栅应变测试技术的优缺点

(1)光纤光栅应变测试技术的优点

①耐久性好，对环境干扰不敏感，抗电磁干扰性能好，适于长期监测。

②既可以实现点测量，也可以实现准分布式测量；光纤光栅尺寸小，测量值空间分辨率高。

③波长编码，可以方便实现绝对测量，检出量是波长信息，因此不受接头损失、光沿程损失等因素的影响。

④单根光纤单端检测，可尽量减少光纤的根数和信号解调器的个数。

⑤信号、数据可多路传输，便于与计算机连接，单位长度上信号衰减小。

⑥输出线性范围宽，频带宽，灵敏度高，信噪比高，在 10 000 $\mu\varepsilon$ 内波长移动与应变有良好的线性关系。

(2)光纤光栅应变测试技术的缺点

光纤光栅应变测试技术的优点是非常突出的，但光纤光栅应变测试技术也存在诸如制造及使用成本较高、技术较复杂、可靠性较低、使用不太方便等缺点。

随着测试技术的发展，光纤光栅应变测试技术必将得到更广泛的应用。

1.3 变形量测仪器与技术

桥梁结构在外力作用下的变形是量测的重要内容,包括水平位移、竖向挠度、相对滑移、转角等。常用桥梁结构变形量测仪器可归类为机械式量测仪器、电测类测试仪器和光学测试仪器。

1.3.1 机械式量测仪器

机械式量测仪器通过机械传动系统和指示机构来测定结构的各种变形。主要特点是:准确度高,对环境的适应性强,使用简单、性能可靠,并在许多方面都能满足桥梁工程检测的要求。它的主要缺点是:灵敏度不很高,读数放大能力有限。包括传感机构、转换机构、指示机构、机体及保护等部分,主要零件有杠杆、齿轮、轴、弹簧、指针和度盘等。

1.位移计

位移计是最基本的机械式测量仪表。常用的机械式位移计有接触式和张线式两种。

百分表、千分表和挠度计都是接触式位移计。百分表、千分表的量程较小,前者的刻度值为0.01 mm,后者的刻度值为0.001 mm。挠度计的量程较大,刻度值常为0.05 mm。

百分表和千分表常用于量测桥梁结构的挠度与位移,还可与其他传感器组合成测应变、转角、曲率、扭角等的仪具。

(1)百分表、千分表的构造

百分表、千分表因其最小分度值分别是1% mm、1‰mm而得名。百分表量程有5 mm、10 mm,也有30~50 mm,允许误差0.01 mm。千分表量程有1 mm、3 mm,允许误差为0.001 mm。百分表、千分表结构相似,灵敏度相差10倍。

百(千)分表是通过齿条-齿轮传动机构将线位移转变为角位移,并通过齿轮传动比进行放大的精密量具,如图1-15所示。

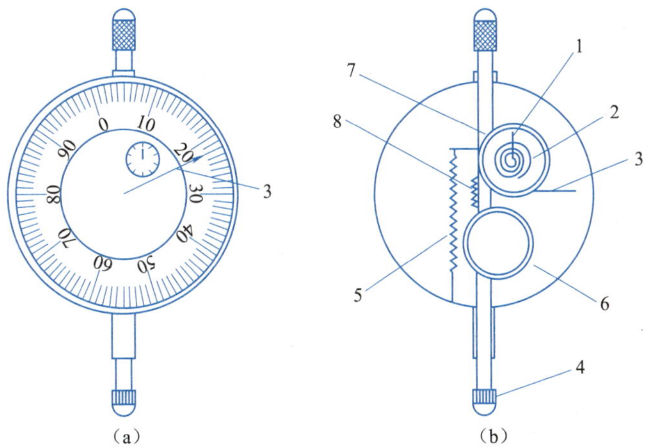

图1-15 百分表构造

1—短针齿轮;2—齿轮弹簧;3—长针;4—测杆;5—测杆弹簧;6、7、8—齿轮

(2)磁性表座

磁性表座是安装百(千)分表的附属装置,又称万能表架,可吸附在光滑的导磁平面或圆柱面

上，如图 1-16 所示。

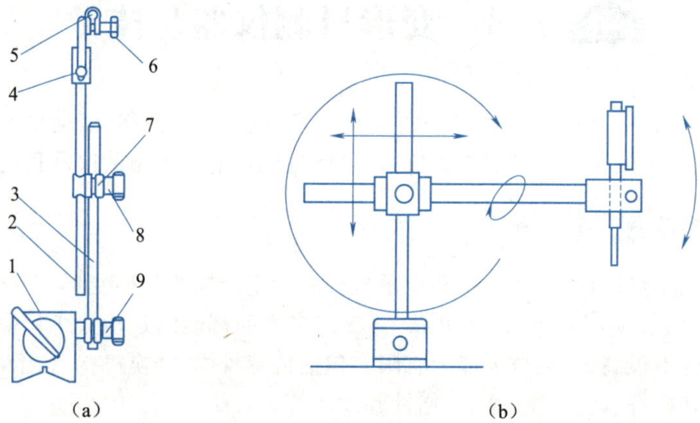

图 1-16　磁性表座构造

1—磁体开关；2、3—连接杆；4—微调螺栓；5—颈箍；6、8、9—紧固螺栓；7—连接件

(3)使用注意事项

①使用百(千)分表时，只能拿取外壳，避免触碰测杆，轻拿轻放以免造成齿轮系统损伤而影响精度。

②磁性表座上的各个螺栓要拧紧，颈箍夹住百分表轴颈时，不可夹得太紧，否则会影响测杆的正常移动。

③安装时，将测杆顶住测点，使测杆与测面保持垂直。预估位移的大小和方向，调节测杆来保证百分表的初读数在适当的量程范围。

④安装好百(千)分表后，可用笔头轻轻敲击刻度盘玻璃，观察指针摆动情况。如果长指针轻微震动或在某一固定值小范围内摆动，说明仪表安装正常。

⑤百(千)分表用于量测挠度与变位时，应注意位移的相对性，测杆移动的方向与量测的位移方向完全一致。测点表面要进行磨平和硬化处理，以减少误差。

⑥百(千)分表经过一段时间的使用或拆洗上油后，必须对其进行重新标定。

2.张线式位移计

张线式位移计是桥梁工程检测中测量大位移的基本仪表。

(1)张线式位移计简介

张线式位移计是通过固定在测点上的一根张紧的钢丝来传递并量测位移，分为简易挠度计(利用杠杆放大的挠度计)、静载挠度计(利用摩擦轮放大的挠度计)、齿轮传动的挠度计，较为常用的是摩擦轮放大的挠度计。张线式位移计原理图如图 1-17 所示。

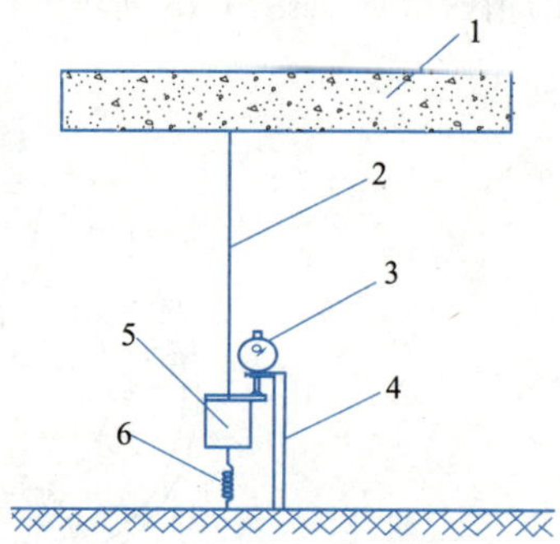

图 1-17　张线式位移计原理图

1—构件；2—钢丝；3—千分表；4—表架；5—质量块；6—弹簧

(2)张线式位移计的特点

量程没有限制，没有齿轮传动误差。但仪表的传导作用全靠摩擦，当挠度变化迅速或仪表受碰伤时，易使摩擦部分发生相对滑动而导入误差。

(3)张线式位移计注意事项

①质量块分量足够阻止风力作用下钢丝的摆动。

②钢丝宜采用低松弛材料，以减小测量过程中钢丝自身变形对测量结果的影响。

③检测前，以检测时悬锤重的 1.5 倍重物悬挂 2 ~ 3 d，以便拉直钢丝，并消除钢丝的徐变，减小误差。

④检测时悬挂的重物应使钢丝的应力达到钢丝极限应力的 1/2 左右。

3.测角器和倾角仪

测角器、倾角仪是用来量测荷载作用下桥梁结构的节点、截面、支座发生的转动的测试仪器。

(1)杠杆式测角器

如图 1-18 所示，在待测断面 2 上安装一支刚性金属杆 1，当结构发生变形引起金属杆转动一个角度 α，用位移计测出 3、4 两点间的距离 L 和水平位移 δ_3、δ_4，即可算出转角 α

$$\alpha = \arctan \frac{\delta_3 - \delta_4}{L} \tag{1-11}$$

这种装置的优点是构造简单、灵敏度高，受温度的影响小，但是保证位移计固定不动是比较困难的，因此使用受到限制。

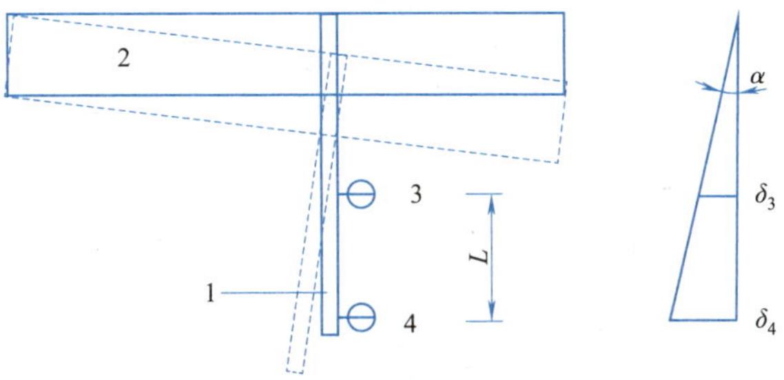

图 1-18　杠杆式测角器

1—刚性金属杆；2—待测断面；3、4—位移计

(2)水准管式倾角仪

水准管式倾角仪构造原理如图 1-19 所示。使用时，将倾角仪的夹具 5 夹在测点上，利用微调螺钉使水准气泡居中，读取度盘读数 δ_1。结构受力变形后水准气泡偏移，再次调整微调螺钉使水准气泡重新居中，读取度盘读数 δ_2，即可计算出转角 α。这种倾角仪的精度可达 1″ ~ 2″，量程可达 3°，使用较为简便，需注意应防止水准管受阳光暴晒而爆裂。

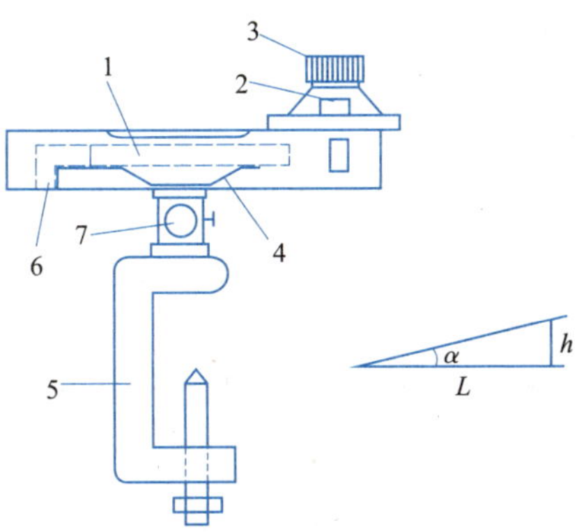

图 1-19　水准管式倾角仪

1—水准管；2—刻度盘；3—微调螺钉；4—弹簧片；5—夹具；6—基座；7—活动铰

1.3.2 电测类测试仪器

结构在荷载作用下的静位移如挠度、侧移、转角、支座偏移等，也可以转化为电量信号进行量测。一般常用的有电阻式位移传感器、应变梁式位移传感器和差动变压器式位移传感器，近年来连通液位式挠度仪（沉降仪）在桥梁工程试验检测中应用也越来越多。

1.电阻式位移传感器

电阻式位移传感器能检测试件的位移。常用的滑线电阻式位移传感器如图1-20所示，由测杆、滑线电阻和触头等组成。触头将滑线电阻 R 分成 R_1 和 R_2。工作时电阻 R_1 和 R_2 分别接入电桥桥臂，预调平衡后输出等于零。当滑杆向下移动一个位移 δ 时，R_1 增大 ΔR，R_2 减少 ΔR，由相邻两臂电阻增量相减的输出特性得知

$$U_{BD}=\frac{U}{4}\frac{\Delta R-(-\Delta R)}{R}=\frac{U\Delta R}{2R}=\frac{U}{2}K\varepsilon \tag{1-12}$$

即输出信号 U_{BD} 与电阻增量 ΔR 成正比，也即与位移成正比。电阻式位移传感器要配合指示仪器使用，量程为10～100 mm。

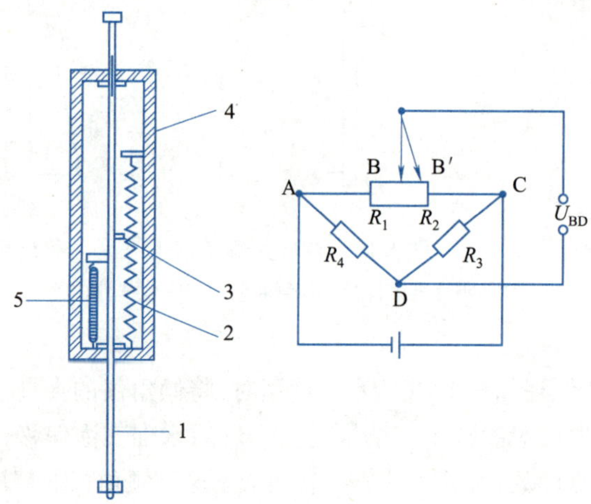

图1-20 滑线电阻式位移传感器

1—测杆；2—滑线电阻；3—触头；4—壳体；5—弹簧

2.应变梁式位移传感器

应变梁式位移传感器主要由测杆、悬臂梁、应变片和弹簧组成，如图1-21所示。

悬臂弹簧片是由一块弹性好、强度高的金属制成，固定在仪器外壳上。在簧片固定端粘贴4片应变片组成全桥或半桥测量线路，簧片的另一端装有拉簧，拉簧与指针固结。

当测杆移动时，传力弹簧使簧片产生挠曲，即簧片固定端产生应变，通过电阻应变仪即可测得应变与位移的关系。

这种传感器的量程为30～150 mm，读数分辨率可达0.01 mm，但测量精度和稳定性受应变片粘贴质量的影响。

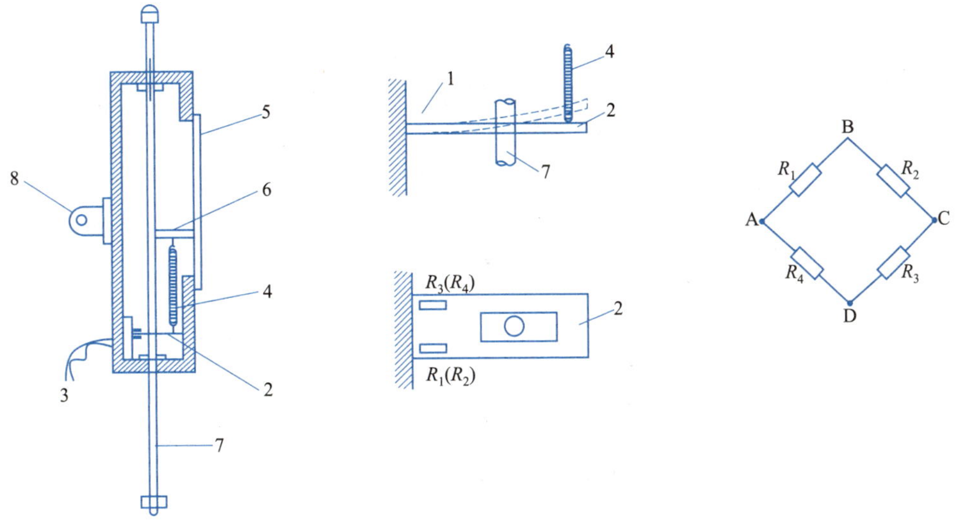

图 1-21　应变梁式位移传感器

1—应变片;2—悬臂梁;3—引线;4—弹簧;5—标尺;6—指针;7—测杆;8—固定环

3.差动变压器式位移传感器

差动变压器式位移传感器由一个一次线圈和两个二次线圈分内外两层同绕在一个圆筒上,圆筒内放一个能自由地上下移动的铁芯,如图 1-22 所示。

对一次线圈加入励磁电压时,通过互感作用使二次线圈产生感应电势。

当铁芯居中,感应电势 $e_{s1}-e_{s2}=0$,此时无输出信号。

当铁芯向上移动 δ 时,$e_{s1}\neq e_{s2}$,输出为 $\Delta E=e_{s1}-e_{s2}$。

当铁芯向上移动的位移越大,ΔE 也越大;反之,当铁芯向下移动时,e_{s1}减小而 e_{s2}增大,$e_{s1}-e_{s2}=-\Delta E$,由于电势的输出量与位移成正比,可以通过率定来事先确定电势输出量与位移的关系曲线,从而测量位移。这种传感器的量程可达 500 mm。

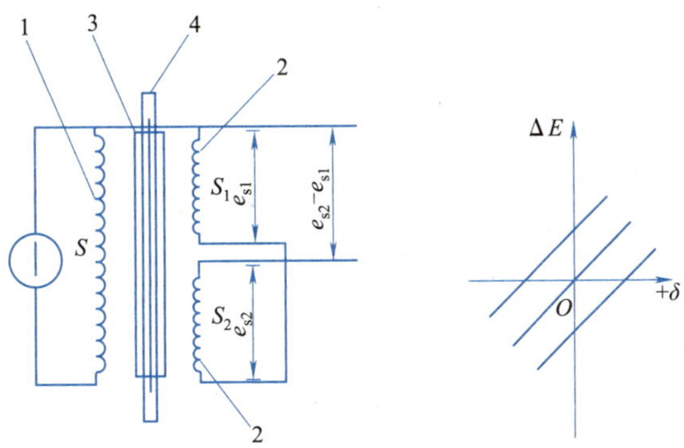

图 1-22　差动变压器式位移传感器

1—一次线圈;2—二次线圈;3—圆形桶;4—铁芯

4.电子倾角仪

电子倾角仪也是传感器的一种,其构造原理如图 1-23 所示。

密封的玻璃器皿里盛有高稳定性的导电液体，三根电极 A、B、C 由器皿上平面等距离垂直插入到液体底部并加以固定。

当传感器处于水平状态时，导电液体的液面保持水平，三根电极浸入液体内的长度相等，因此有 A、B 间的电阻 R_{AB} 等于 B、C 间的电阻 R_{BC}。

当倾角仪发生微小转动时，导电液始终保持水平，使三根电极浸入液体内的长度发生变化，从而使 $R_{AB} \neq R_{BC}$。将 R_{AB}、R_{BC} 作为单臂电桥的两个桥臂，就建立了电阻变量 ΔR 与转角 θ 的关系，这样就可以用电测原理测量和换算出倾角 θ，$\Delta R = K\theta$。

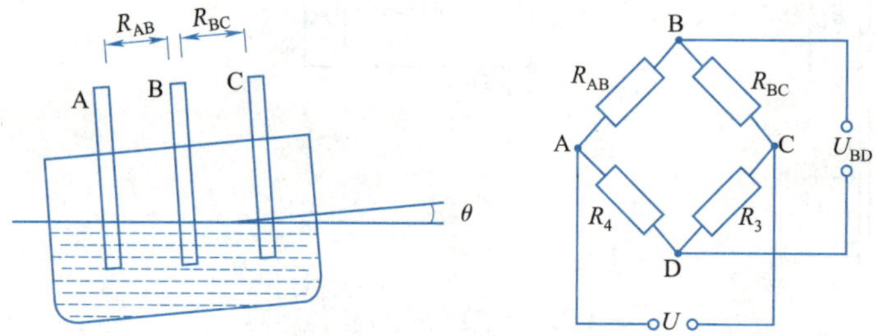

图 1-23　电子倾角仪

5.连通管测量法

连通管测量法是利用物理学上“连通器中处于同一水平面上的静止液体的压强相等”的原理，通过连通管连通液位，测量被测点相对于基点的液位变化情况，从而测出被测点的挠度或沉降，如图 1-24 所示。

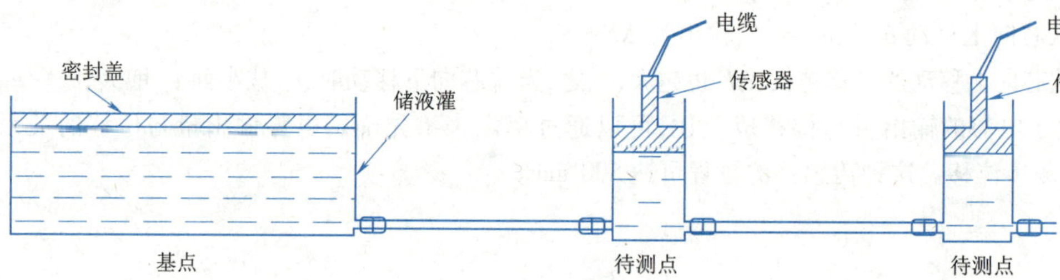

图 1-24　连通管工作原理

连通管临时用在桥梁上测量挠度，先在桥梁测点位置布置连通管传感器，然后用连通管连接各测点传感器，最后灌水（或其他有色液体）至标尺位置。桥梁试验时加、卸荷载会引起桥梁结构下挠，此时水管中的水平液面仍需持平，但每个测点的相对水位会发生变化，读取这个变化值，经简单计算即可得到桥梁的挠度。连通管法测量桥梁挠度的优点是可靠、易行，连通管式挠度测量系统采用全封闭结构，不怕桥梁现场的高尘、高湿和浓雾，连通管式挠度计的液面变化直接反映了桥梁某个截面的挠度，不需要复杂的计算。

1.3.3　光学测试仪器

1.精密水准仪测量

精密水准仪采用 CCD 数字读数装置，自动读取温胀系数极低的数字铟钢尺，极大地降低了尺长误差，消除了人工读数的误差环节。与精度为3 mm的普通水准测量相比，精密水准测量精度可达0.3 mm。

测量桥梁挠度时的注意要点：

①水准仪安设在桥梁以外，并且保证视线通视、前后视距相等。

②转站观测会降低精度，不宜过多，可采用多仪器固定传递法测量。

③夜间测量应保证照明。

2.全站仪测量法

全站仪可以测量距离、水平角和竖直角。

(1)挠度测量

设 S 为测站和测点之间测线斜距，A 为全站仪照准棱镜中心竖直角，i 为仪器高，v 为棱镜高，则测站和测点间相对高差为

$$h = S\sin A + i - v \tag{1-13}$$

加载后，测点出现竖直方向的位移，而仪器高和棱镜高都没有变，测得此时的竖直角为 A_1，斜距为 S_1，加载后测站点与测点相对高差的计算公式为

$$h_1 = S_1\sin A_1 + i - v \tag{1-14}$$

加载前后测站点与测点相对高差的变化值为

$$\Delta h = h - h_1 = S\sin A - S_1\sin A_1 \tag{1-15}$$

(2)全站仪测量空间变形

全站仪可对悬索桥、斜拉桥、大跨度拱桥等进行三维变形测量，通过测量桥梁加载前后测点坐标的变化值，确定测点的三维坐标，求得测点的三维变形。

1.3.4 卫星定位技术与GPS系统

1.GPS系统简介

GPS(Global Positioning System)是利用GPS定位卫星，在全球范围内实时提供定位、导航服务的系统。由空间部分、地面控制部分、用户部分构成。

(1)空间部分

由24颗GPS定位卫星组成，主要功能是向用户连续发送定位信息；接收和存储由地面监控站发来的卫星导航电文等信息并适时发送给用户；接收并执行由地面监控站发来的控制指令；适时地改正运行偏差和启用备用卫星等。

(2)地面控制部分

由主控站、监测站、地面天线组成，负责卫星监控并进行卫星星历、时钟等参数校正。

(3)用户部分

由GPS接收机、数据处理程序、各种专门应用设备组成，作用是接收并处理GPS卫星所发出的信号，完成定位、导航以及延伸等各种服务工作。

2.GPS定位的基本原理

GPS系统采用1984年世界大地坐标系统，简称WGS-84大地坐标系。假设此坐标系下某一时刻的3颗卫星位置是(x_1,y_1,z_1)、(x_2,y_2,z_2)、(x_3,y_3,z_3)，测点距卫星距离为 d_1、d_2、d_3，则测点坐标(x,y,z)可通过下列方程组解算出：

$$d_1^2=(x_1-x)^2+(y_1-y)^2+(z_1-z)^2$$
$$d_2^2=(x_2-x)^2+(y_2-y)^2+(z_2-z)^2$$
$$d_3^2=(x_3-x)^2+(y_3-y)^2+(z_3-z)^2$$

3.GPS 定位的类别

(1)绝对定位

绝对定位是根据一台接收机的观测数据来确定测站相对于坐标系原点绝对坐标的一种定位方法。绝对定位又分为动态绝对定位和静态绝对定位。

(2)相对定位(差分定位)

相对定位是使用至少两台 GPS 接收机同步观测相同的卫星,以确定两个观测点的相对位置和方向。相对定位也有动态和静态之分。大地测量、工程测量和变形监测等精密测量定位采用静态相对定位的方法。

(3)实时动态相对定位(GPS RTK)

GPS RTK 是 GPS 测量技术与数据传输技术结合后构成的综合系统,为工程放样、变形观测等提供厘米级实时高精度测量作业精度。

GPS RTK 的基本原理是利用 2 台以上 GPS 接收机同时接收 GPS 卫星信号,其中一台安置在已知坐标点上作为基准站,另一台用来测定未知点的坐标作为流动站。基准站通过数据传输系统将其观测值和测站坐标信息一起传送给流动站。流动站不仅通过数据链接收来自基准站的数据,还要自己采集 GPS 观测数据,然后根据相对定位的原理,在系统内组成差分观测值进行实时处理,实时地计算并显示用户站的三维坐标及精度。

4.GPS 在桥梁监测中的应用

在对大跨度悬索桥、斜拉桥及拱桥等桥梁进行长期实时在线监测时,需要对索塔、主缆及拉索等部位的三维变形进行长期实时在线测量,此时可采用 GPS 系统对测点进行三维坐标定位测量。

1.3.5 图像量测技术

激光挠度仪是典型的图像量测仪器,主要用于桥梁挠度测量,也可用于各种位移观测。

激光挠度仪利用图像模糊识别技术,准确跟踪目标物上点的运动轨迹来测量目标物的挠度、位移,使复杂环境下的挠度观测变得异常简单。它可以进行有靶、无靶观测,可以实现多点同步动态实时观测,检测距离可达 500 m,分辨率为检测范围的十万分之一,可夜间工作,又可以录像记录工作过程。

1.4 振动测试仪器与技术

桥梁静载试验需要量测一个物理量,而桥梁动载试验可能需要记录一个物理量(如应力、应变、位移、速度、加速度等)的变化特征。动载试验的应变一般采用动态应变仪进行量测,而振动参量需要使用传感器。

按照被测物理量来分,传感器可以分为位移传感器、速度传感器和加速度传感器。

按照工作原理来分,传感器可以分为机械惯性式传感器和电测传感器(包括磁电式、压电式、电感式、应变式)。

1.4.1 惯性式传感器

惯性式传感器有位移、速度及加速度传感器三种。

如图1-25所示。设 m、k 和 c 分别为传感器的质量、刚度和阻尼系数，μ 为振动体位移，δ 为质量块与壳体间的相对位移，此时受迫振动运动微分方程如下：

$$-m\frac{\mathrm{d}^2(\delta+u)}{\mathrm{d}t^2}-c\frac{\mathrm{d}\delta}{\mathrm{d}t}-k\delta=0 \tag{1-16}$$

整理后得：

$$m\frac{\mathrm{d}^2\delta}{\mathrm{d}t^2}+c\frac{\mathrm{d}\delta}{\mathrm{d}t}+k\delta=-m\frac{\mathrm{d}^2u}{\mathrm{d}t^2} \tag{1-17}$$

方程右端为被测对象产生的激发，对于简谐振动，则激发为

$$u=u_0\cos\omega t \tag{1-18}$$

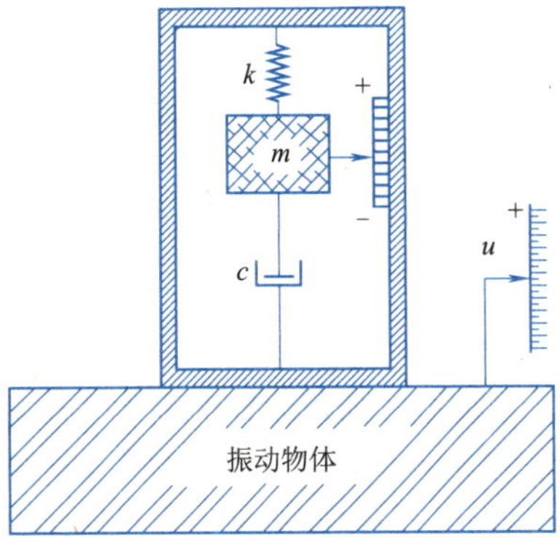

图1-25 惯性传感器示意图

方程的解具有下列形式：

$$\delta=\delta_0\cos(\omega t+\theta) \tag{1-19}$$

将式(1-19)和式(1-18)代入式(1-17)，可求得传感器的频率特性如下：

$$\frac{\delta_0}{u_0}=\frac{\omega^2}{\sqrt{\left(\frac{k}{m-\omega^2}\right)+\left(\frac{\omega c}{m}\right)^2}} \tag{1-20}$$

$$\theta=\arctan\frac{\frac{\omega c}{m}}{\left(\frac{k}{m}-\omega^2\right)} \tag{1-21}$$

令：$\omega=\sqrt{k/m}$，称为传感器固有频率；

$c_0=2\sqrt{km}$，称为传感器临界阻尼系数；

$\zeta=c/c_0=c/(2\sqrt{km})$，称为相对阻尼系数（衰减系数）。

将 ω_n、c_0、ζ 代入式(1-20)和式(1-21)得：

$$\frac{\delta_0}{u_0}=\frac{\left(\frac{\omega}{\omega_n}\right)^2}{\sqrt{\left[1-\left(\frac{\omega}{\omega_n}\right)^2\right]^2+\left(\frac{2\zeta\omega}{\omega_n}\right)^2}} \tag{1-22}$$

$$\theta=\arctan\frac{\frac{2\zeta\omega}{\omega_n}}{1-\left(\frac{\omega}{\omega_n}\right)^2} \tag{1-23}$$

式(1-22)表达了惯性式传感器的幅频特性，式(1-23)揭示了惯性式传感器的相频特性。根据速度与位移的关系：$\dot{u}=u_0\omega$，有：

$$\frac{\delta_0}{\dot{u}_0}=\frac{\delta_0}{u\omega u_0}=\frac{1}{\omega}\frac{\left(\frac{\omega}{\omega_n}\right)^2}{\sqrt{\left[1-\left(\frac{\omega}{\omega_n}\right)^2\right]^2+\left(\frac{2\zeta\omega}{\omega_n}\right)^2}} \tag{1-24}$$

由加速度与位移的关系：$\ddot{u}=u_0\omega^2$，有：

$$\frac{\delta_0}{\ddot{u}_0}=\frac{1}{\omega^2}\frac{\left(\frac{\omega}{\omega_n}\right)^2}{\sqrt{\left[1-\left(\frac{\omega}{\omega_n}\right)^2\right]^2+\left(\frac{2\zeta\omega}{\omega_n}\right)}}\tag{1-25}$$

当被测对象振动频率与惯性式传感器的固有频率之比变化时，可以测量不同的振动参量。

当频率比$\frac{\omega}{\omega_n}\gg1$时，有：

$$\frac{\delta_0}{u_0}\approx1\qquad 即\qquad \delta_0\approx u_0\tag{1-26}$$

测得的壳体位移接近于物体的位移，此时惯性式传感器可用于动位移的测量，故称为位移传感器，可见，位移传感器应具有较低的固有频率和较大的阻尼系数。图1-26所示为惯性式位移传感器的幅频特性曲线、相频特性曲线。

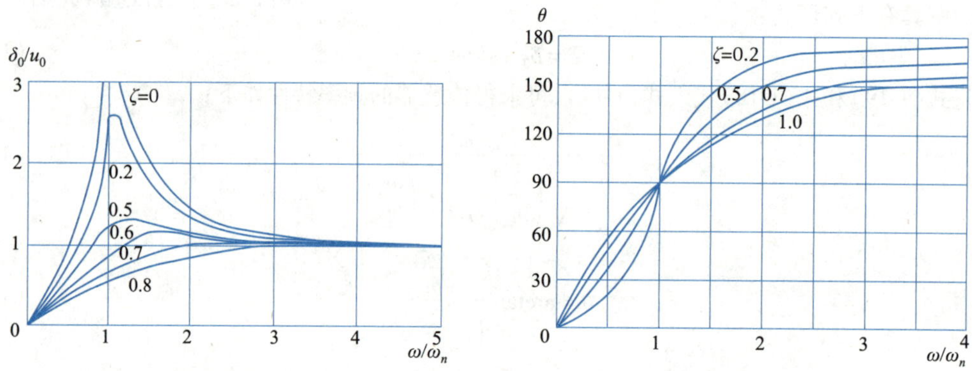

（a）幅频特性曲线　　（b）相频特性曲线

图1-26　惯性式位移传感器幅频特性曲线、相频特性曲线

桥梁结构、房屋结构的一阶自振频率在零点几到十几赫兹之间，这就要求传感器具有很低的自振频率ω_n，相应地就需要加大质量块m，因此一般惯性式位移传感器的体积较大，也较重，使用时对被测系统有一定影响，特别对于一些质量较小的振动体就不太适用。

当$\frac{\omega}{\omega_n}\to1$时，有：

$$\delta_0=\frac{1}{2\zeta\omega_n}u_0\tag{1-27}$$

此时相对位移δ_0与振动速度成正比，可以将惯性式传感器用于速度测量。但是，要保持频比在1附近是不容易实现的，同时传感器的有用频率范围非常狭窄，测试失真也较大，故一般很少在工程中使用。

当$\frac{\omega}{\omega_n}\ll1$时，有：

$$\delta_0\approx\frac{\ddot{u}_0}{\omega^2}\tag{1-28}$$

此时相对位移与振动加速度成正比，当$\zeta=0.6\sim0.7$时，相频曲线接近直线，所以相频与频率成正比,波形不会出现畸变,可以将惯性式位移传感器用于加速度测量。

可以看出,惯性式位移传感器的适用性是比较差的,一般多用于动位移的测量,而速度和加速度的测量不宜采用惯性式位移传感器。

1.4.2 电测传感器

电测传感器是将待测机械量转换成电参量输出的一种传感器。分为发电式、参数式、压电晶体式三种。

1.发电式传感器

发电式传感器由永久磁铁、磁路(包括气隙)和运动线圈组成,如图1-27所示。

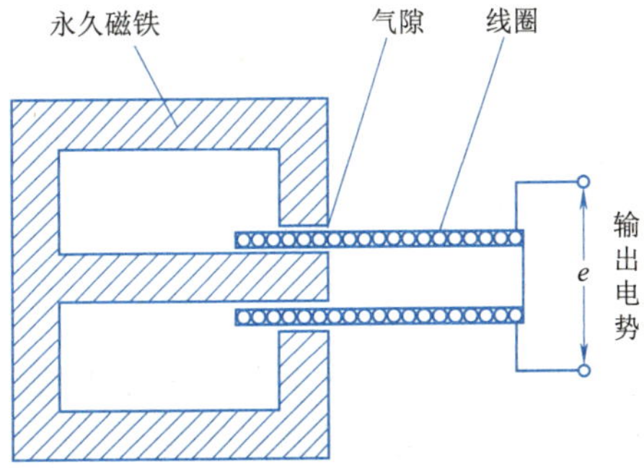

图1-27 发电式传感器工作原理

根据电磁感应定律,感应电势为

$$e=-BL\dot{\sigma}10^{-8} \tag{1-29}$$

式中:B——磁通密度(G);

L——磁场内导线的有效长度(cm);

$\dot{\sigma}$——线圈运动速度(cm/s)。

令 $k=-BL10^{-8}$,

则有:

$$e=k\dot{\sigma} \tag{1-30}$$

由于电势与速度成正比,故为速度传感器,常用于结构振动速度的测量。

2.参数式电测传感器

参数式电测传感器有电感式、电阻式、电容式等,常用的是电感传感器,即先将振动量转换成电感量,然后再变换为电参量输出。电感传感器有四种类型:变间隙型、变面积型、螺管插铁型和齿型等。这类传感器性能稳定,常用来测量结构振动的速度。

(1)变间隙型电感传感器

变间隙型电感传感器由线圈、铁芯、气隙和衔铁组成,如图1-28所示。

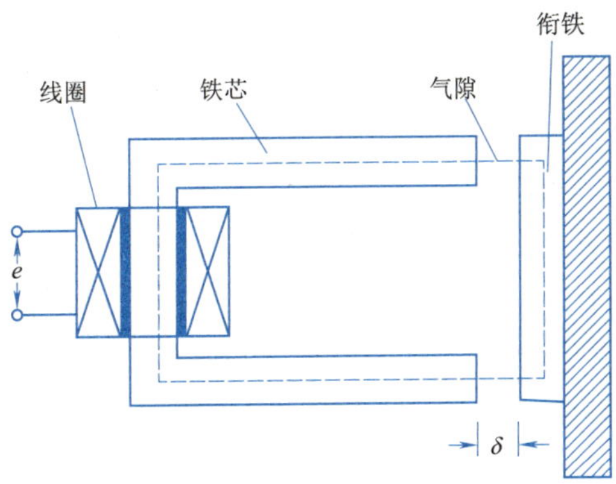

图1-28 变间隙型电感传感器原理图

测量时将衔铁固定在振动体上。气隙随振动量而变化,从而引起磁通的变化,在线圈的输出端产生感应电势 e:

$$e=-n\frac{\mathrm{d}\Phi}{\mathrm{d}t}=-n\frac{\mathrm{d}\Phi}{\mathrm{d}\delta}\frac{\mathrm{d}\delta}{\mathrm{d}t}10^{-8} \tag{1-31}$$

式中:e——感应电势(V);

n——线圈匝数;

Φ——磁通量(Wb)。

由此可得出输出电势的变化量 Δe 与被测对象的振动速度成正比,所以利用该传感器可以测量结构振动的速度。

(2)变面积型电感传感器

变面积型电感传感器的工作原理如图 1-29 所示。

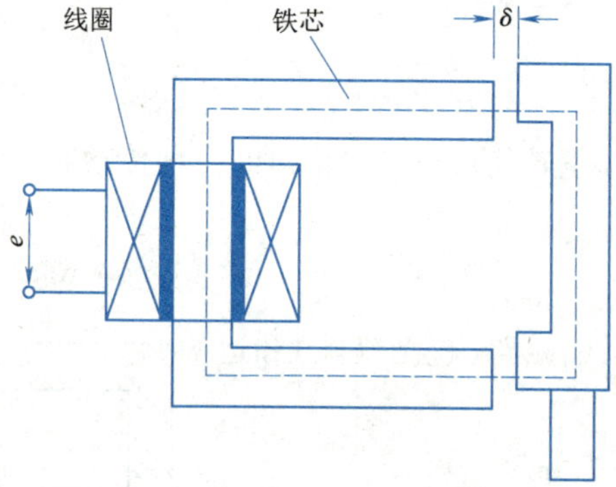

图 1-29　变面积型电感传感器原理图

传感器的气隙 δ 保持不变,衔铁的运动方向是上下的,这样铁芯与衔铁间的覆盖面积是变化的。变面积型电感传感器的灵敏度比变气隙型低,但线性程度好,量程较大,应用比较广泛。

(3)螺管插铁型电感传感器

如图 1-30 所示,螺管插铁型电感传感器是由一螺管线圈和圆柱形铁芯组成的。

线圈的电感变化量与铁芯插入长度的相对变化量成正比。这种传感器的灵敏度低,但量程大,结构简单,因而应用很广泛。

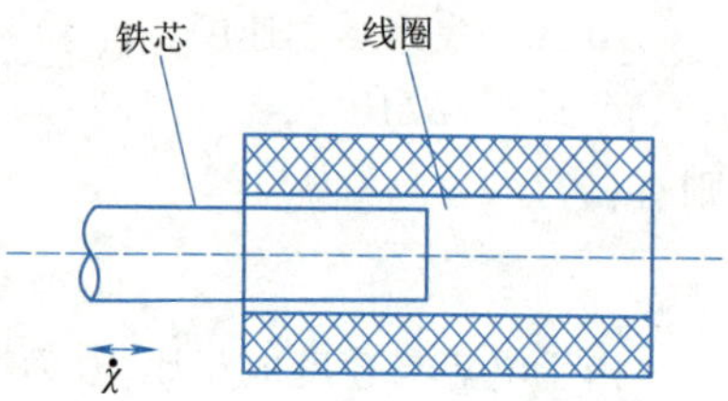

图 1-30　螺管插铁型电感传感器工作原理

(4)齿型传感器

如图 1-31 所示,齿型传感器也是一种气隙型传感器,它由导磁体、气隙、齿圈、线圈等组成。

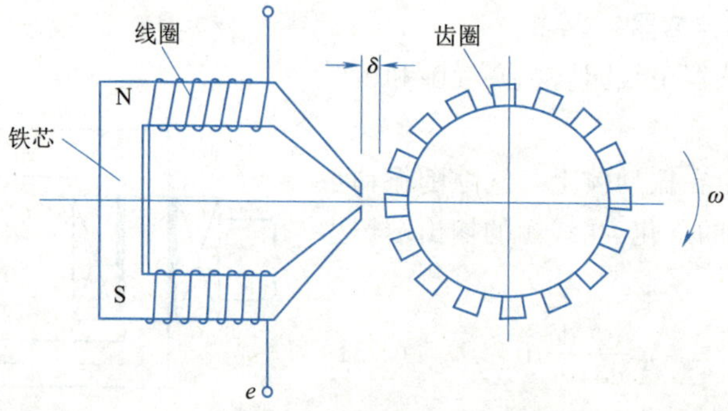

图 1-31　齿型传感器工作原理

齿型传感器主要用于转动相应物理量的量测。传感器输出信号为电势变化的频率。当齿圈每转过一个齿时,气隙由小到大变化一次,产生一个脉冲波,其频率为

$$f=\frac{Nn}{60} \tag{1-32}$$

式中:f——感应电势的变化频率(Hz);

N——齿圈上的齿数;

n——齿圈的转速(r/min)。

由于齿数 N 是常数,故电势的变化频率 f 只与被测量物体的转速 n 成正比。若取齿数 N 为 60,则频率 f 恰巧等于转速,故这种传感器可以测量角速度及转速,这是其特点所在。

3.压电晶体式传感器

根据晶体压电效应制成的传感器称为压电晶体式传感器,如图 1-32 所示。

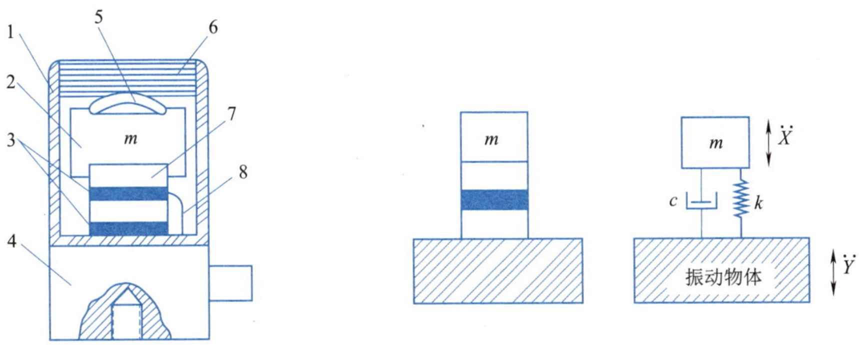

图 1-32 压电加速度传感器构造与工作原理

1—壳体;2—惯性块;3—绝缘体;4—安装座;5—顶紧弹簧;6—顶盖螺母;7—压电晶体片;8—引线

压电效应是指某些晶体(如石英)在一定方向的力作用下,或者变形时,在晶面上会产生电荷。

目前振动测量中最常用的是压电式加速度传感器和力传感器。

压电式加速度传感器可以测量加速度,这种信号经采用电子方法一次积分后可以提供速度信号,二次积分后可以提供位移信号。这类传感器灵敏度高、频率范围广、动态范围大、线性良好、质量小、体积小、安装方便,适用于各种不同的工作环境,故在振动和冲击测量中得到了广泛应用。

压电晶体式传感器主要由预紧弹簧、惯性块、压电元件、壳体和安装座等组成。压电元件和惯性块构成了振动系统,其固有频率一般都很高,大部分在 10 ~ 15 kHz 以上。

由机械惯性式加速度传感器的原理得知,当被测频率远小于传感器的固有频率时,惯性块的相对运动与被测物体的振动加速度成正比,惯性质量产生的惯性力作用于压电元件上,产生压电效应,在元件的两级面生成电荷。

压电加速度传感器可以简化为一个单自由度的二阶力学系统,运动方程为

$$m(\ddot{X} + \ddot{Y}) + c\dot{X} + kY = 0 \tag{1-33}$$

式中:$\ddot{X}$、$\ddot{Y}$——传感器惯性块和振动物体的运动加速度;

m——惯性块质量;

c——阻尼系数。

设振动体做简谐运动,绝对位移为 $Y = Y_0\sin\omega t$ 代入式(1-33)有:

$$m\ddot{X} + c\dot{X} + kX = -mY_0\omega^2\sin\omega t \tag{1-34}$$

传感器的固有频率为

$$\omega_n = \sqrt{\frac{k}{m}} \quad (1/\text{s}) \quad 或 \quad f_n = \frac{1}{2\pi}\sqrt{\frac{k}{m}} \quad (\text{Hz})$$

式中：k——压电元件的刚度。

对于常见工程结构的振动，其固有频率多在几十赫以下，远小于压电晶体式传感器的固有频率，故有 $\omega_n \gg \omega$（即频比 $\omega/\omega_n \ll 1$）时，由惯性式加速度传感器原理知：

$$x = \ddot{Y} / \omega_n^2 \tag{1-35}$$

则作用在压电元件上的弹性力 F 为

$$F = xk = \frac{\ddot{Y}}{\omega_n^2} m\omega_n^2 = m\ddot{Y} \tag{1-36}$$

就是说，压电元件是在惯性块 m 的惯性力 F 作用下产生压电效应的，压电晶体式传感器的压电效应与被测对象的加速度成正比，因此可用来测量结构振动的加速度反应。

1.4.3 传感器的选用与安装

桥梁结构振动加速度一般为$(0.1 \sim 1) \times 10^{-3}\ m/s^2$，频率一般为 0.1 ~ 20 Hz，通常采用加速度传感器来传感结构的动力反应。

1.传感器的选用原则

①预估测试频率范围，以匹配合适的传感器。

②预估测试最大加速度，保证不超出传感器最大允许冲击加速度的 1/3。

一般说来，灵敏度高的传感器用于幅度小的振动，灵敏度低的传感器用于幅度大的振动。桥梁振动的加速度很小，频率也较低。

2.传感器的安装方法

①螺栓固定：这种方法最有效，但要在被测结构上钻孔，比较麻烦。

②永久磁铁安装：通过磁力将传感器吸附在振动体上，方法简单方便，效果不如螺栓固定。

③胶粘：胶粘材料有蜡、石膏、双面胶等，这种安装方法一般只能适用于常温。

④触杆传道：当传感器不便固定在结构上时，使用专用探杆使传感器与被测表面接触，来传道振动。一般用于频率在 1 000 Hz 以下的振动。

⑤用小砂袋放在传感器上方压紧，此方法只适用于平面放置的传感器。

⑥用快干胶或环氧树脂粘贴。

1.4.4 动位移的测量

桥梁结构动位移测量方法如下：

①使用应变梁式位移传感器测得位移时程曲线。多数情况下现场难以找到稳定的传感器安装支架，临时搭建耗费大量工时。

②通过对测试速度或加速度时程曲线进行积分计算获得位移时程曲线。往往由于边界条件误差及累积计算误差导致测试结果准确度不高。

③采用激光图像测量方法直接测得位移时程曲线。此方法实用性很高，精度也能满足要求。原理是使用感光系统记录桥梁结构上安装的光学标志点（有靶）、桥梁结构表面微像点（无靶），当标志点随桥梁产生振动时，接收的图像位置发生变化，就可得出桥梁振动的位移值。

1.5 其他参数测试仪器与技术

1.5.1 裂缝宽度的测量

混凝土结构裂缝的宽度、深度、分布对结构受力、变形、破坏有重要意义。裂缝检测方法如下。

1.裂缝检测仪

裂缝检测仪给检测工作带来极大方便。有单独的裂缝宽度检测仪,也有宽度、深度、走向的综合裂缝检测仪;有静态,也有动态的裂缝检测仪器;有接触式,也有远距离观测的裂缝检测仪。这些仪器不但精度、量程、数据记录、存储能满足使用要求,实施检测也极其方便、快捷。

2.肉眼观察

肉眼观察一般要借助简单的观察工具。读数显微镜如图1-33所示,其最小刻度值要求不大于0.05 mm。另外,有用印刷有不同宽度线条的裂缝标准宽度板与裂缝对比量测。再就是使用一组塞尺,刚好插入裂缝的塞尺的厚度,即裂缝宽度。后两种方法比较粗略,但能满足一般测试要求。

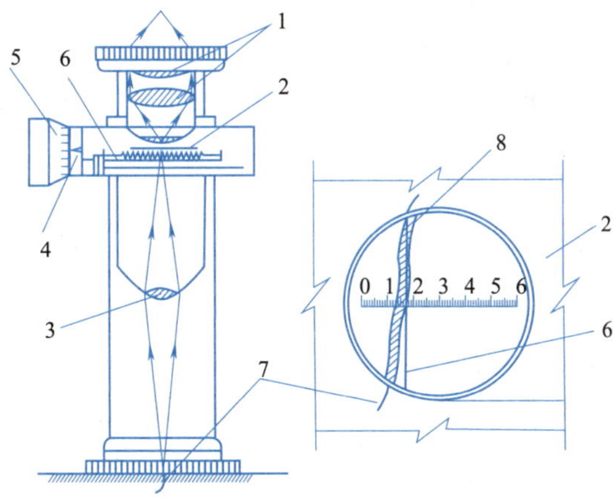

图1-33 读数显微镜

1—目镜、场镜;2—上分划板;3—物镜;4—读数指针;5—读数轮鼓;6—下分划板;7—放大前裂缝;8—放大后裂缝

3.振弦式裂缝计

振弦式裂缝计用于测量裂缝宽度的变化。其构造如图1-34所示,原理是弹簧被拉长导致张力变化,振弦张力与其频率成正比,测出振弦的频率即可确定弹簧的伸长,从而确定裂缝宽度的变化。

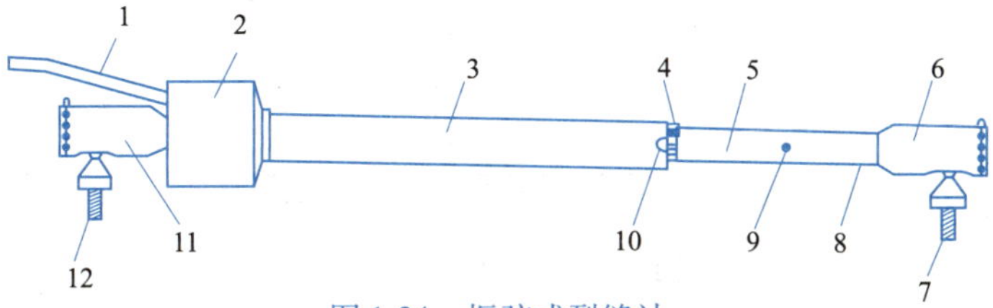

图1-34 振弦式裂缝计

1—仪器电缆;2—线圈及温度计;3—套管(保护管);4—尼龙扎带;5—连接杆;6、11—球形万向节;7—安装螺栓;8—螺纹适配器;9—定位销;10—定位槽;12—固定螺栓

1.5.2 作用力及结构内力的测量

1.测力计

测力计用来测定作用力。

图1-35所示为环箍式拉力计，用于测量张拉钢丝或钢丝绳拉力。两片弓形钢板组成一个环箍，在拉力的作用下，环箍产生变形，通过一套机械传动放大系统带动指针转动，指针在刻度盘上的示值即为拉力值。

图1-36所示为另一种环箍式拉、压测力计。它用钢环作“弹簧”，在拉、压力作用下的变形经过杠杆放大后推动位移计工作。位移计示值与环箍变形关系应预先标定。

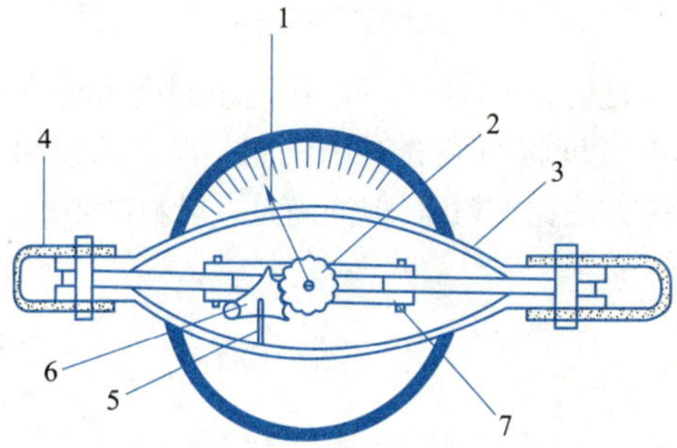

图1-35 环箍式拉力计

1—指针；2—中央齿轮；3—弓形弹簧；4—耳环；5—连杆；6—扇形齿轮；7—可动接板

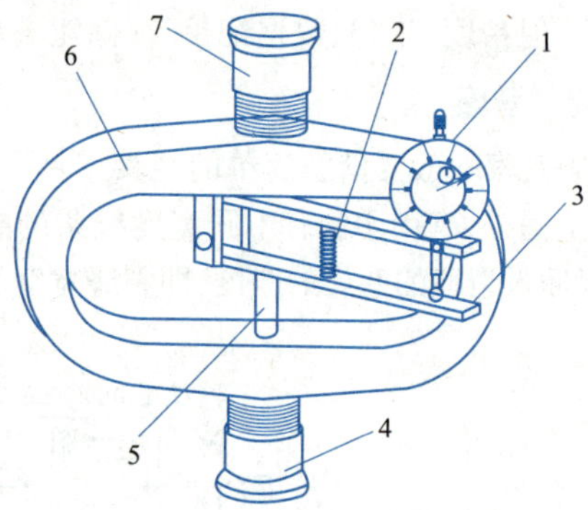

图1-36 环箍式拉、压测力计

1—位移计；2—弹簧；3—杠杆；4、7—上下压头；5—立柱；6—钢环

2.液压千斤顶

液压千斤顶是桥梁施工中张拉预应力钢筋、吊索及系杆的主要机具，其张拉力的控制是通过液压千斤顶的液压表来实现的。因此，可以通过事先精确标定液压表读数与千斤顶张拉力的对应关系，便可在张拉预应力钢筋、吊索及系杆时，通过液压表来测量、调整千斤顶的张拉力。

3.荷载传感器

荷载传感器如图1-37所示，是利用应变测试技术来量测荷载的大小，又称力传感器，通常用来量测荷载、支座反力以及其他各种外力的大小。其核心部件是一个厚壁筒，在壁筒上贴有电阻应变片，以便将机械变形转换为电信号，为便于设备或试件连接，在筒壁两端加工有螺纹。

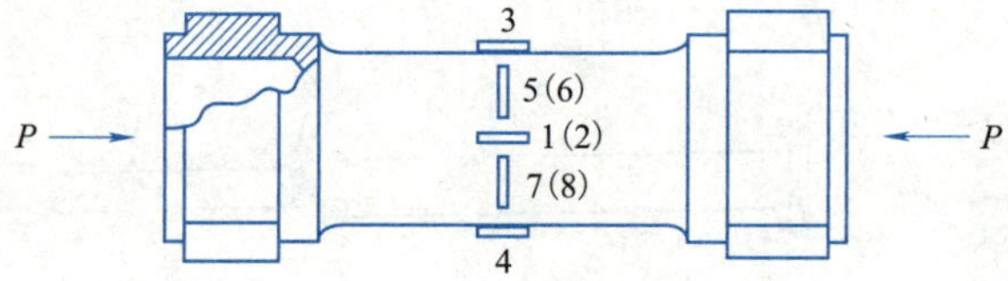

图1-37 应变式荷载传感器

荷载传感器的构造简单，使用者可根据实际需要自行设计和定制。如在测量悬索桥主缆索股的轴力或斜拉桥及系杆拱桥的拉索索力时，可将荷载传感器设计成穿心式压力环，预先安装在锚

头与垫板之间，通过穿心式压力环来量测索力大小。此外，随着应变测试技术的发展，可采用光纤光栅应变计或钢弦应变计替换荷载传感器中的电阻应变片，制成光纤光栅压力环或振弦压力环等。荷载传感器在安装之前，应精确标定、掌握其荷载应变的线性性能和标定常数。

4.索力测量

索结构桥梁包括斜拉桥、悬索桥、系杆拱桥等，因为外形美观、跨度大、结构轻盈而大量涌现。这些桥型中，悬索、拉索或吊杆除了是桥梁受力体系中的一个必要环节外，重要的是索力会改变桥梁上部结构的受力形态。因此，准确测试实际索力大小在施工监控和成桥检测中显得尤为重要。

（1）振动测定法

通过振动测试得出索的自振频率来求算索力。该方法简单方便，所用的仪器与测试元件可以重复使用，不消耗一次性仪表也不需要事先预埋，尤其适用成桥索力测量，但存在测试精度不高的缺点。振动法测量索力仪器配置图如图1-38所示。

图1-38 振动法测量索力仪器配置图

现场测试时可采用激振器激振或人工锤击激振，使用专用的索夹或绑带将加速度传感器固定在拉索上，进行激振和数据采集。

拉索的振动微分方程为

$$\frac{\omega \partial^2 y}{g \partial t^2} - P\frac{\partial^2 y}{\partial x^2} = 0 \tag{1-37}$$

式中：y——横坐标（垂直于索的长度方向）；

x——纵坐标（索的长度方向）；

w——单位索长的质量；

g——重力加速度；

P——索的张力；

t——时间。

在索两端固定的条件下，由式（1-37）可以求出拉索的自振频率及拉索索力：

$$f_n = \frac{n}{2l}\sqrt{\frac{Pg}{w}} \tag{1-38}$$

$$P = \frac{4wl^2}{g}\left(\frac{f_n}{n}\right)^2 \tag{1-39}$$

式中：f_n——索的第n阶自振频率；

l——索的计算长度；

n——振动阶数。

这样，测定拉索频率后，就可通过简单的计算得出其实际索力。

（2）张拉千斤顶测定法

在拉索张拉过程中使用千斤顶测定索的张力来控制张拉，但不能测试成桥的索力。

（3）压力传感器测定法

预先在锚头与垫板之间埋设永久性传感器来测定索的张力，一个传感器只能测一根索的张力，会增加工程成本。

1.5.3 桥梁环境参数的测量

在桥梁检测中，特别是在大跨度桥梁的施工监测及长期健康监测中，结构周围及内部的环境参数也是需要量测的重要参数。如通过风荷载监测，把握该桥址处的风荷载真实状况，通过湿度和温度监测修正混凝土徐变系数，通过对桥梁车辆载重和流量等信息的自动采集，以对该桥的荷载进行统计分析，并进行结构状态评定。

1.自然环境参数的测量

环境温、湿度的测量，一般采用常用的气象监测温湿度仪；风速风向的测量一般采用常用的气象风速风向监测仪。对于桥梁结构内部温度测量，则需将温度传感器埋置于结构内部测点位置或将其黏附在被测物的表面进行温度测量，可采用热敏电阻温度计或光纤光栅温度计，通过配置相应的读数仪可直接读出温度数值。

2.车辆荷载情况监测

对过桥车辆情况进行监测，主要是监测过桥车辆数量、车型、车重（轴重）、车速等信息，可采用车流量监测仪和动态称重系统进行监测，在此基础上进行统计分析，即可得出运营车辆荷载的统计特征。

习　题

1. 简述桥梁工程试验检测的量测内容。
2. 简述桥梁工程试验检测仪器的分类。
3. 简述桥梁工程试验检测仪器设备的参数指标。
4. 简述计量检定的含义。
5. 简述仪器标定的分类。
6. 简述电阻应变量测技术的含义。
7. 简述电阻应变片的构造。
8. 简述电阻应变片的指标。
9. 简述电阻应变片的分类。
10. 简述电阻应变片的选用。
11. 简述电阻应变片的粘贴。
12. 简述振弦式应变计的技术指标。
13. 简述振弦式应变计的安装方法。
14. 简述百(千)分表使用注意事项。
15. 简述测量桥梁挠度时的注意要点。
16. 简述 GPS 定位的类别。
17. 简述传感器的选用与安装方法。

模块2

桥梁技术状况评定

知识目标

1. 熟悉桥梁结构的组成与分类。
2. 掌握桥梁检查的内容与方法。
3. 熟悉桥梁技术状况评定方法。

能力目标

1. 能够熟练查阅规范、标准进行桥梁技术状况评定计算。
2. 能掌握5类桥梁技术状况单项控制指标。
3. 能掌握各结构形式桥梁部件分类及权重值。

模块要点

1. 桥梁基本知识。
2. 桥梁检查。
3. 桥梁技术状况评定。

桥梁随着使用时间的增长，使用性能都会衰减。例如结构形式、设计细部、建筑材料、施工质量、交通荷载作用、水流冲刷、大气环境、自然灾害等因素都会使桥梁结构功能退化。

桥梁技术状况评定是桥梁管理系统的核心内容。《公路桥梁技术状况评定标准》(JTG/T H21—2011)采用分层综合评定与单项指标控制相结合的方法对桥梁技术状况进行评定。该标准为我国公路建设的快速发展，提供更为科学的桥梁养护决策依据。

桥梁技术状况评定包括桥梁检查和评价两方面内容。桥梁管理者可根据桥梁检查和评定结果制定养护对策。桥梁检查必须由专业人员承担，以专业的方式进行。桥梁检查必须对任何退化或缺陷的范围和严重程度做出判断，精确地记录桥上发现的任何缺陷。进行桥梁技术状况评定的技术人员要有大量的实际评定经验，按照相应的标准和规程对桥梁进行评定。

2.1 桥梁基本知识

2.1.1 桥梁结构的组成

桥梁是跨越障碍,承受移动荷载的结构物。一般由上部结构、下部结构、支座、桥面系及附属设施等部分组成,如图 2-1 和图 2-2 所示。

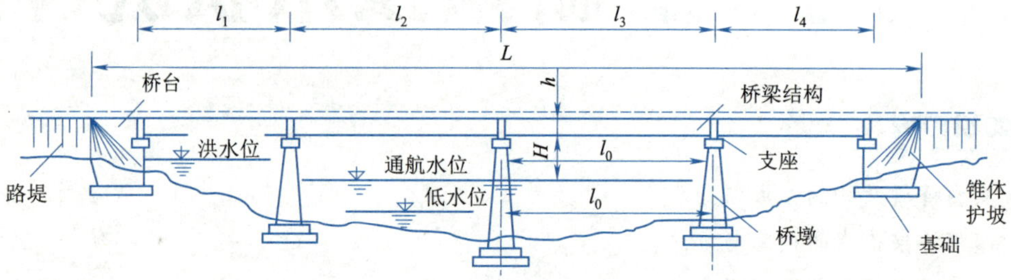

图 2-1　梁式桥基本组成

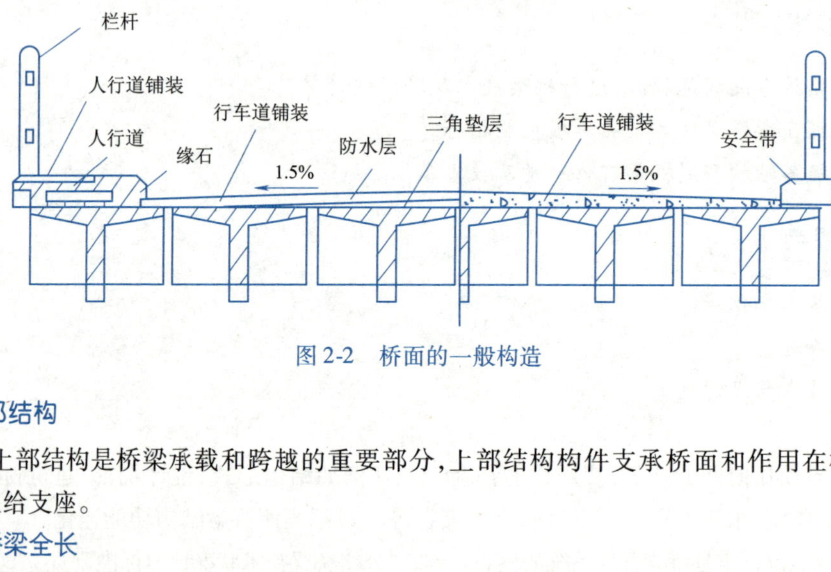

图 2-2　桥面的一般构造

1.上部结构

桥梁上部结构是桥梁承载和跨越的重要部分,上部结构构件支承桥面和作用在桥面上的荷载,并传递给支座。

(1)桥梁全长

桥梁全长用 L 表示。

①无桥台。桥面系的行车道长度。

②有桥台。两岸桥台侧墙或八字墙尾端之间的距离。

(2)净跨径

净跨径用 l_0 表示。

①梁式桥。设计洪水位上相邻两桥墩(或桥台)间的水平净距。

②拱式桥。每孔拱跨两拱脚截面最低点之间的水平距离。

(3)计算跨径

计算跨径用 L_0 表示。

①设支座。相邻两支座中心之间的水平距离。

②不设支座。上下部结构的相交面之中心间的水平距离。

③桥梁结构的分析计算以计算跨径为准。

(4)标准跨径

标准跨径用$L_k(k=1,2,\cdots)$表示。

①梁式桥。两相邻桥墩中线间水平距离或桥墩中线与台背前缘之间的水平距离,又称单孔跨径。

②拱式桥和涵洞。是指净跨径。

③标准跨径是划分大、中、小桥及涵洞的指标之一。

(5)总跨径

总跨径用$\sum l_0$表示。

多孔桥梁中各孔净跨径的总和,它反映桥梁排泄洪水的能力。

2.下部结构

桥梁下部结构是支承桥梁上部结构并将荷载传给地基的建筑物,一般由桥台、桥墩和基础组成。

(1)桥台

①桥台设在桥梁两端。

②桥台为上部结构提供端点支承。

③桥台与路堤连接,防止路堤滑塌。

④桥台两侧常做一些防护和导流工程。

⑤桥台基本类型。包括全高度或悬臂桥台(见图2-3),镂空或敞开式桥台(见图2-4)。

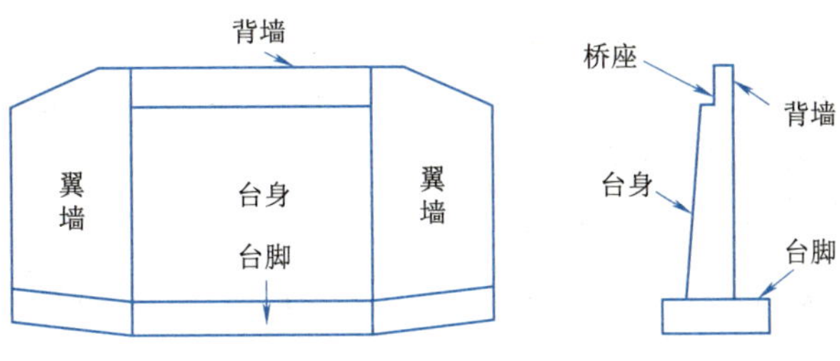

图2-3 悬臂桥台

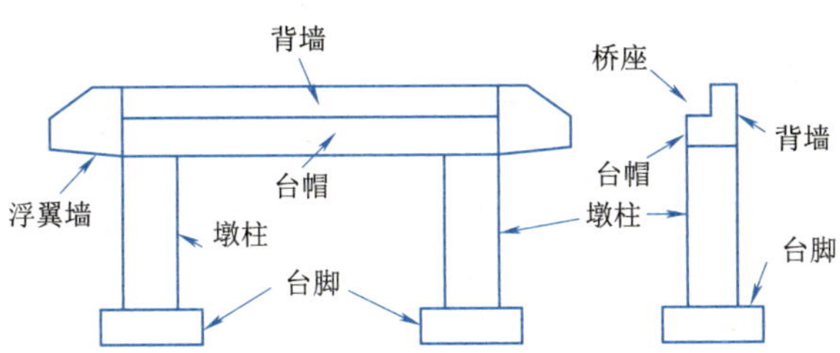

图2-4 敞开式桥台

(2)桥墩

①桥墩在两桥台之间。

②桥墩的作用是支承桥跨结构。

③桥墩以对交通流量或水流形成最低障碍的方式,沿桥跨中间点为上部结构提供支承。

④桥墩的基本类型。实体墩、立柱墩和悬臂(锤头)墩。

3.支座

(1)桥梁支座是支承上部结构并将荷载传给下部结构的装置,设于桥(墩)台顶部。

(2)桥梁支座能够保证上部结构在荷载、温度变化或其他因素作用下的位移功能。

(3)固定支座。不允许上部结构水平移位或运动。

(4)滑动支座。允许上部结构水平移位。

(5)固定和滑动支座都允许转动。

4.桥面系及附属设施

(1)桥面系及附属设施的组成

①桥面系一般包括桥面铺装、栏杆(防撞墙)、人行道、伸缩缝、照明系统等。

②附属设施一般包括桥头搭板、护坡、导流堤等。

(2)桥面系的作用与功能

①桥面系的作用是为通过桥梁的交通提供一个顺畅和安全的车道。

②桥面系的功能是将桥上的恒活载传递给桥梁承重构件。

(3)桥面的受力形式

①组合桥面。与支承构件共同提高上部结构能力。

②非组合桥面。不与支承桥面的构件共同作用,不参与上部结构的结构能力。

2.1.2 桥梁的分类

按照桥梁的特性可以对桥梁进行不同的分类,说明桥梁在某一方面的特征。

1.按工程规模分类

《公路桥涵设计通用规范》(JTG D60—2015)按桥梁单孔跨径或多孔跨径总长将桥梁分为特大桥、大桥、中桥、小桥、涵洞五类,见表2-1。

表2-1 桥梁涵洞分类

桥涵分类	多孔跨径总长 L/m	单孔跨径 L_k/m	桥涵分类	多孔跨径总长 L/m	单孔跨径 L_k/m
特大桥	$L>1\ 000$	$L_k>150$	小桥	$8\leqslant L\leqslant 30$	$5\leqslant L_k<20$
大桥	$100\leqslant L\leqslant 1\ 000$	$40\leqslant L_k\leqslant 150$	涵洞	—	$L_k<5$
中桥	$30<L<100$	$20\leqslant L_k<40$			

注:1. 单孔跨径是指标准跨径。

2. 梁、板式桥的多孔跨径总长为多孔标准跨径的总长;拱式桥为两岸桥台内起拱线之间的距离;其他形式桥梁为桥面系行车道长度。

3. 管涵及箱涵不论管径或跨径大小、孔数多少,均称为涵洞。

4. 标准跨径:梁式桥、板式桥以两桥墩中线之间桥中心线长度或桥墩中线与桥台台背前缘线之间桥中心线长度为准;拱式桥和涵洞以净跨径为准。

2.按桥梁的结构体系和受力特点分类

按照桥梁的结构体系和受力特点,将桥梁划分为梁式桥、拱式桥、刚构桥和连续刚构桥、索结构桥(悬索桥、斜拉桥)、桁架桥等。

1)梁式桥

梁式桥是指在竖向荷载作用下,支座只产生竖向反力而无推力的梁式体系的桥梁。梁体结构只受到弯距、剪力的作用,不承受轴向力。主要以梁作为承重结构来承受荷载作用。按照支承性质和跨度之间的相互关系,分为简支、悬臂和连续梁,如图 2-5 所示。

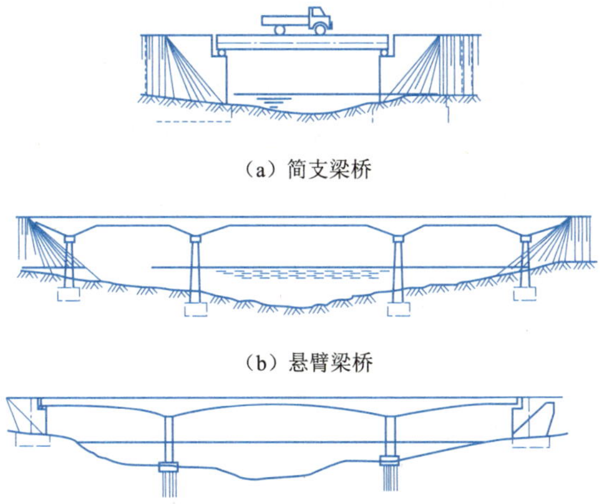

(a)简支梁桥

(b)悬臂梁桥

(c)连续梁桥

图 2-5 三种梁式桥示意图

(1)简支跨

简支跨是只有两个支座的桥跨,每个支座处于或接近跨端。简支跨桥可以在两端以两个桥台支承,也可以多跨且各跨相互独立。

简支跨桥梁的特点如下:

①两支座反力之和等于所有作用力之和;

②支座处剪力最大,跨中处剪力为零;

③整跨都是正弯矩,跨中弯矩最大,支座处弯矩为零;

④加载时,桥跨向下挠曲和支座处转动;

⑤上部结构中性轴以下部分受拉,以上部分受压。

(2)连续跨

连续跨桥两端由两桥台支承,桥跨间连续有一个或多个桥墩,各跨行为与相邻跨相关。

连续跨桥梁的特点如下:

①支座反力取决于跨度设置和荷载分布;

②支座处剪力最大,跨中或其附近为零;

③正弯矩在各跨跨中或跨中附近最大,负弯矩在中间支座处最大,端部支座处弯矩为零,每个中间跨还有两个位置弯矩为零(拐点);

④正弯矩时,梁的顶部受压,底部受拉;负弯矩时,梁的顶部受拉,底部受压。

⑤加载时,跨间下挠和支座(即桥台活桥墩)处转动。

(3)悬臂梁跨

悬臂梁跨是一端完全自由,另一端转动和挠度受约束。约束端又称固定支座。

悬臂梁的特点如下：

①固定支座处剪力最大，自由端处剪力为零；

②固定支座处弯矩值最大，自由端处弯矩为零；

③整个跨内弯矩是负的，加载时，跨间下挠，但支座没有旋转或变形；

④悬臂通常起延展连续跨的作用，悬臂支座处的弯矩和转动取决于相邻跨。

2）拱式桥

拱式桥主要承重结构是具有曲线外形的拱，如图 2-6 所示。

在竖向荷载作用下，拱的两端支承处除有竖向反力外，还有水平推力。拱圈的截面形式有实体矩形、肋形、箱形、桁架等类型。

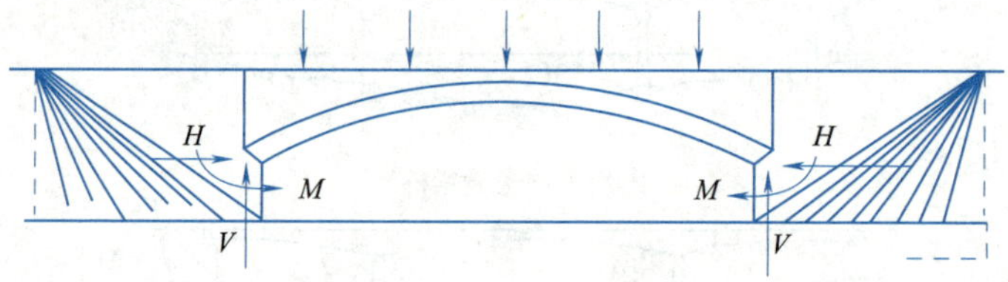

图 2-6　拱式桥示意图

根据行车道的位置，拱桥的桥跨结构分为上承式、下承式或中承式三种类型，如图 2-7 所示。

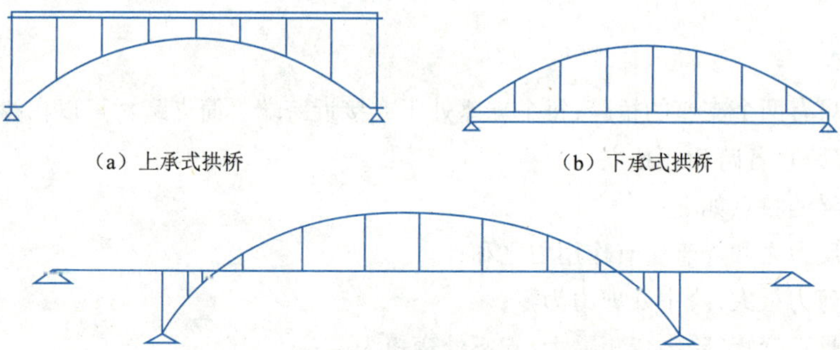

（a）上承式拱桥　（b）下承式拱桥　（c）中承式拱桥

图 2-7　上承式、下承式及中承式拱桥图示

拱式桥跨结构按照静力图式可分为简单体系拱桥和组合体系拱桥。

（1）简单体系拱桥

按照主拱的静力特性，拱可分为三铰拱、两铰拱和无铰拱，如图 2-8 所示。

（a）三铰拱　（b）两铰拱　（c）无铰拱

图 2-8　拱桥静力图示

三铰拱桥属外部静定结构，但是由于铰的存在，其构造复杂，施工困难，维护费用高，一般较少采用。

两铰拱介于三铰拱和无铰拱之同，属外部一次超静定结构。钢结构拱桥中采用较多，钢筋混凝土桁架拱桥都属于两铰拱。

无铰拱属外部三次超静定结构，由于无铰，结构整体刚度大，构造简单，施工方便，维护费用少。双曲拱桥、石拱桥和混凝土拱桥多采用无铰拱。

(2)组合体系拱桥

组合体系拱桥是指行车系的行车道梁与拱组合共同受力的结构形式。分为有推力和无推力两类。

有推力组合体系拱中没有系杆，由单独墩梁和拱共同受力，拱的推力由墩台承受。刚性梁柔性拱组合称倒蓝格尔拱，刚性梁刚性拱组合称倒洛泽拱，如图 2-9 所示。

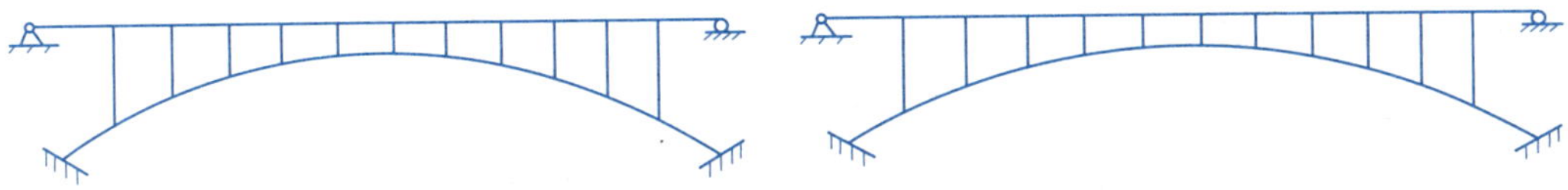

(a) 倒蓝格尔拱　　(b) 倒洛泽拱

图 2-9　有推力组合体系拱

无推力组合体系拱中，具有竖直吊杆的柔性系杆刚性拱，称系杆拱；刚性系杆柔性拱，称蓝格尔拱；刚性系杆刚性拱，称洛泽拱，如图 2-10 所示。

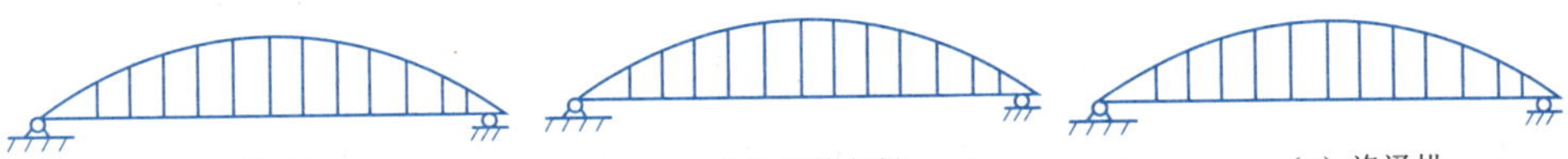

(a) 系杆拱　　(b) 蓝格尔拱　　(c) 洛泽拱

图 2-10　无推力组合体系拱

这三种拱，当用斜吊杆代替竖直吊杆时，称为尼尔森拱。该类桥型中系杆是平衡拱推力的重要受力构件。

3)刚构桥和连续刚构桥

刚构桥是指桥跨结构和墩台(支柱)整体刚性连接的桥梁，如图 2-11 所示。

(a) 斜腿刚构桥　　(b) 连续刚构桥

图 2-11　刚构桥示意图

刚构桥适用于中小跨径、建筑高度要求较严的城市或公路跨线桥。

连续刚构桥是连续梁桥和 T 形刚构桥的组合形式，主梁为连续梁体与桥墩固结，形成柔性墩。上部结构受力特点与连续梁相同，而桥墩底部所承受的弯矩、梁体内的轴力随着墩高的增加而减小。大跨径预应力混凝土桥梁通常采用连续刚构结构体系，跨径为 100 ~ 300 m。

4)索结构桥

索结构桥主要有悬索桥和斜拉桥。拉索抵抗上部结构荷载，并将力传递给下部结构锚碇、索塔。索支承桥梁的方式可以悬吊也可以斜拉。

(1)悬索桥

悬索桥主要由主索(大缆)、主塔、锚碇、加劲梁、吊杆等组成，如图 2-12 所示。

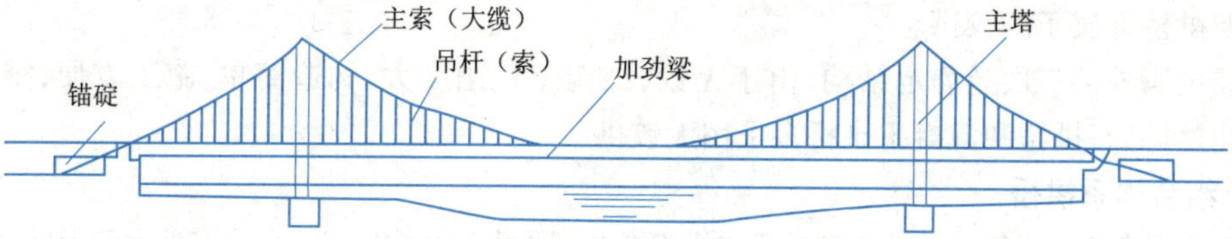

图 2-12　悬索桥示意图

悬索桥采用柔性缆索作为承重结构，主缆索截面只承受拉力。桥面一般设置刚性加劲梁，加劲梁通过吊杆将桥面竖向荷载传递给主缆。

(2)斜拉桥

斜拉桥由塔、梁、拉索组成，如图 2-13 所示。

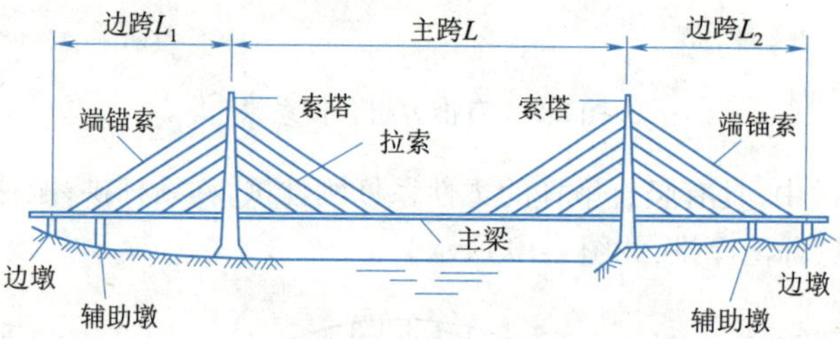

图 2-13　斜拉桥示意图

斜拉桥采用缆索作为承重结构。在竖向荷载作用下，梁以受弯为主，塔以受压为主，斜拉索则承受拉力。梁体被斜拉索多点扣拉，表现出弹性支承连续梁的特点。

根据塔、梁之间结合方式的不同，斜拉桥结构分为漂浮体系、支承体系、塔梁固结体系、刚构体系，如图 2-14 所示。

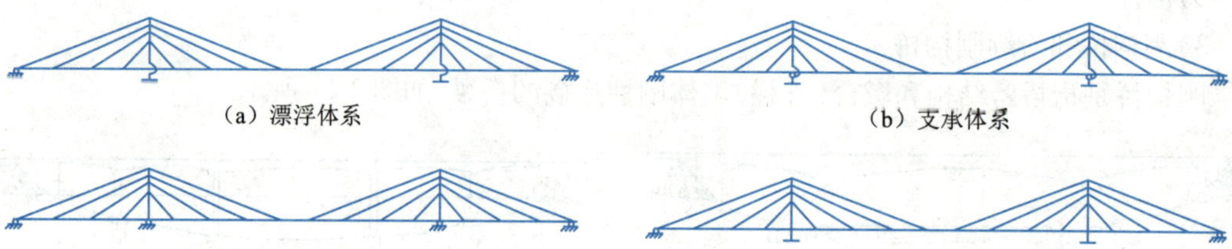

(a) 漂浮体系　(b) 支承体系　(c) 塔梁固结体系　(d) 刚构体系

图 2-14　斜拉桥塔梁联结方式示意图

5)桁架桥

桁架作为桥梁的主要承载构件，跨径从短到长，有简支、多跨和连续跨等形式。

桁架桥上部结构通常由两个平行桁架组成，桁架桥跨根据桁架相对于桥面的位置分为上承式、下承式或中承式三种类型，如图 2-15 所示。

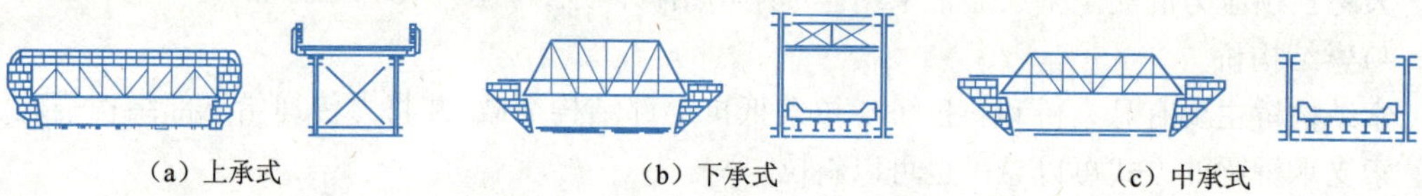

(a) 上承式　(b) 下承式　(c) 中承式

图 2-15　桁桥三种支承图示

3.按建筑材料分类

桥梁按承重结构材料可分为木桥、石桥、混凝土桥、钢桥等。其中配筋混凝土桥和钢桥应用最广。

(1)配筋混凝土桥

配筋混凝土桥梁由混凝土杆件来承受轴向和弯曲荷载。混凝土受弯构件一般使用普通钢筋或预应力高强钢筋形成钢筋混凝土或预应力混凝土。

钢筋混凝土构件的类型主要有矩形梁、T形梁、槽形梁、板等。根据混凝土材料受压能力强、受拉能力弱的特性,在构件的受拉区配置钢筋以抵抗各种拉应力。主要用于小跨径桥梁,作为上部结构构件和支承桥面使用。

预应力混凝土梁使用高强度混凝土,使构件能够大跨度承载。现今预应力混凝土简支箱形梁单跨已做到70 m,连续刚构桥的跨度也已超过300 m。

(2)钢桥

桁架桥、悬索桥和斜拉桥都是以钢结构为主的桥型。随着钢材的强度和质量不断提高,钢桥构件可以承受更重的载荷和承受活荷载的不断冲击和振动。另外,钢结构的组合形式和焊接技术的不断进步为设计桥梁构件提供了很大的灵活性,许多跨海跨江特大钢桥的建设是最好的实例。

4.桥梁其他分类

(1)按跨越障碍的性质分类

按跨越障碍的性质,桥梁可分为跨河桥、跨谷桥、跨线桥(立交桥)和高架桥等。

(2)按用途分类

按用途,桥梁可分为公路桥、城市桥、铁路桥、公铁两用桥、人行桥、水渠桥、管道桥等。

(3)按桥梁平面形状分类

按桥梁平面形状,桥梁可分为正交桥、斜桥和弯桥等。

2.2 桥梁检查

桥梁检查是对桥梁的外观、结构形状尺寸、各部分基本功能所做的初步判识和诊断。一种典型情况,就是桥梁的管养部门对于管内年久失修的桥梁委托检测机构进行所谓的定期检查或者特殊检查,为运营、养护、维修、改造提供依据,而对于一座要进行荷载试验的桥梁,检测部门往往把桥梁检查当作桥梁检测的起步工作,被现场称作“外观检查”。

鉴于我国部分既有桥梁档案资料的缺失给桥梁管养工作带来的诸多问题,既有桥梁生命期内的所有技术文件的搜集整理也被视为桥梁检查工作的重要内容。一般认为,桥梁检查需要收集如下技术资料。

①行政资料:包括桥梁本身以及交通线路、河流等自然概况和历史变迁。

②设计资料:包括桥梁设计图纸、计算书、桥位地质钻探资料等。

③施工资料:包括施工记录和材料试验报告,桥梁竣工图纸及说明书等。

④维修及养护资料:包括历次桥梁检查记录、维修养护记录及有关图纸。

⑤检测资料:包括以往检测原始资料以及评定报告。

⑥交通量调查和使用荷载调查资料:包括经常通过车辆的车型、载重量及交通量资料;历史上

通过特殊车辆的记录。

我国在役桥梁分属公路、铁路、市政三个行业管理。拟进行的桥梁检查要根据桥梁行政归属分别依据交通运输部《公路桥涵养护规范》(JTG H11—2004)、住房和城乡建设部《城市桥梁养护技术标准》(CJJ 99—2017)进行。公路桥梁检查分为经常检查、定期检查和特殊检查;市政桥梁检查则分为经常性检查、定期检测和特殊检测;铁路桥梁因为荷载特定(一般仅限于铁路列车),其"桥梁现状检查"也更具铁路特点。

比较有代表性的公路桥梁检查要点如下。

(1)经常检查

主要指对桥面设施、上部结构、下部结构及附属构造物的技术状况进行的检查。

(2)定期检查

为评定桥梁使用功能,制订管理养护计划提供基本数据,对桥梁主体结构及其附属构造物的技术状况进行的全面检查,它为桥梁养护管理系统搜集结构技术状态的动态数据。

(3)特殊检查

特殊检查是查清桥梁的病害原因、破损程度、承载能力、抗灾能力,确定桥梁技术状况的工作。

特殊检查分为专门检查和应急检查。

①专门检查。根据经常检查和定期检查的结果,对需要进一步判明损坏原因、缺损程度或使用能力的桥梁,针对病害进行专门的现场试验检测、验算与分析等鉴定工作。

②应急检查。当桥梁受到灾害性损伤后,为了查明破损状况,采取应急措施,组织恢复交通,对结构进行的详细检查和鉴定工作。

2.2.1 经常检查

经常检查是指桥梁管养部门的专职桥梁养护人员,平时每月至少一次,采用目测辅以简单工具的方法,对桥梁结构及附属设施进行的巡视检查。经常检查要当场填写《桥梁经常性检查记录表》,登记所检查项目的缺损类型,估计缺损范围,为养护维修计划的制订提供依据。经常性检查中发现桥梁重要部件存在明显缺损时,应及时立即向上级提供专项报告。

经常检查应包括下列内容:

①桥面是否平整,有无裂缝、局部坑槽、波浪、碎边,桥头是否跳车。

②桥面泄水管是否堵塞或损坏。

③桥面是否整洁,有无杂物堆积。

④伸缩装置是否存在堵塞、变形、漏水、跳车、连接件松动等现象。

⑤人行道铺装是否破损,栏杆、护栏是否破损、断裂,装饰材料有无损坏。

⑥上下部结构位置是否有异常变化。

⑦墩台、锥坡、翼墙、桥台后背墙有无局部开裂、破损、塌陷等,桥头排水沟、人行台阶是否完好。

⑧声屏障是否倾斜、破损,屏板、隔音板、安全网的固定端是否松动。

⑨交通信号、标志、标线、照明设施是否完好。

⑩其他部位是否有较明显的损坏。

2.2.2 定期检查

定期检查是指桥梁管养部门组织或委托专门的桥梁检测人员,一般至少每三年一次,采用目测结合仪器的方法，对桥梁主体结构及其附属构造物的技术状况进行的全面细致检查。定期检查要校核桥梁基本数据，并当场填写《桥梁定期检查记录表》，依据缺损原因，提出维修、特殊检查、限制交通、改建等建议。

1.公路桥梁定期检查

①现场校核桥梁基本数据。

②当场填写《桥梁定期检查记录表》，记录各部件缺损状况并做出技术状况评分。

③实地判断缺损原因，确定维修范围及方式。

④对难以判断损坏原因和程度的部件，提出特殊检查（专门检查）的要求。

⑤对损坏严重、危及安全运行的危桥，提出限制交通或改建的建议。

⑥根据桥梁的技术状况，确定下次检查时间。

2.桥面系构造的检查

①桥面铺装层纵、横坡是否顺适，有无严重的裂缝、坑槽、波浪、桥头跳车、防水层漏水。

②伸缩缝是否有异常变形、破损、脱落、漏水，是否桥头跳车。

③人行道构件、栏杆、护栏有无撞坏、断裂、错位、缺件、剥落、锈蚀等。

④桥面排水是否顺畅，泄水管是否完好、畅通，桥头排水沟功能是否完好，锥坡有无冲蚀、塌陷。

⑤桥上交通信号、标志、标线、照明设施是否损坏、老化、失效。

⑥桥上避雷装置是否完善，避雷系统性能是否良好。

⑦桥上航空灯、航道灯是否完好，能否保证正常照明。结构物内供养护检修的照明系统是否完好。

⑧桥上的路用通信、供电线路及设备是否完好。

3.钢筋混凝土和预应力混凝土梁桥的检查

①梁端头、底面是否损坏，箱形梁内是否有积水，通风是否良好。

②混凝土有无裂缝、渗水、表面风化、剥落、露筋和钢筋锈蚀。

③预应力钢束锚固区段混凝土有无开裂，沿预应力筋的混凝土表面有无纵向裂缝。

④梁（板）式结构的跨中、支点及变截面处，悬臂端牛腿或中间铰部位，刚构的固结处和桁架节点部位，混凝土是否开裂、缺损和出现钢筋锈蚀。

⑤装配式梁桥应注意检查连接部位的缺损状况。

4.拱桥的检查

①主拱圈的拱板或拱肋是否开裂、钢筋混凝土拱有无露筋、钢筋锈蚀。圬工拱桥砌块有无压碎、局部掉块，砌缝有无脱离或脱落、渗水，表面有无苔藓、草木滋生，拱铰工作是否正常。空腹拱的小拱有无较大的变形、开裂、错位，立墙或立柱有无倾斜、开裂。

②拱上立柱（或立墙）上下端、盖梁和横系梁的混凝土有无开裂、剥落、露筋和锈蚀。中、下承式拱桥的吊杆上下锚固区的混凝土有无开裂、渗水，吊杆锚头附近有无锈蚀现象，外罩是否有裂纹，锚头夹片、模块是否发生滑移，吊杆钢索有无断丝。采用型钢或钢管混凝土芯的劲性骨架拱桥，混凝土是否沿骨架出现纵向或横向裂缝。

③拱的侧墙与主拱圈之间有无脱落，侧墙有无鼓突变形、开裂，实腹拱拱上填料有无沉陷，肋拱桥的肋间横向连接是否开裂、表面脱落、钢筋外露、锈蚀等。

④双曲拱桥拱肋间横向连接拉杆是否松动或断裂，拱波与拱肋结合处是否开裂、脱开，拱波之

间砂浆有无松散脱落,拱波顶是否开裂、渗水等。

⑤薄壳拱桥壳体纵、横向及斜向是否出现裂缝及系杆是否开裂。

⑥系杆拱的系杆是否开裂,无混凝土包裹的系杆是否有锈蚀。

5.钢桥的检查

①构件是否扭曲变形、局部损伤。

②铆钉和螺栓有否松动、脱落或断裂,节点是否滑动、错裂。

③焊缝边缘有无裂纹或脱开。

④油漆层有无裂纹、起皮、脱落,构件有无锈蚀。

⑤钢箱梁封闭环境中的湿度是否符合要求,除湿设施是否工作正常。

6. 悬索桥和斜拉桥的检查

①检查索塔高程、塔柱倾斜度、桥面高程及梁体纵向位移,注意是否有异常变位。

②检测索体振动频率、索力有无异常变化,索体振动频率观测应在多种典型气候下进行。每观测周期不超过6年。

③主梁或加劲梁的检查,按预应力混凝土及钢结构的相应要求进行。

④悬索桥的锚碇及锚杆有无异常的拔动,锚头、散索鞍有无锈蚀破损,锚室有无开裂、变形、积水,温湿度是否符合要求。

⑤主缆、吊杆及斜拉索的表面封闭、防护是否完好,有无破损、老化。

⑥悬索桥的索鞍是否有异常的错位、卡死、辊轴歪斜,构件是否有锈蚀、破损,主缆索跨过索鞍部分是否有挤扁现象。

⑦悬索桥吊杆上端与主缆索的索夹是否有松动、移位和破损,下端与梁连接的螺栓有无松动。

⑧逐束检测索体是否开裂、膨胀及变形,必要时可剥开护套检查索内干湿情况和钢索的锈蚀情况。检查后应做好保护套剥开处的防护处理。

⑨逐个检查锚具及周围混凝土的情况,锚具是否渗水、锈蚀,是否有锈水流出的痕迹,周围混凝土是否开裂。必要时可打开锚具后盖抽查锚杯内是否积水、潮湿,防锈油是否结块、乳化失效,锚杯是否锈蚀。

⑩逐个检查索端出索处钢护筒、钢管与索套管连接处的外观情况。检查钢护筒是否松动脱落、锈蚀、渗水,抽查连接处钢护筒内防水垫圈是否老化失效,筒内是否潮湿积水。

⑪索塔的爬梯、检查门、工作电梯是否可靠安全,塔内的照明系统是否完好。

7.支座的检查

①支座组件是否完好、清洁,有无断裂、错位、脱空。

②活动支座是否灵活,实际位移量是否正常,固定支座的锚销是否完好。

③支承垫石是否有裂缝。

④简易支座的油毡是否老化、破裂或失效。

⑤橡胶支座是否老化、开裂,有无过大的剪切变形或压缩变形,各夹层钢板之间的橡胶层外面是否均匀。

⑥四氟滑板支座是否脏污、老化,四氟乙烯板是否完好,橡胶块是否滑出钢板。

⑦盆式橡胶支座的固定螺栓是否剪断,螺母是否松动,倒盆外露部分是否锈蚀,防尘罩是否完好。

⑧组合式钢支座是否干涩、锈蚀,固定支座的铆栓是否紧固,锚板或锚钉是否完好。

8.墩台与基础的检查

①墩台及基础有无滑动、倾斜、下沉或冻拔。

②台背填土有无沉降或挤压隆起。

③混凝土墩台及帽梁有无冻胀、风化、开裂、剥落、露筋等。

④石砌墩台有无砌块断裂、通缝脱开、变形,砌体泄水孔是否堵塞,防水层是否损坏。

⑤墩台顶面是否清洁,伸缩缝处是否漏水。

⑥基础下是否发生不许可的冲刷或掏空现象,扩大基础的地基有无侵蚀。

⑦桩基顶段在水位涨落、干湿交替变化处有无冲刷磨损、颈缩、露筋,有无环状冻裂,是否受到污水、咸水或生物的腐蚀。

2.2.3 特殊检查

特殊检查是由桥梁管养部门委托有资质、能力的检测机构,通过仪器设备的现场测试,对桥梁的病害破损、承载使用功能形成鉴定结论。特殊检查分为专门检查和应急检查。

1.专门检查

专门检查是根据经常检查和定期检查的结果,针对桥梁病害进行的进一步现场试验检测与验算分析工作。桥梁遇下列情况,应进行专门检查:

①定期检查中难以判明桥梁损坏程度和原因的桥梁;

②桥梁技术状况为四、五类的桥梁;

③拟通过加固手段提高荷载等级的桥梁;

④条件许可时,特殊重要的桥梁在正常使用期间可周期性进行荷载试验。

2.应急检查

应急检查是指桥梁遭受突发性灾害损伤后,应急进行的检查鉴定。桥梁遭受洪水、流冰、滑坡、地震、风灾、漂流物或船舶撞击、超重车辆通过或其他却异常情况影响造成灾害时应进行应急检查。

2.3 检测与评估的依据以及应提交的成果

2.3.1 检测与评估的依据

1.具有法规效力的依据

在进行检测工作以及在全部检测工作完毕后进行评估工作时,一定要有据有序进行。具有法规效力依据的主要有以下几点:

①委托方(业主)与被委托方签订的有效合同及其附件。

②被检测与评估的桥梁所在地政府、政府主管部门及质检部门对该桥有关的指令、意见、要求等。

③委托方向被委托方提供的该桥的原设计文件、原施工文件及竣工验收文件等。

④国家部委颁布的有关规范、标准等。

2.采用规范、标准时注意事项

①规范、标准等每隔数年会修订,应采用新版本。

②公路桥和公铁两用桥的公路桥采用公路桥规范

③铁路桥和公铁两用桥的铁路桥采用铁路桥规范。

2.3.2 检测评估应提交的成果

1.检测评估报告的主要内容

在进行全面检测、检算和分析的基础上，作出科学评估，得出符合实际情况的结论并提交检测评估报告以及必要的资料、图表、照片等。

所提交的检测评估报告应包括以下内容：

①检测目的。

②桥梁概况。

③桥梁现状。

④桥梁的静、动载检验。

⑤桥梁检算情况。

⑥桥梁承载力的分析评估。

⑦桥梁承载力的鉴定意见及附加条件。

⑧对维修加固工作的建议。

2.桥梁承载力的分析与评估

应充分利用调查、检测、载荷检验的资料，根据桥梁的结构特点，按以下几点综合验算、分析、评估桥梁的承载力及其使用条件。

1)结构的强度与稳定性

①依据相关规范、标准，结合业主所希望通过的载重等级，或依桥梁近期载重要求，按交通部门或(和)铁道部门颁布的荷载等级进行结构强度和稳定性检算。

为了充分利用桥梁，如按规范要求布置挂车或履带车检算桥梁承载力不能通过时，也可采用限制车辆运行路线(如加大车轮边缘与路缘石间距)、车间距和车速等措施进行桥梁承载力检算。

②根据桥梁的现状，参考原设计计算资料，进行结构主要控制截面、结构薄弱部位的检算。

检算时，应以实际调查量测到的结构各部位尺寸及材料强度为依据。若实际调查值与设计值相差不大时，仍可按设计值进行检算。有严重病害损伤的构件，应折减。

③桥梁主要构件在按规范要求进行强度及稳定性检算符合要求；同时桥梁使用状况较好时，可评定桥梁承载力符合检算荷载要求；否则，应降低检算荷载，重新进行检算。

④桥梁的非主要构件的强度和稳定性应满足检算要求，如不符合要求，应进行局部补强、加固或改建。

⑤仅由于少数结构构件混凝土有严重质量问题或病害损伤严重，或者是钢构件腐蚀严重、变形过大、甚至有裂纹等，影响了桥梁的承载力，致使检算不能通过时，可对少数构件进行补强或更换。

⑥对混凝土结构构件及钢结构构件轻微的质量问题，或位于结构次要部位的一般问题，在基本不削弱结构承载力的情况下，可不予补强。但应采取措施，防止已发生的质量问题继续恶化。

2)对桥梁结构刚度的要求

桥梁结构必须要有足够的刚度，以满足正常运营的需要。通常，用限制最大竖向挠度和横向最大振幅的办法来分别满足桥梁结构的竖向刚度和横向刚度。

(1)公路桥

荷载检测实测挠度的最大竖向挠度的允许值一般应不大于下列相应的计算值。

①按规定的汽车荷载(不计冲击力)计算的砖石及混凝土拱桥上部结构在一个桥跨范围内的正负挠度的最大绝对值之和不大于 $L/1\ 000$,用挂车或履带验算时,此挠度可增加20% 。

②钢筋混凝土桥梁,以汽车荷载(不计冲击力)计算的上部构造最大竖向挠度,不应超过下列允许值:梁式桥主梁跨中 $L/600$;梁式桥主梁悬臂端 $L_1/300$;桁架、拱 $L/800$。

③对预应力混凝土受弯构件,在短期使用荷载作用下最大竖向挠度的允许值,可按上述②的规定执行。

(2)铁路桥

荷载检测实测挠度的最大竖向挠度的允许值一般应不大于下列相应的计算值。

①简支钢板梁由静活载(不计冲击力)所引起的竖向挠度,不应超过其跨度的1/800。

②钢桁梁由静活载引起的竖向挠度(按平面桁架计算),简支桁梁及连续桁梁的边跨不应大于 $L/900$,连续桁梁的中跨不应大于 $L/750$。

③对钢筋混凝土和预应力混凝土结构,静活载所引起的最大竖向挠度应符合下列规定:简支梁不应超过跨度的1/800;连续梁边跨不应超过跨度的1/800,中间跨不应超过跨度的1/700。

④拱桥的1/4跨度处,由列车静活载所产生的上下挠度(绝对值)之和,不宜大于计算跨度的1/800。

3)裂缝

桥梁结构在恒载作用下裂缝宽的允许最大缝宽规范中有明确规定,见表2-2。

表2-2 裂缝限值

<table>
<tr><th>结构类别</th><th colspan="3">裂缝部位</th><th>允许最大缝宽/mm</th><th>其他要求</th></tr>
<tr><td rowspan="5">钢筋混凝土梁</td><td colspan="3">主筋附近竖向裂缝</td><td>0.25</td><td>—</td></tr>
<tr><td colspan="3">腹板斜向裂缝</td><td>0.30</td><td>—</td></tr>
<tr><td colspan="3">组合梁组合面</td><td>0.50</td><td>不允许贯通接合面</td></tr>
<tr><td colspan="3">横隔板与梁体端部</td><td>0.30</td><td>—</td></tr>
<tr><td colspan="3">支座垫石</td><td>0.50</td><td>—</td></tr>
<tr><td rowspan="2">预应力混凝土梁</td><td colspan="3">梁体竖向裂缝</td><td>不允许</td><td>—</td></tr>
<tr><td colspan="3">梁体纵向裂缝</td><td>0.20</td><td>—</td></tr>
<tr><td rowspan="3">砖、石、混凝土拱</td><td colspan="3">拱圈横向</td><td>0.30</td><td>裂缝高小于截面高度的一半</td></tr>
<tr><td colspan="3">拱圈纵向(竖缝)</td><td>0.50</td><td>裂缝长小于跨径的1/8</td></tr>
<tr><td colspan="3">拱波与拱肋结合处</td><td>0.20</td><td>—</td></tr>
<tr><td rowspan="7">墩台</td><td colspan="3">墩台帽</td><td>0.30</td><td rowspan="7">不允许贯通墩台身截面的一半</td></tr>
<tr><td rowspan="5">墩台身</td><td rowspan="2">经常受侵蚀性环境水影响</td><td>有筋</td><td>0.20</td></tr>
<tr><td>无筋</td><td>0.30</td></tr>
<tr><td rowspan="2">常年有水,但无侵蚀性影响</td><td>有筋</td><td>0.25</td></tr>
<tr><td>无筋</td><td>0.35</td></tr>
<tr><td colspan="2">干沟或季节性有水河流</td><td>0.40</td></tr>
<tr><td colspan="3">有冻结作用部分</td><td>0.20</td></tr>
</table>

注:表中所列除特指外适用于一般条件。对于潮湿和空气中含有较多腐蚀性气体等条件下;缝宽限制应要求严格一些。

裂缝过大，一方面会影响桥梁结构的刚度，另一方面会影响桥梁结构的耐久性。裂缝有可能是结构本身的问题，也有可能是地基基础的原因引起的，应予以重视。

4）地基与基础

地基与基础对于桥梁而言尤为重要，如果地基基础存在问题，那么即使上部结构是安全的也不行。

一般来讲，判断地基的承载力应以调查、检算资料为主。如果桥梁经过多年运营和洪水考验，墩台未发生明显的不均匀沉陷、倾斜以及由此引起的桥面纵横坡变化，墩台未发生明显的水平位移及由此引起的桥梁伸缩缝过度的分开或抵拢、拱桥拱顶及拱脚的严重开裂等，且地基与基础检算通过时，可评定地基与基础承载力符合要求。要特别注意两点：

①根据观测，若墩台有下沉、滑动或倾斜，并在继续发展，则一定要探明情况并采取措施。

②对水中墩，一定要探测墩位处的局部冲刷深度是否已超过设计允许值。若已超过，则一定要采取抛填片石等方法进行处理。

5）综合评定

在实际检测评定工作中，根据前述四条内容，结合已观测的桥面、栏杆、人行道、伸缩缝、支座和排水设施等情况，对桥梁现状作出综合评定。

2.4 桥梁技术状况评定

桥梁评定分为一般评定和适应性评定。

①一般评定是依据桥梁定期检查资料，通过对桥梁各部件技术状况的综合评定，确定桥梁的技术状况等级，提出各类桥梁的养护措施。

②适应性评定包括以下内容：依据桥梁定期及特殊检查资料，结合试验与结构受力分析，评定桥梁的实际承载能力、通行能力、抗洪能力，提出桥梁养护、改造方案。

2.4.1 评定方法及等级分类

1.桥梁技术状况评定方法

公路桥梁技术状况评定包括桥梁构件、部件、桥面系、上部结构、下部结构和全桥评定。公路桥梁技术状况评定应采用分层综合评定与5类桥梁单项控制指标相结合的方法，先对桥梁各构件进行评定，然后对桥梁各部件进行评定，再对桥面系、上部结构和下部结构分别进行评定，最后进行桥梁总体技术状况的评定。

桥梁按技术状况评定等级，分为1类、2类、3类、4类、5类，桥梁总体及部件技术状况评定标准依据交通运输部《公路桥涵养护规范》（JTG H11—2004）桥梁技术状况评定标准进行。

各类桥梁的养护措施是：1类桥梁进行正常保养；2类桥梁需进行小修；3类桥梁需进行中修，酌情进行交通管制；4类桥梁需进行大修或改造，及时进行交通管制，如限载、限速通过，当缺损较严重时应关闭交通；5类桥梁需要进行改建或重建，及时封闭交通。

2.桥梁技术状况等级分类

（1）桥梁部件

桥梁部件分为主要部件和次要部件。以下为各结构类型桥梁主要部件，其他部件为次要部件。

①梁式桥。

主要部件：上部承重构件、桥墩、桥台、基础、支座。

②板拱桥（圬工、混凝土）、肋拱桥、箱形拱桥、双曲拱桥。

主要部件：主拱圈、拱上结构、桥面板、桥墩、桥台、基础。

③刚架拱桥、桁架拱桥。

主要部件：刚架（桁架）拱片、横向连接系、桥面板、桥墩、桥台、基础。

④钢-混凝土组合拱桥。

主要部件：拱肋、横向连接系、立柱、吊杆、系杆、行车道板（梁）、桥墩、桥台、基础、支座。

⑤悬索桥。

主要部件：主缆、吊索、加劲梁、索塔、锚碇、桥墩、桥台、基础、支座。

⑥斜拉桥。

主要部件：斜拉索（包括锚具）、主梁、索塔、桥墩、桥台、基础、支座。

(2)桥梁总体技术状况评定等级

桥梁总体技术状况评定等级分为1类、2类、3类、4类、5类。

①1类。全新状态，功能完好。

②2类。有轻微缺损，对桥梁使用功能无影响。

③3类。有中等缺损，尚能维持正常使用功能。

④4类。主要构件有大的缺损，严重影响桥梁使用功能；或影响承载能力，不能保证正常使用。

⑤5类。主要构件存在严重缺损，不能正常使用，危及桥梁安全，桥梁处于危险状态。

(3)桥梁主要部件技术状况评定标度

桥梁主要部件技术状况评定标度分为1类、2类、3类、4类、5类。

①1类。全新状态，功能完好。

②2类。功能良好，材料有局部轻度缺损或污染。

③3类。材料有中等缺损，或出现轻度功能性病害，但发展缓慢，尚能维持正常使用功能。

④4类。材料有严重缺损，或出现中等功能性病害，且发展较快；结构变形小于或等于规范值，功能明显降低。

⑤5类。材料严重缺损，出现严重的功能性病害，且有继续扩展现象；关键部位的部分材料强度达到极限，变形大于规范值，结构的强度、刚度、稳定性不能达到安全通行的要求。

(4)桥梁次要部件技术状况评定标度

桥梁次要部件技术状况评定标度分为1类、2类、3类、4类。

①1类。全新状态，功能完好；或功能良好，材料有轻度缺损、污染等。

②2类。有中等缺损或污染。

③3类。材料有严重缺损，出现功能降低，进一步恶化将不利于主要部件，影响正常交通。

④4类。材料有严重缺损，失去应有功能，严重影响正常交通；或原无设置，而调查需要补设。

2.4.2 桥梁技术状况评定计算

1.桥梁构件的技术状况评分

桥梁构件的技术状况评分按式(2-1)计算：

$$\mathrm{PMCI}_l(\mathrm{BMCI}_l \text{ 或 } \mathrm{DMCI}_l) = 100 - \sum_{x=1}^{k} U_x \tag{2-1}$$

当 $x=1$ 时，$U_i=\mathrm{DP}_{il}$；

当 $x\geqslant 2$ 时，$U_x=\dfrac{\mathrm{DP}_{ij}}{100\times\sqrt{x}}\times\left(100-\sum\limits_{y=1}^{x-1}U_y\right)$（其中 $j=x$，x 取 2，3，4，…，x）；

当 $k\geqslant 2$ 时，$U_1,\cdots,U_k$ 公式中的扣分值 DP_{ij}，按照从大到小排列；

当 $\mathrm{DP}_{ij}=100$，则 PMCI_l（BMCI_l 或 DMCI_l）$=0$。

式中：PMCI_l——上部结构第 i 类部件的 l 构件的得分，值域为 0～100 分；

BMCI_l——下部结构第 i 类部件的 l 构件的得分，值域为 0～100 分；

DMCI_l——桥面系第 i 类部件的 l 构件的得分，值域为 0～100 分；

k——第 i 类部件 l 构件出现扣分的指标的种类数；

U_x、U_y——引入的中间变量；

i——部件类别，例如 i 表示上部承重构件、支座、桥墩等；

j——第 i 类部件 l 构件的第 j 类检测指标；

DP_{ij}——第 i 类部件 l 构件的第 j 类检测指标的扣分值；根据构件各种检测指标扣分值进行计算，扣分值按表 2-3 规定取值。

表 2-3　构件各检测指标扣分值

检测指标所能达到的最高标度类别	指标标度				
	1 类	2 类	3 类	4 类	5 类
3 类	0	20	35	—	—
4 类	0	25	40	50	—
5 类	0	35	45	60	100

2.桥梁部件的技术状况评分

按式(2-2)计算：

$$\mathrm{PCCI}_i=\overline{\mathrm{PMCI}_i}-\frac{100-\mathrm{PMCI}_{\min}}{t}\tag{2-2}$$

或

$$\mathrm{BCCI}_i=\overline{\mathrm{BMCI}}-\frac{100-\mathrm{BMCI}_{\min}}{t}\tag{2-3}$$

或

$$\mathrm{DCCI}_i=\overline{\mathrm{DMCI}}-\frac{100-\mathrm{DMCI}_{\min}}{t}\tag{2-4}$$

式中：PCCI_i——上部结构第 i 类部件的得分，值域为 0～100 分；当上部结构中的主要部件某一构件评分值 PMCI_i 在[0,40]区间时，其相应的部件评分值 $\mathrm{PCCI}_i=\mathrm{PMCI}_i$；

$\overline{\mathrm{PMCI}_i}$——上部结构第 i 类部件各构件的得分平均值，值域为 0～100 分；

BCCI_i——下部结构第 i 类部件的得分，值域为 0～100 分；当下部结构中的主要部件某一构件评分值 BCCI_i 在[0,40]区间时，其相应的部件评分值 $\mathrm{BCCI}_i=\mathrm{BMCI}_i$；

$\overline{\mathrm{BMCI}}$——下部结构第 i 类部件各构件的得分平均值，值域为 0～100 分；

DCCI_i——桥面系第 i 类部件的得分，值域为 0～100 分；

$\overline{\mathrm{DMCI}}$——桥面系第 i 类部件各构件的得分平均值，值域为 0～100 分；

$PMCI_{min}$——上部结构第 i 类部件中分值最低的构件得分值；
$BMCI_{min}$——下部结构第 i 类部件中分值最低的构件得分值；
$DMCI_{min}$——桥面系第 i 类部件分值最低的构件得分值；
t——随构件的数量而变的系数，见表2-4。

表2-4 t 值

n(构件数)	t	n(构件数)	t
1	∞	20	6.6
2	10	21	6.48
3	9.7	22	6.36
4	9.5	23	6.24
5	9.2	24	6.12
6	8.9	25	6.00
7	8.7	26	5.88
8	8.5	27	5.76
9	8.3	28	5.64
10	8.1	29	5.52
11	7.9	30	5.4
12	7.7	40	4.9
13	7.5	50	4.4
14	7.3	60	4.0
15	7.2	70	3.6
16	7.08	80	3.2
17	6.96	90	2.8
18	6.84	100	2.5
19	6.72	≥200	2.3

注：1. n 为第 i 类部件的构件总数。
2. 表中未列出的 t 值采用内插法计算。

3.桥梁上部结构、下部结构、桥面系的技术状况评分

按式(2-5)计算：

$$SPCI(SBCI\text{ 或 }BDCI) = \sum_{i=1}^{m} PCCI_i(BCCI_i\text{ 或 }DCCI_i) \times \omega_i \tag{2-5}$$

式中：SPCI——桥梁上部结构技术状况评分，值域为0~100；
SBCI——桥梁下部结构技术状况评分，值域为0~100；
BDCI——桥面系技术状况评分，值域为0~100；
m——上部结构(下部结构或桥面系)的部件种类数；
ω_i——第 i 类部件的权重，按表取值；对于桥梁中未设置的部件，应根据此部件的隶属关系，将其权重值分配给各既有部件，分配原则按照各既有部件权重在全部既有部件

权重中所占比例进行分配。

4.桥梁总体的技术状况评分

按式(2-6)计算:

$$D_r = \mathrm{BDCI} \times W_D + \mathrm{SPCI} \times W_{SP} + \mathrm{SBCI} \times W_{SB} \tag{2-6}$$

式中:D_r——桥梁总体技术状况评分,值域为0~100;

W_D——桥面系在全桥中的权重;

W_{SP}——上部结构在全桥中的权重;

W_{SB}——下部结构在全桥中的权重。

5.桥梁技术状况分类界限

5类技术状况等级(D_j)的技术状况评分D_r(SPCI、SBCI、BDCI)如下:

1类技术状况评分范围是[95,100];2类技术状况评分范围是[80,95);3类技术状况评分范围是[60,80);4类技术状况评分范围是[40,60);5类技术状况评分范围是[0,40)。

当上部结构和下部结构技术状况等级为3类、桥面系技术状况等级为4类,且桥梁总体技术状况评分为$40 \leqslant D_r < 60$时,桥梁总体技术状况等级可评定为3类。

全桥总体技术状况等级评定时,当主要部件评分达到4类或5类且影响桥梁安全时,可按照桥梁主要部件最差的缺损状况评定。

2.4.3 5类桥梁技术状况单项控制指标

在桥梁技术状况评价中,有下列情况之一时,整座桥应评为5类桥。

①上部结构有落梁;或有梁、板断裂现象。

②梁式桥上部承重构件控制截面出现全截面开裂;或组合结构上部承重构件接合面开裂贯通,造成截面组合作用严重降低。

③梁式桥上部承重构件有严重的异常位移,存在失稳现象。

④结构出现明显的永久变形,变形大于规范值。

⑤关键部位混凝土出现压碎或杆件失稳倾向;或桥面板出现严重塌陷。

⑥拱式桥拱脚严重错台、位移,造成拱顶挠度大于限值;或拱圈严重变形。

⑦圬工拱桥拱圈大范围砌体断裂,脱落现象严重。

⑧腹拱、侧墙、立墙或立柱产生破坏造成桥面板严重塌落。

⑨系杆或吊杆出现严重锈蚀或断裂现象。

⑩悬索桥主缆或多根吊索出现严重锈蚀、断丝。

⑪斜拉桥拉索钢丝出现严重锈蚀、断丝,主梁出现严重变形。

⑫扩大基础冲刷深度大于设计值,冲空面积达20%以上。

⑬桥墩(桥台或基础)不稳定,出现严重滑动、下沉、位移、倾斜等现象。

⑭悬索桥、斜拉桥索塔基础出现严重沉降或位移;或悬索桥锚碇有水平位移或沉降。

2.4.4 各结构形式桥梁部件分类及权重值

1.梁式桥各部件权重值

梁式桥各部件权重值按表2-5取值。

表 2-5 梁式桥各部件权重值

部位	类别 i	评价部件	权重
上部结构	1	上部承重构件(主梁、挂梁)	0.70
	2	上部一般构件(湿接缝、横隔板等)	0.18
	3	支座	0.12
下部结构	4	翼墙、耳墙	0.02
	5	锥坡、护坡	0.01
	6	桥墩	0.30
	7	桥台	0.30
	8	墩台基础	0.28
	9	河床	0.07
	10	调治构造物	0.02
桥面系	11	桥面铺装	0.40
	12	伸缩缝装置	0.25
	13	人行道	0.10
	14	栏杆、护栏	0.10
	15	排水系统	0.10
	16	照明、标志	0.05

2.拱式桥各部件权重值

拱式桥各部件权重值按表 2-6 ~ 表 2-8 取值。

表 2-6 板拱桥、肋拱桥、箱形拱桥、双曲拱桥各部件权重值

部位	类别 i	评价部件	权重
上部结构	1	主拱圈	0.70
	2	拱上结构	0.20
	3	桥面板	0.10
下部结构	4	翼墙、耳墙	0.02
	5	锥坡、护坡	0.01
	6	桥墩	0.30
	7	桥台	0.30
	8	墩台基础	0.28
	9	河床	0.07
	10	调治构造物	0.02
桥面系	11	桥面铺装	0.40
	12	伸缩缝装置	0.25
	13	人行道	0.10

续上表

部位	类别 i	评价部件	权重
面系	14	栏杆、护栏	0.10
	15	排水系统	0.10
	16	照明、标志	0.05

表 2-7　刚架拱桥、桁架拱桥各部件权重值

部位	类别 i	评价部件	权重
上部结构	1	刚架拱片(桁架拱片)	0.50
	2	横向连接系	0.25
	3	桥面板	0.25
下部结构	4	翼墙、耳墙	0.02
	5	锥坡、护坡	0.01
	6	桥墩	0.30
	7	桥台	0.30
	8	墩台基础	0.28
	9	河床	0.07
	10	调治构造物	0.02
桥面系	11	桥面铺装	0.40
	12	伸缩缝装置	0.25
	13	人行道	0.10
	14	栏杆、护栏	0.10
	15	排水系统	0.10
	16	照明、标志	0.05

表 2-8　钢－混凝土组合拱桥各部件权重值

部位	类别 i	评价部件	权重
上部结构	1	拱肋	0.28
	2	横向连接系	0.05
	3	立柱	0.13
	4	吊杆	0.13
	5	系杆(含锚具)	0.28
	6	桥面板(梁)	0.08
	7	支座	0.05

续上表

部位	类别 i	评价部件	权重
下部结构	8	翼墙、耳墙	0.02
	9	锥坡、护坡	0.01
	10	桥墩	0.30
	11	桥台	0.30
	12	墩台基础	0.28
	13	河床	0.07
	14	调治构造物	0.02
桥面系	15	桥面铺装	0.40
	16	伸缩缝装置	0.25
	17	人行道	0.10
	18	栏杆、护栏	0.10
	19	排水系统	0.10
	20	照明、标志	0.05

3.悬索桥各部件权重值

悬索桥各部件权重值按表2-9取值。

表2-9 悬索桥各部件权重值

部位	类别 i	评价部件	权重
上部结构	1	加劲梁	0.15
	2	索塔	0.20
	3	支座	0.05
	4	主鞍	0.04
	5	主缆	0.25
	6	索夹	0.04
	7	吊索及钢护筒	0.17
	8	锚杆	0.10
下部结构	9	锚碇	0.40
	10	索塔基础	0.30
	11	散索鞍	0.15
	12	河床	0.10
	13	调治构造物	0.05
桥面系	14	桥面铺装	0.40
	15	伸缩缝装置	0.25
	16	人行道	0.10
	17	栏杆、护栏	0.10
	18	排水系统	0.10
	19	照明、标志	0.05

4.斜拉桥各部件权重值

斜拉桥各部件权重值按表2-10取值。

表2-10　斜拉桥各部件权重值

部位	类别i	评价部件	权重
上部结构	1	斜拉索系统（斜拉索、锚具、拉索护套、减振装置等）	0.40
	2	主梁	0.25
	3	索塔	0.25
	4	支座	0.10
下部结构	5	翼墙、耳墙	0.02
	6	锥坡、护坡	0.01
	7	桥墩	0.30
	8	桥台	0.30
	9	墩台基础	0.28
	10	河床	0.07
	11	调治构造物	0.02
桥面系	12	桥面铺装	0.40
	13	伸缩缝装置	0.25
	14	人行道	0.10
	15	栏杆、护栏	0.10
	16	排水系统	0.10
	17	照明、标志	0.05

5.桥梁结构组成权重值

桥梁结构组成权重值按表2-11取值。

表2-11　桥梁结构组成权重值

桥梁部位	权重	桥梁部位	权重
上部结构	0.40	桥面系	0.20
下部结构	0.40		

习　题

1. 简述桥梁的分类。
2. 简述桥梁检查需要收集的技术资料。
3. 简述桥梁经常检查的内容。
4. 简述桥梁检测与评估的依据。
5. 简述桥梁检测评估报告的主要内容。
6. 简述各类桥梁的养护措施。

模块3

桥梁工程原材料试验检测

知识目标

1. 掌握石料试验检测。
2. 掌握混凝土试验检测。
3. 掌握钢材试验检测。

能力目标

1. 能掌握桥梁工程试验检测的内容。
2. 能掌握桥梁工程试验检测的分类。
3. 能掌握桥梁工程常规试验检测的内容。

模块要点

1. 石料试验检测。
2. 混凝土试验检测。
3. 钢材试验检测。

3.1 石　料

1.含义

(1)石料

石料是由天然岩石或卵石经破碎、筛分而得的,粒径大于5 mm的岩石颗粒,称为碎石或碎卵石。

(2)卵石

卵石是由自然条件作用而形成的,是粒径大于5 mm的颗粒。

2.分类

普通混凝土用的碎石或卵石统称为粗骨料。常用的粗骨料有天然卵石和人工碎石两种。

桥梁工程常用的有片石、块石和粗料石。

(1)片石

一般指用爆破或楔劈法开采的石块,厚度不应小于150 mm。

(2)块石

形状应大致方正,上下面大致平整,厚度为200~300 mm,宽度为厚度的1~1.5倍,长度为厚度的1.5~3倍。

(3)粗料石

外形应方正,呈六面体,厚度为200~300 mm,宽度为厚度的1~1.5倍,长度为厚度的2.5~4倍,表面凹陷深度不大于20 mm。

3.1.1 桥梁工程中石料的基本要求

石料的基本要求包括石料制品的物理、几何尺寸要求和力学性能要求。

1.物理、几何尺寸要求

①石料材质应均匀、不易风化、无裂纹。

②一月份平均气温低于-10℃的地区,应进行冻融试验,抗冻性指标合格后方可使用。干旱地区的不受冰冻部位可以不进行冻融试验。

2.力学性能要求

石料强度、试件规格及换算应符合设计要求,石料强度的测定应按现行《公路工程岩石试验规程》(JTG E41—2005)执行。

3.1.2 石料的单轴抗压强度试验

石料的抗压强度是反映石料力学性质的主要指标之一。其抗压强度受石料的矿物组成、结构、含水率和试件尺寸等一系列因素的影响。

桥梁工程中的石料强度等级对应的是边长为70 mm×70 mm×70 mm的立方体试件;试件的含水状态要在试验报告中注明。

1.仪器设备

①压力试验机或万能试验机;

②钻石机、切石机、磨石机等石料试件加工设备;

③烘箱、干燥器;

④游标卡尺(精度0.1 mm)、角尺;

⑤水池。

2.试件制备

①试件是边长为(70±2)mm的立方体,每组试件共6个;

②有显著层理的石料,沿平行和垂直层理方向各取1组试件;

③试件上、下端面应平行;

④试件端面的平面度公差应小于0.05 mm;

⑤端面对于试件轴线垂直度偏差宜小于0.25。

3.试验步骤

①对试件编号，用游标卡尺量取顶面和底面的边长，计算其承压面积；

②试件的含水状态可根据需要选择烘干状态、天然状态、饱和状态；

③将试件置于压力机的承压板中央，不得偏心；

④以0.5～1.0 MPa/s的速率加荷直至破坏，记录试验破坏荷载。

4.石料抗压强度的计算

(1)单轴抗压强度试验

单轴抗压强度试验结果应同时列出每个试件的试验值及同组石料单轴抗压强度的平均值；有显著层理的石料，分别报告垂直与平行层理方向试件强度的平均值，计算值精确至0.1 MPa。

$$R_i = \frac{P_i}{A_i} \tag{3-1}$$

式中：R_i——第 i 个试件的抗压强度(MPa)；

P_i——第 i 个试件的极限破坏荷载(N)；

A_i——第 i 个试件的截面积(mm^2)。

(2)软化系数

软化系数计算值精确至0.01；3个试件平行测定，取算术平均值；3个值中最大与最小之差不应超过平均值的20%，否则，应另取第4个试件并在4个试件中取最接近的3个值的平均值作为试验结果，同时在报告中将4个值全部给出。

$$K_p = \frac{R_w}{R_d} \tag{3-2}$$

式中：K_p——软化系数；

R_w——石料水饱和状态下的单轴抗压强度(MPa)；

R_d——石料烘干状态下的单轴抗压强度(MPa)。

3.1.3 石料抗冻性试验

石料的抗冻性试验是试件在浸水条件下，经多次冻融循环作用后，测定试件的质量损失和单轴饱水抗压强度的变化。石料好坏的评价指标有冻融循环后强度变化、质量损失和外观变化。

1.仪器设备

①切石机、钻石机及磨平机等石料试件加工设备；

②压力试验机或万能试验机；

③烘箱：能使温度控制在105～110 ℃；

④冰箱：温度能控制在－20～－15 ℃；

⑤天平：感量0.01 g，称量大于500 g；

⑥放大镜。

2.试样制备

边长为(70±2) mm的立方体试件，每组试件不应少于3个，此外再制备同样试件3个，用于做冻融系数试验。

3.试验步骤

①对试件编号,用放大镜详细检验,进行外观描述,量取每个试件的尺寸,计算受压面积;

②将试件放入烘箱,烘冷却至室温后立即称其质量,精确至0.01 g;

③将称量后的试件置于盛水容器内,使试件吸水饱和;

④对吸水饱和试件进行冻融循环试验至规定次数为止;

⑤冻融试验时检查各试件有无剥落、裂缝、分层及掉角等现象,并记录检查情况;

⑥称量冻融试验后的试件饱水质量,再将其烘干至恒量,称其质量,并按单轴抗压强度试验方法测定冻融试验后的试件饱水抗压强度;

⑦另取3个未经冻融试验的试件测定其饱水抗压强度。

4.质量损失率计算

试件冻融后的质量损失率按下式计算(精确至0.01):

$$L=\frac{m_s-m_f}{m_s}\times 100 \tag{3-3}$$

式中:L——冻融后的质量损失率(%);

m_s——试验前烘干试件的质量(g);

m_f——试验后烘干试件的质量(g)。

冻融后的质量损失率取3个试件试验结果的算术平均值。

5.冻融后的吸水率计算

冻融后的吸水率按下式计算(精确至0.01):

$$w'_{sa}=\frac{m'_f-m_f}{m_f}\times 100 \tag{3-4}$$

式中:w'_{sa}——石料冻融后的吸水率(%);

m'_f——冻融试验后的试件饱水质量(g);

m_f——试验后烘干试件的质量(g)。

6.冻融系数计算

冻融系数按下式计算(精确至0.01):

$$K_f=\frac{R_f}{R_s} \tag{3-5}$$

式中:K_f——冻融系数;

R_f——若干次冻融试验后的试件饱水抗压强度(MPa);

R_s——未经冻融试验的试件饱水抗压强度(MPa)。

7.试验记录

抗冻性记录应包括石料名称、试验编号、试件编号、试件描述。冻融循环次数、冻融试验前后的烘干质量、冻融试验后的试件饱水抗压强度,未经冻融试验的试件饱水抗压强度。

3.2 混　凝　土

通常将用水泥、水、砂、石子、外加剂和掺和料按设计比例配制,经搅拌、成型、养护而得的水泥混凝土,称为一般混凝土。砂、石对混凝土起骨架作用,其中小颗粒的集料填充大颗粒的空隙。水泥和水组成水泥浆,包裹在所有的砂、石表面并填充在空隙当中。在混凝土硬化前,水泥浆起润滑作用,赋予混凝土拌和物流动性,以便于施工;在混凝土硬化后起胶结作用,把砂、石料胶结成为整体使混凝土产生强度,成为坚硬的人造石材。

3.2.1 原材料检测

原材料进场时,均应按照现行国家或行业标准的规定对其性能和质量进行检验。

1.水泥

①桥梁工程采用的水泥应符合现行国家标准《通用硅酸盐水泥》(GB 175—2007)的规定;

②水泥的检验方法应符合现行行业标准《公路工程水泥及水泥混凝土试验规程》(JTG E30—2005)的规定;

③通过混凝土配合比试验选定水泥的品种和强度等级;

④不应对混凝土的强度、耐久性和工作性能产生不利影响;

⑤采用碱活性集料时,选用含碱量不大于0.6%的低碱水泥。

2.细集料

细集料检验试验方法应符合现行行业标准《公路工程集料试验规程》(JTG E42—2005)的规定。

(1)砂的分类

①粗砂,细度模数:3.7~3.1;

②中砂,细度模数:3.0~2.3;

③细砂,细度模数:2.2~1.6。

(2)技术指标

①细集料宜采用级配良好、质地坚硬、颗粒洁净且粒径小于5 mm的河砂;

②当河砂不易得到时,可采用符合规定的其他天然砂或人工砂;

③细集料不宜采用海砂,不得不采用时,应经冲洗处理。

细集料的技术指标应符合表3-1的规定。

表3-1 细集料的技术指标表

项目			技术要求		
			Ⅰ类	Ⅱ类	Ⅲ类
有害物质含量	云母(按质量计,%)		≤1.0	≤2.0	≤2.0
	轻物质(按质量计,%)		≤1.0	≤1.0	≤1.0
	有机物(比色法)		合格	合格	合格
	硫化物及硫酸盐(按 SO_3 质量计,%)		≤1.0	≤1.0	≤1.0
	氯化物(以氯离子质量计,%)		<0.01	<0.02	<0.06
人工砂的石粉含量(按质量计,%)	亚甲蓝试验	MB值≤1.4或合格	≤5.0	≤7.0	≤10.0
		MB值≥1.4或不合格	≤2.0	≤3.0	≤5.0

续上表

项目		技术要求		
		Ⅰ类	Ⅱ类	Ⅲ类
坚固性	天然砂(硫酸钠溶液法经5次循环后的质量损失,%)	≤8	≤8	≤10
	人工砂单级最大压碎指标/%	<20	<25	<20
表观密度/(kg/m^3)		>2 500		
松散堆积密度/(kg/m^3)		>1 350		
孔隙率/%		<47		
碱集料反应		经碱集料反应试验后,由砂配制的试件无裂缝、酥裂、胶体外溢现象,在规定试验龄期的膨胀率应小于0.10%		

注:1. 砂按技术要求分为Ⅰ类、Ⅱ类、Ⅲ类。Ⅰ类宜用于强度等级大于C60的混凝土;Ⅱ类宜用于强度等级C30~C60及有抗冻、抗渗或其他要求的混凝土;Ⅲ类宜用于强度等级小于C30的混凝土和砌筑砂浆。
2. 天然砂包括河砂、湖砂、山砂、淡化海砂,人工砂包括机制砂和混合砂。
3. 石粉含量是指粒径小于75 mm的颗粒含量。
4. 砂中不应混有草根、树叶、树枝、塑料、煤块、炉渣等杂物。
5. 当对砂的坚固性有怀疑时,应做坚固性试验。
6. 当碱集料反应不符合表中要求时,应采取抑制碱集料反应的技术措施。

(3)颗粒级配

细集料的颗粒级配应处于表3-2中的任一级配区以内。

表3-2 细集料的分区及级配范围

方孔筛筛孔边长尺寸	累计筛余/%		
	级配区		
	Ⅰ区	Ⅱ区	Ⅲ区
4.75 mm	10~0	10~0	10~0
2.36 mm	35~5	25~0	15~0
1.18 mm	65~35	50~10	25~0
600 μm	85~71	70~41	40~16
300 μm	95~80	92~70	85~55
150 μm	100~90	100~90	100~90

注:1. 表中除4.75 mm和600 μm筛孔外,其余各筛孔的累计筛余允许超出分界线,但其超出量不得大于5%。
2. 人工砂中150 μm筛孔的累计筛余:Ⅰ区可放宽到100%~85%,Ⅱ区可放宽到100%~80%,Ⅲ区可放宽到100%~75%。
3. Ⅰ区砂宜提高砂率配低流动性混凝土;Ⅱ区砂宜优先选用配不同强度等级的混凝土;Ⅲ区砂宜适当降低砂率保证混凝土的强度。
4. 对高性能、高强度、泵送混凝土宜选用细度模数为2.6~2.9的中砂。2.36 mm筛孔的累计筛余量不得大于15%,300 μm筛孔的累计筛余量宜在85%~92%范围内。

3.粗集料

粗集料检验试验方法应符合现行行业标准《公路工程集料试验规程》(JTG E42—2005)的规定。

(1)技术指标

粗集料宜采用质地坚硬洁净、级配合理、粒形良好、吸水率小的碎石或卵石,其技术指标应符合表3-3的规定。

表3-3 粗集料技术指标表

项目		技术指标		
		Ⅰ类	Ⅱ类	Ⅲ类
碎石压碎指标/%		<18	<20	<30
卵石压碎指标/%		<20	<25	<25
坚固性(硫酸钠溶液法经5次循环后质量损失值,%)		<5	<8	<12
吸水率/%		<1.0	<2.0	<2.5
针片状颗粒含量(按质量计,%)		<5	<15	<25
有害物度含量	含泥量(按质量计,%)	<0.5	<1.0	<1.5
	泥块含量(按质量计,%)	0	<0.5	<0.7
	有机物含量(比色法)	合格	合格	合格
	硫化物及硫酸盐(按 SO_3 质量计,%)	<0.5	<1.0	<1.0
岩石抗压强度(水饱和状态,MPa)		火成岩>80,变质岩>60,水成岩>30		
表观密度/(kg/m^3)		>2 500		
松散堆积密度(kg/m^3)		>1 350		
空隙率/%		<47		
碱集料反应		经碱集料反应试验后,试件无裂缝、酥裂、胶体外溢等现象,在规定试验龄期的膨胀率应小于0.10%		

注:1. Ⅰ类宜用于强度等级大于C60的混凝土;Ⅱ类宜用于强度等级C30~C60及有抗冻、抗渗或其他要求的混凝土;Ⅲ类宜用于强度等级小于C30的混凝土和砌筑砂浆。

2. 粗集料中不应混有草根、树叶、树枝、塑料、煤块、炉渣等杂物。

3. 岩石的强度除应满足表中要求外,其抗压强度与混凝土强度等级之比应不小于1.5。岩石强度首先应由生产单位提供,工程中可采用压碎值指标进行质量控制。

4. 当粗集料中含有颗粒状硫酸盐或硫化物杂质时,应进行专门检验,确认能满足混凝土耐久性要求后,方可使用。

5. 采用卵石破碎成砾石时,应具有两个及以上的破碎面,且其破碎面应不小于70%。

当混凝土结构物处于不同环境条件下时,粗集料坚固性试验的结果还应符合表3-4的规定。

表3-4 粗集料的坚固性试验

混凝土所处环境条件	在硫酸钠溶液中循环5次后的质量损失/%
寒冷地区,经常处于干湿交替状态	<5
严寒地区,经常处于干湿交替状态	<3
混凝土处于干燥条件,但粗集料风化或软弱颗粒过多时	<12

续上表

混凝土所处环境条件	在硫酸钠溶液中循环5次后的质量损失/%
混凝土处于干燥条件,但有抗疲劳、耐磨、抗冲击要求或强度等级大于C40	<5

注:有抗冻、抗渗要求的混凝土用硫酸钠法进行粗集料坚固性试验不合格时,可再进行直接冻融试验。

(2)级配范围

粗集料宜根据混凝土最大粒径采用连续两级配或连续多级配,不宜采用单粒级配或间断级配配制,必须使用时,应通过试验验证。粗集料的级配范围应符合表3-5的规定。

表3-5　粗集料的级配范围

级配情况	公称粒径/mm	累计筛余(按质量计,%)											
		方孔筛筛孔边长尺寸/mm											
		2.36	4.75	9.50	16.0	19.0	26.5	31.5	37.5	53.0	63.0	75.0	90.0
连续级配	5~10	95~100	80~100	0~15	0								
	5~6	95~100	85~100	30~60	0~10	0							
	5~20	95~100	90~100	40~80		0~10	0						
	5~25	95~100	90~100		30~70		0~5	0					
	5~31.5	95~100	90~100	70~90		15~45		0~5	0				
	5~40		95~100	70~90		30~65			0~5	0			
单粒级配	10~20		95~100	85~100		0~15	0						
	16~31.5		95~100		85~100			0~10	0				
	20~40			95~100		30~100			0~10	0			
	31.5~63				95~100			75~100	45~75		0~10	0	
	40~80					95~100			70~100		30~60	0~10	0

(3)最大粒径

①按混凝土结构情况及施工方法选取,但最大粒径不得超过结构最小边尺寸的1/4和钢筋最小净距的3/4。

②在两层或多层密布钢筋结构中,最大粒径不得超过钢筋最小净距的1/2,同时不得超过75 mm。

③混凝土实心板的粗集料最大粒径不宜超过板厚的1/3且不得超过37.5 mm。

④泵送混凝土最大粒径,碎石不宜超过输送管径的1/3,卵石不宜超过输送管径的1/2.5。

4.水

①符合国家标准的饮用水可直接作为混凝土的拌制和养护用水;

②当采用其他水源或对水质有疑问时应对水质进行检验;

③水中不应有漂浮明显的油脂和泡沫及有明显的颜色和异味;

④严禁将未经处理的海水用于结构混凝土的拌制。

水的品质指标应符合表3-6的规定。

表 3-6 混凝土用水的品质指标

项 目	预应力混凝土	钢筋混凝土	素混凝土
pH 值	≥5.0	≥4.5	≥4.5
不溶物/(mg/L)	≤2 000	≤2 000	≤5 000
可溶物/(mg/L)	≤2 000	≤5 000	≤10 000
氯化物(以 Cl^- 计,mg/L)	≤500	≤1 000	≤3 500
硫酸盐(以 SO_4^{2-} 计,mg/L)	≤600	≤2 000	≤2 700
碱含量/(mg/L)	≤1 500	≤1 500	≤1 500

注:1. 对设计使用年限为100年的结构混凝土,氯离子含量不得超过50 mg/L,对使用钢丝或热处理钢筋的预应力混凝土,氯离子含量不得超过350 mg/L。

2. 碱含量按 $Na_2O+0.658\ K_2O$ 计算值表示。采用非碱活性集料时可不检验碱含量。

5.外加剂

①外加剂应通过检测机构检验并附有检验合格证明,且符合现行国家标准《混凝土外加剂》(GB 8076—2008)的规定;

②外加剂应与水泥、矿物掺和料之间具有良好的相容性;

③外加剂的品种和掺量应根据使用要求、施工条件、混凝土原材料的变化来确定;

④外加剂使用前应进行复验,复验结果满足要求后方可使用。

6.掺和料

①掺和料应由生产单位专门加工并出具产品合格证书,且符合《公路桥涵施工技术规范》(JTG F50—2011)的规定;

②掺入量应在使用前通过试验确定。

3.2.2 混凝土性能试验试件尺寸及数量

混凝土试件的最小尺寸应根据混凝土所用集料的最大粒径确定。

混凝土采用标准试件在标准条件下测定其抗压强度,是为了具有可比性。在实际施工中允许采用非标准尺寸的试件,但应将其抗压强度测值按表3-7所列系数换算成标准试件时的抗压强度。

表 3-7 混凝土性能试验试件尺寸及数量

试件名称	试件形状	试件尺寸/mm	尺寸修正系数	每组试件数量/个
立方体抗压强度试件	立方体	200×200×200(53)	1.05	3
	立方体	150×150×150(31.5)	标准试件	3
	立方体	100×100×100(26.5)	0.95	3
棱柱体轴心抗压强度试件	棱柱体	200×200×400(53)	1.05	3
	棱柱体	150×150×300(31.5)	标准试件	3
	棱柱体	100×100×300(26.5)	0.95	3

续上表

试件名称	试件形状	试件尺寸/mm	尺寸修正系数	每组试件数量/个
棱柱体抗压弹性模量试件	棱柱体	200×200×400(53)	—	3
	棱柱体	150×150×300(31.5)	标准试件	3
	棱柱体	100×100×300(26.5)	—	3
抗弯拉强度试件	棱柱体	150×150×600(31.5)	标准试件	3
	棱柱体	150×150×550(31.5)	标准试件	3
	棱柱体	100×100×400(26.5)	0.85	3
立方体劈裂抗拉强度试件	立方体	150×150×150(31.5)	标准试件	3
	立方体	100×100×100(26.5)	—	3

注:括号中的数字为试件中集料公称最大粒径。

3.2.3 混凝土性能试验设备

混凝土性能试验主要设备有搅拌机、振动台、压力试验机或万能试验机、试模、捣棒和钢垫板等。

3.2.4 混凝土试件的成型及养护

1.试件成型

(1)混凝土试件制作应符合的规定

①成型前,应检查试模尺寸。试模内表面应涂抹脱模剂。

②每组试验试件所用的拌和物应从同一盘或同一车混凝土中取样,取样总量应大于所需量的20%,取出少量混凝土拌和物代表样,在5 min内进行坍落度或维勃试验,合格后,在15 min内开始制件。

③在试验室拌制混凝土时,其材料用量应以质量计,称量的精度:集料为±1%;水、水泥、掺和料和外加剂为±0.5%。

④根据混凝土拌和物的稠度确定混凝土成型方法:

- 对于坍落度小于25 mm的混凝土,可采用直径为25 mm的插入式振捣棒成型;
- 对于坍落度大于25 mm且小于70 mm的混凝土,宜用标准振动台振实;
- 对于坍落度大于70 mm的混凝土,宜用振捣棒人工捣实。

(2)混凝土试件制作步骤

①从3处以上的不同部位抽取大致相同分量的代表性样品,集中用铁铲翻拌均匀,而后立即进行拌和物的试验。

②拌和物的取样量多于试验所需数量的1.5倍,其体积不小于20 L。

③从第一次取样到最后一次取样不宜超过15 min。

④用标准振动台振实制作试件试验方法:

- 将混凝土拌和物一次装入试模,装料时应用抹刀沿各试模壁插捣,并使混凝土拌和物高出试模口。

● 将试模放在振动台上夹牢，防止振动时试模自由跳动，振动应持续到表面出现浆状水泥为止，振动过程中随时添加混凝土使试模常满，记录振动时间（为维勃秒数的2~3倍，一般不超过90 s）。

● 振动结束后，用金属直尺沿试模边缘刮去多余的混凝土，用镘刀将表面初次抹平，待试件收浆后，再次用镘刀将试件仔细抹平，试件抹面与试模边缘的高低差不得超过0.5 mm。

⑤用人工插捣制作试件试验方法：

● 混凝土拌和物应分两层装入模内，每层的装料厚度大致相等。

● 插捣应按螺旋方向从边缘向中心均匀进行。在插捣底层混凝土时，捣棒应达到试模底部；插捣上层时，捣棒应贯穿上层后插入下层20~30 mm；插捣时应用力将捣棒压下，保持捣棒垂直，不得冲击，捣一层后，应用橡皮锤轻轻敲击试模外端10~15次，以填平插捣过程中留下的孔洞。

● 每层插捣次数按100 cm^2截面面积内不得少于12次；试件抹面与试模边缘的高低差不得超过0.5 mm。

⑥用插入式振捣棒振实制作试件试验方法：

● 将混凝土拌和物一次装入试模，装料时应用抹刀沿各试模壁插捣，并使混凝土拌和物高出试模口。

● 振捣时振捣棒距试模底板10~20 mm，且不得触及试模底板。振捣持续到表面出浆为止，且应避免过振，以防止混凝土离析，一般振捣时间为20 s。振捣棒拔出时要缓慢，拔出后不得留有孔洞。

● 刮除试模上口多余的混凝土，在临近初凝时，用镘刀抹平。试件抹面与试模边缘的高低差不得超过0.5 mm。

2.试件的养护

①试件成型后应立即用湿布覆盖表面（或其他保湿办法）。

②采用标准养护的试件，应在温度为(20±5)℃、相对湿度大于50%的环境下，静置1~2昼夜，然后拆模并作第一次外观检查、编号，对有缺陷的试件应除去，或加工补平。

③将完好试件放入标准养护室进行养护，养护室温度(20±2)℃，相对湿度为95%以上，试件宜放在铁架或木架上，间距至少10~20 mm，试件表面应保持一层水膜，并避免用水直接冲淋。

④标准养护龄期为28 d（从搅拌加水开始），非标准养护龄期一般为1 d、3 d、7 d、60 d、90 d和180 d。

⑤同条件养护试件的拆模时间可与实际构件的拆模时间相同，拆模后，试件仍需保持同条件养护。

3.2.5 混凝土立方体抗压强度试验方法

1.试验步骤

①混凝土抗压强度试件应同龄期者为一组，每组3个。

②取出试件，检查其尺寸形状，相对两面应平行。量出棱边长度，精确至1 mm。试件受力截面积按其与压力机上下接触面的平均值计算。

③以成型时侧面为上下受压面，试件中心应与压力机几何对中。

④强度等级小于C30的混凝土取0.3~0.5 MPa/s的加荷速度；强度等级大于C30小于C60时，则取0.5~0.8 MPa/s的加荷速度；强度等级大于C50的混凝土取0.8~1.0 MPa/s的加荷速度。

⑤当试件接近破坏而开始迅速变形时，应停止调整试验机油门，直至试件破坏，记下破坏极限荷载 F(N)。

2.试验结果

①混凝土立方体试件抗压强度 f_{cu} 按下式计算：

$$f_{cu}=\frac{F}{A} \tag{3-6}$$

式中：f_{cu}——混凝土立方体抗压强度(MPa)；

F——极限荷载(N)；

A——受压面积(mm^2)。

②以3个试件测值的算术平均值为测定值，计算精确至0.1 MPa。3个测值中的最大值或最小值中如有一个与中间值之差超过中间值的15%，则取中间值为测定值；如最大值和最小值与中间值之差均超过中间值的15%，则该组试验结果无效。

③强度等级小于C60时，非标准试件的抗压强度应乘以尺寸换算系数，并应在报告中注明。当混凝土强度等级大于或等于C60时，宜用标准试件，使用非标准试件时，换算系数由试验确定。

3.2.6 混凝土棱柱体轴心抗压强度试验方法

1.试验步骤

①混凝土轴心抗压强度试件应同龄期者为一组，每组3个。

②取出试件，检查其尺寸形状，测量其高度和宽度，精确至1 mm。

③以成型时侧面为上下受压面，试件中心应与压力机几何对中。

④强度等级小于C30的混凝土取0.3～0.5 MPa/s的加荷速度；混凝土强度等级大于C30小于C60时，则取0.5～0.8 MPa/s的加荷速度；强度等级大于C60的混凝土取0.8～1.0 MPa/s的加荷速度。

⑤当试件接近破坏而开始急剧变形时，应停止调整试验机油门，直至破坏，记下破坏极限荷载 F(N)。

2.试验结果计算及确定

①混凝土棱柱体轴心抗压强度 f_{cp} 按下式计算：

$$f_{cp}=\frac{F}{A} \tag{3-7}$$

式中：f_{cp}——混凝土棱柱体轴心抗压强度(MPa)；

F——极限荷载(N)；

A——受压面积(mm^2)。

结果计算精确至0.1 MPa。

②以3个试件测值的算术平均值为测定值。3个测值中的最大值或最小值中如有一个与中间值之差超过中间值的15%，则取中间值为测定值；如最大值和最小值与中间值之差均超过中间值的15%，则该组试验结果无效。

③采用非标准尺寸试件测得的棱柱体轴心抗压强度，应乘以尺寸换算系数(见表3-9)。当混凝土强度等级大于或等于C60时，宜用标准试件。

3.2.7 混凝土棱柱体抗压弹性模量试验方法

1.试验步骤

①试件应同龄期者为一组,每组6根。

②取出试件,检查其尺寸形状,测量其高度和宽度,精确至1 mm。

③取3根试件进行轴心抗压强度试验,计算棱柱体轴心抗压强度值f_{cu}。

④取另3根试件做抗压弹性模量试验,微变形测量仪应安装在试件两侧的中线上并对称于试件两侧。

⑤将试件移于压力机球座上,几何对中。

⑥调整试件位置:开动压力机,当上压板与试件接近时,调整球座使接触均衡。加荷至基准应力为0.5 MPa对应的初始荷载值F_0,保持恒载60 s并在以后的30 s内记录两侧变形量测仪的读数$\varepsilon_0^{左}$、$\varepsilon_0^{右}$。应立即以(0.6±0.4)MPa/s的加荷速率连续均匀加荷至1/3轴心抗压强度f_{cu}对应的荷载值F_a,保持恒载60 s并在以后的30 s内记录两侧变形量测仪的读数$\varepsilon_a^{左}$、$\varepsilon_a^{右}$。

⑦以上读数应与它们的平均值相差在20%以内,否则应重新对中试件后重复⑥的步骤。如果无法使差值降低到20%以内,则此次试验无效。

⑧预压:确认步骤⑦后,以相同的速度卸荷至基准应力0.5 MPa对应的初始荷载值F_0并持荷60 s。以相同的速度加荷至荷载值F_a,再保持60 s恒载,最后以相同的速度卸荷至初始荷载F_0,至少进行两次预压循环。

⑨在完成最后一次预压后,保持60 s初始荷载值F_0,在后续的30 s内记录两侧变形量测仪的读数$\varepsilon_0^{左}$、$\varepsilon_0^{右}$,再用同样的加荷速度加荷至荷载值F_a,再保持60 s恒载,并在后续的30 s内记录两侧变形量测仪的读数$\varepsilon_a^{左}$、$\varepsilon_a^{右}$。

⑩卸除微变形量测仪,以同样的速度加荷至破坏,记下破坏极限荷载F(N)。如果试件的轴心抗压强度与f_{cp}之差超过f_{cp}的20%时,应在报告中注明。

2.试验结果

混凝土抗压弹性模量E_c按下式计算:

$$E_c=\frac{F_a-F_0}{A}\cdot\frac{L}{\Delta n} \tag{3-8}$$

$$\Delta n=\frac{\varepsilon_a^{左}+\varepsilon_a^{右}}{2}-\frac{\varepsilon_0^{左}+\varepsilon_0^{右}}{2} \tag{3-9}$$

式中:E_c——混凝土抗压弹性模量(MPa);

F_a——终荷载(N)(1/3f_{cp}时对应的荷载值);

F_0——初荷载(N)(0.5 MPa时对应的荷载值);

L——测量标距(mm);

A——试件承压面积(mm^2);

Δn——最后一次加荷时,试件两侧在F_a及F_0作用下变形差的平均值(mm);

ε_a——F_a时标距间试件变形(mm);

ε_0——F_0时标距间试件变形(mm)。

以3根试件试验结果的算术平均值为测定值。如果其循环后的任一根与循环前轴心抗压强度之差超过后者的20%，则弹性模量值按另两根试件试验结果的算术平均值计算；如有两根试件试验结果超出上述规定，则试验结果无效。

结果计算精确至100 MPa。

3.2.8 混凝土抗弯拉强度试验方法

1.试验步骤

①试件应同龄期者为一组，每组3根。

②取出试件，检查其尺寸形状，测量试件中部高度和宽度，精确至1 mm。

③在试件长向中部1/3区段内表面不得有直径超过5 mm，深度超过2 mm的孔洞。

④试件成型时的侧面朝上，几何对中。

⑤当混凝土强度等级小于C30时，加荷速度为0.02～0.05 MPa/s；当混凝土的强度等级大于C30小于C60时加荷速度为0.05～0.08 MP/s；当混凝土的强度等级大于或等于C60时加荷速度为0.08～0.10 MPa/s。

⑥当试件接近破坏而开始迅速变形时，不得调整试验机油门，直至试件破坏，记下破坏极限荷载F(N)。

⑦记录下最大荷载和试件下边缘断裂位量。

2.试验结果

当断面发生在两个加荷点之间时，抗弯拉强度按下式计算：

$$f_{\mathrm{f}}=\frac{FL}{bh^2} \tag{3-10}$$

式中：f_{f}——抗弯拉强度(MPa)；

F——极限荷载(N)；

L——支座间距离(mm)；

b——试件宽度(mm)；

h——试件高度(mm)。

以3个试件测值的算术平均值为测定值。3个试件中最大值或最小值中如有一个与中间值之差超过中间值的15%，则把最大值和最小值舍去，以中间值作为试件的抗弯拉强度；如最大值和最小值与中间值之差均超过中间值的15%，则该组试验结果无效。

3个试件中如有一个断裂面位于加荷点外侧，则混凝土抗弯拉强度按另外两个试件测值的平均值为测试结果，否则结果无效。

如果有两根试件均出现断裂面位于加荷点外侧，则该组结果无效。

3.2.9 混凝土立方体劈裂抗拉强度试验方法

1.试验步骤

①试件应同龄期者为一组，每组3根。

②取出试件，检查其尺寸形状，精确至1 mm。

③试件成型时的侧面朝上，几何对中。

④当混凝土强度等级小于C30时，加荷速度为0.02～0.05 MPa/s；当混凝土强度等级大于或

等于 C30 且小于 C60 时,加荷速度为0.05~0.08 MPa/s;当混凝土强度等级大于或等于 C60 时,加荷速度为0.08~0.10 MPa/s。

⑤当试件接近破坏而开始迅速变形时,不得调整试验机油门,直至试件破坏,记下破坏极限荷载 F(N)。

2.试验结果计算

混凝土劈裂抗拉强度 f_{ts} 按下式计算:

$$f_{ts}=\frac{2F}{\pi A}=0.637\frac{F}{A} \tag{3-11}$$

式中:f_{ts}——混凝土劈裂抗拉强度(MPa);

F——试件破坏荷载(N);

A——试件劈裂面面积(mm^2),为试件横截面面积。

劈裂抗拉强度值的计算和异常数据的取舍原则:以3个试件测值的算术平均值作为测定值。如3个试件中最大值或最小值中有一个与中间值的差值超过中间值的15%时,则取中间值为测定值;如有两个测值与中同值的差均超过中间值的15%,则该组试件的试验结果无效。计算结果精确至0.01 MPa。

3.2.10 试验报告

试验报告应包括以下内容:

①要求检测的项目名称和执行标准。

②原材料的品种、规格和产地。

③试验日期及时间。

④仪器设备的名称、型号及编号。

⑤环境温度和湿度。

⑥试验检测情况及结果。

⑦要说明的其他内容。

3.3 钢 材

在桥涵工程结构施工、构件制作时,利用钢材良好的力学性能和加工性能对钢材进行加工,如弯曲、焊接等,因此钢材被广泛应用于各种不同类型的桥涵工程结构中。

3.3.1 钢材的主要力学性能和加工性能

钢材的主要力学性能和加工性能有屈服强度、抗拉强度、规定塑性延伸强度、断后伸长率、最大力总伸长率、弯曲性能、应力松弛性能、疲劳性能、冲击性能和钢筋连接等指标。

3.3.2 试验方法

1.拉伸试验

按照国家标准《金属材料 拉伸试验 第1部分:室温试验方法》(GB/T 228.1—2010)进行

拉伸试验可以测得钢材的屈服强度、抗拉强度和伸长率等性能。

拉伸试验一般在室温 10 ~ 35 ℃范围内进行。

拉伸试验的试验速率有应变速率控制(方法 A)或应力速率控制(方法 B)两种。

应变速率控制可以使用引伸计测量试样的应变来达到,也可以通过控制试验机横梁位移速率来达到。

应力速率控制是用拉伸力除以试样的原始截面面积得到应力,通过控制拉伸力的速率来达到控制应力速率。

(1)屈服强度试验

采用方法 A 控制试验速率,应变速率可以取 $0.000\ 25\ s^{-1}$,相对误差 ±20% 。

采用方法 B 控制试验速率,可按材料弹性模量的大小取相应的应力速率。弹性模量 $E<1.5\times10^5$ MPa 时,应力速率取≤20 MPa/s;弹性模量 $E\geqslant1.5\times10^5$ MPa 时,应力速率取≤60 MPa/s。

采用图解法和指针法测定有明显屈服现象钢材的上屈服强度和下屈服强度:

①图解法。试验时记录力—延伸曲线或力—位移曲线,从曲线图读取首次下降前的最大力和不计初始瞬时效应时屈服阶段中的最小力或屈服平台的恒定力,将其分别除以试样原始横截面面积得到上屈服强度和下屈服强度。

②指针法。试验时,读取测力度盘指针首次回转前指示的最大力和不计初始瞬时效应时屈服阶段中指示的最小力或首次停止转动指示的恒定力,将其分别除以试样原始横截面积得到上屈服强度和下屈服强度。

(2)抗拉强度

采用方法 A 控制试验速率,应变速率可以取 $0.006\ 7\ s^{-1}$,相对误差 ±20% ($0.4\ min^{-1}$,相对误差 ±20%)。

采用方法 B 控制试验速率,在测定屈服强度或塑性延伸强度后,试验速率可以用不大于 $0.008\ s^{-1}$ 的应变速率;如果仅仅需要测定抗拉强度,则在整个试验过程中取不超过 $0.008\ s^{-1}$ 的单一试验速率。

采用图解法、指针法或自动装置测定试样的抗拉强度。

①图解法。从试验记录的力 - 延伸曲线或力 - 位移曲线上,读取最大力,将最大力除以试样原始横截面积得到抗拉强度。

②指针法。从测力度盘读取试验过程中的最大力,将最大力除以试样原始横截面积得到抗拉强度。

③自动装置。使用自动装置或自动测试系统等测定抗拉强度。

(3)规定塑性延伸强度

采用方法 A 控制试验速率,用引伸计测量应变时,应变速率可以取 $0.000\ 25\ s^{-1}$,相对误差 ±20% ,也可以换算成横梁位移速率。

采用方法 B 控制试验速率,在弹性范围可按材料弹性模量的大小取相应的应力速率,弹性模量 $E<1.5\times10^5$ MPa 时,应力速率取 2 ~ 20 MPa/s;弹性模量 $E\geqslant1.5\times10^5$ MPa 时,应力速率取 6 ~ 60 MPa/s。在塑性范围,改为按应变速率控制,应变速率不应超过 $0.002\ 5\ s^{-1}$。

在试验得到的应力 - 延伸率曲线图上,画一条与曲线的弹性直线段部分平行,且在延伸轴上与此直线段的距离等效于规定塑性延伸率。此平行线与曲线的交截点给出相应于所求规定塑性延伸强度的力。将此力除以试样原始横截面积得到规定塑性延伸强度。

(4)断后伸长率

采用方法 A 控制试验速率,应变速率可以取 $0.006\ 7\ s^{-1}$,相对误差 ±20% ($0.4\ min^{-1}$,相对误

差 ±20%）。

采用方法B控制试验速率，在测定屈服强度或塑性延伸强度后，试验速率可以用不大于 0.008 s^{-1} 的应变速率。

试样被拉伸断裂后，将其配接在一起使其轴线处于同一直线上，测量试样断后标距。断后伸长率等于断后标距减去原始标距，然后除以原始标距。

(5)最大力总延伸率

采用方法A控制试验速率，应变速率可以取 0.006 7 s^{-1}，相对误差 ±20%（0.4 min^{-1}，相对误差 ±20%）。

采用方法B控制试验速率，在测定屈服强度或塑性延伸强度后，试验速率可以用不大于 0.008 s^{-1} 的应变速率。

拉伸试验中，用引伸计得到力—延伸曲线图上测定最大力时的总延伸，该总延伸除以引伸计标距，得到最大力总延伸率。

2.弯曲试验

按照国家标准《金属材料　弯曲试验方法》(GB/T 232—2010)进行弯曲试验测得钢材的弯曲性能。

弯曲试验一般在 10～35 ℃的室温范围内进行。

弯曲试验时，应缓慢施加弯曲力，以使材料能够自由地进行塑性变形。

试验步骤：

①试验过程时，应将试样放于两支辊上，试样轴线应与弯曲压头轴线垂直，弯曲压头在两支辊之间的中点处对试样连续施加力使其弯曲，直至达到规定的弯曲角度。

②如不能直接达到规定的角度，应将试样置于两平行压板之间，连续施加力压其两端，使其进一步弯曲，直至达到规定的弯曲角度。

③应按照相关产品标准的要求评定弯曲试验结果，如标准中未作具体要求，弯曲试验后不使用放大仪器观察，试样弯曲外表面无可见裂纹应评定为合格。

3.反复弯曲试验

按照国家标准《金属材料　线材　反复弯曲试验方法》(GB/T 238—2013)进行反复弯曲试验测得直径或厚度为 0.3～10 mm 金属线材的弯曲性能。

试验一般应在室温 10～35 ℃下进行。

试验步骤：

①根据线材直径，选择圆柱支座半径、圆柱支座顶部至拨杆底部距离及拨杆孔直径。

②使弯曲臂处于垂直位置，将试样由拨杆孔插入，下端用夹块夹紧，并使试样垂直于圆柱支座轴线。

③将试样由垂直位置向任一方向弯曲 90°，再弯曲至起始位置，作为一次弯曲。

④将试样向相反方向弯曲 90°，再弯曲至起始位置，作为又一次弯曲。

⑤依次向相反方向进行连续不间断的反复弯曲，直至达到规定的弯曲次数或出现肉眼可见裂纹，或试样完全断裂为止。

试样断裂的最后一次弯曲不计入弯曲次数。

3.3.3 钢材产品检验

1.钢筋混凝土用钢筋

(1)力学性能

钢筋力学性能的试验按照《金属材料　拉伸试验　第1部分:室温试验方法》(GB/T 228.1—2010)的有关规定进行,试样数量为2根,从任选2根钢筋上切取,计算强度用横截面面积采用公称横截面面积。

(2)弯曲性能

钢筋弯曲性能的试验按照国家标准《金属材料　弯曲试验方法》(GB/T 232—2010)的有关规定进行,试验数量为2根,从任选2根钢筋上切取。按规定的弯芯直径弯曲180°后,钢筋受弯曲部位表面不得产生裂纹。

(3)其他检验项目

根据使用需求,还可以进行反向弯曲性能、疲劳性能、焊接性能和表面质量等的检验。

2.预应力混凝土用钢棒

(1)力学性能

钢棒力学性能的试验按照国家标准《金属材料　拉伸试验　第1部分:室温试验方法》(GB/T 228.1—2010)的有关规定进行;抗拉强度试样数量为1根/盘,规定非比例延伸强度试样数量为3根/批,断后伸长率试样数量为1根/盘,最大力总伸长率试样数量为3根/批,从每(任一)盘中任意一端截取;计算强度用横截面面积采用公称横截面面积。拉伸试验后,目视观察,钢棒应呈现出缩颈韧性断口。

(2)弯曲性能

钢棒反复弯曲试验按照《金属材料　线材　反复弯曲试验方法》(GB/T 238—2013)的有关规定进行,钢棒弯曲试验按照《金属材料　弯曲试验方法》(GB/T 232—2010)的有关规定进行,试样数量均为3根/批,从每(任一)盘中任意一端截取。

(3)应力松弛性能

应力松弛试验应参照国家标准《金属材料 拉伸应力松弛试验方法》(GB/T 10120—2013)的有关规定进行。试样数量为不少于1根/每条生产线每个月,从每(任一)盘中任意一端截取。

(4)其他检验项目

疲劳试验、表面质量、横截面面积等相应的检验方法,应参照国家标准《预应力混凝土用钢棒》(GB/T 5223.3—2017)。

3.预应力混凝土用钢绞线

钢绞线的产品标记包含:结构代号、公称直径、强度级别和标准编号。

(1)力学性能

钢绞线力学性能的试验按照国家标准《预应力混凝土用钢材试验方法》(GB/T 21839—2019)的关规定进行,但试样在夹头内和距钳口2倍钢绞线公称直径内断裂达不到标准要求时,试验无效。

整根钢绞线的最大力试样数量为3根/批,屈服力试样数量为3根/批,最大力总伸长率试样数量为3根/批,从每(任一)盘中任意一端截取。

按不同的结构形式、公称直径和强度等级，有不同的力学性能要求，检验结果应不小于相应的规定值。

计算抗拉强度时取钢绞线的公称横截面面积值。

测定最大力总伸长率时，如有预加负荷，应考虑将预加负荷所产生的伸长率计入总伸长率内。

(2)应力松弛性能

应力松弛试验应参照国家标准《预应力混凝土用钢材试验方法》(GB/T 21839—2019)的有关规定进行。

试样的环境温度应保持在(20±2)℃内。

标距长度不小于公称直径的60倍。

试样制备后不得进行任何热处理和冷加工，允许用至少120 h的测试数据推算1 000 h的松弛值。

试样数量为不少于1根/每合同批，从每(任一)盘卷中任意一端截取。

(3)其他检验项目

表面质量、外形尺寸和钢绞线伸直性的检验，疲劳性能试验和偏斜拉伸试验，应参照国家标准《预应力混凝土用钢绞线》(GB/T 5224—2014)。

4.预应力混凝土用螺纹钢筋

(1)力学性能

螺纹钢筋力学性能的试验按照国家标准《金属材料　拉伸试验　第1部分:室温试验方法》(GB/T 228.1—2010)的有关规定进行，计算应力时用公称横截面面积，试样数量为2根。

(2)应力松弛性能

应力松弛试验应参照国家标准《金属材料　拉伸应力松弛试验方法》(GB/T 10120—2013)的有关规定进行，试样的环境温度应保持在(20±2)℃内，标距长度不小于公称直径的60倍，试样制备后不得进行任何热处理和冷加工，初始负荷应在3～5 min内均匀施加完毕、持荷1 min后开始记录松弛值，允许用至少120 h的测试数据推算1 000 h的松弛值。试样数量为1根/1 000 t。

(3)其他检验项目

表面质量、外形尺寸的检验以及疲劳性能试验，应参照国家标准《预应力混凝土用螺纹钢筋》(GB/T 20065—2016)。

5.碳素结构钢

碳素结构钢的形式有热轧钢板、钢带、型钢和钢棒。

(1)力学性能

碳素结构钢力学性能试验按照国家标准《金属材料　拉伸试验　第1部分:室温试验方法》(GB/T 228.1—2010)的有关规定进行，试样数量为1个。

(2)弯曲性能

弯曲180°后，试样受弯曲部位表面不得产生裂纹。

碳素结构钢弯曲性能的试验按照国家标准《金属材料　弯曲试验方法》(GB/T 232—2010)的有关规定进行，试样数量为1个。

(3)冲击试验

厚度不小于12 mm或直径不小于16 mm的钢材应做冲击试验,试验方法按照国家标准《金属材料　夏比摆锤冲击试验方法》(GB/T 229—2007),试样数量为3个。

6.低合金高强度结构钢

低合金高强度结构钢的形式有热轧钢板、钢带、型钢和钢棒等。

(1)力学性能

低合金高强度结构钢力学性能试验按照国家标准《金属材料　拉伸试验　第1部分:室温试验方法》(GB/T 228.1—2010)的有关规定进行,试样数量为1个/批。

(2)弯曲性能

按规定的弯芯直径弯曲180°后,试样受弯曲部位表面不得产生裂纹。

低合金高强度结构钢弯曲性能的试验按照国家标准《金属材料　弯曲试验方法》(GB/T 232—2010)的有关规定进行,试样数量为1个/批。

(3)冲击试验

厚度不小于6 mm或直径不小于12 mm的钢材应做冲击试验,试验方法按照国家标准《金属材料　夏比摆锤冲击试验方法》(GB/T 229—2007),试样数量为3个/批。

7.桥梁用结构钢

桥梁用结构钢形式有钢板、钢带、型钢等。

(1)力学性能

桥梁用结构钢力学性能试验按照国家标准《金属材料　拉伸试验　第1部分:室温试验方法》(GB/T 228.1—2010)的有关规定进行,试样数量为1个/批。

(2)弯曲性能

低合金高强度结构钢弯曲性能的试验按照国家标准《金属材料　弯曲试验方法》(GB/T 232—2010)的有关规定进行。当钢材厚度≤16 mm时,弯芯直径取2倍的钢材厚度;当钢材厚度>16 mm时,弯芯直径取3倍的钢材厚度。要求弯曲180°后,试样受弯曲部位表面无肉眼可见裂纹,试样数量为1个/批。

(3)冲击试验

厚度不小于6 mm或直径不小于12 mm的钢材应做冲击试验,试验方法按照国家标准《金属材料　夏比摆锤冲击试验方法》(GB/T 229—2007),试样数量为3个/批。

8.钢筋焊接连接

(1)钢筋焊接连接的分类

根据行业标准《钢筋焊接及验收规程》(JGJ 18—2012)的有关规定,钢筋焊接连接分为电阻点焊、闪光对焊、电弧焊、窄间隙电弧焊、电渣压力焊、气压焊和预埋件钢筋埋弧压力焊等。

(2)钢筋焊接接头的质量检验

钢筋焊接接头的质量检验包括外观检查和力学性能检验,力学性能检验包括拉伸试验、弯曲试验、剪切试验、冲击试验和疲劳试验。

试件数量和试验结果判定按照行业标准《钢筋焊接及验收规程》(JGJ 18—2012)的有关规定执行。

试验方法按照行业标准《钢筋焊接接头试验方法标准》(JGJ/T 27—2014)的有关规定执行。

9.钢筋机械连接

(1)钢筋机械连接的分类

根据行业标准《钢筋机械连接通用技术规程》(JGJ 107—2016)的有关规定,按照连接形式、加工工艺,分为滚轧直螺纹钢筋连接、镦粗直螺纹钢筋连接、带肋钢筋套筒挤压连接、钢筋锥螺纹连接。

(2)检验项目及注意事项

为确定接头性能等级,或材料、工艺、规格改动时,或形式检验报告超过4年时,应进行形式检验。

对每种类型、级别、规格、材料、工艺的钢筋机械连接接头,形式检验试件不应少于12个。其中钢筋母材拉伸强度试件不应少于3个、单向拉伸试件不应少于3个、高应力反复拉压不应少于3个、大变形反复拉压不应少于3个,同时全部试件的钢筋均应在同根钢筋截取。形式检验试件不得采用经过预拉的试件。

钢筋连接工程开始前,应对不同钢筋生产厂家的进场钢筋进行接头工艺检验,每种规格钢筋的接头试件不应少于3个。

对接头的现场检验,应按验收批进行。对每一验收批,必须在工程结构中随机截取3个接头试件做抗拉强度试验。

习　题

1. 简述石料的含义。
2. 简述石料的分类。
3. 简述石料的单轴抗压强度试验的试验步骤。
4. 简述石料抗冻性试验的试验步骤。
5. 简述砂的分类。
6. 简述混凝土试件制作步骤。
7. 简述混凝土立方体抗压强度试验的试验步骤。
8. 简述混凝土棱柱体轴心抗压强度试验的试验步骤。
9. 简述混凝土棱柱体抗压弹性模量试验的试验步骤。
10. 简述混凝土抗弯拉强度试验方法。
11. 简述混凝土立方体劈裂抗拉强度试验的试验步骤。
12. 简述试验报告包括的内容。
13. 简述钢材的主要力学性能指标。

模块4

桥梁工程制品试验检测

知识目标

1. 掌握预应力筋用锚具、夹具、连接器的试验方法。
2. 掌握桥梁支座的试验方法。
3. 掌握桥梁伸缩装置的试验方法。
4. 掌握波纹管的试验方法。

能力目标

1. 能掌握桥梁支座试验检测的内容及步骤。
2. 能掌握桥梁伸缩装置试验检测的内容及步骤。

模块要点

1. 预应力筋用锚具、夹具、连接器试验检测。
2. 桥梁支座试验检测。
3. 桥梁伸缩装置试验检测。
4. 波纹管试验检测。

4.1 预应力筋用锚具、夹具、连接器试验检测

4.1.1 产品分类、代号及标记

1.产品分类及代号

①国家标准《预应力筋用锚具、夹具和连接器》(GB/T 14370—2015)将锚具、夹具和连接器按照锚固方式不同分为夹片式、支承式、锥塞式和握裹式四类。

②交通运输行业标准《公路桥梁预应力钢绞线用锚具、夹具和连接器》(JT/T 329—2010)将锚具、连接器按照其结构形式分为张拉端锚具、固定端锚具两类。

③交通运输行业标准《公路桥梁预应力钢绞线用锚具、夹具和连接器》(JT/T 329—2010)产品

分类代号规定：

● 张拉端锚具——圆锚张拉端锚具(YM)、扁锚张拉端锚具(YMB)。

● 固定端锚具——圆锚固定端压花锚具(YMH)、扁锚固定端压花锚具(YMHB)、圆锚固定端挤压式锚具(YMP)、扁锚固定端挤压式锚具(YMPB)。

● 夹具——YJ。

● 连接器——圆锚连接器(YMJ)。

④国家标准《预应力筋用锚具、夹具和连接器》(GB/T 14370—2015)产品分类代号规定：

● 锚具——夹片式有圆形(YJM)、扁形(BJM)；支承式有镦头(DTM)、螺母(LMM)；组合式有冷铸(LZM)、热铸(RZM)；握裹式有挤压(JYM)、压花(YHM)。

● 连接器——夹片式有圆形(YJL)、扁形(BJL)；支承式有镦头(DTL)、螺母(LML)；握裹式为挤压(JYL)。

● 夹具——夹片式有圆形(YJJ)、扁形(BJJ)；支承式有镦头(DTJ)、螺母(LMJ)。

2.标记

(1)锚具、夹具及连接器的标记方法

锚具、夹具及连接器的标记由产品代号、预应力筋类型、预应力钢绞线直径和预应力钢绞线根数4部分组成。纤维增强复合材料筋为F，预应力钢材不标注。

(2)锚具、夹具及连接器的标记举例

适用于交通运输行业标准《公路桥梁预应力钢绞线用锚具、夹具和连接器》(JT/T 329—2010)的标记：

例1：预应力钢绞线的圆锚张拉端锚具，钢绞线直径为15.2 mm，锚固根数为12根，标记为：YM15-12。

例2：预应力钢绞线的扁锚固定端挤压式锚具，钢绞线直径为15.2 mm，锚固根数为5根，标记为：YMPB15-5。

例3：预应力钢绞线的圆锚连接器，钢绞线直径为15.2 mm，锚固根数为7根，标记为：YMJ15-7。

适用于国家标准《预应力筋用锚具、夹具和连接器》(GB/T 14370—2015)的标记：

例1：预应力钢绞线的圆形夹片式群锚锚具，钢绞线直径为15.2 mm，锚固根数为12根，标记为：YJMI5-12。

例2：预应力钢绞线的用于固定端的挤压式锚具，钢绞线直径为12.7 mm，锚固根数为12根，标记为：JYM13-12。

例3：预应力钢绞线的用于挤压式连接器，钢绞线直径为15.2 mm，锚固根数为12根，标记为：JYL15-12。

4.1.2 预应力筋用锚具、夹具、连接器的力学性能要求

1.交通运输行业标准《公路桥梁预应力钢绞线用锚具、夹具和连接器》(JT/T 329—2010)的规定

(1)锚具、连接器

①静载锚固性能——同时满足效率系数 $\eta_a \geq 0.95$ 和实测极限拉力时的总应变 $\varepsilon_{apu} \geq 2.0\%$。

②疲劳荷载性能——试样经过200万次循环荷载后，锚具零件不应发生疲劳破坏；钢绞线因

锚具夹持作用发生疲劳破坏的面积不应大于原试样总面积的 5%。

③周期荷载性能——试样经过 50 次周期荷载试验后，钢绞线在锚具夹持区域不应发生破断、滑移和夹片松脱现象。

④钢绞线内缩量——张拉端钢绞线内缩量应不大于 5 mm。

⑤锚口摩阻损失率——锚口(含锚下垫板)摩阻损失率合计不大于 6%。

(2)夹具

静载锚固性能——效率系数 $\eta_g \geqslant 0.92$。

2.国家标准《预应力筋用锚具、夹具和连接器》(GB/T 14370—2015)的规定

(1)锚具

①静载锚固性能——同时满足效率系数≥0.95 和实测极限拉力时预应力筋受力长度的总伸长率 $\varepsilon_{tu} \geqslant 20\%$。

②疲劳荷载性能——试样经过 200 万次循环荷载后，锚具零件不应发生疲劳破坏；预应力筋因锚具夹持作用发生疲劳破坏的截面面积不应大于原试样总截面的 5%。

③锚固区传力性能——实测破坏荷载 $F_u \geqslant 1.1F_{plk} \times \frac{f_{cm,e}}{f_{cm,0}}$。

④锚板强度——静载锚固性能试验合格，同时，卸载之后的锚板表面直径中心的残余挠度不应大于配套锚垫板上口直径 D 的 1/600。

⑤低温锚固区传力性能——实测极限抗拉力 $F_{Tu} \geqslant 0.95nF_{pm}$。

(2)夹具

静载锚固性能——效率系数≥0.95；组装件破坏应是预应力筋的破断，而不应是夹具的失效导致试验终止。

(3)连接器

永久留在混凝土结构或构件中的连接器力学性能要求与锚具的相同；张拉后还需放张和拆卸的连接器力学性能要求与夹具的相同。

4.1.3 预应力筋用锚具、夹具、连接器的试验方法

1.试验准备

①试验前必须进行单根预应力钢绞线的力学性能试验。

②预应力钢绞线试样不应少于 6 根。

③力学性能试验结果符合国家标准《预应力混凝土用钢绞线》(GB/T 5224—2014)后方可使用。

2.试验用设备

①加载千斤顶。

②荷载传感器。

③承力台座。

④液压油泵源。

⑤控制系统。

3.静载锚固性能试验(以锚具为例)

(1)试样准备及组装

准备组装件3个。组装前必须把锚固零件擦拭干净,然后进行组装。按住后使每根钢绞线受力均匀,初应力为预应力钢材抗拉强度标准值f_{ptk}的5% ~10% 。总伸长率装置的标距不宜小于1 m。

(2)加载注意事项

以预应力钢绞线抗拉强度标准值的20% 、40% 、60% 、80% ,分4级等速加载,加载速率为100 MPa/min;加载到钢绞线抗拉强度标准值的80% 后,持荷1 h;待荷1 h后缓慢加载至试样破坏。

(3)试验过程中的测量项目、观察项目和记录项目

测量项目包括预应力筋受拉段长度、固定端或张拉端的有代表性的若干根钢绞线相对位移初始值、荷载为$0.1F_{ptk}$时总伸长率的标距L_1、逐级测量钢绞线施加前4级荷载的相对位移、在预应力筋达到$0.8F_{ptk}$时持荷30 min再缓慢加载至破坏后测量标距增量。

观察锚具的变形。在静载锚固性能满足后,夹片允许出现微裂和纵向断裂,不允许横向、斜向断裂及碎断;预应力筋达到极限破断时,锚板及其锥形锚孔不允许出现过大塑性变形,锚板中心残余变形不应出现明显挠度。

记录试样的破坏部位与形式。组装件的破坏部位与形式应符合:夹片式锚具、夹具或连接器的夹片加载到最高一级荷载时不允许出现裂纹或断裂;在满足效率系数和总伸长率后允许出现微裂和纵向断裂,不允许出现横向、斜向断裂及碎断。

(4)试验结果

静载试验应连续进行3个组装件的试验,试验结束后需计算锚具效率系数和实测极限拉力时组装件受力长度的总应变。每个组装件的试验结果均应满足力学性能要求,不得进行平均。

4.疲劳荷载试验

(1)试样准备及组装

准备组装件3个。将钢绞线、锚具与试验台组装,使每根钢绞线受力均匀,初应力为钢绞线抗拉强度标准值的5% ~10% 。

(2)加载注意事项

以约100 MPa/min的速度加载至试验应力上限值,再调节应力幅度达到规定值后,开始记录循环次数。试验应力上限值为钢材抗拉强度标准值f_{ptk}的65% 。应力幅度应不小于80 MPa。疲劳试验机的脉冲频率应不超过500次/min。循环次数为200万次。

(3)试验结果

描述试样经受200万次循环荷载后,锚具零件是否发生疲劳破坏;描述预应力筋在锚具夹持区域发生疲劳破坏的截面面积大小。

5.辅助性试验

辅助性试验项目为钢绞线的内缩量试验、锚具摩阻损失试验和张拉锚固工艺试验。

(1)钢绞线的内缩量试验

预应力筋的内缩量试验可在台座或混凝土承压构件上采用直接测量法或间接测量法进行测

量。台座或承压构件长度应不少于 3 m,试验中的张拉控制力 N_{con} 值取 $0.8F_{ptk}$,试验结果为测量同规格的 3 套锚具的算术平均值。

(2)锚口(含锚下垫板)摩阻损失试验

试验用混凝土承压构件锚固区配筋及构造钢筋应符合要求,混凝土构件的高度应不小于构件截面的长边边长。预应力筋的受力长度不宜小于 5 m。试验时,应分别按 $0.75F_{ptk}$ 和 $0.8F_{ptk}$ 进行分级张拉,加载速度不宜大于 200 MPa/min,每级持荷试件应不少于 1 min,记录每级持荷时两端荷载传感器的读数。取 3 个组装件的锚口摩阻损失率的算术平均值作为锚具的锚口摩阻损失率。

(3)张拉锚固工艺试验

在施工现场进行试验或制作专门的钢筋混凝土构件作为试验平台,长度应不小于 3 m。按照 $0.2F_{ptk}$、$0.4F_{ptk}$、$0.6F_{ptk}$、$0.8F_{ptk}$ 进行分级张拉,进行至少 3 次最大张拉力为 $0.8F_{ptk}$ 的张拉锚固和放松操作。观察、判断临时锚固的可能性;观察发生张拉故障时,预应力筋全部或部分放松的可能性。

6.硬度检测

(1)试验准备工作

选用相应的硬度测量仪(洛氏硬度计或布氏硬度计)在 10 ~ 35 ℃室温下,将试样稳固地放置于硬度计试台上,并使压头轴线与试样表面垂直进行检测。试验过程中硬度计应避免受到影响试验结果的冲击和振动。

(2)洛氏硬度检测

①使压头与试样表面平稳接触,施加初试验力 F_0,F_0 保持时间不超过 3 s。

②将测量装置调整至基准位置,从初试验力 F_0 施加至总试验力 F 的时间应在 1 ~ 8 s 之间。

③总试验力保持时间为(4 ± 2) s。

④卸除主试验力 F_1,保持初试验力 F_0,经短时间稳定后,读出硬度值。

⑤相邻两压痕中心间距离至少应为压痕平均直径的 4 倍,并且不应小于 2 mm。任一压痕中心距试样边缘距离至少应为压痕平均直径的 2.5 倍并且应不小于 1 mm。

⑥每个试样检测 3 点。

(3)布氏硬度检测

①使压头与试样表面平稳接触,施加试验力直至达到规定试验力值。

②从施加力开始到全部试验力施加完毕的加载时间为 2 ~ 8 s。

③试验力保持时间为 10 ~ 15 s。

④任一压痕中心距试样边缘距离至少应为压痕平均直径的 2.5 倍,相邻两压痕中心间距离至少应为压痕平均直径的 3 倍。

⑤在两相互垂直方向测量压痕直径,用两个读数的平均值计算布氏硬度,或按《金属材料　布氏硬度试验　第 1 部分:试验方法》(GB/T 231.1—2018)中的硬度值表查得布氏硬度。

⑥每个试样检测 3 点。

7.外观、尺寸检测

(1)外观检测

①产品外观用目测法检测:裂缝可用有刻度或无刻度放大镜检测。

②锚板和连接器应按国家标准《无损检测　磁粉检测　第 1 部分:总则》(GB/T 15822.1—2005)的规定进行表面磁粉探伤检验。

(2)产品外形尺寸检测

①测量器具为钢直尺、游标卡尺、螺旋千分尺或塞环规。

②锚环(锚板)直径 D(mm)。距锥孔大端平面约 15 mm 处取直径平面 A,在 A 直径面两个互相垂直的方向上测量,取平均值;距锥孔小端平面约 15 mm 处取直径平面 B,在 B 直径面两个互相垂直的方向上测量,取平均值。A、B 两个直径平面的平均值应分别满足技术图纸要求,不进行平均。

③锚环(锚板)高度 H(mm)。每件锚环(锚板)在相互垂直的两个方向取 4 个测量点,取平均值;锚固锥孔大端面为平面时,可沿锚环外圆测量。4 个测量点的平均值应满足技术图纸要求。

④夹片高度 h(mm)。每件夹片在经小端且平行于轴线,取 2 个测量点,取平均值。平均值应满足技术图纸要求。

8.注意事项

①组批与抽样(GB/T 14370—2015)。

- 同一种产品、同一批原材料、同一种工艺、一次投料生产的产品为一组批。
- 每个抽检组批不得超过 2 000 件(套)。
- 尺寸外观抽样数量不应少于 5% 且不少于 10 件(套);硬度抽样数量应不少于 3% 且不少于 6 件(套);静置锚固性能、疲劳荷载性能、内缩量、锚口摩阻损失和张拉锚固工艺各抽取 3 个组装件。
- 常规检测项目为硬度和静载锚固性能试验。

②在锚具静载试验过程中,若试验值未满足 $\eta_a \geqslant 0.95$、$\varepsilon_{apu} \geqslant 2.0\%$,而钢绞线在锚具、夹具或连接器以外非夹持部位发生破断的,应更换钢绞线重新取样做试验。

③在锚具静载试验过程中,若试验值虽然满足 $\eta_a \geqslant 0.95$、$\varepsilon_{apu} \geqslant 2.0\%$,而锚具破坏、断裂失效(滑丝、零件断裂、严重变形等)时,则试验结果判定为锚具不合格。

4.1.4 试验检测结果的判定

1.外观及尺寸检测

外观检验如表面无裂缝,尺寸符合设计要求,判为合格;如有一套表面有裂缝或超过允许偏差,则应逐套检查,合格者方可使用。

2.硬度和尺寸

当硬度值符合设计要求的范围判为合格,如有一个零件不合格,则应另取双倍数量的零件重做试验,如仍有一个零件不合格,则应逐个检验,符合要求者判定零件该性能合格。

3.静载辅固性能

3 个组装件中有 2 个组装件不符合要求,则判断该批产品为不合格品;如有一个组装件不符合要求,应取双倍数量的样品重新试验;如仍有不符合要求者,判断该批产品为不合格品。

4.2 桥梁支座试验检测

4.2.1 桥梁支座的分类及标记

桥梁支座主要有板式橡胶支座、盆式支座、球形支座等几种类型。

1.板式橡胶支座

常用的有普通板式橡胶支座(矩形板式橡胶支座和圆形板式橡胶支座)和四氟滑板式橡胶支座(矩形四氟滑板式橡胶支座和圆形四氟滑板式橡胶支座)。

板式橡胶支座标记由名称代号、形式代号、外形尺寸及橡胶种类四部分组成。

2.盆式支座

常用的有固定支座、双向活动支座、单向活动支座、减振型固定支座、减振型单向支座、抗振型固定支座。

盆式支座标记一般由支座名称代号、支座设计序列代号、设计竖向承载力(MN)、使用性能产品分类代号、适用温度代号、主位移方向位移量(mm)组成。

微课

球形支座整体支座检验

3.球形支座

常用的有双向活动支座、单向活动支座、固定支座。

球形支座标记一般由支座名称代号、支座设计竖向承载力(kN)、产品分类代号、位移量(mm)、转角(rad)组成。

4.2.2 桥梁支座的力学性能要求

1.板式橡胶支座检测项目

实测极限抗压强度 R_u(MPa)、实测抗压弹性模量 E_1(MPa)、实测抗剪弹性模量 G_1(MPa)、实测老化后抗剪弹性模量 G_2(MPa)、实测转角正切值 $\tan\theta$、实测四氟板与不锈钢板表面摩擦系数 μ_f。

2.盆式橡胶支座检测项目

竖向承载力、水平承载力、转角、摩擦系数。

3.球形支座座检测项目

竖向承载力、水平承载力、支座实测转动力矩、摩擦系数。

4.2.3 桥梁支座的试验方法

1.准备工作

桥梁支座试验前的准备工作主要有试样准备、试验条件和试验设备要求三方面内容。

(1)试样准备

一般采用实体支座,当试验条件受到限制时,可选用小型支座或特制试样进行试验。

(2)试验条件

试样在标准温度为(23±5)℃的试验室内停放24 h,并在该标准温度内进行试验。

(3)试验设备要求

压力试验机的示值相对误差最大允许值为±1.0%,并应具有正确的加载中心。加载时应平稳无振动。压力机的使用负荷可在其满负荷的0.4%~90%内。千斤顶和测力计的使用负荷可在其满量程的1%~90%范围内。其他测量仪表应定期检定。

2.板式橡胶支座试验方法

板式橡胶支座试验检测项目为抗压弹性模量、抗剪弹性模量、抗剪黏结性能、抗剪老化、摩擦系数、转角、极限抗压强度试验以及外观质量及尺寸检测。

(1)抗压弹性模量试验步骤及注意事项

抗压弹性模量试验计算承载力 R 时，按支座有效承压面积(钢板面积)A_0计算。

第一步：准备

①将试样置于压力机的承载板中心，偏差应小于试样短边尺寸或直径的1%。

②将压应力缓缓加载至1.0 MPa且稳压后，在承载板四角对称安置4只位移传感器。

第二步：预压

①将压应力以0.03~0.04 MPa/s的速率连续地增至 $\sigma=10$ MPa，持荷2 min。

②将压应力匀速卸载至1.0 MPa，持荷5 min，记录百分表初始值，预压3次。

第三步：正式加载

①每一加载循环自1.0 MPa开始，将压应力以0.03~0.04 MPa/s的速率均匀加载至4 MPa，持荷2 min。然后以同样的速率每2 MPa为一级逐级加载，每级持荷2 min至 $\sigma=10$ MPa为止。

②将压应力由 $\sigma=10$ MPa连续均匀地卸载至压应力为1.0 MPa，持荷10 min。

③正式加载连续进行3次。

第四步：数据整理

①以承载板四角位移传感器所测得的变化值的平均值，作为各级荷载下试样的累计竖向压缩变形 Δc。

②按试样橡胶层的总厚度 t_c，求出在各级试验荷载作用下试样的累计压缩应变。

第五步：结果计算

①计算公式：

$$E_1=\frac{\sigma_{10}-\sigma_4}{\varepsilon_{10}-\varepsilon_4} \tag{4-1}$$

式中：σ_4、ε_4——第4 MPa级试验荷载作用下的压应力和累积压缩应变值；

σ_{10}、ε_{10}——第10 MPa级试验荷载作用下的压应力和累积压缩应变值；

E_1——试样实测的抗压弹性模量计算值，精确至1 MPa。

②抗压弹性模量为3个实测结果的算术平均值。

③单项结果和算术平均值之间的偏差不应大于算术平均值的3%，否则该试样重新试验。

(2)抗剪弹性模量试验步骤及注意事项

抗剪弹性模量试验计算承载力 R 时，按支座有效承压面积(钢板面积)A_0计算；计算水平拉力时，按支座平面毛面积(公称面积)A 计算。

第一步：准备

①将试样置于压力机的承载板与中间钢拉板上按双剪组合配置好，对准中心，偏差应小于1%的试样短边尺寸或直径。

②当试样为矩形支座，应使支座顺其短边方向受剪。

第二步：预压

①将压应力以0.03~0.04 MPa/s的速率连续增至平均压应力 $\sigma=10$ MPa，并在整个抗剪试验过程中保持不变。

②以0.002~003 MPa/s的速率连续施加水平荷载至剪应力 $\tau=1.0$ MPa，持荷5 min。

③将剪应力均匀卸载至0.1 MPa,持荷5 min,记录初始值。预载3次。

第三步:正式加载

①每一加载循环自 $\tau=0.1$ MPa 开始,分级加载至 $\tau=1.0$ MPa 为止,每级加载剪应力增加0.1 MPa,持荷1 min。

②连续均匀地将剪应力 $\tau=1.0$ MPa 卸载至剪应力为0.1 MPa,持荷10 min。

③正式加载连续进行3次。

第四步:数据整理

①将各级水平荷载下位移传感器所测出的试样累积水平剪切变形 Δs。

②按试样橡胶层的总厚度 t_e,求出在各级试验荷载作用下试样的累积剪切应变。

第五步:结果计算

①计算公式:

$$G_1=\frac{\tau_{1.0}-\tau_{0.3}}{\gamma_{1.0}-\gamma_{0.3}} \tag{4-2}$$

式中:$\tau_{1.0}$、$\gamma_{1.0}$——第1.0 MPa级试验荷载作用下的剪应力和累积剪切应变值;

$\tau_{0.3}$、$\gamma_{0.3}$——第0.3 MPa级试验荷载作用下的剪应力和累积剪切应变值;

G_1——试样的实测抗剪弹性模量计算值(MPa),精确至1%。

②每对检验支座所组成试样的综合抗剪弹性模量 G_1,为该对试样3次加载所得到的3个结果的算术平均值。

③各单项结果与算术平均值之间的偏差应不大于算术平均值的3%,否则该试样重新试验。

(3)抗剪老化试验步骤及注意事项

抗剪老化试验计算承载力 R 时,按支座有效承压面积(钢板面积)A_0 计算;计算水平拉力时,按支座平面毛面积(公称面积)A 计算。

第一步:准备

①将试样置于温度为(70±2)℃的老化箱内72 h后取出。

②将试样在标准温度(23±5)℃下停放48 h后,再在标准试验室温度下进行剪切试验。

③将试样置于压力机的承载板与中间钢拉板上按双剪组合配置好,对准中心,偏差应小于1%的试样短边尺寸或直径。

④当试样为矩形支座,应使支座顺其短边方向受剪。

第二步:预压

①将压应力以0.03~0.04 MPa/s的速率连续增至平均压应力 $\sigma=10$ MPa,并在整个抗剪试验过程中保持不变。

②以0.002~0.003 MPa/s的速率连续施加水平力至剪应力 $\tau=1.0$ MPa,持荷5 min。

③将剪应力均匀卸载至0.1 MPa,持荷5 min,记录初始值。预载3次。

第三步:正式加载

①每加载循环自 $\tau=0.1$ MPa 开始,分级加载至1.0 MPa为止;每级加载剪应力增加0.1 MPa,持荷1 min。

②连续均匀地将剪应力 $\tau=1.0$ MPa 卸载至剪应力为0.1 MPa,持荷10 min。

③正式加载连续进行3次。

第四步:数据整理

①将各级水平荷载下位移传感器所测出的试样累积水平剪切变形 Δs。

②按试样橡胶层的总厚度 t_e,求出在各级试验荷载作用下试样的累积剪切应变。

第五步:结果计算

①老化后抗剪弹性模量计算方法与标准抗剪弹性模量计算方法相同。

②每对检验支座所组成试样的综合抗剪弹性模量 G_2,为该对试样 3 次加载所得到的 3 个结果的算术平均值。

③各单项结果与算术平均值之间的偏差应不大于算术平均值的 3%,否则该试样重新试验。

(4)抗剪黏结试验步骤及注意事项

抗剪黏结性能试验计算承载力 R 时,按支座有效承压面积(钢板面积)A_0 计算;计算水平拉力时,按支座平面毛面积(公称面积)A 计算。

第一步:准备

①将试样置于压力机的承载板与中间钢拉板上按双剪组合配置好,对准中心,偏差应小于 1% 的试样短边尺寸或直径。

②当试样为矩形支座,应使支座顺其短边方向受剪。

第二步:预压

将压应力以 0.03 ~ 0.04 MPa/s 的速率连续增至平均压应力 σ = 10 MPa,并在整个抗剪试验过程中保持不变。

第三步:正式加载

①以 0.002 ~ 0.003 MPa/s 的加载速率施加水平荷载,当剪应力达到 2 MPa 时,持荷 5 min。

②水平力以连续均匀地速度卸载。

③试验过程中随时观察试样受力状态及变化情况。

④水平力卸载后检查试样是否完好无损。

(5)摩擦系数试验步骤及注意事项

摩擦系数试验计算承载力 R 时,按支座有效承压面积(钢板面积)A_0 计算;计算水平拉力时按支座平面毛面积(公称面积)A 计算。

第一步:准备

将试样置于压力机的承载板与中间钢拉板上配置好,对准中心,偏差应小于 1% 的试样短边尺寸或直径。

第二步:预压

将压应力以 0.03 ~ 0.04 MPa/s 的速率连续增至平均压应力 σ = 10 MPa,并在整个抗剪试验过程中保持不变。其预压时间为 1 h。

第三步:正式加载

以 0.002 ~ 0.003 MPa/s 的速率连续地施加水平力,直至不锈钢板与四氟滑板试样接触面间发生滑动为止,记录此时的水平力作为初始值。试验过程应连续进行 3 次。

第四步:结果计算

①计算公式:

$$\mu_f = \frac{H}{R} \tag{4-3}$$

式中：μ_f——四氟滑板与不锈钢板表面的摩擦系数精确至0.01；

H——支座承受的最大水平力(kN)；

R——支座最大承压力(kN)。

②每对试样的摩擦系数为3次试验结果的算术平均值。

(6)转角试验步骤及注意事项

转角试验所采用的试验装置一般由加载横梁、千斤顶加载系统、测量转角变化的位移传感器等组成。

转角试验计算承载力R时，按支座有效承压面积(钢板面积)A_0计算。

第一步：准备

①将试样置于压力机的承载板与加载横梁上配置好，对准中心，偏差应小于1%的试样短边尺寸或直径。

②在距试样中心(试验机加载承压板中心)L处，安装使梁产生转动用的千斤顶和测力计，并在承载板四角对称安置4只位移传感器。

第二步：预压

①将压应力以0.03～0.04 MPa/s的速率连续地增至平均压应力$\sigma=10$ MPa，持荷5 min。

②将压应力均匀度卸载至$\sigma=1.0$ MPa，如此反复3次。

第三步：正式加载

①将压应力按照抗压弹性模量试验要求增至$\sigma=10$ MPa，采集支座变形数据，并在整个试验过程中维持$\sigma=10$ MPa不变。

②用千斤顶对加载横梁施加一个向上的力P，使其达到预期转角的正切值，持荷5 min后，记录千斤顶力P及传感器的数值。

第四步：结果计算

①实测转角的正切值应按下列公式计算：

$$\tan\theta - \frac{\Delta_1^2+\Delta_3^4}{2L} \tag{4-4}$$

式中：$\tan\theta$——试样实测转角的正切值；

Δ_1^2——传感器N_1、N_2处的变形平均值(mm)；

Δ_3^4——传感器N_3、N_4处的变形平均值(mm)；

L——转动力臂(mm)。

②各种转角下，由于垂直承压力和转动共同影响产生的压缩变形值应按下式计算：

$$\Delta_2=\Delta_c-\Delta_1$$

$$\Delta_1=\frac{\Delta_1^2-\Delta_3^4}{2} \tag{4-5}$$

式中：Δ_c——支座最大承压力R时试样累积压缩变形值(mm)；

Δ_1——转动试验时，试样中心平均回弹变形值(mm)；

Δ_2——垂直承压力和转动共同影响下试样中心处产生的压缩变形值(mm)。

③各种转角下，试样边缘换算变形值应按下式计算：

$$\Delta_\theta=\frac{\tan\theta\cdot l_a}{2} \tag{4-6}$$

式中:Δ_θ——实测转角产生的变形值(mm);

l_a——矩形支座试样的短边尺寸(mm),圆形支座采用直径 d(mm)。

④各种转角下,支座边缘最大、最小变形值应按下列公式计算:

$$\Delta_{max} = \Delta_2 + \Delta_\theta$$

$$\Delta_{min} = \Delta_2 - \Delta_\theta \tag{4-7}$$

⑤试验结果。根据所测各种转角下支座边缘最大、最小变形值来判定实测转角正切值是否符合标准要求。当 $\Delta_{min} \geqslant 0$ 时,支座不脱空;当 $\Delta_{min} \leqslant 0$ 时,支座脱空。

(7)极限抗压强度试验步骤及注意事项

极限抗压强度试验计算承载力 R 时,按支座有效承压面积(钢板面积)A_0计算。

①将试样放置在压力机的承载板上,并对准中心位置。

②以 0.1 MPa/s 的速率连续地加载,至试样极限抗压强度 R 不小于 70 MPa 为止。

③试验过程中随时观察试样受力状态及变化情况,试样是否完好无损。

(8)试验结果判定

①板式支座力学性能试验时,随机抽取 3 块(或 3 对)支座,若有 2 块(或 2 对)不能满足要求,则认为该批产品不合格。

②若有 1 块(或 1 对)支座不能满足要求时,则应从该批产品中随机再抽取双倍支座对不合格项目进行复检,若仍有一项不合格,则判定该批规格产品不合格。

3.盆式支座试验方法

盆式支座成品试验检测项目为竖向承载力、摩擦系数以及转动试验。

(1)竖向承载力试验步骤及注意事项

盆式支座竖向承载力试验应测定在垂直荷载作用下,盆式支座竖向压缩变形和盆环径向变形。

第一步:准备

将待测试支座安置于试验机承载板上,并对准中心位置。

第二步:预压

①正式加载前对支座预压 3 次,预压荷载为支座设计承载力。

②预压初始荷载为该试验支座竖向设计承载力的 1.0% 。

③每次加载至预压荷载宜稳压 2 min 后卸载至初始荷载。

④在初始荷载稳压状态在支座顶底板间均匀安装 4 个竖向位移传感器(百分表),测试支座竖向压编变形。

⑤在盆环上口相互重直的直径方向安装 4 只径向位移传感器(千分表),测试盆环径向变形。

第三步:正式加载

正式加载分 3 次进行,检验荷载为支座竖向设计承载力的 1.5 倍。

①每次检测时预加设计承载力的 1.0% 作为初始压力分 10 级加载到检验荷载。

②每级加载后稳压 2 min,然后记录每一级的位移量,加载至检验荷载稳压 3 min 后卸载至初始压力,测定残余变形。

第四步:结果计算

①每次、每级竖向变形取该次、该级加载时 4 个竖向位移传感器(百分表)读数的算术平均值。

②每次、每级径向变形取该次,该级加载时 4 个径向位移传感器(千分表)读数绝对值之和的

一半。

③3 次测试结果的平均值为该支座试样的测试结果。

(2)摩擦系数试验步骤及注意事项

摩擦系数试验所采用的水平加载装置应由千斤顶加载系统、测力传感器等组成。

第一步:准备

摩擦系数试验选取两个相同规格的单向或双向盆式支座试样,将一个试样放置在压力机的承载板上,另一个试样放置在水平加载装置的拉板上,并对准中心位置。

第二步:预压

①试验前应对支座进行预压,预压荷载为该试验支座竖向设计承载力,预压 3 次。

②预压初始荷载为该试验支座竖向设计承载力的 1.0% 。

③每次加载稳压 3 min 后卸载至初始荷载。

第三步:正式加载

试验机对试验支座加载到竖向设计承载力时,用千斤顶施加水平力。

①盆式支座试样发生滑动(水平拉力下降)时,即停止施加水平力,并由专用的测力传感器记录水平力值。

②依照以上相同的方法再连续重复进行 3 次。

第四步:结果计算

①第一次滑动记录初始值。

②实测摩擦系数取第 2 ~ 4 次试验结果的算术平均值。

(3)转动试验步骤及注意事项

转动试验所采用的试验装置应由加载横梁、千斤顶加载系统、测量转角变化的位移传感器等组成。

第一步:准备

试验选取两个相同规格的固定支座,也可以选用两个相同规格的双向盆式支座试样,将一个试样放置在压力机的下承载板上,另一个试样放置在加载横梁上,并对准中心位置。

第二步:预压

①试验前应对支座进行预压,预压荷载为该试验支座竖向设计承载力,预压 3 次。

②预压初始荷载为该试验支座竖向设计承载力的 1.0% 。

③每次加载稳压 3 min 后卸载至初始荷载。

第三步:正式加载

①试验机对试验支座加载到竖向设计承载力时,用千斤顶顶起加载横梁。

②使支座分别产生 0.010 rad、0.015 rad、0.020 rad 设计转角值,每次达到预期的转角后,稳压 30 min。

③但当加到最大转角后应保持荷载 30 min 后卸载。

④在整个转动试验过程中都应随时观测试验支座的工作状态。

⑤转动试验结束(支座卸载)后,应对试验支座试样进行拆解,检查中间钢衬板、聚四氟乙烯板、黄铜紧箍圈、橡胶承压板等零部件是否完好无损。

第四步:结果计算

支座转动试验后,要求聚四氟乙烯板和钢件无损伤,橡胶承压板没有被挤出,黄铜密封圈也没有明显损伤。

(4)试验结果判定

①试验支座的竖向压缩变形和盆环径向变形满足规定,实测的荷载-竖向压缩变形曲线和荷载盆环径向变形曲线成线性关系,且卸载后残余变形小于支座设计荷载下相应变形的5%,该支座的竖向承载力为合格。

②试验支座的转动角度满足规定,该支座的转动角度为合格。试验支座的摩擦系数满足规定,该支座的摩擦系数为合格。

③支座各项试验均为合格,判定该支座为合格支座。试验合格的支座,试验后可以继续使用。

④试验支座在加载中出现损坏,则该支座为不合格。

4.球形支座试验方法

球形支座试验检测项目为竖向承载力、水平承载力、摩擦系数以及转动试验。

(1)竖向承载力试验步骤及注意事项

球形支座竖向承载力试验应测定在垂直荷载作用下,球形支座竖向压缩变形和底盆径向变形。

第一步:准备

将待测试支座安置于试验机承载板上,并对准中心位置。

第二步:预压

①正式加载前对支座预压3次,预压荷载为支座设计承载力。

②预压初始荷载为该试验支座竖向设计承载力的0.5%。

③每次加载至预压荷载宜稳压2 min后卸载至初始荷载。

④在初始荷载稳压状态,在支座顶、底板间均匀安装4个竖向位移传感器(百分表),测试支座竖向压缩变形。

⑤在盆环上口相互垂直的直径方向安装4只径向位移传感器(千分表),测试盆环径向变形。

第三步:正式加载

正式加载分3次进行,检验荷载为支座竖向设计承载力的1.5倍。

①每次检测时预加设计承载力的0.5%作为初始荷载,分10级加载到检验荷载。

②每级加载稳压2 min后记录每一级的位移量,加载检验荷载稳压3 min后卸载至初始荷载。

第四步:结果计算

①每次、每级竖向变形取该次、该级加载时4个竖向位移传感器(百分表)读数的算术平均值。

②每次、每级径向变形取该次、该级加载时4个径向位移传感器(千分表)读数的算术平均值。

③3次测试结果的平均值为该支座试样的测试结果。

(2)摩擦系数试验步骤及注意事项

摩擦系数试验所采用的水平加载装置应由千斤顶加载系统、测力传感器等组成。

第一步:准备

选取两个相同规格的单向或双向球形支座试样,将一个试样放置在压力机的下承载板上,另一个试样放置在水平加载装置的拉板上,并对准中心位置。

第二步:预压

①预压荷载选取试验支座的竖向设计承载力。

②将支座匀速加载到预压荷载,试验过程中稳压。

③预压时间 1 h。

第三步:正式加载

用水平力加载装置连续均匀地施加水平力。

①球形支座试样一发生滑动(水平拉力下降)时,即停止施加水平力,并由专用的测力传感器记录水平力值。

②依照以上相同的方法再连续重复进行 4 次。

第四步:结果计算

①第一次滑动记录初始值。

②实测摩擦系数取第 2 ~5 次试验结果的算术平均值。

(3)转动性能试验步骤及注意事项

转动性能试验所采用的试验装置应由加载横梁、千斤顶加载系统、力传感器等组成。

第一步:准备

试验选取两个相同规格型号的球形支座试样,将一个试样放置在压力机的下承载板上,另一个试样放置在加载横梁上,并对准中心位置。

第二步:预压

①预压荷载选取试验支座的竖向设计承载力。

②将支座匀速加载到预压荷载,试验过程中稳压。

第三步:正式加载

①用千斤顶以 5 kN/min 的速率施加转动力矩,直至支座发生转动后千斤顶卸载。

②记录支座发生转动瞬间的千斤顶最大荷载。

③试验过程连续进行 3 次

第四步:结果计算

①计算公式:

$$M_1 - \frac{PL}{2} \tag{4-8}$$

式中:M_1——支座实测转动力矩(N · m);

P——千斤顶最大荷载(kN);

L——转动力臂(mm)。

②试验结果取其 3 次试验的平均值。

(4)水平承载力试验步骤及注意事项

第一步:准备

将试样置于试验机的承载板上,将自平衡反力架及水平力试验装置组合配置好。

第二步:预压

①水平承载力试验荷载为支座水平承载力的 1.2 倍。

②将支座竖向承载力加至设计承载力的 50% 。

③将水平力加载至设计水平承载力的 0.5% 后,核对水平方向位移传感器(百分表)及水平千斤顶数据。

④支座竖向承载力加至设计承载力的 50% 持荷后,用水平承载力的 20% 进行预推,反复进行 3 次。

第三步：正式加载

①将试验荷载由零至试验荷载均匀分为10级。

②试验时先将竖向承载力加至设计承载力的50%。

③以支座设计水平力的0.5%作为初始推力，逐级加载，每级荷载稳压2 min后，记录百分表数据。

④待水平承载力达到设计水平力的90%后，再将竖向承载力加至设计承载力。然后，将水平承载力加至试验荷载稳压3 min后，卸载至初始推力。正式加载过程连续进行3次。

第四步：结果计算

①水平力作用下变形分别取2个百分表的平均值，绘制荷载－水平变形曲线。

②支座水平承载力试验，在拆除装置后，检查支座变形是否恢复。

(5)试验结果判定

①试验支座竖向压缩变形、盆环径向变形应满足要求。

②试验支座水平力应满足要求。

③支座水平承力试验，在拆除装置后，检查支座变形是否恢复。变形不能恢复的产品为不合格。

④试验支座摩擦系数应满足要求。

⑤试验支座实测转动力矩应小于计算的设计转动力矩。

⑥整体支座的试验结果若有2个支座各有1项不合格，或有1个支座2项不合格时，应取双倍试样对不合格项目进行复检，若仍有1个支座1项不合格，则判定该批产品不合格，若有1个支座3项不合格则判定该批产品不合格。

微课

桥面铺装防水粘接层直接拉伸试验检测方法

4.3　桥梁伸缩装置试验检测

桥梁伸缩装置试验检测依据《公路桥梁伸缩装置通用技术条件》(JT/T 327—2016)标准执行。

4.3.1　公路桥梁伸缩装置的分类及代号

公路桥梁伸缩装置(简称伸缩装置)，一般按照伸缩结构进行分类，分类及代号如下：

①模数式伸缩装置，代号M。

模数式伸缩装置按橡胶密封带的数量分为单缝、多缝，代号MA、MB。

②梳齿板式伸缩装置，代号S。

梳齿板式伸缩装置按梳齿板受力状况分为悬臂、简支，代号SC、SS。

简支梳齿板式伸缩装置分为活动梳齿板的齿板位于伸缩缝一侧的SSA和活动梳齿板的齿板跨越伸缩缝的SSB。

③无缝式伸缩装置，代号W。

4.3.2　桥梁伸缩装置的要求

1.性能要求

桥梁伸缩装置的变形性能应符合表4-1的要求。当桥梁变形使伸缩装置产生显著的横向错位或竖向错位时，宜通过专题研究确定伸缩装置的平面转角和竖向转角要求并进行变形性能测量。

<table>
<caption>表 4-1　伸缩装置变形性能要求</caption>
<tr><th>装置类型</th><th colspan="3">项　目</th><th>要　求</th></tr>
<tr><td rowspan="9">MB</td><td colspan="3">拉伸、压缩时最大水平摩阻力/(kN/m)</td><td>≤4 × n</td></tr>
<tr><td rowspan="4">拉伸、压缩时变形均匀性</td><td colspan="2">每单元最大偏差值/mm</td><td>-2 ~ 2</td></tr>
<tr><td rowspan="3">总变形最大偏差值/mm</td><td>80≤e≤400</td><td>-5 ~ 5</td></tr>
<tr><td>400 < e < 800</td><td>-10 ~ 10</td></tr>
<tr><td>e > 800</td><td>-15 ~ 15</td></tr>
<tr><td colspan="3">拉伸、压缩时每单元最大竖向变形偏差/mm</td><td>≤2</td></tr>
<tr><td rowspan="3">符合水平摩阻力和变形均匀性条件下的错位性能</td><td colspan="2">纵向错位</td><td>伸缩装置的扇形变位角度≥2.5°</td></tr>
<tr><td colspan="2">横向错位</td><td>伸缩装置两端偏差值≥20 × n(mm)</td></tr>
<tr><td colspan="2">竖向错位</td><td>顺桥向坡度≥5%</td></tr>
<tr><td>SC</td><td colspan="3">拉伸、压缩时最大竖向变形偏差/mm</td><td>≤1.0</td></tr>
<tr><td rowspan="4">SSA
SSB</td><td colspan="3">拉伸、压缩时最大水平摩阻力/(kN/m)</td><td>≤5.0</td></tr>
<tr><td rowspan="3">拉伸、压缩时最大竖向变形偏差/mm</td><td colspan="2">80≤e≤720</td><td>≤1.0</td></tr>
<tr><td colspan="2">720 < e≤1 440</td><td>≤1.5</td></tr>
<tr><td colspan="2">e > 1 440</td><td>≤2.0</td></tr>
<tr><td>W</td><td colspan="3">拉伸、压缩时最大竖向变形/mm</td><td>≤6.0</td></tr>
</table>

注:1. n 为多缝模数式伸缩装置中橡胶密封带的个数。

2. 防水性能应符合注满水 24 h 无渗漏。

2.使用要求

在车辆轮载作用下,伸缩装置各部件及连接应安全可靠。在正常设计、生产、安装运营养护条件下,伸缩装置设计使用年限不应低于15年。

4.3.3　桥梁伸缩装置的试验方法及试验结果判定

1.不同类型桥梁伸缩装置的试验检测内容

(1)模数式伸缩装置试验检测

模数式伸缩装置试验检测包括变形性能试验、防水性能试验和承载性能试验。

变形性能试验又包含拉伸、压缩时最大水平摩阻力,拉伸、压缩时变形均匀性,拉伸、压缩时每单元最大竖向变形偏差,以及符合水平摩阻力和变形均匀性条件的错位性能等内容。

(2)梳齿板式伸缩装置试验检测

梳齿板式伸缩装置试验检测包括拉伸、压缩时最大竖向变形偏差、最大水平摩阻力和防水性能试验。

(3)无缝式伸缩装置试验检测

无缝式伸缩装置试验检测包括拉伸、压缩时最大竖向变形及防水性能试验。

2.桥梁伸缩装置试验对象的分类及注意事项

(1)桥梁伸缩装置的试验对象分类

桥梁伸缩装置的试验对象分为整体试件、材料试件和构件试件3类。

①整体试件采用整体装配后的伸缩装置。

②当不能对整体试件进行试验时，试件截取长度不得小于 4 m。

③多缝模数式伸缩装置应不少于 4 个位移箱；

④梳齿板式伸缩装置应不小于一个单元。

⑤材料试件应按试验要求取样。

⑥构件试件取足尺产品。

(2)注意事项

试验前，要将试件直接置于标准温度(23 ±5) ℃下，静置 24 h，使试件内外温度一致。环境中不能存在腐蚀性气体及影响检测的振动源。

3.桥梁伸缩装置的试验方法

以使用较多的模数式伸缩装置为例。

(1)拉伸、压缩时最大水平摩阻力试验

①试样放置。将整体组装的伸缩装置试样有效地固定在试验平台上。

②预加载。将放置好的试样分级往返预加载(拉伸、压缩)1 次。

③正式加载。将试样拉伸到最大伸缩量的位置时，开始分级加载(压缩、拉伸)，直至加载到最大伸缩量的位置为 1 个循环。重复试验 3 次。

④记录。每级加载后测定摩阻力(读取、记录摩阻力值)。

⑤试验结果。试验结果取 3 次循环的算术平均值。在测定伸缩装置水平摩阻力时应扣除试验装置台架本身的摩阻力。

(2)拉伸、压缩时变位均匀性试验

①试样放置。将整体组装的伸缩装置试样有效地固定在试验平台上。

②预加载。将放置好的试样分级往返预加载(拉伸、压缩)1 次。

③测宽。在试样两端和中间做好标记线，再将试样拉伸到最大伸缩量的位置时，准确测定标记线处的总宽(b)和每条缝隙宽度(b_1、b_2、…、b_n)的初始值并记录。

④分级加载。开始分级加载(压缩、拉伸)，直至加载到最大伸缩量的位置为 1 个循环。重复试验 3 次。

⑤测定变位。每级加载后测定变位均匀性(量测、记录伸缩装置两端总宽和每条缝隙宽度变化值)。

⑥试验结果。试验结果取 3 次循环的算术平均值。

(3)拉伸、压缩时最大竖向偏差或变形试验

①试样放置。将整体组装的伸缩装置试样有效地固定在试验平台上。

②预加载。将放置好的试样分级往返预加载(拉伸、压缩)1 次。

③正式加载。伸缩装置分级加载(压缩、拉伸)时，选择任意位置，在同断面处，测定伸缩装置边梁与中梁间的竖向偏差。重复试验 3 次。

④试验结果。试验结果取 3 次循环的算术平均值。

(4)伸缩装置纵向错位试验

①试样放置。将整体组装的伸缩装置试样有效地固定在试验平台上。

②正式加载。在纵向错位后分级进行拉伸及压缩，实测其拉压过程中摩阻力(kN/m)大小与变位均匀性(mm)，方法同前边拉伸压缩时最大水平摩阻力试验和拉伸、压缩时变位均匀性试验。

③纵向错位后重复试验 3 次。

④试验结果。计算 3 次循环的算术平均值。

(5)伸缩装置竖向错位试验

①试样放置。将整体组装的伸缩装置试样有效地固定在试验平台上。将试验平台用竖向作动器顶起,使伸缩装置沿顺桥向产生 5% 的坡度。

②正式加载。在竖向错位后分级进行拉伸及压缩试验,实测其拉压过程中摩阻力(kN/m)大小与变位均匀性(mm),方法同前边拉伸压缩时最大水平摩阻力试验和拉伸、压缩时变位均匀性试验。

③竖向错位后重复试验 3 次。

④试验结果。计算 3 次循环的算术平均值。

(6)伸缩装置横向错位试验

①试样放置。将整体组装的伸缩装置试样有效地固定在试验平台上。用一个主作动器将试样在两支承横梁 3.6 m 间距两端总宽度产生 80 mm 的差值,形成扇形张开。

②正式加载。横向错位后分级进行拉伸及压缩试验,实测其拉压过程中摩阻力(kN/m)大小与变位均匀性(mm),方法同前边拉伸压缩时最大水平摩阻力试验和拉伸压缩时变位均匀性试验。

③横向错位后重复试验 3 次。

④试验结果。计算 3 次循环的算术平均值。

(7)承载性能试验

①试样放置。

在试验台座上固定伸缩装置,移动移动台座,使伸缩装置处于最大开口状态并固定。

②加载。使用钢加载板和橡胶板模拟轮载作用,加载板尺寸采用轮载的着地尺寸。模拟轮载的静力作用时,α 取 16.7°;模拟轮载的疲劳作用时,α 取 0°;以 $0 \sim P_d$ 为循环幅,施加 2×10^6 次,测量伸缩装置的应力变化情况,并观察伸缩装置是否开裂。

③应力和竖向挠度测量。模拟轮载的静力作用时,以设计轮载 P_d 的 10% 为步长,以 1 kN/s 的速度加载,每步加载完成后,静置 5 min。测量伸缩装置的应力和竖向挠度;模拟轮载的疲劳作用时,以 $0 \sim P_d$ 为循环幅,施加 2×10^6 次,测量伸缩装置的应力变化情况,并观察伸缩装置是否开裂。

④试验结果。模拟轮载的静力作用时,重复测量 3 次,试验结果取 3 次测量结果的算术平均值;模拟轮载的疲劳作用时,观察伸缩装置是否开裂。

(8)防水性能试验

①安装。伸缩装置在最大开口状态下固定,将每个伸缩单元两端堵截。

②注水。在伸缩装置缝内注满水,水面超过伸缩装置顶面 10 mm。

③检测。经过 24 h 后检查有无渗水、漏水现象。

(9)外观质量及尺寸检测

①外观质量。产品外观质量用目测方法和相应精度的量具进行检测。

②尺寸检测。

测量器具:钢直尺、游标卡尺、平整度仪、水准仪等量测。

测量方法:橡胶伸缩装置平面尺寸除量测四边长度外,还应量测对角线尺寸,厚度应在四边量测 8 点取其平均值。模数式和梳齿板式伸缩装置应每 2 m 取其断面量测,取其平均值。

4.力学性能试验检测结果的判定

伸缩装置总体性能试验,全部项目满足要求为合格。

若检验项目中有一项不合格，则应从该批产品中再随机抽取双倍数目的试样，对不合格项目进行复检，若仍有一项不合格，则判定该批产品不合格。

4.4 波纹管试验检测

4.4.1 产品分类、代号及标记

1.分类及代号

常用的桥梁工程波纹管分为预应力混凝土桥梁用塑料波纹管和预应力混凝土桥梁用金属波纹管两大类。

(1)预应力混凝土桥梁用塑料波纹管

按截面形状可分为圆形和扁形两类。

(2)预应力混凝土桥梁用金属波纹管

①按径向刚度分为标准型和增强型。

②按截面形状分为圆形和扁形。

③按每两个相邻折叠咬口之间凸起波纹的数量分双波和多波。

(3)波纹管产品分类及代号

①塑料波纹管。

塑料波纹管内径(mm)：圆管以直径表示；扁形管以长轴表示。

产品代号：SBG

管材类别代号：圆形(Y)、扁形(B)。

②金属波纹管。

金属波纹管内径(mm)：圆管以直径表示；扁管以长轴尺寸×短轴尺寸表示。

产品代号：JBG

刚度类别代号：标准型(B)、增强型(Z)。

2.标记

波纹管的标记由产品代号、管材内径及管材(刚度)类别三部分组成。

(1)交通行业标准《预应力混凝土桥梁用塑料波纹管》(JT/T 529—2016)标记示例

①内径为50 mm的圆形塑料波纹管标记为：SBG-50Y。

②长轴方向内径为41 mm的扁形塑料波纹管标记为：SBC-41B。

(2)建筑工业行业标准《预应力混凝土用金属波纹管》(JG/T 225—2020)标记示例

①内径为70 mm的标准型圆管标记为：JBG-70B。

②长轴为65 mm短轴为20 mm的标准型扁管标记为：JBC-65×20B。

4.4.2 波纹管的力学性能要求

1.预应力混凝土桥梁用塑料波纹管力学性能要求

(1)环刚度

环刚度不小于6 kN/m^2。

(2)局部横向荷载

塑料波纹管在规定荷载(800 N)作用下,管材表面不应破裂,管材残余变形量不得超过管材外径的 10% 。

(3)柔韧性

按规定的弯曲方法反复弯曲 5 次后,用专用塞规能顺利地从塑料波纹管中通过。

(4)抗冲击性

塑料波纹管低温落锤冲击试验的真实冲击率 TIR 最大允许值为 10% 。

2.预应力混凝土桥梁用金属波纹管力学性能要求

(1)径向刚度要求

①集中荷载——圆形 800 N、扁形 500 N。

②均布荷载——圆形 $F=0.31d^2$、扁形 $F=0.15d^2$。

(2)抗渗漏性能要求

在规定的集中荷载作用后或在规定的弯曲情况下,预应力混凝土用金属波纹管允许水泥浆泌水渗出,但不得渗出水泥浆。

4.4.3 波纹管的试验方法

1.预应力混凝土桥梁用塑料波纹管试验检测方法

预应力混凝土桥梁用塑料波纹管试验检测项目包括环刚度试验、局部横向荷载试验、柔韧性试验、抗冲击性试验和外观及规格尺寸检测。

1)环刚度试验

(1)试样制备与测量

①取样。从 5 根管材上各截取长(300 ± 10) mm 试样一段,两端与轴线垂直切平。

②量距。每个试样沿圆周方向等分测量 3 个长度值,计算其算术平均值为试样长度(L_a、L_b、L_c、L_d、L_e),精确到 1 mm。最小测量值不应小于最大测量值的 0.9 倍。

③量内径。应通过横断面中点处每隔 45°依次测量 4 处,取算术平均值,每次的测量结果精确到内直径的 0.5% 。

④计算。分别记录 5 个试样的平均内径 d_{1a}、d_{1b}、d_{1c}、d_{1d}、d_{1e},计算平均值。

(2)加载

上压板下降速度为(5 ± 1) mm/min,当试样垂直方向的内径变形量为原内径的 3% 时,记录此时试样所受的负荷。

(3)结果计算

①计算公式。

$$S=\left(0.0186+0.025\times\frac{\Delta Y}{d_1}\right)\times\frac{F}{\Delta YL} \tag{4-9}$$

式中:S——试样的刚度(kN/m^2);

ΔY——试样内径垂直方向 3% 变化量(m);

F——试样内径垂直方向 3% 变形时的负荷(kN);

d_1——试样内径(m);

L——试样长度(m)。

②精度。每个试样环刚度的计算值 S_a、S_b、S_c、S_d、S_e精确到小数点后第2位;环刚度的计算值 S 保留3位有效数字。取5个试样试验结果的算术平均值。

2)局部横向荷载试验

(1)试样放置

在试样中部位置波谷处取一点,用端部为 $R=6$ mm 的圆柱顶压头施加横向荷载 F。

(2)加载

在30 s内加载到规定荷载值800 N,持荷2 min后观察管材表面是否破裂。

(3)测量变形

卸荷5 min后,在加载处测量塑料波纹管外径的变形量。

(4)试验结果

每根样件测试1次,记录数据,取5个试样试验结果的平均值。

3)柔韧性试验

(1)试样放置

将试样垂直固定在测试平台上,试样长度为1 100 mm。

(2)加载

在试样上部900 mm的范围内,用手向两侧缓慢弯曲试样至弧形模板位置,左右往复弯曲5次;当试样弯曲至最终结束位置时保持弯曲状态2 min。

(3)试验结果

用专用塞规检查是否能顺利地从波纹管中通过。

4)抗冲击性试验

(1)试样准备

每个试样应沿管材圆周方向等分,沿长度方向画出等分标记线,并顺序编号。

(2)试验参数选取

①试样调节温度(0±1)℃。

②调节时间≥15 min(壁厚 $\delta\leqslant 8.6$ mm),完成试验时间间隔≤10 s,再处理时间≥5 min。

③确定落锤质量和冲击高度。波纹管内径≤90 mm,落锤质量为0.5 kg,冲击高度为2 000 mm;波纹管内径90~130 mm,落锤质量为1.0 kg,冲击高度为2 000 mm。

(3)冲击试验

①使落锤冲击在每个试样的1号标线上,若试样未破坏,则将该试样立即放回预处理装置,最少进行5 min的再处理。

②将试样依时针方向旋转放置到2号标线上,进行冲击,若试样仍未破坏,则将该试样立即放回预处理装置,最少再进行5 min的再处理。

③依次试验,直至试样破坏(记录试样冲击破坏时的试验数)或全部标线都冲击1次记录冲击次数)。

④逐个对试样进行冲击,直至取得判定结果。

⑤记录试样冲击总数、试样冲击破坏数。

5)外观及规格尺寸检测

(1)外观

用肉眼直接观察,内壁可以用光源照看。

(2)尺寸检测

①厚度。任取一段试样,使用管壁测厚仪测量其厚度。在同一断面各处测量,读取最小值。厚度测量结果精确到0.05 mm。小数点后两位大于零小于或等于5时取5,大于5时进一位。

②外直径(平均直径)。任取一段试样,使用派尺测量其外直径。将派尺垂直于管材轴线绕外壁1周,紧紧贴合后读数,直径结果精确到0.1 mm。

③内直径。任取一段试样,测量其内直径。应通过横断面中点处,每隔45°依次测量4处,取算术平均值,直径结果精确到0.1 mm。

④不圆度。用分度不大于0.05 mm的游标卡尺在管材同一表面各处测量,直至得出最大值与最小值。管材的不圆度按下式计算:

$$\Delta d = \frac{d_{max} - d_{min}}{d_{max} + d_{min}} \times 200\% \tag{4-10}$$

式中:d_{max}——最大外径(mm);

d_{min}——最小外径(mm)。

取5个试样试验结果的平均值作为不圆度。

2.预应力混凝土用金属波纹管试验方法

预应力混凝土用金属波纹管试验检测项目为集中荷载作用下径向刚度试验、均布荷载作用下径向刚度试验、变形测量、承受集中荷载后抗渗漏性能试验、弯曲后抗渗漏性能试验、外观及尺寸检测。

(1)集中荷载作用下径向刚度试验

取试样长度$5d(5d_e)$,且不应小于300 mm。用直径10 mm的圆钢棒在试样中部位置波谷处施加横向集中荷载F,加载速度不超过20 N/s,直至荷载规定值。

(2)均布荷载作用下径向刚度试验

取试样长度$5d(5d_e)$,且不应小于300 mm。将试样置于加载板中心并放置10 mm厚度的海绵垫,以不超过20 N/s的加载速度,施加均布荷载至规定值。

(3)变形测量

用百分表测量在作用力方向上的外径变形时,根据力值位移曲线计算作用力方向上的外径变形。不计算荷载未到10 N以前的外径变形。

(4)承受集中荷载后抗渗漏性能试验

取试样长度$5d(5d_e)$,且不应小于300 mm。将圆钢(直径10 mm)放置在金属波纹管咬口位置,施加集中荷载至变形达到圆管内径或扁管短轴尺寸的20%。用水灰比0.50由普通硅酸盐水泥配制的纯水泥浆灌满试样,观察表面渗漏情况30 min。

(5)弯曲后抗渗漏性能试验

将预应力混凝土用金属波纹管弯成圆弧,并按规定放置在下端封严。用水灰比为0.50由普通硅酸盐水泥配制的纯水沉浆灌满试样,观察表面渗漏情况30 min。

(6)外观及尺寸检测

外观要求用肉眼检查。圆管内径尺寸为试件相互垂直的两个直径的平均值;扁管长、短轴方向内径尺寸为试样两端尺寸的平均值;钢带厚度及波纹高度为试样两端实测值的平均值。

4.4.4 试验检测结果的判定

1.预应力混凝土桥梁用塑料波纹管试验检测结果的判定

①外观质量检测抽取的5根(段)产品中,当有3根(段)不符合规定时,则该5根(段)所代表的产品不合格。

②外观质量检测抽取的5根(段)产品中,当有2根(段)不符合规定时,可再抽取5根(段)进行检测,若仍有2根(段)不符合规定,则该批产品不合格。

③在外观质量检验后,检验其他指标均合格时则判该产品为合格批。

④若其他指标中有一项不合格,则应在该产品中重新抽取双倍样品制作试样,对指标中的不合格项目进行复检,复检全部合格,判该批为合格批;检测结果若仍有一项不合格,则该批产品为不合格。复检结果作为最终判定的依据。

2.预应力混凝土用金属波纹管试验检测结果的判定

检验结果有不合格项目时,应取双倍数量的试件对该不合格项目进行复验,复验仍不合格时,该批产品为不合格品。

习　　题

1. 简述预应力筋用锚具、夹具、连接器的力学性能要求。
2. 简述预应力筋用锚具、夹具、连接器的试验方法。
3. 简述桥梁支座的力学性能要求。
4. 简述桥梁支座的试验方法。
5. 简述板式橡胶支座抗压弹性模量试验步骤及注意事项。
6. 简述板式橡胶支座抗剪弹性模量试验步骤及注意事项。
7. 简述板式橡胶支座抗剪老化试验步骤及注意事项。
8. 简述板式橡胶支座抗剪黏结试验步骤及注意事项。
9. 简述板式橡胶支座摩擦系数试验步骤及注意事项。
10. 简述板式橡胶支座转角试验步骤及注意事项。
11. 简述板式橡胶支座极限抗压强度试验步骤及注意事项。
12. 简述盆式支座竖向承载力试验步骤及注意事项。
13. 简述盆式支座摩擦系数试验步骤及注意事项。
14. 简述盆式支座转动试验步骤及注意事项。
15. 简述球形支座摩擦系数试验步骤及注意事项。
16. 简述球形支座转动性能试验步骤及注意事项。
17. 简述球形支座水平承载力试验步骤及注意事项。
18. 简述桥梁伸缩装置试验检测的内容。

模块5

无损检测技术

知识目标

1. 掌握无损检测技术检测强度的方法。
2. 掌握无损检测技术检测损伤的方法。
3. 掌握无损检测技术检测缺陷的方法。

能力目标

1. 能掌握回弹法检测混凝土强度的推定。
2. 能掌握超声回弹法检测混凝土强度的推定。
3. 能掌握超声法检测混凝土缺陷的方法。
4. 会钻芯法检测混凝土强度检测。
5. 会钢筋锈蚀电位的检测。
6. 会混凝土中氯离子含量检测。
7. 会混凝土中钢筋分布及保护层厚度检测。
8. 会混凝土碳化深度检测。
9. 会混凝土电阻率检测。
10. 会钢结构试验检测。

模块要点

1. 回弹法检测混凝土强度。
2. 超声回弹综合法检测混凝土强度。
3. 超声法检测混凝土缺陷。
4. 钻芯法检测混凝土强度检测。
5. 钢筋锈蚀电位的检测。
6. 混凝土中氯离子含量检测。
7. 混凝土中钢筋分布及保护层厚度检测。
8. 混凝土碳化深度检测。
9. 混凝土电阻率检测。
10. 钢结构试验检测。

5.1 概 述

无损检测是指在不损害材料结构又不影响材料、结构使用性能的前提下，利用声、光、磁、电等方式测定某些物理量，推定材料、结构的强度、均匀性、连续性、耐久性等性能，进而判定材料、结构工作状态的检测方法。

土木工程无损检测主要涉及混凝土强度无损检测、混凝土缺陷无损检测、混凝土钻孔桩完整性检测、混凝土局部破损法检测以及钢结构探伤。

混凝土结构的无损检测主要包括混凝土强度的无损检测、混凝土缺陷的无损检测，另外还会涉及混凝土的碳化深度、保护层厚度、钢筋位置与钢筋锈蚀状况等。

混凝土强度的无损检测，就是利用混凝土强度与某些物理量之间的确定关系，通过测试这些物理量，来推定混凝土的强度。强度无损检测常用方法有回弹法、超声波法、射线吸收与散射法、成熟度法等。这类方法的特点是测试方便、费用低廉，但其测试结果的可靠性主要取决于混凝土的强度与所测试物理量之间的相关性。

混凝土的缺陷是指混凝土材质不均匀、不连续，对结构的承载能力和使用性能产生影响，表现为：内部空洞、蜂窝麻面、疏松、断层、结合面不密实、裂缝、碳化、冻融、化学腐蚀等。混凝土缺陷的无损检测方法主要有超声脉冲法、脉冲回波法、雷达扫描法、红外热谱法、声发射法等。

桥梁混凝土无损检测技术主要用于既有结构的强度推定、施工质量检验、结构内部缺陷检测等方面。

实践中需要运用无损检测方法推定桥梁混凝土强度主要有如下几种情况：

一是在施工过程中，由于管理、工艺或意外事故等原因影响了混凝土质量，或预留试块的取样、制作、养护、抗压试验等不符合有关技术规程或标准的规定，导致预留试件的强度不能代表结构混凝土的实际强度时，采用无损检测方法推定混凝土强度，作为混凝土质量验收依据。

二是运用无损检测方法连续监测桥梁结构混凝土强度的发展，以便及时调整施工工序、施工进程，控制施工质量。

三是既有桥梁由于设计或施工不当而产生缺陷，由于灾害出现破损，由于交通量增加不能满足通行荷载要求，对于这些桥梁的维修、加固、改建，可通过无损检测方法推定混凝土强度。

混凝土结构的无损检测技术有如下特点：

①不破坏混凝土构件，不影响混凝土构件使用性能。

②可进行表层或内部的全面检测。

③对新建工程和既有结构物都适用。

④能获得破坏试验不能获得的信息，如混凝土内部空洞、疏松、开裂、不均匀性、表层烧伤、冻害及化学腐蚀等。

⑤可在同一构件上进行连续测试和重复测试，使检测结果有良好的可比性。

⑥测试快速方便，费用低廉。

⑦检测结果影响因素多，检测精度相对低一些。

5.2 回弹法检测混凝土强度

5.2.1 回弹法的基本原理

回弹法是用弹簧驱动重锤通过弹击杆弹击混凝土表面,并测出重锤被反弹回来的距离,以回弹值(反弹距离与弹簧初始长度之比)作为与强度相关的指标,来推定混凝土强度的一种方法。由于测量在混凝土表面进行,所以应属于表面硬度法的一种。

回弹法原理如图 5-1 所示。

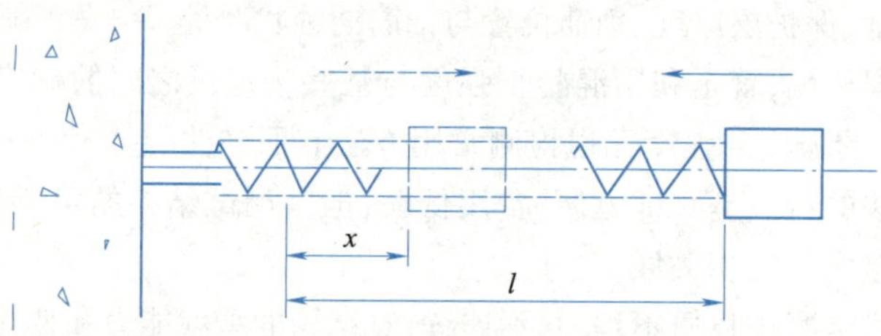

图 5-1 回弹法原理示意图

连接弹簧的单位质量重锤,拉伸 l 长后,重锤的势能为

$$e=\frac{1}{2}E_{S}l^{2} \tag{5-1}$$

式中:E_S——弹簧的刚度系数;

l——弹簧的拉伸长度。

释放弹簧的重锤冲击混凝土后被弹回到 x 位置时的势能 e_x 为

$$e_x=\frac{1}{2}E_{S}x^{2} \tag{5-2}$$

式中:x——重锤反弹长度。

重锤弹击前后的能量损耗为

$$\Delta e=e-e_x \tag{5-3}$$

即:

$$\Delta e=\frac{E_{S}l^{2}}{2}-\frac{E_{S}x^{2}}{2}=e\left[1-\left(\frac{x}{l}\right)^{2}\right] \tag{5-4}$$

令

$$R=\frac{x}{l} \tag{5-5}$$

在回弹仪中,l 为定值,故 R 与 x 成正比,称为回弹值。将 R 代入式(5-4)中得:

$$R=\sqrt{1-\frac{\Delta e}{e}}=\sqrt{\frac{e_x}{e}} \tag{5-6}$$

由式(5-6)可知,回弹值只等于重锤冲击混凝土表面后剩余势能与原有势能之比的平方根。简而言之,回弹值的大小取决于与冲击能量有关的回弹能量,而回弹能量主要取决于被测混凝土的弹塑性性能。其能量的传递和变化如下式所示:

$$e = \sum A_i = A_1 + A_2 + A_3 + A_4 + A_5 + A_6 \tag{5-7}$$

式中：A_1——使混凝土产生塑性变形的功；

A_2——使混凝土、弹击杆及弹击锤产生弹性变形的功；

A_3——弹击锤在冲击过程中和指针在移动过程中因摩擦所损耗的功；

A_4——弹击锤在冲击过程中和指针在移动过程中克服空气阻力的功；

A_5——混凝土产生塑性变形时增加自由表面所损耗的功；

A_6——仪器在冲击时由于混凝土构件颤动和弹击杆与混凝土表面移动而损耗的功。

A_3、A_4、A_5、A_6一般很小，当混凝土构件具有足够的刚度且在冲击过程中仪器始终紧贴混凝土表面时，均可忽略不计。在一定的冲击能量作用下，A_2的弹性变形接近于常数。因此弹回距离主要取决于混凝土的塑性变形。混凝土的强度越低，则塑性变形越大，消耗于产生塑性变形的功也越大，弹击锤所获得的回弹能量就越小，回弹距离相应也越小，从而回弹值就越小，反之亦然，据此，可由能量建立“混凝土抗压强度－回弹值”的相关曲线，通过回弹仪对混凝土表面弹击后的回弹值来推算混凝土的强度值。

由此可得出如下结论：回弹值 R 等于重锤剩余势能与原有势能之比的平方根，是重锤冲击过程中能量损失的反映。而重锤能量损失由混凝土表面硬度决定，混凝土表面硬度又与其抗压强度有关系，由此，回弹值 R 的大小也就反映了混凝土的抗压强度值。

5.2.2 回弹仪

1.回弹仪的构造及工作原理

混凝土检测主要使用 N 型回弹仪，其构造如图 5-2 所示。

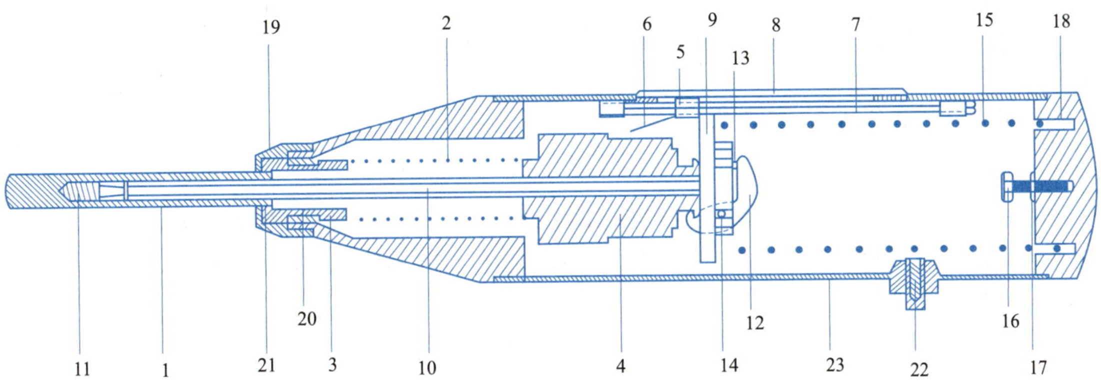

图 5-2 回弹仪的构造

1—弹击杆；2—弹击拉簧；3—拉簧座；4—弹击锤；5—指针块；6—指针片；7—指针轴；8—刻度尺；9—导向法兰；10—中心导杆；11—缓冲压簧；12—挂钩；13—挂钩压簧；14—挂钩销子；15—压簧；16—调零螺钉；17—紧固螺母；18—尾盖；19—盖帽；20—卡环；21—密封毡帽；22—按钮；23—外壳

实测时，用弹击杆顶压混凝土结构表面，弹击杆 1 被压进机壳内，弹击拉簧 2 被拉伸，使连接弹击拉簧的弹击锤 4 获得恒定的冲击能量，如图 5-3 所示。当挂钩 12 与调零螺钉 16 互相挤压时，弹击锤脱钩，弹击锤的冲击面与弹击杆的后端平面相碰撞，如图 5-4 所示，此时弹击锤释放出来的能量借助弹击杆传递给混凝土构件，混凝土弹性反应的能量又通过弹击杆传递给弹击锤，使弹击锤获得回弹的能量后向后弹回，弹击锤回弹的距离 l' 与弹击脱钩前距弹击杆后端平面的距离 l 之比即回弹值 R，它由仪器外壳上的刻度尺 8 示出(见图 5-2)。

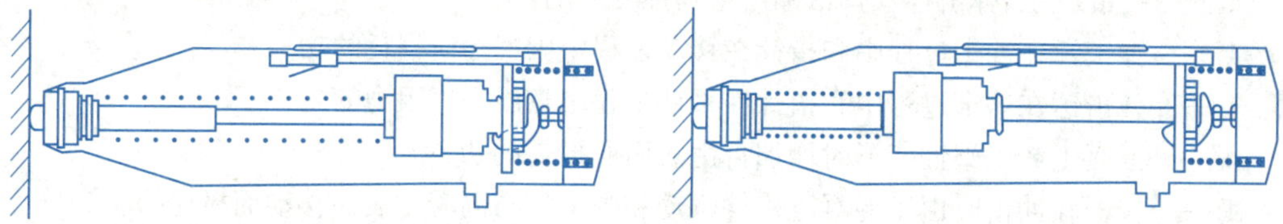

(a) 弹击锤脱钩前的状态　　(b) 弹击锤脱钩后的状态

图 5-3　弹击状态示意图

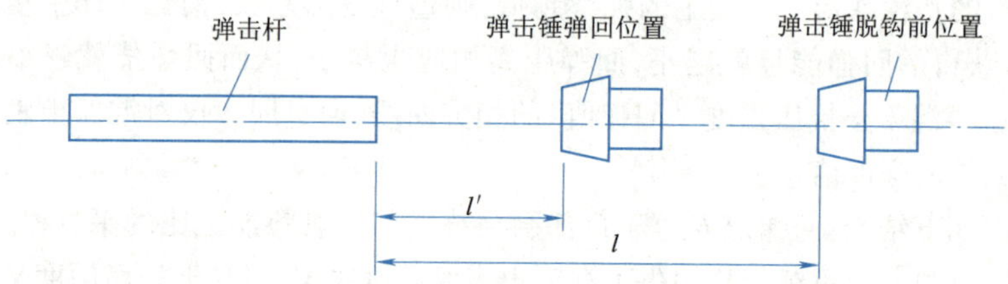

图 5-4　回弹位置示意

2.对中型回弹仪的技术要求

①水平弹击时，弹击锤脱钩的瞬间，中型回弹仪的标称能量应为 2.207 J。

②弹击锤与弹击杆碰撞的瞬间，弹击拉簧应处于自由状态，此时弹击锤起跳点应相应于指针指示刻度尺上"0"处。

③在洛式硬度 HRC 为 60 ± 2 的钢砧上，回弹仪的率定值应为 80 ± 2。

④数字式回弹仪应带有指针直读示值系统，数字显示的回弹值与指针直读示值相差应不超过 1。

⑤回弹使用时的环境温度应为 -4 ~ +40 ℃。

3.回弹仪的率定

混凝土回弹仪执行国家标准《回弹仪》(GB/T 9138—2015)和行业标准《回弹法检测混凝土抗压强度技术规程》(JGJ/T 23—2011)、《回弹仪测定规程》(JJG 817—2011)，主要技术参数如下：

标称动能：2.207 J。

弹击拉簧强度：7.85 N。

弹击冲程：75 mm。

弹击锤与杆碰击面硬度：HRC 59 ~ 63。

指针系统最大静摩擦力：0.5 ~ 0.8 N。

回弹仪钢砧率定平均值：80 ± 2。

行业标准《回弹法检测混凝土抗压强度技术规程》(JGJ/T 23—2011)规定，如率定试验率定值不在 80 ± 2 范围内，应对仪器进行保养后再率定，如仍不合格应送校验单位校验。钢砧率定值不在 80 ± 2 范围内的仪器，不得用于测试。

回弹仪率定采用钢砧率定法。回弹仪在工程检测前后，应在钢砧上做率定试验，并应符合下述要求。率定试验宜在干燥、室温为 5 ~ 35 ℃ 的条件下进行。率定时，钢砧应稳固地平放在刚度大的物体上。测定回弹值时,取连续向下弹击3次稳定回弹值的平均值。弹击杆应分4次旋转,每次旋转宜为90°。弹击杆每旋转一次的率定平均值应为80±2,率定回弹仪的钢砧应每2年校准一次。回弹仪率定示意图如图5-5所示。

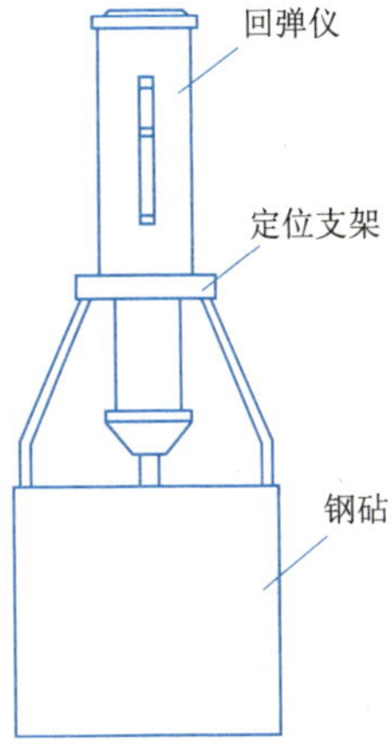

图5-5 回弹仪率定示意图

4.回弹仪的操作

混凝土回弹仪的正确操作如下:

(1)将弹击杆顶住混凝土的表面,轻压仪器,使按钮松开,放松压力时弹击杆伸出,挂钩挂上弹击锤。

(2)使仪器的轴线始终垂直于混凝土的表面并缓慢均匀施压,待弹击锤脱钩冲击弹击杆后,弹击锤回弹带动指针向后移动至某一位置时,指针块上的示值刻线在刻度尺上示出一定数值即为回弹值。

(3)使仪器机芯继续顶住混凝土表面进行读数并记录回弹值。如条件不利于读数,可按下按钮,锁住机芯,将仪器移至它处读数。

(4)逐渐对仪器减压,使弹击杆自仪器内伸出,待下一次使用。

5.回弹仪的保养方法

当回弹仪的弹击次数超过2 000次,或者对检测值有怀疑以及在钢砧上的率定值不合格时,应对回弹仪进行保养。

混凝土回弹仪常规保养方法应符合下列要求:

①使弹击锤脱钩后取出机芯,然后卸下弹击杆(取出里面的缓冲压簧)和三联件(弹击锤、弹击拉簧和拉簧座)。

②用汽油清洗机芯各部件,特别是中心导杆,弹击锤和弹击杆的内孔与冲击面。清洗后在中心导杆上薄薄地涂上一层钟表油或缝纫机油,其他零部件均不得涂油。

③清洗机壳内壁,卸下刻度尺,检查指针磨擦力应为0.5~0.8 N。

④不得旋转尾盖上已定位紧固的调零螺钉。

⑤不得自制或更换零部件。

⑥保养后应按要求进行率定试验,率定值应为80±2。

回弹仪使用完毕后,应使弹击杆伸出机壳,清除弹击杆、杆前端球面以及刻度尺表面和外壳上的污垢尘土。回弹仪不用时,应将弹击杆压入仪器内,经弹击后方可按下按钮锁住机芯,将回弹仪装入仪器箱,平放在干燥阴凉处。数字回弹仪长期不用时,应取出电池。

6.回弹仪的检定

回弹仪具有下列情况之一时,应由法定部门按照行业标准《回弹仪》(JJG 817—2011)对回弹仪进行检定。

①新回弹仪启用前。

②超过检定有效期限(有效期为半年)。

③数字式回弹仪显示的回弹值与指针直读示值相差大于1。

④累计弹击次数超过6 000次。

⑤经常规保养后钢砧率定值不合格。

⑥遭受严重撞击或其他损害。

5.2.3 回弹仪测强曲线

1.测强曲线的含义

混凝土的抗压强度f_{cu}与回弹值R相关。这种相关性可用$f_{cu}-R$关系曲线来表达,称为测强曲线。

2.测强曲线的影响因素

(1)材料

水泥品种、粗骨料、细骨料和外加剂。

(2)生产工艺

混凝土成型方法、养护方法、环境温度湿度、混凝土碳化及龄期。

3.测强曲线的类别

测强曲线分为全国统一测强曲线、地区曲线和专用曲线三种。

(1)统一曲线

①定义。由全国有代表性的材料、成型、养护工艺配制的混凝土试块。通过大量的破损与非破损试验所建立的曲线。

②适用范围。适用于无地区曲线或专用曲线时检测符合规定条件的构件或结构混凝土强度。

③误差。测强曲线的平均相对误差≤±15%,相对标准差≤18%。

(2)地区曲线

①定义。由本地区有代表性的材料、成型、养护工艺配制的混凝土试块,通过较多的破损与非破损试验所建立的曲线。

②适用范围。适用于无专用曲线时检测符合规定条件的构件或结构混凝土强度。

③误差。测强曲线的平均相对误差≤±14%,相对标准差≤17%。

(3)专用曲线

①定义。由与构件混凝土相同的材料、成型、养护工艺配制的混凝土试块,通过一定数量的破损与非破损试验所建立的曲线。

②适用范围。适用于检测与该构件相同条件的混凝土强度。

③误差。测强曲线的平均相对误差≤±12%,相对标准差≤14%。

测强曲线经过回归分析得到回归方程。未碳化的混凝土的回归方程表示为:

$$f_{cu}^{c}=f(R) \tag{5-8}$$

式中:f_{cu}^{c}——回弹法测区混凝土强度值。

混凝土的碳化是混凝土受到的一种化学腐蚀。即空气中的CO_2与混凝土的碱性物质发生化学反应生成碳酸盐和水的过程。碳化使混凝土钢筋保护层失去对钢筋的保护作用,造成钢筋锈蚀失效。

碳化的混凝土或龄期较长的混凝土的回归方程表示为

$$f_{cu}^{c}=f(R,d) \tag{5-9}$$

$$f_{cu}^{c}=f(R,d,t) \tag{5-10}$$

式中:d——混凝土的碳化深度;

t——混凝土的龄期。

目前我国应用最广泛的是式(5-9),即采用回弹值和碳化深度两个指标来推定混凝土强度。按全国统一曲线制订的测区混凝土强度换算表参考《回弹法检测混凝土抗压强度技术规程》(JGJ/T 23—2011)。

5.2.4 回弹法检测混凝土强度的检测方法

混凝土强度的检验与评定应按现行国家标准《混凝土结构工程施工质量验收规范》(GB 50204—2015)及《混凝土强度检验评定标准》(GB/T 50107—2010)执行。

当结构中混凝土实际强度有下列检测要求时,可以考虑依据行业标准《回弹法检测混凝土抗压强度技术规程》(JGJ/T 23—2011),采用回弹法来检测,检测结果可作为评价混凝土质量的依据。

①标准养护试件或同条件试件数量不足或未按规定制作试件。

②制作的标准试件或同条件试件与所成型的构件在材料用量、配合比、水灰比等方面有较大差异,已不能代表构件的混凝土质量。

③标准试件或同条件试件的试压结果不符合现行标准、规范规定的对结构或构件的强度合格要求。

④对结果存疑。

1.检测准备

桥梁混凝土回弹检测主要集中在梁、墩台、附属构件。

(1)收集并阅读工程设计、施工文件

收集的基本技术资料包括:

①工程名称及设计、施工、监理(或监督)和建设单位名称。

②结构或构件名称、外形尺寸、数量及混凝土强度等级。

③水泥品种、强度等级、安定性、厂名;砂石种类、粒径;外加剂或掺和料品种、掺量;混凝土配合比等。

④施工时材料计量情况,模板、浇筑养护情况及成型日期等。

⑤必要的设计图纸和施工记录。

⑥检测原因。

(2)确定抽样数量及适用范围

检测构件的混凝土强度有两种方式,其适用范围及结构或构件数量应符合下列规定。

(1)单个检测:主要用于对混凝土强度质量有怀疑的独立结构或有明显质量问题的构件。

(2)批量检测:适用于在相同的生产工艺条件下,混凝土强度等级相同,原材料、配合比、成型工艺、养护条件基本一致且龄期相近的同类结构或构件的检测。

按批进行检测的构件,抽检数量不得少于同批构件总数的30%,且构件数量不得少于10件,测区总数不少于100个。

2.布置测区

行业标准《回弹法检测混凝土抗压强度技术规程(JGJ/T 23—2011)》规定如下:

①对一般构件,测区数不宜少于10个,当受检构件长度小于3 m,高度低于0.6 m的构件,其

测区数量可适当减少,但不应少于5个。

②每个测区的大小以能容纳16个回弹测点为宜。

③检测面应为原状混凝土表面,并应清洁、平整、干燥,不应有接缝、饰面层、粉刷层、浮浆、油垢、蜂窝麻面等。必要时可采用砂轮清除表面杂物和不平整处。

④测区宜选在使回弹仪处于水平方向检测的混凝土浇筑侧面。当不能满足这一要求时,也可选择在使回弹仪处于非水平方向检测的混凝土构件的浇筑表面或底面。

⑤测区宜选在构件的两个对称可测面上,当不能布置在对称可测面上时,也可布置在一个可测面上,且应均匀分布。在构件的重要部位及薄弱部位应布置测区,并应避开预埋件。

⑥测区宜均匀布置在构件或结构的检测面上,相邻测区间距不宜过大,当混凝土浇筑质量比较均匀时可酌情增大间距,但不宜大于2 m;测区离构件端部或施工缝边缘的距离不宜大于0.5 m,且不宜小于0.2 m。

⑦测区的面积不宜大于0.04 m^2。

⑧对弹击时产生颤动的薄壁、小型构件应进行固定。

⑨结构或构件的测区应标有清晰的编号,必要时应在记录纸上描述测区布置示意图和外观质量。

3.测量回弹值

(1)回弹仪的操作

①将弹击杆顶住混凝土的表面,轻压仪器,松开按钮,弹击杆徐徐伸出。

②使仪器对混凝土表面缓慢均匀施压,待弹击锤脱钩冲击弹击杆后即回弹,带动指针向后移动并停留在某一位置上,即为回弹值。

③继续顶住混凝土表面并在读取和记录回弹值后,逐渐对仪器减压,使弹击杆自仪器内伸出,重复进行上述操作,即可测得被测构件或结构的回弹值。

④每一测区测量16个回弹值,每一测点的回弹值读数应精确至1。

(2)注意事项

①操作中注意仪器的轴线应始终垂直于混凝土构件的检测面,缓慢施压,准确读数,快速复位。

②测点宜在测区范围内均匀分布,相邻两测点的净距不宜小于20 mm。

③测点距外露钢筋、预埋件的距离不宜小于30 mm。

④测点不应在气孔或外露石子上,同一测点只应弹击一次。

⑤每一测区的两个测面用回弹仪各弹击8点,如一个测区只有一个测面,则需测16个点。

4.测量碳化深度

(1)碳化深度测量的位置确定

①选取有代表性位置上测量碳化深度值,测点数不应少于构件测区数的30%,取其平均值为该构件每测区的碳化深度值。

②当碳化深度值大于2.0 mm时,应在每一测区测量碳化深度值。

③一个测区选择1~3处测量混凝土的碳化深度值,当相邻测区的混凝土质量或回弹值与它基本相同时,则该测区的碳化深度值可代表相邻测区的碳化深度值。

(2)碳化深度值测量方法

①用冲击钻在测区表面开孔,孔径为 15 mm,孔深应超过混凝土碳化深度。

②用洗耳球清除洞中的粉末和碎屑,不能用液体冲洗孔洞。

③立即用 1% ~2% 的酚酞酒精溶液滴在孔洞内壁的边缘处,碳化部分的混凝土不变色,而未碳化部分的混凝土会变成紫红色。

④用深度测量工具测量已碳化与未碳化混凝土交界面到混凝土表面的垂直距离,测量 3 次,读数精确至 0.25 mm。

⑤取 3 次测量的平均值作为检测结果,精确至 0.5 mm。

5.泵送混凝土检测

检测泵送混凝土强度时,测区应选在混凝土浇筑侧面。

5.2.5 回弹值计算

1.平均回弹值计算

回弹仪水平方向检测混凝土浇筑侧面时,回弹测量每一测区得到 16 个回弹值,剔除 3 个最大值和 3 个最小值后余下 10 个回弹值,用以计算该测区的平均回弹值,计算公式为:

$$R_m = \frac{\sum_{i=1}^{10} R_i}{10} \tag{5-11}$$

式中:R_m——测区平均回弹值,精确至 0.1;

R_i——第 i 个测点的回弹值。

2.回弹值角度修正

当回弹仪为非水平方向检测混凝土浇筑侧面时,应按下列公式进行角度修正:

$$R_a = R_m + R_{a\alpha} \tag{5-12}$$

式中:R_a——角度修正后的测区回弹值;

$R_{a\alpha}$——测试角度为时 α 的回弹修正值,按表 5-1 采用。

表 5-1 非水平方向检测时回弹值的修正值 $R_{a\alpha}$

R_m 测试角度	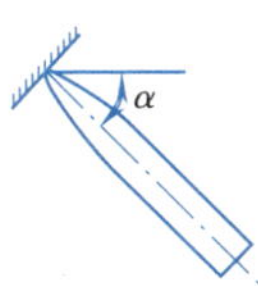					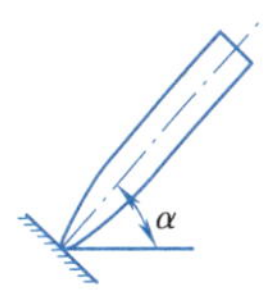		
	+90	+60	+45	+30	-30	-45	-60	-90
20	-6.0	-5.0	-4.0	-3.0	+2.5	+3.0	+3.5	+4.0
30	-5.0	-4.0	-3.5	-2.5	+2.0	+2.5	+3.0	+3.5
40	-4.0	-3.5	-3.0	-2.0	+1.5	+2.0	+2.5	+3.0
50	-3.5	-3.0	-2.5	-1.5	+1.0	+1.5	+2.0	+2.5

3.回弹值浇筑面修正

当从水平方向检测混凝土浇筑顶面或底面时,应按下列公式修正:

$$R_a = R_m + (R_a^t + R_a^b) \tag{5-13}$$

式中：R_a^t——测顶面时的回弹修正值，按表5-2采用；

R_a^b——测底面时的回弹修正值，按表5-2采用。

表5-2 不同浇筑面上的回弹修正值 R_a^t、R_a^b

R_m 测试面	顶面修正值 R_a^t	底面修正值 R_a^b	R_m 测试面	顶面修正值 R_a^t	底面修正值 R_a^b
20	+2.5	-3.0	40	+0.5	-1.0
25	+2.0	-2.5	45	0	-0.5
30	+1.5	-2.0	60	0	0
35	+1.0	-1.5			

在测试时，如仪器处于非水平状态，同时构件测区又非混凝土的浇灌侧面，则应对测得的回弹值先进行角度修正，再进行浇筑面修正。

5.2.6 混凝土强度的计算

《回弹法检测混凝土抗压强度技术规程》(JGJ/T 23—2001)规定，用回弹法检测混凝土强度时，除给出强度推定值外，对于测区数小于10个的构件，还要给出平均强度值、测区最小强度值；测区数大于或等于10个的构件还要给出标准差。

1.测区混凝土强度换算值

测区混凝土强度换算值是指将测得的回弹值和碳化深度值换算成被测构件的测区的混凝土抗压强度值。

构件第i个测区混凝土强度换算值($f^c_{cu,i}$)，根据每一测区的平均回弹值(R_m)及平均碳化深度值(d_m)，查阅《回弹法检测混凝土抗压强度技术规程》(JGJ/T 23—2011)得出。

有地区测强曲线或专用测强曲线时，混凝土强度换算值应按地区测强曲线或专用测强曲线换算得出。表中未列入的测区强度值可用内插法求得。对于泵送混凝土要注意规程中的有关规定。

2.构件混凝土强度的计算

(1)构件混凝土强度平均值及标准差

结构或构件的测区混凝土强度平均值可根据各测区的混凝土强度换算值计算。当测区数为10个及以上时，应计算强度标准差。平均值和标准差应按下列公式计算：

$$m_{f^c_{cu}} = \frac{\sum_{i=1}^{n} f^c_{cu,i}}{n} \tag{5-14}$$

$$S_{f^c_{cu}} = \sqrt{\frac{\sum_{i=1}^{n} (f^c_{cu,i})^2 - n(m_{f^c_{cu}})^2}{n-1}} \tag{5-15}$$

式中：$m_{f^c_{cu}}$——构件测区混凝土强度换算值的平均值(MPa)，精确至0.1 MPa；

n——对于单个检测的构件，取一个构件的测区数；对批量检测的构件，取被抽检构件测区数之和；

$S_{f_{cu}^{c}}$——构件测检混凝土强度换算值的标准差(MPa),精确至0.01 MPa。

(2)构件混凝土强度推定值

结构或构件的混凝土强度推定值($f_{cu,e}$)是指相应于强度换算值总体分布中保证率不低于95%的结构或构件中的混凝土抗压强度值,应按下列公式确定:

①当该构件测区数少于10个时:

$$f_{cu,e}=f_{cu,min}^{c} \tag{5-16}$$

式中:$f_{cu,min}^{c}$——构件中最小的测区混凝土强度换算值。

②当构件测区混凝土强度值中出现小于10 MPa时:

$$f_{cu,e}<10.0\ \text{MPa} \tag{5-17}$$

③当该构件测区数不少于10个或按批量检测时,应按下列公式计算:

$$f_{cu,e}=m_{f_{cu}^{c}}-1.645S_{f_{cu}^{c}} \tag{5-18}$$

④批量检测

对于按批量检测的构件,当该批构件混凝土强度标准差出现下列情况之一时,则该批构件应全部按单个构件检测,即:

a. 当该批构件混凝土强度平均值小于25 MPa时:$S_{f_{cu}^{c}}>4.5$ MPa;

b. 当该批构件混凝土强度平均值不小于25 MPa时:$S_{f_{cu}^{c}}>5.5$ MPa。

5.2.7 回弹法测强的误差范围和减小误差的方法

1.回弹法测强的影响因素

回弹法测强的影响因素比较多,如水泥品种、粗集料品种、成型方法、模板种类、养护方法、湿度、保护层厚度、混凝土龄期、测试时的大气温度、测试技术等均有不同程度的影响。

2.回弹法测强误差估算方法

估计回弹法的测强误差时,一般采用在试验室内通过试块测试制定测强相关曲线然后按试验值进行最小二乘法回归分析得到标准差及离散系数,作为测定误差,或以验证性实测试验误差作为测定误差。

3.减小回弹法测强误差的方法

减小误差的方法是采用同条件试块或钻取混凝土芯样对测区混凝土换算值进行修正,试块或钻取芯样数目不应少于6个,钻取芯样时每个部位应钻取一个。

测区混凝土强度修正量以及强度换算值可按照相应规范和标准进行修正和计算。

5.2.8 回弹法检测混凝土强度注意事项

1.采用全国统一测强曲线测强换算

符合下列条件的非泵送混凝土才能采用全国统一测强曲线进行测区混凝土强度换算。

①混凝土采用的材料、拌和用水符合现行国家有关标准。不掺外加剂或仅掺非引气型外加剂。

②采用普通成型工艺,选用符合现行国家标准《混凝土结构工程施工质量验收规范》(GB 50204—2015)规定的钢模、木模及其他材料制作的模板。

③自然养护或蒸气养护出池后经自然养护 7 d 以上,且混凝土表层为干燥状态。

④龄期为 14 ~ 1 000 d,抗压强度为 10 ~ 60 MPa。

2.采用专用测强曲线测强换算

当有下列情况之一时,测区混凝土强度值不得按全国统一测强曲线进行测区混凝土强度换算,但可制定专用测强曲线或通过试验进行修正,专用测强曲线的制定方法见行业标准《回弹法检测混凝土抗压强度技术规程》(JGJ/T 23—2011)。

①粗集料最大粒径大于 60 mm。

②特种成型工艺制作的混凝土。

③检测部位曲率半径小于 250 mm。

④潮湿或浸水混凝土。

3.批量检测的条件

①在相同的生产工艺条件下,混凝土强度等级相同,原材料、配合比、成型工艺、养护条件基本一致且龄期相近的同类结构或构件。

②按批进行检测的构件,抽检数量不得少于同批构件总数的 30%,且构件数量不得少于 10 件。

③抽检构件时,应随机抽取并使所选构件具有代表性。

4.回弹仪的选用原则

①回弹法测强的误差比较大,因此对比较重要的构件或结构物必须慎重使用。

②当构件混凝土抗压强度大于 60 MPa 时,可采用标准能量大于 2.207 J 的混凝土回弹仪,并应另行制订检测方法及专用测强曲线进行检测。

5.3 超声回弹综合法检测混凝土强度

超声回弹综合法是指采用超声仪和回弹仪,在结构混凝土同一测区分别测量声时值和回弹值,然后利用已建立起来的测强公式推算该测区混凝土强度。与单一回弹法或超声法相比,超声回弹综合法具有受混凝土龄期和含水率的影响小、测试精度高、适用范围广、能够较全面地反映结构混凝土的实际质量等优点。

5.3.1 超声波检测

1.超声波检测涉及的基本概念

(1)超声波

超声波是指频率超过人的听觉上限 20 kHz 的声波。

(2)声速

声速是指超声波在混凝土中传播的速度,是混凝土超声波检测中一个主要参数。

(3)频率

频率是指声波每秒振动的次数。混凝土检测使用的超声频率一般为 20 ~ 200 kHz。

(4)振幅

振幅是指声波振动的幅度，声波越强，振幅越大。

(5)波形

波形是指声波振动大小和方向随时间变化的曲线。

2.超声波在混凝土检测中的应用

超声波在混凝土检测中的应用主要是检测混凝土强度、检测实体混凝土缺陷、检测混凝土钻孔桩的完整性。

3.混凝土超声波检测的原理

①超声波在混凝土中传播，遇到材质缺陷，波形会产生畸变。

②混凝土强度越高，密实性越好，声速也越高。

③混凝土内部缺陷、裂缝处的声速比正常部位低。

5.3.2 超声检测仪器

1.超声仪

超声波检测仪应符合现行行业标准《混凝土超声波检测仪》(JG/T 5004—1992)的要求。并通过技术鉴定，必须具有产品合格证和检定证，在计量检定有效期内使用。

(1)超声仪工作原理

超声仪是超声波检测的仪器。超声仪产生电信号激励发射换能器(发射探头)发射超声波穿过混凝土后送达接收换能器(接收探头)。超声仪除了产生、接收、显示超声信号外，还具有量测超声波传播时间、振幅、频率等功能。

(2)超声仪的类别

超声仪可分为非金属超声检测仪和金属超声检测仪两大类。也可以分为模拟式和数字式两类。

①模拟式：接收的信号为连续模拟量，可由时域波形信号测读声学参数。

②数字式：接收的信号转化为离散数字量，具有采集、存储数字信号、测读声学参数和对数字信号处理的智能化功能。

2.换能器

(1)换能器的类别

发射换能器、接收换能器直观上更像发射、接收探头，本质是将声能与电能相互转换的装置，分为纵波换能器与横波换能器。

一般检测中常用的纵波换能器又分为平面换能器、径向换能器以及一发多收换能器。

平面换能器用于一般结构的表面对测和平测。

径向换能器用在钻孔灌注桩完整性检测等场合。

(2)换能器技术要求

①换能器的工作频率宜在 50 ~ 100 kHz 范围内。

②换能器的实测主频与标称频率相差不应超过 ±10% 。

3.耦合剂

(1)耦合剂的功能

在换能器与混凝土之间加上耦合剂，可以防止混凝土与换能器接触面的空气夹层反射超声波。

(2)耦合剂的选用

平面换能器的耦合剂一般采用膏体,如黄油、凡士林等,它们充填于混凝土与换能器之间,排掉了空气,保证超声波的传播。

径向换能器放入钻孔桩预留的测试孔中,通常用不含杂物的清水作耦合剂。

耦合好坏对检测结果影响很大,应该引起充分重视。

4.超声仪的校准和保养

①超声波检测仪的声时计量检验。取常用平面换能器一对,接于超声波仪器上,开机预热 10 min,在空气中将两个换能器的辐射面对准,依次改变两个换能器辐射面之间的距离(如 50 mm、60 mm、70 mm、80 mm、90 mm、100 mm),在首波幅度一致的条件下读取各间距所对应的声时值 t_1、t_2、…、t_n。同时测量空气温度 T_k,精确至 0.5 ℃。

②检测时,应根据测量需要在仪器上配置合适的换能器和高频缆线,并测定声时初读数 t_0。检测过程中如更换换能器成高频电缆线,应重新测定 t_0。

③超声波检测仪应定期保养。

5.3.3 强度—声速关系

强度不同的混凝土对超声波的传播速度也不同,建立超声声速与混凝土抗压强度关系后,就可以通过实测声速来推定混凝土的强度。目前的“声速—强度”即 f_{cu}—v 关系表达如下:

$$f_{cu} = Av^B \tag{5-19}$$

$$f_{cu} = Ae^{Bv} \tag{5-20}$$

式中:f_{cu}——混凝土抗压强度;

v——超声波声速;

A、B——经验系数。

5.3.4 超声回弹法的含义及特点

1.超声回弹法的含义

超声回弹法是指综合使用超声仪和回弹仪,分别测量混凝土超声传播速度和回弹值,利用已建立起来的测强公式推算该测区混凝土强度的方法。

2.超声回弹法的特点

(1)减少混凝土龄期和含水率的影响

混凝土含水率大,超声声速偏大而回弹值偏小;混凝土龄期长,超声声速偏小而回弹值偏大。超声回弹综合法可以减少龄期和含水率对测定混凝土强度的影响。

(2)可以弥补相互间的不足

回弹值 R 以混凝土表层的弹性反映混凝土强度,大尺寸、内外质量差异大的混凝土构件,强度检测误差大;超声声速反映材料表层内部整体弹性,但高强度混凝土的强度声速相关性较差。超声回弹综合法测定混凝土强度,既可内外结合,又能在较低或较高的强度区间相互弥补各自的不足,能够较确切地反映混凝土强度。

(3)提高测试精度

超声回弹综合法能减少一些因素的影响,较全面地反映整体混凝土质量,所以对提高混凝土强度无损检测的精度,具有明显的效果。

5.3.5 超声回弹法测强曲线

1.超声回弹综合法检测混凝土强度的影响因素

超声回弹综合法检测混凝土强度的影响因素主要有以下几方面:

①水泥的品种及用量。

②细骨料的品种及砂率。

③粗骨料的品种及用量。

④粗骨料的粒径。

⑤外加剂。

⑥碳化深度。

⑦含水率。

⑧测试面。

2.综合法测强曲线

混凝土抗压强度与超声回弹法检测参数之间建立起来的关系曲线即为测强曲线。对混凝土试块进行超声测试取得超声声速值 v,然后进行回弹测试取得回弹值 R,最后将试块压坏取得混凝土强度值 f_{cu} 之后,选择相应的数学模型来拟合它们之间的关系,即可获得综合法测强曲线。

综合法测强曲线按其适用范围分为以下三类:

(1)统一测强曲线(全国曲线)

以全国有代表性的混凝土原材料、成型、养护工艺和龄期为条件,通过大量分析研究和计算汇总而成,适用于无地区测强曲线和专用测强曲线的情况,使用范围广,精度稍差。

(2)地区(部门)测强曲线

以地区或部门有代表性的混凝土原材料、成型、养护工艺和龄期为条件,制作相当数量的试块进行试验建立的测强曲线,反映了不同地区材料性能差别,适用于本地区或本部门无专用测强曲线的情况,精度均优于统一测强曲线。

(3)专用测强曲线

以特定工程的混凝土原材料、配合比、养护工艺和龄期为依据,制作一定数量的试块,通过试验建立的测强曲线。专用测强曲线针对性强,精度最好。

5.3.6 超声回弹法检测方法

1.检测准备

①构件检测的测区布置要求:

- 按单个构件检测,构件上应均匀布置不少于10个测区。
- 同批构件抽样检测,构件抽样数不少于30%,且不少于10件,每个构件测区数不少于10。
- 对某方向尺寸不大于4.5 m且另一方向尺寸不大于0.3 m的构件,其测区数量可适当减少,但不应少于5个。

②批次检测的同批构件要求：

- 混凝土强度等级相同。
- 混凝土原材料、配合比、成型工艺、养护条件及龄期基本相同。
- 构件种类相同。
- 在施工阶段所处状态相同。

③构件的测区应要求：

- 测区应布置在混凝土浇筑方向的侧面；条件受限时，可在构件的两个对应面、相邻面或同一面上布置。
- 测区应均匀布置，相邻测区的间距不宜大于 2 m。
- 测区应避开钢筋密集区和预埋钢板。
- 测区尺寸为 200 mm × 200 mm，相对的两个 200 mm × 200 mm 区域视为一个测区，测区应编号。
- 测试面应整洁、干燥，不应有接缝、饰面层、浮浆、油垢、蜂窝、麻面，必要时可用砂轮磨平，并擦净残留粉尘。

每一测区先进行回弹测试，然后进行超声测试。对非同一测区的回弹值和超声声速值，不能按综合法计算混凝土强度。

④对结构或构件上的测区编号，并记录测区位置和外观质量情况。

⑤对结构或构件的每一测区，应先进行回弹测试，后进行超声测试。

⑥计算混凝土抗压强度换算值时，非同一测区的回弹值和声速值不得混用。

⑦检测前准备资料如下：

- 工程名称和设计、施工、建设、委托单位名称。
- 结构或构件名称、施工图纸和混凝土设计强度等级。
- 水泥的品种、强度等级和用量，砂石的品种、粒径，外加剂或掺和料的品种、掺量和混凝土配合比等。
- 模板类型，混凝土浇筑、养护情况和成型日期。
- 结构或构件检测原因的说明。

2.测试方法

回弹值的检测与单一回弹法测强相同。

超声声速值的检测计算如下。

(1)超声声时值的测量(见图 5-6)

在回弹测试区内的相对测试面上，布置 3 对超声测点，发射、接收换能器保持同轴，换能器与混凝土耦合良好，声时值精确至 0.1 μs，测距误差≤ ±1% 。

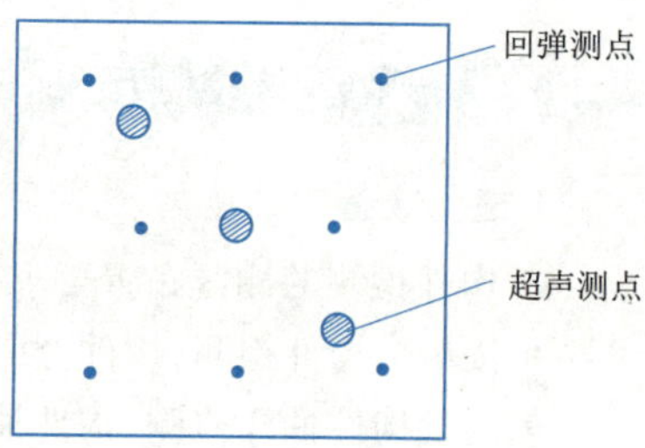

图 5-6　测区测点分布

(2)声速值的计算

测区声速值：

$$v = l/t_m \tag{5-21}$$

$$t_m = (t_1 + t_2 + t_3)/3 \tag{5-22}$$

式中：v——测区声速值(精确至 0.01 km/s)；

l——超声波检测距离(mm);

t_m——测区平均声时值(μs);

t_1,t_2,t_3——分别为测区中3个测点的声时值。

在混凝土浇筑的顶面、底面测试时,由于顶面砂浆较多强度偏低,底面粗骨料较多强度偏高,声速值应进行修正:

$$v_\alpha = 1.034 v_i \tag{5-23}$$

式中:v_α——修正后的测区声速值(km/s)。

5.3.7 超声回弹法检测混凝土强度的推定

用超声回弹综合法检测构件混凝土强度时,构件第i个测区的混凝土强度换算值$f^{c}_{cu,i}$,应根据修正后的测区回弹值R_{ai}及修正后的测区声速值V_{ai},按已确定的测强曲线计算。当结构所用材料与制定的测强曲线所用材料有较大差异时,须用同条件试块或从结构构件测区钻取的混凝土芯样进行修正,试件数量应不少于3个。此时,得到的测区混凝土强度换算值应乘以修正系数。修正系数可按下列公式计算:

有同条件立方体试块时:
$$\eta = \frac{1}{n}\sum_{i=1}^{n} f_{cu,i}/f^{c}_{cu,i}$$

有混凝土芯样试件时:
$$\eta = \frac{1}{n}\sum_{i=1}^{n} f_{cor,i}/f^{c}_{cu,i}$$

式中:η——修正系数;

$f_{cu,i}$——第i个混凝土立方体试块抗压强度值;

$f^{c}_{cu,i}$——对应于第i个立方体试块或芯样试件的混凝土强度换算值;

$f_{cor,i}$——第i个混凝土芯样试件抗压强度值;

n——试件数。

构件混凝土强度的推定与“回弹法检测混凝土强度”相同。

5.4 超声法检测混凝土缺陷

超声法适用于常见公路桥梁混凝土缺陷检测。主要包括:混凝土内部空洞和不密实区的位置与范围、裂缝深度、表层损伤厚度,以及不同时间浇筑的混凝土接合面的质量和钢管混凝土中的缺陷等。

5.4.1 概述

混凝土结构的缺陷,是指宏观材质不连续、性能有明显变异,影响结构承载力和使用性能的区域,如内部的疏松、空洞,外部的蜂窝、麻面、裂缝或损伤层等。超声法是混凝土缺陷检测最广泛、有效的方法。

1.混凝土缺陷超声检测原理

通常依据超声波在混凝土中传播的时间(或速度)、接收波的振幅和频率等声学参数的变化,来判定混凝土的缺陷,具体如下。

①混凝土密实则声速高,混凝土疏松则声速低。

②超声波遇到蜂窝、空洞或裂缝等缺陷时,测得的声时会延长,声速会降低。因为超声波会在缺陷界面发生反射和散射,增大传播路程。

③超声波遇缺陷声能衰减,高频部分尤为突出,表现为信号波幅明显降低,频率衰减或高频成分明显减少。

④波形发生畸变。这是由于超声波直达波信号与缺陷处反射、绕射信号的相位差造成。

2.混凝土缺陷超声检测方法

超声法检测混凝土缺陷的方法总体上可分为两类:第一类为用厚度振动式换能器进行平面测试;第二类为采用径向振动式换能器进行钻孔测试。

(1)平面测试(采用厚度振动式换能器)

①对测法。发射和接收换能器置于结构的两个平行表面,且同轴。

②斜测法。发射和接收换能器置于结构的两个表面,不同轴。

③单面平测法。发射和接收换能器置于结构同一表面上进行测试。

(2)测试孔测试(采用径向振动式换能器)

①孔中对测。发射和接收换能器分别置于两个对应测试孔中,位于同一高度进行测试。

②孔中斜测。发射和接收换能器分别置于两个对应测试孔中,但不在同一高度,而是在保持一定高差的条件下进行测试。

③孔中平测。发射和接收换能器分别置于同一测试孔中,以一定的高程差同步移动进行测试。

用超声法检测混凝土缺陷时,发射和接收换能器与测试面之间应具备良好的耦合状态,发射和接收换能器的连线必须离开钢筋一定距离或与钢筋轴线形成一定夹角,并力求混凝土处于自然干燥状态。

5.4.2 混凝土浅裂缝检测

混凝土浅裂缝是指混凝土结构表层范围开裂深度不大于500 mm的裂缝。

一般结构中的梁、柱、板和机场跑道等出现的裂缝都属于浅裂缝。浅裂缝测试采用平测法和斜测法。

1.平测法

结构的裂缝只有一个表面可供检测时采用,平测法如图5-7所示。

平测法步骤如下:

(1)不跨缝声时测量

发射换能器T和接收换能器R置于裂缝同侧,T耦合好保持不动,以T、R内边缘间距l'_i为100 mm、150 mm、200 mm……依次移动R并读取相应的声时值t_i,绘制$l'-t$曲线,如图5-8所示,建立形如$l'=a+bt$的回归方程。

每测点的超声传播距离为:

$$l_i = l'_i + a \tag{5-24}$$

式中:l_i——第i点的超声波实际传播距离(mm);

l'_i——第i点的T、R换能器内边缘间距(mm);

a——“时-距”图中l'轴的截距或回归所得的常数项(mm)。

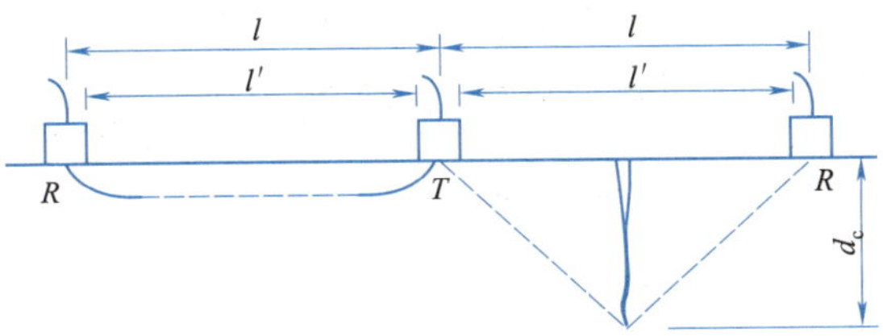

图 5-7 单面平测裂缝示意图

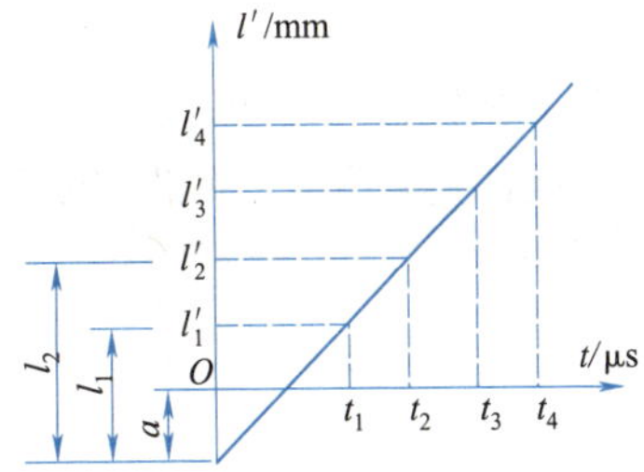

图 5-8 平测"时-距"图

(2)跨缝声时测量

T、R 换能器对称置于裂缝两侧,以 $l'=100$ mm、150 mm、200 mm……分别读取声时值 t_i^0。该声时值为声波绕缝传播的时间。由几何关系推算的裂缝深度为

$$d_{ci}=\frac{l_i}{2}\sqrt{\left(\frac{t_i^0}{t_i}\right)^2-1} \tag{5-25}$$

式中:d_{ci}——裂缝深度(mm);

t_i、t_i^0——分别代表测距为 l_i 时不跨缝、跨缝平测的声时值(μs)。

(3)裂缝深度计算

取不同跨距的 d_{ci} 的平均值为该裂缝的深度值 d_c,如所得的 d_c 值大于原测距中任一个 l_i,则应该把该 l_i 距离的 d_{ci} 舍弃后重新计算 d_c 值。

(4)注意事项

①裂缝中不得有填充水和泥浆。因为裂缝中的水或泥浆会使声波经水介质耦合穿裂缝而过,测值不是裂缝真实深度。

②结构有与 T、R 换能器的连线大致平行的钢筋时,换能器连线至少与钢筋相距 1.5 倍的裂缝预计深度。因为沿钢筋传播的超声波首先到达接收换能器,测试结果也不能反映裂缝的真实深度。如图 5-9 所示,应使 $a\geq 1.5d_c$。

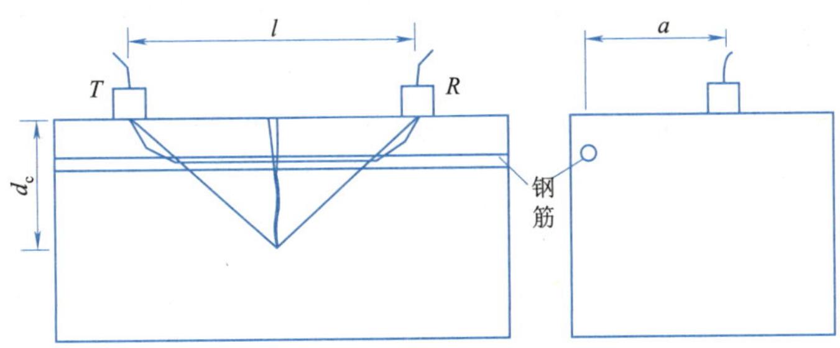

图 5-9 平测时避免钢筋影响的措施

2.斜测法

裂缝部位具有两个平行的测试表面时可采用斜测法检测,如图 5-10 所示。

(1)换能器布置

保持 T、R 换能器的连线过缝和不过缝时距离相等、角度一致。

(2)读数

读取相应的声时、波幅和频率值。

(3)结果分析

当 T、R 换能器的连线通过裂缝时,超声波产生衰减使首波接收信号微弱,波幅和频率与不过缝的测值比较差异明显。据此判断裂缝的深度及贯通状况。斜测法直观、可靠,宜优先选用。

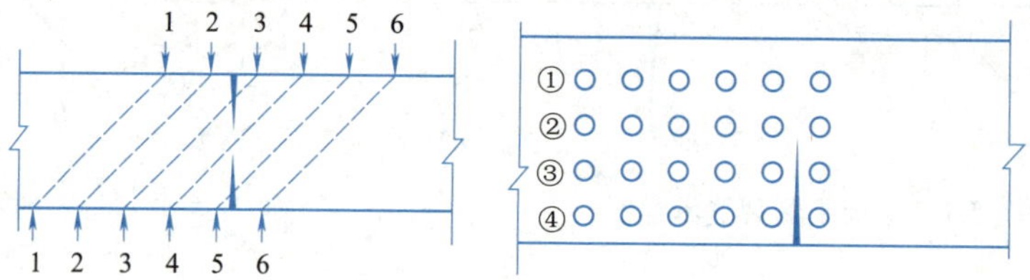

(a) 平面　　(b) 立面

图 5-10　斜测裂缝深度示意图

5.4.3　混凝土深裂缝检测

混凝土深裂缝是指混凝土结构表面开裂深度 500 mm 以上的裂缝。

大体积混凝土结构如水坝、桥墩、大型设备基础等,由于水泥水化热散失较慢,混凝土内外形成较大温差,导致深裂缝的产生。

1.测试方法

如图 5-11 所示,裂缝异侧钻测孔 A、B,另钻一浅孔 C 对比判别用。测孔要求如下:

①孔径比换能器直径大 5 ~ 10 mm。

②孔深至少大于裂缝预计深度 700 mm,试测时如发现测孔深度浅于裂缝深度,则应加深测试孔。

③A、B 测孔始终跨缝而设,轴线平行。

④A、B 测孔间距宜为 2 m,各对测孔间距应相同。

⑤孔中粉末碎屑应清理干净。

选用频率为 20 ~ 40 kHz 的径向换能器,测孔中注满清水作为耦合剂。将 T、R 换能器置于裂缝两侧的对应测孔中,保持等高同步下移,逐点读取声时、波幅和换能器所处的深度。

2.裂缝深度判定

以测试深度 d 与对应的波幅值 A 绘制 d—A 坐标图(见图 5-12),随着换能器位置的下移,波幅逐渐增大,当换能器下移至某一位置后,波幅达到最大并基本稳定,该位置所对应的深度就是裂缝深度。

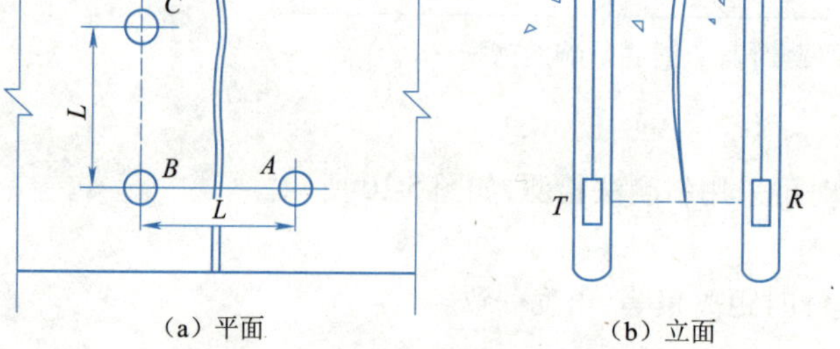

(a) 平面　　(b) 立面

图 5-11　测试孔测裂缝深度

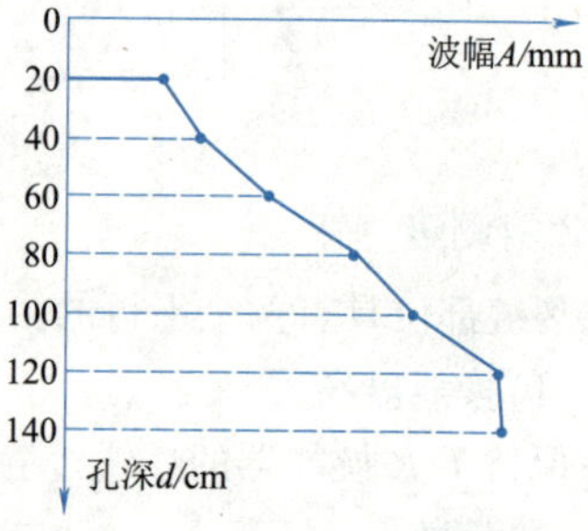

图 5-12　d—A 坐标图

5.4.4 混凝土不密实区和空洞检测

混凝土结构施工过程中，振捣不良或石子架空在钢筋骨架上，会导致混凝土内部形成疏松、蜂窝或空洞。

检测不密实区和空洞时，构件的被测部位应具有一对或两对相互平行的测试面，测试范围原则上应大于有怀疑的区域，同时应在同条件的正常混凝土区域进行对比测试。一般地，对比测点数不宜少于20个。

1.测试方法

检测时，先根据现场施工记录和外观质量情况，初步判定混凝土内部缺陷的大致位置，或采用大范围的粗测定位方法确定隐蔽缺陷的大致位置，然后再根据粗测情况对可疑区域进行细测。方法如下。

(1)平面对测

当结构被测部位具有两对平行表面时，可采用对测法，如图5-13所示。

对测区的两对平行测试面按200～300 mm间距画网格确定测点并编号，将T、R换能器分别置于对应测点上，逐点读取相应的声时(t_i)、波幅(A_i)和频率(f_i)，并量取测试距离(l_i)。

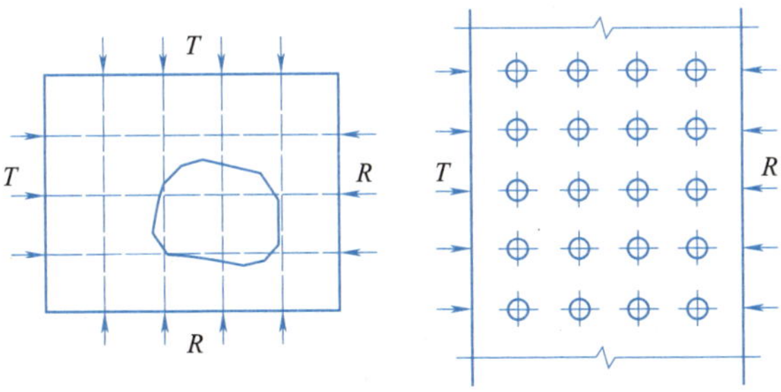

(a) 平面　　(b) 立面

图5-13　对测法换能器布置示意图

(2)平面斜测

结构只有一对平行测试面或被测部位结构特殊，可采用斜测法。测点布置如图5-14所示，测法同平面对测。

(3)测孔检测法

测试距离较大时，在测区适当位置钻一个或多个平行于侧面直径为45～50 mm的测孔，钻孔直径宜比换能器直径大5～10 mm，钻孔间距宜为2～3 m，测孔深度视需要而定。结构侧面采用厚度振动式换能器，黄油耦合；测孔中用径向振动式换能器，清水耦合，如图5-15所示。检测时A、B换能器同步上下移动，逐点读取声时、波幅、频率和孔中换能器高度值。

2.不密实区和空洞的判定

没有内部缺陷的混凝土的声学参数符合正态分布。存在内部缺陷的混凝土区域的声学参数存在明显差异。

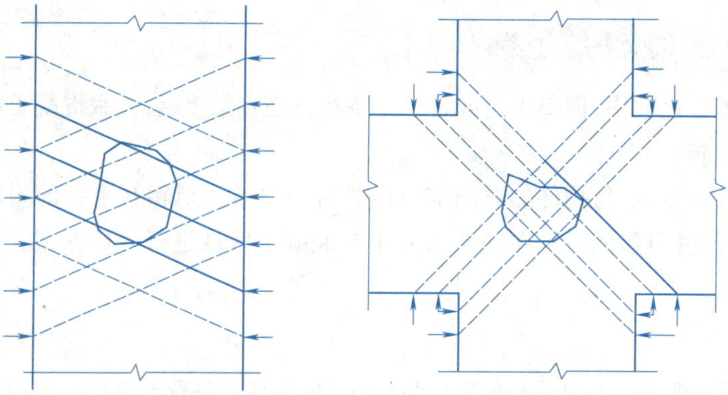

图 5-14 斜侧法换能器布置示意图

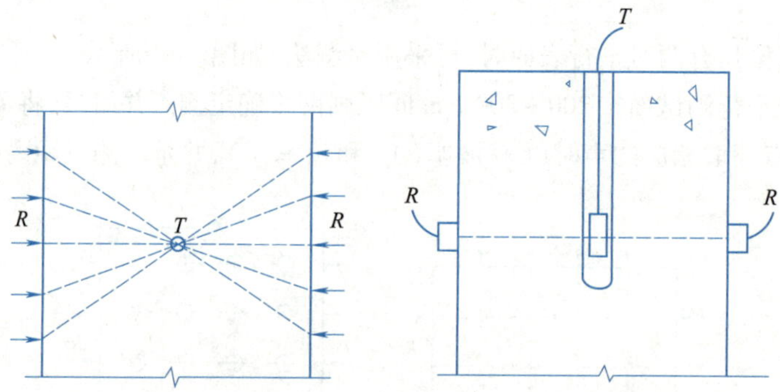

图 5-15 测试孔检测法换能器布置示意图

(1)混凝土声学参数的统计计算

测区混凝土声时、波幅、频率测量值的平均值 m_x 和标准差 S_x 按下式计算：

$$m_x = \frac{1}{n}\sum_{i=1}^{n} x_i \tag{5-26}$$

$$S_x = \sqrt{\left(\sum_{i=1}^{n} X_i^2 - nm_x^2\right)/(n-1)} \tag{5-27}$$

式中：X_i——第 i 点的声时、波幅、频率的测量值；

n——测区参与统计的测点数。

(2)测区中异常数据的判别

下面以声时值为例说明，波幅、频率的异常数据判别方法相同。

①测区测点声时值排序，即 $t_1 \leqslant t_2 \leqslant \cdots \leqslant t_n \leqslant t_{n+1}$。

②排序中后面明显大的数据视为可疑数据。

③计算异常情况判断值 X_0。将可疑数据中最小的一个(假定为 t_n)连同其前面的数据按式(5-26)、式(5-27)计算出 m_t 及 S_t 并代入式(5-28)，算出

$$X_0 = m_t + \lambda_1 S_t \tag{5-28}$$

式中：λ_1——异常值判定系数，应按照统计数的个数 n 与对应的 λ_1 值表取值。

④异常数据确定。把 X_0 值与可疑数据中的最小值 t_n 相比较，若 t_n 大于或等于 X_0，则 t_n 及排在其后的声时值均为异常值；当 t_n 小于 X_0 时，应再将 t_{n+1} 放进去重新进行统计计算和判别。

(3)不密实区和空洞范围的判定

根据构件或测区中声时、声速、波幅、频率异常的全部测点的分布状况及波形情况，判定混凝土内部不密实区和空洞的范围。当判定缺陷是空洞时，其尺寸可按下面的方法估算：

如图5-16所示，设检测距离为1，空洞中心（在另一对测试面上，声时最长的测点位置）距一个测试面的垂直距离为 l_h，声波在空洞附近无缺陷混凝土中传播的时间平均值为 m_{ta}，绕空洞传播的时间（空洞处的最大声时）为 t_h，空洞半径为 r。

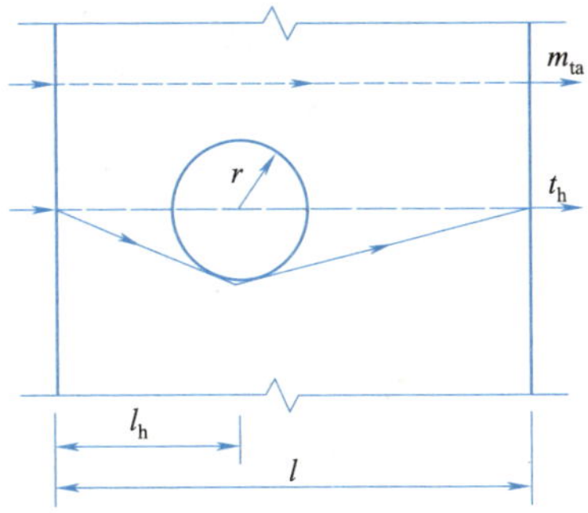

图5-16 空洞尺寸估计原理示意图

根据 l_h/l 值和 $(t_h-m_{ta})/m_{ta}\times100\%$ 值，可由空洞半径 r 与测区 l 的比值表查得空洞半径 r 与测距1的比值，再计算空洞的大致尺寸 r。

如被测部位只有一对可供测试表面，空洞尺寸可用下式计算：

$$r=\frac{1}{2}\sqrt{\left(\frac{t_h}{m_{ta}}\right)^2-1} \tag{5-29}$$

式中：l——T、R 换能器之间的距离（mm）；

t_h——缺陷处的最大声时值（μs）；

m_{ta}——无缺陷区的平均声时值（μs）。

5.4.5 两次浇筑的混凝土接合面质量检测

超声波检测技术的另一应用，就是施工工艺、施工意外、加固补强等因素造成的混凝土二次浇筑的接合面质量检测。

用超声法检测两次浇筑混凝土接合面的质量时，应先查明接合面的位置及走向，明确被测部位及范围。若构件的被测部位具有声波垂直或斜穿结合面的测试条件，可采用对测法与斜测法进行检测。

1.检测方法

混凝土接合面质量检测一般采用斜测法。超声测点的布置如图5-17所示。布置测点时应注意以下几点：

①测试前初步查明接合面位置及走向，以便正确布置测点。

②测点应避开平行超声波传播方向的主钢筋或预埋钢板。

③测试范围覆盖全部接合面或疑问部位。

④每对测点形成的测线斜度一致，测距相等。

⑤测点间距视被测结构尺寸和接合面外观质量而定，宜为100～300 mm。

⑥按布置好的测点分别测出各点的声时、波幅和主频率。

2.数据处理及判定

①混凝土接合面质量判定的统计方法与混凝土不密实区和空洞的判定方法相同。

②与不跨接合面相比,跨接合面超声脉冲波声时,波幅和频率明显变化可被判为异常测点。

③异常测点查明无其他原因影响时,可以判定这些部位接合面质量不良。

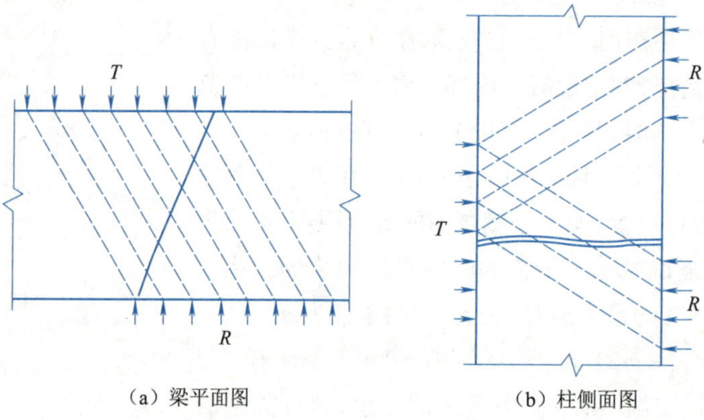

图 5-17　检测混凝土接合面时换能器布置示意图

5.4.6　混凝土表面损伤层检测

混凝土结构表面层因为冻害、高温、化学腐蚀等引起的损害可以假定为具有一定厚度的均匀损坏层以便于检测分析。

1.测区布置

测区测点布置要求如下:

①根据表面损伤情况选取代表性的部位布置测区。

②被测表面平整并处于自然干燥状态,且无接缝和饰面层。

③检测时,为保证检测结果的可靠性,宜做局部破损验证。

④避免 T、R 换能器的连线方向与附近主钢筋的轴线平行。

2.测试方法

用超声法检测混凝土表面损伤层厚度的方法大致有两种:一是单面平测法,二是逐层穿透法。表面损伤层检测宜选用频率较低的厚度振动式换能器。

(1)单面平测法

①如图 5-18 所示,测试时 T 换能器耦合好保持不动,R 换能器依次耦合在间距为 30 mm 的测点 1、2、3……位置上,读取相应的声时值 t_1、t_2、t_3……,测量每次 T、R 换能器内边缘之间距离 l_1、l_2、l_3……

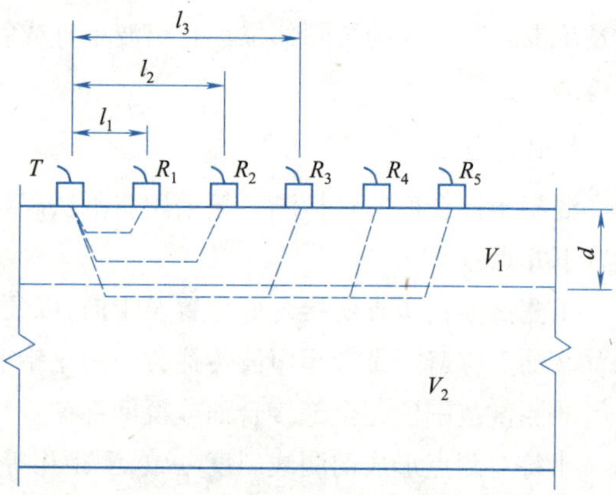

图 5-18　混凝土损伤层检测测点布置

②每一测位的测点数不得少于 6 个,当损伤层较厚时,应适当增加测点数。

(2)逐层穿透法

①在相对平行表面上,分别钻出一对不同深度的测试孔,孔径为 50 mm 左右。

②用直径小于 50 mm 的平面式换能器,分别在不同深度的一对测孔中进行测试,读取声时值和测试距离。

③计算声速值。

④在结构同一位置先测一次声速,然后凿开一定深度的测孔,在孔中测一次声速,再将测孔增加一定深度,再测声速,直至两次测得的声速之差小于 2% 或接近于最大值时为止。

3.损伤层厚度判定

以各测点的声时值 t_i 和相应测距值 l_i 绘制"时-距"坐标图,如图 5-19 所示。曲线拐点就是损伤层分界点,对应的测距设为 l_o,直线 AB 的斜率为损伤层混凝土的声速 v_1,直线 BC 的斜率为未损伤层混凝土的声速 v_2。

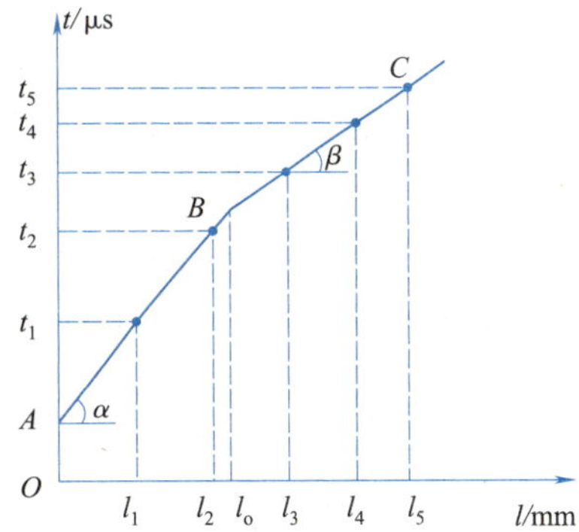

图 5-19 混凝土损伤层检测"时-距"图

损伤层厚度可按下式计算:

$$d = \frac{l_o}{2}\sqrt{\frac{v_2 - v_1}{v_2 + v_1}} \tag{5-30}$$

式中:d——损伤层厚度(mm);

l_o——声速产生突变时的测距(mm);

v_1——损伤层混凝土的声速(km/s);

v_2——未损伤层混凝土的声速(km/s)。

5.4.7 混凝土匀质性检测

超声脉冲法检测混凝土匀质性,具有全面、直接、方便、数据代表性强等优点,是检测混凝土匀质性的一种有效方法。

结构混凝土的匀质性一般宜采用平面式换能器进行穿透对测法检测。

1.测试方法

混凝土匀质性检测选用厚度振动式换能器采用穿透对测法,要求被测结构具备一对平行的测试表面,并保持平整、干净。

先在两个测试面上分别画出等间距的网格,并编上对应的测点序号。网格的间距一般为 200 ~ 300 mm。对于测距较小,质量要求较高的结构,测点间距宜小些。测点布置时,应避开与超声波传播方向相一致的钢筋。

测试时,应使 T、R 换能器在对应的测点上耦合良好,逐点读取声时值 t_i 并测量对应测点的距离 l_i 值。

2.计算和分析

混凝土的声速值、混凝土声速的平均值、标准差及离散系数分别按下列公式计算:

$$v_i = \frac{l_i}{t_i} \tag{5-31}$$

$$m_v = \frac{1}{n}\sum_{i=1}^{n} v_i \tag{5-32}$$

$$S_v = \sqrt{\left(\sum_{i=1}^{n} v_i^2 - n \cdot m_v^2\right) / (n-1)} \tag{5-33}$$

$$C_v = \frac{S_v}{m_v} \tag{5-34}$$

式中：v_i——第 i 点混凝土声速值(km/s)；

l_i——超声检测距离(mm)；

t_i——第 i 点声时值(μs)；

m_v——混凝土声速平均值(km/s)；

S_v——混凝土声速的标准差(km/s)；

G_v——混凝土声速的离差系数；

n——测点数。

根据声速的标准差和离差系数(变异系数)，可以相对比较相同测距的同类结构或各部位混凝土质量均匀性的优劣。

5.5 钻芯法检测混凝土强度检测

5.5.1 概述

1.钻芯法的作用

钻芯法检测混凝土强度是从混凝土结构物中钻取芯样来测定混凝土的抗压强度，是一种直观准确的方法。

用钻芯法还可以检测混凝土的裂缝、接缝、分层、孔洞或离析等缺陷，具有直观、精度高等特点，因而广泛应用于土木工程中混凝土结构或构筑物的质量检测。

2.钻芯法检测混凝土强度的适用情况

①对测试结果有怀疑时。

②发生混凝土质量问题时。

③遭受冻害、火灾、化学侵蚀或其他损害时。

④检测老旧建筑混凝土强度时。

5.5.2 钻取芯样及芯样要求

1.取芯

(1)钻前准备

①工程名称及设计、施工、建设单位名称。

②设计采用的混凝土强度等级。

③结构或构件种类，外形尺寸及数量。

④成型日期,原材料和混凝土试块抗压强度试验报告。

⑤结构或构件质量状况和施工中存在问题的记录。

⑥结构设计图和施工图。

(2)取芯位置

①混凝土强度质量具有代表性的部位。

②结构或构件受力较小的部位。

③避开主筋、预埋件和管线的位置,并尽量避开其他钢筋。

④便于钻芯机安放与操作的部位。

2.芯样数量

①芯样试件的数量应根据检测批的容量确定。

②芯样应从检测批的结构构件中随机抽取。

③标准芯样试件的最小样本量不宜少于15个,小直径芯样试件的最小样本量应适当增加。

④每个芯样应取自一个构件或结构的局部部位,且取芯位置应符合要求。

3.芯样直径

①标准芯样试件的公称直径不宜小于集料最大粒径的3倍。

②小直径芯样试件公称直径不应小于70 mm且不得小于集料最大粒径的2倍。

4.芯样高度

芯样抗压试件的高度和直径之比(H/d)宜为1.00。

5.5.3 芯样检测

1.芯样检测

(1)芯样外观检查

①详细描述每个芯样有关裂缝、分层、麻面或离析等情况。

②估计集料的最大粒径、形状种类及粗细集料的比例与级配。

③检查并记录存在气孔的位置、尺寸与分布情况。

④必要时应进行拍照。

(2)芯样测量

在试验前应按下列规定测量芯样试件的尺寸:

①平均直径。用游标卡尺在芯样试件中部相互垂直的两个位置上测量,取算术平均值作为芯样试件的直径,精确至0.5 mm。

②芯样试件高度。用钢卷尺或钢板尺进行测量,精确至1 mm。

③垂直度。用游标量角器测量芯样试件两个端面与母线的夹角,精确到0.1°。

④平整度。用钢板尺或角尺紧靠在芯样试件端面上,一面转动钢板尺,一面用塞尺测量钢板尺与芯样试件端面之间的缝隙。

2.芯样端面处理方法

锯切后的芯样应进行端面处理,宜采取在磨平机上磨平端面的处理方法。

承受轴向压力芯样试件的端面,也可采取下列处理方法:

①用环氧胶泥或聚合物水泥砂浆补平。

②抗压强度低于 40 MPa 的芯样试件,可采用水泥砂浆、水混净浆或聚合物水泥砂浆补平,补平层厚度不宜大于 5 mm;也可采用硫黄胶泥补平,补平层厚度不宜大于 1.5 mm。

3.芯样试件含筋要求

芯样试件内不宜含有钢筋。

当不能满足此项要求时,抗压试件应符合下列要求:

①标准芯样试件,每个试件内最多只允许有 2 根直径小 10 mm 的钢筋。

②公称直径小于 100 mm 的芯样试件,每个试件内最多只允许有一根直径小于 10 mm 的钢筋。

③芯样内的钢筋应与芯样试件的轴线基本垂直并离开端面 10 mm 以上。

4.无效芯样

①芯样试件的实际高径比(H/d)小于要求高径比的 95% 或大于 105% 。

②沿芯样试件高度的任一直径与平均直径相差大于 2 mm。

③抗压芯样试件端面的不平整度在 100 mm 长度内大于 0.1 mm。

④芯样试件端面与轴线的不垂直度大于 1°。

⑤芯样有裂缝或有其他较大缺陷。

5.5.4 芯样抗压强度试验及混凝土强度推定值

1.抗压强度试验

芯样试件宜在与被检测结构或构件混凝土湿度基本一致的条件下进行抗压试验。

①如结构工作条件比较干燥,芯样试件应以自然干燥状态进行试验。

②如结构工作条件比较潮湿,芯样试件应以潮湿状态进行试验。

③按自然干燥状态进行试验时,芯样试件在受压前应在室内自然干燥 3 d。

④按潮湿状态进行试验时,芯样试件应在(20 ± 5) ℃的清水中浸泡 40 ~ 48 h,从水中取出后应立即进行抗压试验。

2.芯样强度计算

芯样试件的混凝土强度换算值,应按下列公式计算:

$$f_{cu,cor}=\frac{F_c}{A} \tag{5-35}$$

式中:$f_{cu,cor}$——芯样试件混凝土强度换算值(MPa);

F_c——芯样试件抗压试验测得的最大压力(N);

A——芯样试件抗压截面面积(mm^2)。

3.钻芯确定混凝土强度推定值

(1)检测批混凝土强度的推定值的方法

①确定检测批的混凝土强度推定值应计算推定区间,推定区间的上限值和下限值按下列公式计算。

上限值:

$$f_{cu,e1}=f_{cu,cor,m}-k_1 s_{cor} \tag{5-36a}$$

下限值：

$$f_{cu,e2} = f_{cu,cor,m} - k_2 s_{cor} \tag{5-36b}$$

平均值：

$$f_{cu,cor,m} = \frac{\sum_{i=1}^{n} f_{cu,cor,i}}{n} \tag{5-36c}$$

标准差：

$$S_{cor} = \sqrt{\frac{\sum_{i=1}^{n} \left(f_{cu,cor,i} - f_{cu,cor,m}\right)^2}{n-1}} \tag{5-36d}$$

式中：$f_{cu,cor,m}$——芯样试件的混凝土抗压强度平均值(MPa)，精确至0.1 MPa；

$f_{cu,cor,i}$——单个芯样试件的混凝土抗压强度值(MPa)，精确至0.1 MPa；

$f_{cu,e1}$——混凝土抗压强度推定上限值(MPa)，精确至0.1 MPa；

$f_{cu,e2}$——混凝土抗压强度推定下限值(MPa)，精确至0.1 MPa；

k_1、k_2——推定区间上限值系数和下限值系数，按表5-3查得；

S_{cor}——芯样试件抗压强度样本的标准差(MPa)，精确至0.1 MPa。

在置信度0.85条件下，试件数与上限值系数、下限值系数的关系见表5-3。

表5-3 上、下限值系数

试件数 n	$k_1(0.10)$	$k_2(0.05)$	试件数 n	$k_1(0.10)$	$k_2(0.05)$
15	1.222	2.566	34	1.349	2.176
16	1.234	2.524	35	1.352	2.167
17	1.244	2.486	36	1.356	2.158
18	1.254	2.453	37	1.360	2.149
19	1.263	2.423	38	1.363	2.141
20	1.271	2.396	39	1.366	2.133
21	1.279	2.371	40	1.369	2.125
22	1.286	2.349	41	1.372	2.118
23	1.293	2.328	42	1.375	2.111
24	1.300	2.309	43	1.378	2.105
25	1.306	2.292	44	1.381	2.098
26	1.311	2.275	45	1383	2.092
27	1.317	2.260	46	1.386	2.086
28	1.322	2.246	47	1.389	2.081
29	1.327	2.232	48	1.391	2.075
30	1.332	2.220	49	1.393	2.070
31	1.336	2.208	50	1.396	2.065
32	1.341	2.197	60	1.415	2.022
33	1.345	2.186	70	1.431	1.990

续上表

试件数 n	$k_1(0.10)$	$k_2(0.05)$	试件数 n	$k_1(0.10)$	$k_2(0.05)$
80	1.444	1.964	110	1.471	1.912
90	1.454	1.944	120	1.479	1.899
100	1.463	1.927			

②$f_{cu,e1}$和$f_{cu,e2}$所构成推定区间的置信度宜为0.85，$f_{cu,e1}$与$f_{cu,e2}$之间的差值不宜大于5.0 MPa和0.10 $f_{cu,cor,m}$两者的较大值。

③宜以$f_{cu,e1}$作为检测批混凝土强度的推定值。

④钻芯确定检测批混凝土强度推定值时，可剔除芯样试件抗压强度样本中的异常值。剔除规则应按现行国家标准《数据的统计处理和解释　正态样本离群值的判断和处理》(GB/T 4883—2008)的规定执行。当确有试验依据时，可对芯样试件抗压强度样本的标准差s_{cor}进行符合实际情况的修正或调整。

(2)检测单个构件混凝土强度的推定值的方法

①钻芯确定单个构件的混凝土强度的推定值时，有效芯样试件的数量不应少于3个；对于较小构件，有效芯样试件的数量不得少于2个。

②单个构件的混凝土强度推定值不再进行数据的舍弃，而应按有效芯样试件混凝土抗压强度值中的最小值确定。

4.钻芯修正方法

①对间接测强方法进行钻芯修正时，宜采用修正量的方法，也可采用其他形式的修正方法。

②当采用修正量的方法时，芯样试件的数量和取芯位置应符合下列要求：

- 标准芯样试件的数量不应少于6个，小直径芯样试件数量宜适当增加；
- 芯样应从采用间接检测方法的结构构件中随机抽取；
- 当采用的间接检测方法为无损检测方法时，钻芯位置应与间接检测方法相应的测区重合；
- 当采用的间接检测方法对结构构件有损伤时，钻芯位置应布置在相应测区的附近。

③由钻芯修正方法确定检测批混凝土强度的推定值时，应采用修正后的样本算术平均值和标准差。

5.6　钢筋锈蚀电位的检测

5.6.1　概述

钢筋混凝土结构物的耐久性问题越来越引起人们的重视，而钢筋锈蚀则是影响结构物耐久性的主要因素之一，随者工业污染及建筑结构的老化，钢筋锈蚀问题越来越突出，直接影响到结构物的安全使用。

钢筋锈蚀是一个电化学过程，然而电化学过程的起始与发展还取决于许多复杂的因素，甚至在设计、施工及使用过程中增加一些不利的人为因素，使结构物过早出现腐蚀问题。

以硅酸盐水泥为例，说明混凝土中钢筋表面钝化膜的破坏与腐蚀半电池的形成机理。

硅酸盐水泥在水化过程中产生一定的碱，方程式如下：

$$2[3CaO \cdot SiO_2] + 6H_2O \rightarrow 3CaO \cdot 2SiO_2 \cdot 3H_2O + 3Ca(OH)_2$$

$Ca(OH)_2$一部分溶解于混凝土的液相中，使混凝土 pH 值在 13 ~ 14 之间，另一部分则沉淀于混凝土的微孔中，处于强碱环境中的钢筋，其表面生成致密氧化膜，使钢筋处于钝化状态，同时混凝土对钢筋也起着物理保护作用。

钢筋的钝化是不稳定的，钝化状态的保持具有一定的条件，一旦条件改变，钢筋便由钝化状态向活化状态转变。

混凝土具有连续贯通的毛细孔隙，起初这些毛细孔隙被水泥水化过程中所产生的自由水和固体 $Ca(OH)_2$所填塞，但是，暴露在空气中的混凝土随着时间的推移，会逐渐释放一部分自由水，在干燥过程中，混凝土中的水分挥发，其原来占有的孔隙空间就会被空气所填补，空气中的 CO_2和酸性气体与混凝土中的碱性成分起反应，这个过程就是混凝土碳化。

混凝土碳化会使得混凝土的 pH 值降低，当 pH 值小于 11 时，混凝土中钢筋表面的致密钝化膜就被破坏，不仅如此，$CaSO_3$、$CaSO_4$还会与水泥水化产物中的铝酸三钙反应，生成物体积增大，从面使混凝土胀裂，这就是硫酸盐侵蚀破坏。

当混凝土中的碱浓度超过一定临界值后，集料中如微晶和隐晶硅等活性矿料就会起化学反应而生成一种凝胶，而这种凝胶往往是吸水膨胀的，一旦混凝土遭受水的侵蚀，就使凝胶膨胀，从而产生过高的内应力，导致混凝土胀裂，这样一来就加快了混凝土的表面剥落。

一旦钢筋表面钝化膜局部破坏或致密度变差，则钝化膜处就会形成阳极，而周围钝化膜完好的部位构成阴极，从而形成了若干个微电池。虽然有些微电池处于抑制状态，但在一定条件下可以激活，从而使其处于活化状态发生氧化还原反应，这样就造成钢筋的锈蚀。

宏观上混凝土和握裹其中的钢筋形成半电池，而人们也正是通过检测以上所述的处于活化状态的钢筋锈蚀半电池电位来判断当下混凝土内的钢筋锈蚀活化程度。

5.6.2 半电池电位法

1.半电池电位法的含义

半电池电位法是指利用混凝土中钢筋锈蚀的电化学反应引起的电位变化来测定钢筋锈蚀状态。

通过测定钢筋/混凝土半电池电极与在混凝土表面的铜/硫酸铜参考电极之间电位差的大小，来评定混凝土中钢筋的锈蚀活化程度。

此方法主要针对半电池电位法检测混凝土中钢筋锈蚀状况的原理，规定仪器的使用方法、检测方法和判定标准的应用方法。

2.钢筋锈蚀状况检测范围

①主要承重构件或承重构件的主要受力部位。

②一般检查结果表明钢筋可能存在锈蚀的部位。

③估测在用的现场和试验室硬化混凝土中无镀层钢筋的半电池电位。

④混凝土构件使用寿命中的任何时期均可使用。

⑤不宜用已经干燥到绝缘状态的混凝土或已发生脱空、层离的混凝土表面。

5.6.3 测试方法

1.测区的选择与测点布置

(1)测区的选择

①主要承重构件或承重构件的主要受力部位。

②一般检查结果有迹象表明钢筋可能存在锈蚀的部位。

③测区不应有明显的锈蚀胀裂、脱空或层离现象。

(2)测点布置

①在测区上布置测试网格,网格节点为测点。

②网格间距可选 20 cm×20 cm、30 cm×30 cm、20 cm×10 cm 等。

③测点位置距构件边缘应大于 5 cm,一般不宜少于 20 个测点。

④当一个测区内相邻测点的读数超过 150 mV 时,通常应减小测点的间距。

⑤测区应统一编号,注明位置,并描述外观情况。

2.混凝土表面处理

用钢丝刷、砂纸打磨测区混凝土表面,去除涂料、浮浆、污迹、尘土等,并用接触液将表面润湿。

3.检测及数据采集

局部打开混凝土或选择裸露的钢筋,润湿后与仪器连接,确保有良好的电连接。正式测读前应再次用喷雾将混凝土表面润湿,但应注意被测表面不应存在游离水。

测点读数变动不超过 2 mV,可视为稳定。在同一测点,同一支参考电极重复测读的差异不应超过 10 mV;不同参考电极重复测读的差异不应超过 20 mV。若不符合读数稳定要求,应检查测试系统的各个环节。

4.检测数据修正

测值受混凝土含水率影响较大,测量时构件应处在自然干燥状态。可进行现场比较性试验,提高现场评定钢筋状态的可靠度。

通过现场比较性试验测出周围锈蚀程度不同钢筋的锈蚀电位。比较这些钢筋的锈蚀程度和相应测值的对应关系,提高评判的可靠度。若环境温度在(22±5)℃范围之外,应对铜/硫酸铜电极做温度修正。

5.钢筋锈蚀电位的一般判定标准

(1)在对已进行温度修正处理的数据进行判读之前,按惯例将这些数据加以负号,绘制等电位图,然后进行判读。

(2)按照表 5-4 的规定判断混凝土中钢筋发生锈蚀的概率或钢筋正在发生锈蚀的锈蚀活化程度。

表 5-4 混凝土桥梁钢筋锈蚀电位评定标准

电位水平/mV	钢筋状况	评定标度
≥-200	无锈蚀活动性或锈蚀活动性不确定	1
(-200,-300)	有锈蚀活动性,但锈性状态不确定,可能抗蚀	2

续上表

电位水平/mV	钢筋状况	评定标度
(-300,-400]	有锈蚀活动性,发生锈蚀概率大于90%	3
(-400,-500)	有锈蚀活动性,严重锈蚀可能性极大	4
< -500	构件存在锈蚀开裂区域	5

注:1. 量测时,混凝土桥梁结构或构件应为自然状态。
2. 表中电位水平为采用铜/硫酸铜电极时的量测值。

5.7 混凝土中氯离子含量检测

有害物质侵入混凝土将会影响结构的耐久性。混凝土中氯离子可引起并加速钢筋的锈蚀;硫酸盐的侵入可使混凝土成为易碎松散状态,强度下降;碱的侵入(K^+、Na^+)在集料具有碱活性时,可能引起碱-集料反应破坏。因此,在进行结构耐久性评定时,根据需要应对混凝土中 Cl^-、K^+、Na^+ 含量进行测定。

氯离子含量的测定方法有试验室化学分析法和滴定条法两种。滴定条法可在现场完成氯离子含量的测定。

5.7.1 滴定条法测定混凝土中氯离子含量

1.取样部位和数量

①取样部位同钢筋锈蚀电位测试测区布置原则。

②测区的数量应根据钢筋锈蚀电位检测结果以及结构的工作环境条件确定。

③每一测区取粉的钻孔数量不宜少于3个,取粉孔可与碳化深度测量孔合并使用。

④测区、测孔应统一编号。

2.取样方法

①先确定钢筋位置,使用直径20 mm以上的冲击钻在混凝土表面钻孔。钻孔深度使用附在钻头侧面的标尺杆控制。

②分层收集深度间隔为3 mm、5 mm、10 mm、15 mm、20 mm、25 mm、50 mm等的粉末。每次采集后,钻头、硬塑料管及钻孔内都应用毛刷将残留粉末清理干净,以免不同深度的粉末混杂。

③同一测区不同孔相同深度的粉末可收集在一个塑料袋内,质量应不少于25 g,若不够可增加同一测区测孔数量。不同测区测孔相同深度的粉末不应混合在一起。

④采集粉末后,塑料袋应立即封口保存,注明测区、测孔编号及深度。

3.滴定条件

①将采回的样品过筛,去掉其中较大的颗粒后置于(105±5)℃烘箱内烘2 h后,冷却至室温。

②称取5 g样品粉末放入烧杯中,缓慢加入50 mL HNO_3并彻底搅拌直至嘶嘶声停止。

③用石蕊试纸检查溶液是否呈酸性(石蕊试纸变红),如果不呈酸性,再加入适量HNO_3。

④加入约5 g无水碳酸钠(Na_2CO_3)。用石蕊试纸检查溶液是否呈中性(石蕊试纸不变);否则,再加入少量无水碳酸钠直至溶液呈中性。

⑤用过滤纸做一锥斗加入液体。当纯净的溶液渗入锥斗后,把滴定条插入液体中。待到滴定条顶端水平黄色细条转变成蓝色,取出滴定条并顺着由上至下的方向将其擦干。

⑥读取滴定条颜色变化处的最高值,然后,在该批滴定条表中查出对应的氯离子含量,此值是以百万分之几表示的。若分析过程取样5 g,加硝酸50 mL,则将查表所得的值除以1 000即为百分比含量。如果使用样品质量不是5 g或使用过量的硝酸,需修正百分比含量。

5.7.2 试验室化学分析法测定混凝土中氯离子含量

1.混凝土中游离氯离子含量的测定

(1)样品处理

取混凝土中的砂浆约30 g,研磨至全部通过0.63 mm筛,然后置于(105 ±5)℃烘箱中加热2 h,取出后放入干燥器冷却至室温。

用感量为0.01 g天平称取20 g砂浆试样(G),置于三角烧瓶中并加入200 mL(V_3)蒸馏水,塞紧瓶塞,剧烈振荡1 ~2 min,浸泡24 h。

(2)试样过滤

用移液管分别吸取滤液20 mL(V_4),置于2个三角烧瓶中,各加2滴酚酞,使溶液呈微红色,再用稀硫酸中和至无色后,加铬酸钾指示剂10 ~20滴,立即用硝酸银溶液滴定至呈砖红色。

记录所消耗的硝酸银毫升数(V_5)。

(3)结果计算

游离氯离子含量按下式计算:

$$P=\frac{N_2 V_5 \times 0.035\,45}{G\dfrac{V_4}{V_3}}\times 100\% \tag{5-37}$$

式中: P——砂浆样品游离氯离子含量(%);

N_2——硝酸银标准溶液的当量浓度;

G——砂浆样品质量(g);

V_3——浸样品的蒸馏水量(mL);

V_4——每次滴定时提取的滤液量(mL);

V_5——每次滴定时消耗的硝酸银溶液(mL);

0.035 45——氯离子的毫克当量。

2.混凝土中氯离子总含量的测定

(1)样品处理

取混凝土试样约40 g,用小锤仔细除去混凝土试样中的石子部分,保存砂浆,把砂浆研碎成粉状,然后置于(105 ±5)℃烘箱中烘2 h,取出放入干燥器内冷却至室温。

用感量为0.01 g天平称取10 ~20 g砂浆试样倒入三角烧瓶,并加入100 mL稀硝酸,塞紧瓶塞,其间应摇动三角烧瓶,浸泡24 h。

(2)试样过滤

用移液管准确量取滤液 20 mL 两份,置于三角烧瓶,每份由滴定管加入硝酸银溶液约 20 mL,分别用硫氰酸钾溶液滴定。滴定时激烈摇动溶液,当滴至红色能维持 5 ~ 10 s 不褪色时,即为终点。必要时加入 3 ~5 滴 10% 铁矾溶液以增加水泥含有的 Fe^{3+}。

(3)结果计算

氯离子总含量按下式计算:

$$P=\frac{0.03545(NV-N_1V_1)}{G\dfrac{V_2}{V_3}}\times 100\% \tag{5-38}$$

式中: P——砂浆样品中游离氯离子含量(%);

N——硝酸银标准溶液的当量浓度;

V_1——每次滴定时提取的滤液量(mL);

V_2——每次滴定时消耗的硝酸银溶液(mL);

V_3——浸样品的蒸馏水量(mL);

G——砂浆样品质量(g);

0.035 45——氯离子的毫克当量。

3.氯离子含量的评判标准

①氯化物浸入混凝土可引起钢筋的锈蚀,其锈蚀危险性受到多种因素的影响,如碳化深度、混凝土含水率、混凝土质量等,因此应进行综合分析。

②根据每一取样层氯离子含量的测定值,做出氯离子含量的深度分布曲线,判断氯化物是混凝土生成时已有的,还是结构使用过程中由外界渗入及浸入的。

③可按表 5-5 的评判经验值确定混凝土中的氯离子引起钢筋锈蚀的可能性。

表 5-5 混凝土中氯离子含量评定标准

氯离子含量(占水泥含量的百分比)	诱发钢筋锈蚀的可能性	评定标度
<0.15	很小	1
[0.15,0.40)	不确定	2
[0.40,0.70)	有可能诱发钢筋锈蚀	3
[0.70,1.00)	会诱发钢筋锈蚀	4
≥1.00	钢筋锈蚀活化	5

5.8 混凝土中钢筋分布及保护层厚度检测

5.8.1 概述

1.检测原理

仪器探头产生一个电磁场,当某条钢筋或其他金属物体位于这个电磁场内时,会引起这个电磁场磁力线的改变，造成局部电磁场强度的变化。

电磁场强度的变化和金属物大小与探头距离存在一定的对应关系。如果把特定尺寸的钢筋和所要调查的材料进行适当标定，通过探头测量并由仪表显示出这种对应关系，即可估测混凝土中钢筋的位置、深度和尺寸。

2.应用范围

①用于估测混凝土中钢筋的位置、深度和尺寸。

②在无资料或其他原因需要对结构进行调查的情况下。

③进行其他测试之前需要避开钢筋进行的测试。

5.8.2 检测程序

1.钢筋分布状况调查的范围

①主要承重构件或承重构件的主要受力部位。

②经钢筋锈蚀电位测试结果表明钢筋可能锈蚀活化的部位。

③根据结构检算及其他检测需要确定的部位。

2.测区布置原则

①单一构件检测。均匀布置测区，测区数不应少于3个，相邻两测区的间距不宜小于2 m。

②批量构件检测。采取抽样的方法，抽样数量不少于同类构件数的30%，且不少于3件，每个构件测区布置按单一构件要求进行。

③结构整体的检测。可先按构件类型分类，再按类型进行检测。

④每测区应不少于10个测点，测点间距应小于保护层测试仪传感器长度。

⑤测区应注明编号，并记录测区位置和外观情况。

⑥测区表面应清洁平整，避开接缝、蜂窝、麻面、预埋件等部位。

3.测量步骤

①测试前应了解有关图纸资料，以确定钢筋的种类和直径。

②进行保护层厚度测读前，应先在测区内确定钢筋的位置与走向，做法如下：

● 将保护层测试仪传感器在构件表面平行移动，当仪器显示值为最小时，传感器正下方即是所测钢筋的位置。

● 找到钢筋位置后，将传感器在原处左右转动一定角度，仪器显示最小值时传感器长轴线的方向即为钢筋的走向。

● 在构件测区表面画出钢筋位置与走向。

③保护层厚度的测读。

● 将传感器置于钢筋所在位置正上方，并左右稍稍移动，读取仪器显示的最小值，即为该处保护层厚度。

● 每一测点宜读取2~3次稳定读数取其平均值，精确至1 mm。

● 应避免在钢筋交叉位置进行测量。

④对于缺少资料无法确定钢筋直径的构件，应首先测量钢筋直径。对钢筋直径的测量宜采用测读5~10次、剔除异常数据、求其平均值的测量方法。

5.8.3 影响测量准确度的因素及修正

1.影响测量准确度的因素

影响测量准确度的因素主要有外加磁场的影响、钢筋品种的影响、布筋状况的影响以及钢筋间距的影响等。

2.保护层测量值的修正

(1)仪器测量直径的选择

①两根钢筋横向并在一起，等效直径 $d_{等效}=d_1+d_2$；

②两根钢筋竖向并在一起，等效直径 $d_{等效}=3(d_1+d_2)/4$。

(2)用标准垫块进行综合修正

标准垫块用硬质无磁性材料制成，如工程塑料或电工用绝缘板。这种方法适用于现场检测。

(3)用校准孔进行综合修正

这也是现场校准测量值的有效方法。

①用6 mm钻头在钢筋位置正上方，垂直于构件表面打孔，手感碰到钢筋立即停止，用深度卡尺量测钻孔深度，即为实际的保护层厚度 S_r，则修正系数 K 为：

$$K=\frac{S_m}{S_r} \tag{5-39}$$

式中：S_m——仪器读数值。

②对于不同钢筋种类和直径的试块应打各自的校准孔，一般应不少于2个，求其平均值。

(4)现场检测的准确度

经过修正后确定的保护层厚度值，精确度可在10%以内。

(5)图示标注

用图示方式注明检测部位及测区位置，将各个测区的钢筋分布走向绘制成图，并在图上标注间距、保护层厚度及钢筋直径等数据。

5.8.4 钢筋分布及保护层厚度的评定

1.数据处理

①根据某一测量部位各测点混凝土厚度实测值，求出混凝土保护层厚度平均值 D_n(精确至0.1 mm)。

②按照下式计算确定测量部位混凝土保护层厚度特征值 D_{ne}(精确至0.1 mm)：

$$D_{ne}=\overline{D}_n-K_pS_D \tag{5-40}$$

式中：S_D——测量部位测点保护层厚度的标准差，精确至0.1 mm；

$\overline{D}_n$——混凝土保护层厚度平均值；

K_p——合格判定系数值，按表5-6取用。

表5-6 混凝土保护层厚度合格判定系数值

n	10~15	16~24	≥25
K_p	1.695	1.645	1.595

2.结果评定

根据测量部位实测保护层厚度特征值 D_{ne} 与其设计值 D_{nd} 的比值，混凝土保护层厚度对结构钢筋耐久性的影响评判可参考表5-7中的经验值。

表5-7　钢筋保护厚度评定标准

D_{ne}/D_{nd}	对结构钢筋耐久性的影响	评定标度
>0.95	影响不显著	1
(0.85,0.95]	有轻度影响	2
(0.70,0.85]	有影响	3
[0.55,0.70]	有较大影响	4
≤0.55	钢筋易失去碱性保护，发生锈蚀	5

5.9　混凝土碳化深度的检测

5.9.1　混凝土碳化深度的检测方法

混凝土碳化状况的检测通常采用在混凝土新鲜断面喷洒酸碱指示剂，通过观察酸碱指示剂颜色变化来确定混凝土碳化深度的方法。

应对钢筋锈蚀电位评定标度值为3、4、5的区域进行混凝土碳化深度测量，另外，回弹法检测混凝土强度时采用碳化深度值推定混凝土的强度。

5.9.2　混凝土碳化深度的检测步骤

1.测区及测孔布置

①测区应选择有代表性的区域，同时能反映不同条件及不同混凝土质量的部位，结构外侧面应布置测区。

②测区应均匀布置，不应小于3个。

③每一测区应布置3个呈"品"字排列的测孔，孔距应大于2倍孔径。

④测孔距构件边角的距离应大于2.5倍保护层厚度。

2.形成测孔

①用装有20 mm直径钻头的冲击钻在测点位置钻孔。

②成孔后用圆形毛刷将孔中碎屑、粉末清除，不得用水清洗。

③将测区测孔统一编号，并绘出示意图。

3.碳化深度的测量

①检测前配制好指示剂(酚酸试剂)：75%的酒精溶液与白色酚酞粉末配置成酚酞浓度为1% ~ 3%的酚酞溶剂，装入喷雾器备用，溶剂应为无色透明的液体。

②将酚酞指示剂喷到测孔壁上。

③待酚酞指示剂变色后，用测深卡尺测量混凝土表面至酚酞变色交界处的深度，准确至 1 mm。酚酞指示剂从无色变为紫色时，混凝土未碳化，酚酞指示剂未改变颜色处的混凝土已碳化。

4.数据整理

①将测量结果标注在测区、测孔布置图上。

②将测量值整理列表，应列出最大值、最小值和平均值。

5.9.3 碳化深度检测结果的评定

混凝土碳化深度对钢筋锈蚀影响的评定，可取构件的碳化深度平均值与该类构件保护层厚度平均值之比 K_c，并考虑其离散情况，参考表 5-8 对单个构件进行评定。

表 5-8 混凝土碳化评定标准

K_c	评定标度	K_c	评定标度
<0.5	1	$[1.5,2.0)$	4
$[0.5,1.0)$	2	≥ 2.0	5
$[1.0,1.5)$	3		

5.10 混凝土电阻率检测

5.10.1 混凝土电阻率的检测方法

测量混凝土的电阻率是对钢筋状况进行检测评定的一项重要内容。混凝土的电阻率反映其导电性。混凝土电阻率大，若钢筋发生锈蚀，则发展速度慢，扩散能力弱；混凝土电阻率小，锈蚀发展速度快，扩散能力强。

混凝土电阻率检测测区，应根据钢筋锈蚀电位测量结果确定，对钢筋可能锈蚀活化的区域，应进行混凝土电阻率测量。

混凝土电阻率可采用四电极阻抗测量法测定，即使混凝土表面等间距接触四支电极，两外侧电极为电流电极，两内侧电极为电压电极，通过检测两电压电极间的混凝土阻抗获得混凝土电阻率 ρ。

5.10.2 混凝土电阻率的测量

测区与测位布置可参照钢筋锈蚀自然电位测量的要求，在电位测量网格间进行，并做好编号工作。

混凝土表面应清洁、无尘、无油脂。为了提高量测的准确性，必要时可去掉表面碳化层。

调节好仪器电极的间距，一般采用的间距为 50 mm。

在电极前端涂上耦合剂，保证电极与混凝土表面有良好、连续的电接触。

测量时探头应垂直置于混凝土表面，并施加适当的压力。

5.10.3 混凝土电阻率的评定标准

混凝土电阻率的评定标准见表5-9。

表5-9 混凝土电阻率评定标准

电阻率(Ω·cm)	可能的锈蚀速率	评定标度	电阻率(Ω·cm)	可能的锈蚀速率	评定标度
≥20 000	很慢	1	[5 000,10 000)	快	4
[15 000,20 000)	慢	2	<5 000	很快	5
[10 000,15 000)	一般	3			

注:量测时混凝土桥梁结构或构件应为自然状态。

5.11 钢结构试验检测

钢结构桥梁具有丰富的形式,如大跨度的梁桥、钢管混凝土拱桥、斜拉桥和悬索桥的钢箱梁等。钢桥结构材料由钢厂批量生产并出具合格证明,材料的强度及化学成分有良好的保证,必要时才进行检测,因此工程检测的重点在于安装、拼接过程的质量问题。钢结构桥梁主要检测内容有:

①构件尺寸及平整度检测。

②构件表面缺陷检测。

③连接(焊接、螺栓连接)质量检测。

④其他(钢材锈蚀、防火涂层厚度)检测。

5.11.1 钢构件表观质量检测

1.钢构件尺寸及平整度检测

①单一钢构件的每个尺寸可在构件的3个部位量测,取平均值作为该尺寸的代表值。

②钢构件的尺寸偏差以设计尺寸为基准计算,偏差的允许值应符合产品标准的要求。

③梁和桁架构件的变形有平面内的变形和平面外的侧向变形,要分别量测。一般用张紧的钢丝量测各点的垂度与偏差。

④柱的变形主要有柱身倾斜与挠曲。倾斜用经纬仪或铅垂量测,挠曲用张紧的钢丝检测。

2.钢结构连接的表观检查

钢结构的质量事故多出在连接上,应重点检测。表观检查主要有以下几个方面:

①连接板尺寸、厚度、平整度检查;

②螺栓孔造成的有效截面减小检查;

③表观裂缝、局部缺损等损伤检查;

④焊缝内部缺陷探伤前的外观质量检查。

螺栓连接,可用目测、锤敲相结合的方法检查,并用扭力扳手对螺栓的紧固性进行复查,此外,对螺栓的直径、个数、排列方式也要一一检查。

焊缝表面质量的检查可目测或用10倍放大镜，当存在疑义时，采用磁粉检测。

焊缝的外形尺寸用焊缝检验尺测量。

焊缝检验尺由主尺、多用尺和高度标尺构成，可用于测量焊接母材的坡口角度、间隙、错位、焊缝高度、焊缝宽度和角焊缝高度。

5.11.2 钢构件表面缺陷检测

钢结构表面缺陷检测常用磁粉检测、渗透检测、涡流检测。

1.磁粉检测

磁粉检测用于检测铁磁性材料和构件表面上或近表面的裂纹以及其他缺陷。

磁粉检测对表面缺陷最灵敏，对表面以下的缺陷随埋藏深度的增加检测灵敏度迅速下降。采用磁粉检测方法检测磁性材料的表面缺陷，比采用超声波或射线检测的灵敏度高，而且操作简便、结果可靠、价格便宜，因此被广泛用于磁性材料表面和近表面缺陷的检测。

(1)磁粉检测原理

对钢构件施加外加磁场，缺陷部位的磁阻大大增加形成漏磁场，磁力线路径发生改变，利用撒在钢构件上的磁粉就可以将漏磁场显示出来，据此可以判识钢构件表面缺陷及其位置大小。

磁粉分为普通磁粉和荧光磁粉，荧光磁粉是在普通磁粉的颗粒外表面涂上了一层荧光物质，使它在紫外线的照射下能发出荧光，用以提高对比度，便于观察。

磁粉检测又分干法和湿法。

干法是将磁粉直接撒在钢构件表面，湿法是将磁粉悬浮于载液(水或煤油等)之中形成磁悬液喷撒于钢构件表面。

湿法流动性好就可以采用比干法更细的磁粉，使磁粉更易于被微小的漏磁场所吸附，因此湿法比干法的检测灵敏度高，但只有钢构件允许与载液接触时可以使用。

(2)磁粉检测步骤

①构件表面预处理。将构件表面的油脂、涂料或者铁锈等去掉，以免影响磁粉附着。

②磁化。选用适当的磁化方法和磁化电流，接通电源，对构件进行磁化。

③施加磁粉。按所选的干法或湿法施加干粉或磁悬液。

④观察记录。荧光磁粉检测，在自然光或灯光下观察；荧光磁粉检测，在暗室用紫外灯观察。

2.渗透检测

液体渗透检测是一种检查构件或材料表面缺陷的方法，它不受材料磁性的限制，比磁粉探伤的应用范围更加广泛。在现代工业探伤中应用的液体渗透探伤检测分成荧光渗透探伤和着色渗透探伤两大类。

(1)液体渗透检测的基本原理

液体渗透检测的基本原理是利用黄绿色的荧光渗透液或红色的着色渗透液对窄狭缝隙良好的渗透性，经过渗透清洗、显示处理，放大缺陷痕迹，用目视法观察对缺陷的性质和尺寸做出适当的评价。

(2)液体渗透检测的使用范围

液体渗透检测应用于各种金属、非金属、磁性、非磁性材料及零件表面缺陷的检查。几乎一切材料的表面开口缺陷都可以应用此方法获得满意的检测结果。

(3)液体渗透检测的特点

①优点:液体渗透检测原理简明易懂、检查经济、设备简单,显示缺陷直观并可以同时显示各个不同方向的各类缺陷。

②不足:液体渗透检测无法对埋藏于表皮层以下的缺陷进行检测,它只能检查开口暴露于表面的缺陷,另外还有操作程序繁杂等缺点。

5.11.3 焊缝内部缺陷的超声波探伤

钢桥的焊接连接应用最广,事故也较多,焊缝内部缺陷检测是钢桥检测的主要内容。

焊缝内部缺陷有裂纹、气孔、夹渣、未熔透、虚焊、咬边、弧坑等。

钢结构焊缝探伤的方法有超声波法和射线法。

1.焊缝超声探伤原理

焊缝探伤主要采用斜探头横波探伤,根据在始脉冲与底脉冲之间是否存在缺陷脉冲来判断焊缝中的缺陷。

当发现焊缝中存在缺陷后,根据探头在试件上的位置以及缺陷回波的位置和显示高度,确定焊缝缺陷的位置和大小。

2.超声探伤的特点

(1)超声探伤的优点

①穿透能力大,在钢中的有效探测深度可达 1 m 以上。

②对平面型缺陷如裂纹、夹层等,探伤灵敏度较高,并可测定缺陷的深度和相对大小。

③设备轻便,操作安全,现场即可获得结果,易于实现自动化检验。

(2)超声探伤的不足

①对形状复杂的构件不易检查。

②要求被检查表面有一定的光洁度,且需要耦合剂充满探头和被检查表面之间的空隙,确保充分的声耦合。

③对于有些粗晶粒的铸件和焊缝,因易产生杂乱反射波而较难应用。

④超声波检测对检验人员的经验要求较高,检验人员应熟悉焊接材料、焊接工艺和焊接缺陷,通过经验根据缺陷反射波进行检测结果判断。

3.焊缝超声探伤步骤

(1)超声仪工作频率

超声仪工作频率采用2.0~5.0 MHz。

(2)探头入射点、斜率的测定

斜探头声束轴线与探头楔块底面的交点称为斜探头的入射点,声束在钢中折射角的正切值为斜探头的斜率K,测定方法如下:

用 CSK-ZB 或ⅡW 试块,将斜探头置于试块 $R100$ 圆心处,探测 $R100$ 圆弧。前后移动探头,使所获得的反射回波最高。此时探头壳侧面与 $R100$ 圆心的刻度线所对应的点即为入射点;将被测探头置于试块上,探头沿试块侧面前后移动,当对应于 $\phi50$ 圆弧面所获得最高反射回波时,斜探头的入射点所对应的试块上的角度刻度或 K 值刻度指示即为该探头的折射角或 K 值。常用的探头斜率为 $K1.5\sim K2.5$。

(3)耦合剂选择

耦合剂有机油、甘油、浆糊、润滑脂等,浆糊黏度大、易清洗,常用于倾斜面或直立面的检测。

(4)探测面的修整

探测面上的焊接飞溅、氧化皮、锈蚀和油垢等应清除掉。

(5)时间的调整

检测时需要将声波在斜楔块中的传播时间扣除,以便将探头的入射点作为声程计算的零点,扣除这段声程的作业就是零点校正。

(6)距离-波幅(DAC)曲线的绘制

相同大小的缺陷因声程不同,回波幅度也不相同。超声检测时要根据缺陷回波波幅高度判定缺陷是否有害,必须按不同声程回波波幅进行修正,通常用指定的对比试块来制作距离-波幅(DAC)曲线,记录分贝数,确定考虑补偿后各线的分贝数。

(7)单面双侧探伤

在了解钢构件的材质、厚度、焊接方法、焊缝种类、坡口形式、焊缝余高及背面衬垫、沟槽等情况后进行超声探伤。探伤扫查速度不应大于 150 mm/s,相邻两次探头移动间隔要保证至少有 10% 的探头宽度重叠。对所有反射波幅超过定量线的缺陷,均应确定其位置、最大反射波幅所在区域和缺陷指示长度。

(8)评定等级

最大反射波幅不超过评定线的缺陷,均评为Ⅰ级;最大反射波幅超过评定线的缺陷,检验者判定为裂纹、未焊透等危险性缺陷时,无论其波幅和长度如何,均评定为Ⅳ级;反射波幅位于Ⅰ区的非裂纹性缺陷,均评为Ⅰ级;反射波幅位于Ⅲ区的缺陷,无论其指示长度如何,均评定为Ⅳ级。

5.11.4 高强螺栓力学性能试验

1.扭剪型高强螺栓连接副预拉力复验方法

①在施工现场待安装的螺栓批中随机抽取 5 套连接副进行复验。

②采用标定误差不超过 2% 的计量器具测试连接副预拉力。

③每套连接副只应做一次试验,不得重复使用。

④紧固螺栓。采用轴力计方法复验连接副预拉力时,应将螺栓直接插入轴力计。

- 紧固螺栓分初拧、终拧两次进行。
- 初拧应采用手动扭矩扳手或专用定扭电动扳手。
- 初拧值应为预拉力标准值的 50% 左右。
- 终拧应采用专用电动扳手,至尾部梅花头拧掉时,读出预拉力值。
- 在紧固中垫圈发生转动时,应更换连接副,重新试验。

⑤复验螺栓连接副的预拉力平均值应符合表 5-10 的规定,其变异系数应小于或等于 10% 。

表 5-10 扭剪型高强度螺栓紧固预拉力(kN)

螺栓直径/mm	16	20	22	24
每批紧固预拉力的平均值 μ	≤120	≤186	≤231	≤270
	≥99	≥154	≥191	≥222

2.高强度大六角头螺栓连接副扭矩系数的复验方法

①在施工现场待安装的螺栓批中随机抽取8套连接副进行复验。

②采用标定误差不超过2%的计量器具测试连接副预拉力。

③每套连接副只应做一次试验,不得重复使用。

④连接副扭矩系数的复验应将螺栓穿入轴力计,在测出螺栓预拉力 P 的同时,应测定施加于螺母上的施拧矩值 T,并应按下式计算扭矩系数 K。

$$K = T/Pd \tag{5-41}$$

式中:T——施拧扭矩(N·m);

d——高强度螺栓的螺纹规格(螺纹大径)(mm);

P——螺栓预拉力(kN)。

⑤进行连接副扭矩系数试验时,螺栓预拉力值应符合表5-11的规定。

表5-11　螺栓预拉力值范围

螺栓规格	M12	M16	M20	M24	M27
P/kN	≤59	≤113	≤177	≤250	≤324
	≥49	≥93	≥142	≥206	≥265

5.11.5　防火涂层厚度检测

钢结构涂有防火层以防火灾或高温造成失效。

薄型防火涂层表面裂纹宽度不应大小0.5 mm,涂层厚度应符合有关耐火极限的设计要求。

厚型防火涂层表面裂纹宽度不应大小1 mm,其涂层厚度应有80%以上的面积符合耐火极限的设计要求,且最薄处厚度不应低于设计要求的85%。

防火涂料涂层厚度测定用测针(厚度测量仪)测定。

全钢框架结构的梁和柱的防火层厚度测定,在构件长度内每隔3 m取一截面,对于梁和柱在所选择的位置中,分别测出6个和8个点。分别计算出它们的平均值,精确到0.5 mm。

习　题

1. 简述回弹仪的工作原理。
2. 简述回弹仪的操作方法。
3. 简述回弹仪的保养方法。
4. 简述测强曲线的影响因素。
5. 简述测强曲线的类别。
6. 简述回弹法检测混凝土强度的检测方法。
7. 简述回弹法测强的影响因素。
8. 简述回弹法检测混凝土强度的注意事项。
9. 简述超声回弹法的特点。

10. 简述超声回弹综合法检测混凝土强度的影响因素。
11. 简述混凝土缺陷超声检测原理。
12. 简述混凝土缺陷超声检测方法。
13. 简述混凝土浅裂缝检测方法。
14. 简述混凝土深裂缝检测方法。
15. 简述混凝土不密实区和空洞检测方法。
16. 简述两次浇筑的混凝土接合面质量检测方法。
17. 简述混凝土表面损伤层检测方法。
18. 简述钻芯法的作用。
19. 简述钻芯法检测混凝土强度的适用情况。
20. 简述钢筋锈蚀状况检测范围。
21. 简述滴定条法测定混凝土中氯离子含量的步骤。
22. 简述试验室化学分析法测定混凝土中氯离子含量的步骤。
23. 简述混凝土中钢筋分布及保护层厚度检测方法。
24. 简述钢筋分布状况调查的范围。
25. 简述钢筋检测测区布置原则。
26. 简述钢筋检测测量步骤。
27. 简述混凝土碳化深度的检测方法。
28. 简述混凝土碳化深度的检测步骤。
29. 简述混凝土电阻率的检测方法。
30. 简述磁粉检测步骤。
31. 简述焊缝超声探伤步骤。
32. 简述扭剪型高强螺栓连接副预拉力复验方法。
33. 简述高强度大六角头螺栓连接副扭矩系数的复验方法。

模块6

地基与基础试验检测

知识目标

1. 掌握地基承载力检测方法。
2. 掌握基桩检测方法。
3. 掌握桩身完整性检测方法。
4. 掌握基桩承载力检测方法。

能力目标

1. 会地基岩土分类。
2. 能掌握土及碎石地基承载力检测。
3. 能掌握荷载板试验。
4. 能掌握触探试验。
5. 能掌握预制钢筋混凝土桩质量控制和检测。
6. 能掌握钻(挖)孔灌注桩质量控制和检测。
7. 能掌握低应变反射波法。
8. 能掌握超声透射波法。
9. 能掌握钻探取芯法。
10. 能掌握竖向静载、竖向抗拔试验。
11. 能掌握静推(水平)试验。
12. 会高应变动力试桩法。

模块要点

1. 荷载板试验。
2. 触探试验。
3. 预制钢筋混凝土桩质量控制和检测。
4. 钻(挖)孔灌注桩质量控制和检测。
5. 低应变反射波法。
6. 超声透射波法。
7. 竖向静载、竖向抗拔试验。
8. 静推(水平)试验。

地基是指支承基础的土体或岩体。地基可分为天然地基和人工地基。

天然地基为未经加固处理或扰动的地基。当天然地基承载力不够时，用换土、夯实、有机或无机结合料稳定等方法加固处理，以提高承载力，这种加固处理后的地基称为人工（或加固）地基。

基础是指建筑物、构筑物和各种设施在地面以下的组成部分，其作用是将上部结构所承受的各种作用荷载传递到地基上。

基础有刚性基础、扩展基础、箱形基础、筏板基础、壳体基础和桩基础等，所有的土建（构）筑物基础无不以土体或岩体为地基。

获得岩土地基的各种物理性质指标、力学参数、应力应变规律等，要进行各种土工试验。土工试验从试验环境和方法出发，可分为室内试验、原位测试和原型试验三类。

室内试验是指对从现场取回的土样或土料进行物理、力学试验，取得可塑性、密度、透水性和压缩性、抗剪强度、泊松比等指标，由此对岩、土地基进行分类，计算地基的稳定性和承载力。

原位测试是在现场进行，土层基本保持天然结构、含水率及应力状态，如平板静载试验、动力触探、原位直剪试验、十字板剪切试验、旁压试验、波速测试等，可对地基进行分层和评价地基稳定性和承载力。

原型试验是指通过现场基础足尺试验或工程原型试验，监测受力、变形及孔隙水压力等土工参数及反算土的各种静、动力特性参数等，如桩的荷载试验、动力基础的模态试验等，是评价地基基础承载力和稳定性的有效方法。

6.1 地基承载力检测

6.1.1 地基岩土分类

按《公路桥涵地基与基础设计规范》（JTG 3363—2019），公路桥涵地基的岩土可分为岩石、碎石土、砂土、粉土、黏性土和特殊性岩土。

1.岩石

岩石为颗粒间连接牢固、呈整体性或具有节理裂隙的地质体。

岩石可按地质和工程分为两类。

2.碎石土

碎石土为粒径大于 2 mm 的颗粒含量超过总质量的 50% 的土。

碎石土分为漂石、块石、卵石、碎石、圆砾和角砾 6 类。

碎石土的密实度，可根据重型动力触探锤击数 $N_{63.5}$，分为松散、稍密、中密、密实 4 级。

3.砂土

砂土为粒径大于 2 mm 的颗粒含量不超过总质量的 50%、粒径大于 0.075 mm 的颗粒超过总质量的 50% 的土。

砂土可分为砾砂、粗砂、中砂、细砂和粉砂 5 类。

砂土的密实度可根据标准贯入锤击数，分为松散、稍密、中密、密实 4 级。

4.粉土

粉土为塑性指数 $I_p \leqslant 10$ 且粒径大于 0.075 mm 的颗粒含量不超过总质量的 50% 的土。

粉土的密实度应根据孔隙比 e 划分为密实、中密和稍密；其湿度应根据天然含水率 ω(%)划分为稍湿、湿、很湿。

5.黏性土

黏性土为塑性指数 $I_p > 10$ 且粒径大于 0.075 mm 的颗粒含量不超过总质量的 50% 的土。

黏性土根据塑性指数分为黏土和粉质黏土。

黏性土的软硬状态可根据液性指数分为坚硬、硬塑、可塑、软塑、流塑 5 种状态。

黏性土可根据沉积年代分为老黏性土、一般黏性土和新近沉积黏性土。

6.特殊性岩土

特殊性岩土是具有一些特殊成分、结构和性质的区域性地基土。

特殊性岩土包括软土、膨胀土、湿陷性土、红黏土、冻土、盐渍土和填土等。

6.1.2 土及碎石地基承载力检测

1.黏性土、黄土地基承载力检测

①对于黏性土和黄土地基，可在现场取有代表性的土样进行土工试验，求得地基土的有关物理力学指标，确定容许承载力。

②对于老黏性土和残积黏性土地基，可取土样进行压缩试验，求得土样压缩模量，确定容许承载力。

③对于一般黏性土和新近沉积黏性土地基，测土样含水量、湿容重、液限、塑限和颗粒密度，求出土样天然孔隙比和液性指数，确定容许承载力。

④对新近堆积黄土地基，按土含水比(天然含水量 W 和液限 W_L 的比值)，确定容许承载力。

⑤对于一般新黄土地基，按天然含水量和液限比，确定容许承载力。

⑥对于老黄土地基，按天然孔隙比 e 和含水比，确定容许承载力。

2.砂土、碎石地基承载力检测

对于砂类土、碎石土地基，按其分类和密实度，确定容许承载力。

①砂类土和碎石土的分类可以按《桥规》规定确定。

②砂土的密实度可用相对密度表示，碎石土的密实度根据钻探情况按规范而定。

③土的密实度一般可用孔隙比 e 表示，密实度还和颗粒的形状、大小以及级配有关。

6.1.3 荷载板试验

荷载板试验是确定天然地基承载能力的一种方法，它是通过向置于天然地基上的模型基础施加荷载，测量模型在不同荷载等级作用下的沉降量，根据荷载和沉降量的关系计算地基土的变形模量和评定地基承载能力。

荷载板试验是用于确定地基承压板下应力主要影响范围内土层承载力和变形模量的原位测试方法。该方法能克服室内压缩试验土样处于无侧胀条件下单向受力状态的局限性，可以模拟桥梁基础与地基之间的实际受力状态。要求岩土体在原有位置上，在保持土的天然结构、含水率及

应力状态下来测定岩土的性质。荷载板试验可分浅层平板载荷试验和深层平板载荷试验。

1.浅层平板载荷试验

(1)适用范围

浅层平板载荷试验适用于确定深度小于 3 m 的浅部地基土层在承压板压力下主要影响范围内的承载力和变形模量。图 6-1 所示为荷载—沉降关系曲线。

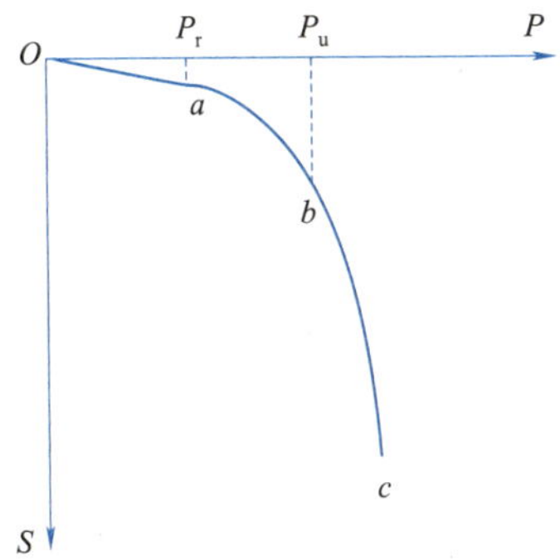

图 6-1 荷载—沉降(P—S)关系曲线

(2)试验步骤

①布置压板。在试验土层表面放置一定规格的方形或圆形刚性承压板。

②加荷观测。逐级施加荷载,按规范规定进行每级荷载增量持续时间的观测。

③测稳定值。测记每级荷载作用下荷载板沉降量的稳定值,加载至总沉降量为 25 mm,或达到加载设备的最大容量为止。

④卸荷回弹观测。卸载持续时间应不小于一级荷载增量的持续时间,并记录土的回弹值。

⑤绘制 P—S 关系曲线。根据试验记录绘制荷载—沉降(P—S)关系曲线(见图 6-1)。

⑥确定力学参数。分析地基土的强度与变形特性,求得地基土容许承载力与变形模量等力学参数。

(3)地基在荷载作用下达到破坏状态

地基在荷载作用下达到破坏状态的过程,可分为三个阶段,如图 6-2 所示。

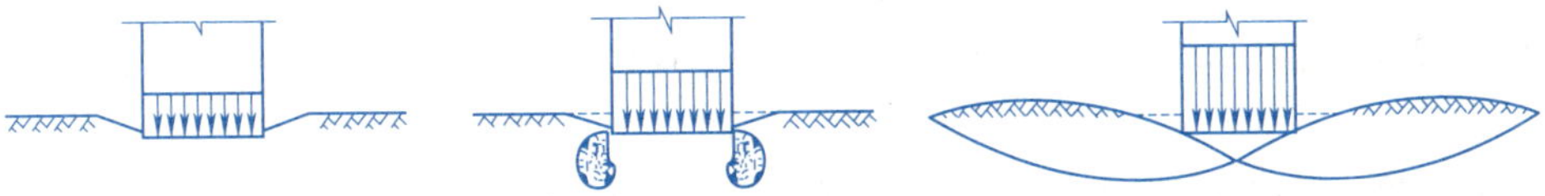

(a) 压密阶段　(b) 剪切阶段　(c) 破坏阶段

图 6-2 地基破坏过程的三个阶段

①压密阶段。相当于 P—S 曲线上的 Oa 直线段,与 a 点相应的荷载 P_r 为比例界限。土中各点的剪应力均小于土的抗剪强度,土体压力与变形呈线性关系,土体处于弹性平衡状态。

该阶段荷载板沉降主要是由土中孔隙的减少引起,土颗粒主要是竖向变位,且随时间增长将土体压密,所以又称压密阶段。

②剪切阶段。相当于 P—S 曲线上的 ab 段,与 b 点相应的荷载 P_u 为极限荷载。土体荷载与变形不再呈线性关系,其沉降的增长率随荷载的增大而增大。

除土体压密外,在承压板边缘局部的土体剪应力达到或超过土的抗剪强度,土体开始发生塑性变形。随着荷载的继续增大,土体中的塑性区范围也逐步扩大,直到土体中形成连续的滑动面,土在荷载板两侧挤出而破坏。

土的变形是由于土中空隙压缩和土颗粒的剪切移动引起的,土颗粒同时发生竖向和侧向变位,且随时间不易稳定,故称为局部剪切变形阶段。剪切阶段是地基中塑性区的发生和发展阶段。

③破坏阶段。相当于 $P—S$ 曲线上的 bc 段。土体的变形主要由土的剪切变位引起，土体的侧向移动使地基土失稳而破坏。

当荷载超过极限荷载后，即使荷载不再增加，沉降也不能稳定，荷载板急剧下沉，土中产生连续的滑动面，土从承压板下挤出，土体隆起呈环状或放射状裂隙，故称为破坏阶段。

(4)试验设备

载荷试验设备主要由稳压加荷装置、反力装置和沉降观测装置三部分组成。

半自动稳压油压荷载试验设备是利用高压油泵，通过稳压器及反力锚碇装置，将压力稳定地传递到承压板。该设备适用于承压板面积不小于 0.25 m^2 的情况，对于软土地基应不小于 0.50 m^2。

①加荷及稳压系统。由承压板、加荷千斤顶、立柱、稳压器和支撑稳压器的三脚架组成。

②反力锚碇系统。由桁架和反力锚碇组成。

桁架由中心柱套管、深度调节丝杆、斜撑管、主钢丝绳、三向接头等组成。

③观测系统。

用百分表或其他自动观测装置组成。

(5)现场测试

①基坑宽度。基坑宽度不应小于承压板宽度 b 或直径 d 的 3 倍。

②承压板面积。承压板面积是 50 cm × 50 cm 或 70.7 cm × 70 cm 的方板。

③试验土层。试验土层应保持土层在原有位置上，保持土的原状结构、天然湿度。

试坑开挖时，在试验点位置周围预留一定厚度的土层，在安装承压板前再清理至试验高程。

④铺砂找平。承压板与土层接触处，应铺设约 20 mm 厚的中砂或粗砂找平，以保证承压板与土层水平、均匀接触。

⑤分级加载。试验加荷分级不应少于 8 级，第一级荷载包括设备重力。每级荷载增量为地基土层预估极限承载力的 1/10 ~ 1/8。最大加载量不应小于设计要求的 2 倍或接近试验土层的极限荷载。

⑥试验精度。试验精度不应低于最大荷载的 1%，承压板的沉降采用百分表或电测位移计量测，其精度不应低于 0.01 mm。

⑦加荷稳定标准。每级加载后，按间隔 10 min、10 min、10 min、15 min、15 min，以后为每隔半小时测读一次沉降量。当在连续两小时内，每小时的沉降量小于 0.1 mm 时，则认为已趋稳定，可加下一级荷载。

⑧回弹观测。分级卸荷量为分级加荷量的 2 倍，15 min 观测一次，1 h 后再卸下一级荷载。荷载完全卸除后，应继续观测 3 h。

⑨土样对比。试验完后，试验点附近应有取土孔提供土工试验指标或其他原位测试资料。试验后，应在承压板中心向下开挖取土试样，并描述 2 倍承压板直径(或宽度)范围内土层的结构变化。

(6)终止加载条件

当试验出现下列情况之一时，可终止加载：

①承压板周围的土体有明显侧向挤出或发生裂纹。

②在某一级荷载下，24 h 内沉降速率不能达到稳定标准。

③沉降量急剧增大，$P—S$ 曲线出现陡降段，本级荷载的沉降量大于前级荷载沉降的 5 倍。

④沉降量与承压板宽度或直径之比等于或大于0.06。

满足前三种情况之一，其相对应的前一级荷载定为极限荷载。

(7)试验数据处理

绘制 $P—S$ 曲线确定地基土承载力基本容许值和地基土的变形模量。

①地基土承载力基本容许值的确定。当 $P—S$ 曲线有比例界限时，取该比例界限所对应的荷载值。

当极限荷载值小于比例界限荷载值的2倍时，取极限荷载值的一半。

若不能按上述两款要求确定时，当压板面积为2 500 m^2 或5 000 m^2 时，可取 $S/d=0.01\sim0.015$ 所对应的荷载值，但其值不应大于最大加载量的一半。

同一土层参加统计的试验点不应少于3点。当试验实测值的极差不超过其平均值的30%时，取其平均值作为该土层的地基承载力基本容许值。

②地基土的变形模量的确定。地基土的变形模量 E_0 一般取 $P—S$ 曲线的直线段，用下式计算：

$$E_0=(1-\mu^2)\frac{\pi b}{4}\cdot\frac{\Delta p}{\Delta s} \tag{6-1}$$

式中：B——承压板直径(m)，当为方形板时，$B=\sqrt[2]{\frac{A}{\pi}}$，$A$ 为方形板面积(m^2)；

$\frac{\Delta p}{\Delta s}$——$P—S$ 曲线直线段斜率(kPa/m)；

μ——地基土的泊松比，对于砂土和粉土，$\mu=0.33$，对于可塑~硬塑黏性土，$\mu=0.38$，对于软塑~流塑黏性土和淤泥质黏性土，$\mu=0.41$。

当 $P—S$ 曲线的直线段不明显时，可用上述确定地基土承载力的方法所确定地基承载力的基本值与相应的沉降量代入式(6-1)计算 E_0，但此时应与其他原位测试资料比较，综合考虑确定 E_0 值。

2.深层平板载荷试验

(1)适用范围

深层平板载荷试验适用于埋深等于或大于3.0 m和地下水位以上的地基土。

(2)试验设备

加载反力装置有压重平台反力装置、地锚反力装置、锚桩横梁反力装置、地锚压重联合反力装置等。

(3)现场测试

加荷分级可按预估极限承载力的1/15~1/10分级施加。每级加载后，第一个小时内按间隔10 min、10 min、10 min、15 min、15 min，以后为每隔半小时测读一次沉降量。当在连续两小时内，每小时的沉降量小于0.1 mm时，则认为已趋稳定，可加下一级荷载。

(4)终止加载条件

当试验出现下列情况之一时，即可终止加载：

①沉降量急剧增大，$P—S$ 曲线上有可判定极限承载力的陡降段，且沉降量超过0.04d(d 为承压板直径)。

②在某一级荷载下，24 h内沉降速率不能达到稳定。

③本级沉降量大于前一级沉降量的5倍。

④当持力层土层坚硬、沉降量很小时,最大加载量不小于设计要求的2倍。

(5)试验数据处理

①地基土承载力基本容许值的确定。

当$P—S$关系曲线有比例界限时,取该比例界限所对应的荷载值。

当极限荷载值小于比例界限荷载值的2倍时,取极限荷载值的一半。

若不能按上述两款要求确定时,当压板面积为2 500 m^2或5 000 m^2时,可取$S/d=0.01\sim0.015$所对应的荷载值,但其值应不大于最大加载量的一半。

②地基土的变形模量的确定。深层平板荷载试验的变形模量E_0按下式计算:

$$E_0=\omega\frac{Pd}{S} \tag{6-2}$$

式中:ω——试验深度和土类有关的系数;

P——$P—S$曲线上线性段的压力(kPa);

S——与P对应的沉降(mm);

d——承压板的直径(m)。

6.1.4 触探试验

触探法是在钻杆下端安装锥形探头,用动力或静力的方式把它贯入地基中,通过测定探头的贯入阻力,可间接地算出地基的承载力。贯入阻力越大,土的抗剪强度越高,地基承载力就越大。

1.静力触探试验

(1)静力触探试验的原理

静力触探试验是采用静力触探仪,通过液压千斤顶或其他机械方法,把锥形探头以静力压入土层,用电阻应变仪测出土的贯入阻力,根据已建立的贯入阻力和承载力、变形模量等的相互关系,可在工地直接测定地基承载力及变形模量等数据。其最大贯入深度为30 m,一般适用于软土、黏性土、砂土和黄土等。

(2)试验设备

静力触探的设备由贯入系统和量测系统两部分组成。

①贯入系统,其作用是将装有传感器的探头压入土中。

②量测系统,其作用是将土层的贯入阻力反映和记录下来。

2.动力触探试验

当土层较硬,用静力触探无法贯入土中时,可采用圆锥动力触探仪。

(1)动力触探试验的原理

动力触探试验是把锤沿导杆提升到一定高度,然后使它自由下落冲击杆上的锤托,迫使探头贯入土中。根据探头贯入的难易程度判定土层的物理力学性质。

(2)试验设备

①组成。圆锥动力触探试验设备主要由圆锥触探头、触探杆、穿心锤三部分组成,如图6-3和图6-4所示。

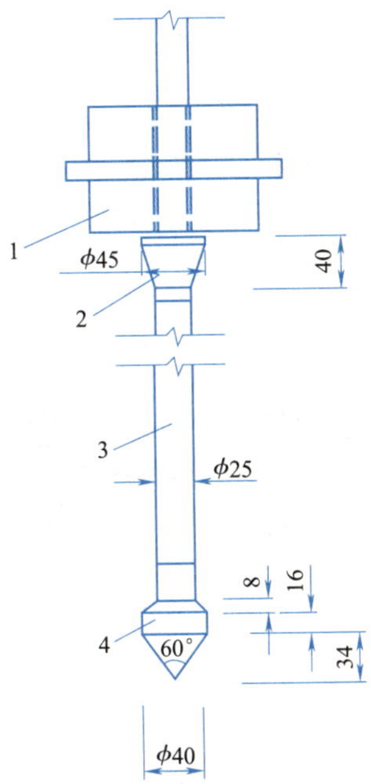

图 6-3　轻型圆锥动力触探试验设备(尺寸单位:mm)
1—穿心锤;2—锤垫;3—触探杆;4—探头

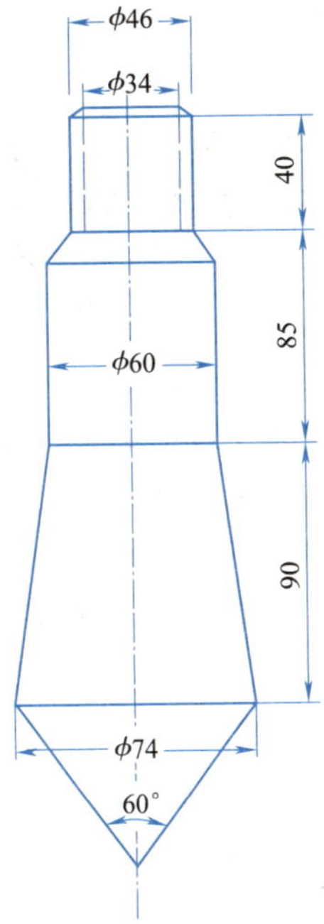

图 6-4　重型、超重型圆锥动力触探试验探头(尺寸单位:mm)

②分类及适用范围。圆锥动力触探试验的类型分为轻型、重型和超重型三种,各种试验的类型和规格如表 6-1 所示。

表 6-1　圆锥动力触探类型及规格

类　型		轻　型	重　型	超　重　型
落锤	锤的质量/kg	10	63.5	120
	落距/cm	50	76	100
探头	直径/mm	40	74	74
	锥角/°	60	60	60
探杆直径/mm		25	42	50～60
指标		贯入 30 cm 的锤击数 N_{10}	贯入 30 cm 的锤击数 $N_{63.5}$	贯入 30 cm 的锤击数 N_{120}

轻型圆锥动力触探试验一般用于贯入深度小于 4 m 的黏性土、黏性土组成的素填土和粉土。可用于施工验槽、地基检验和地基处理效果的检测。

重型圆锥动力触探试验一般适用于砂土、中密以下的碎石土和极软岩。

超重型圆锥动力触探试验一般适用于较密实的碎石土、极软岩和软岩。

(3)试验方法

①设备安装。试验前和试验过程中,应认真检查机具设备是否完好。安装过程中各部件连接紧固,触探架安装平稳,保持触探孔垂直。

②试验方法。触探架与触探头对准孔位,作业过程中始终保持与触探孔垂直。以重型圆锥动力触探为例,试验采用质量为 63.5 kg 的穿心锤自动脱钩,以 76 cm 的落距自由下落,对土层连续

进行触探，将标准试验触探头打入土中 10 cm，记录其锤击数。

③重型和超重型圆锥动力触探试验要点

- 贯入时，穿心锤应自动脱钩，自由落下。
- 地面上触探杆的高度不宜超过 1.5 m，以免倾斜和摆动过大。
- 贯入过程应尽量连续贯入。锤击速率宜为每分钟 15 ~ 30 击。
- 每贯入 10 cm，记录其相应的锤击数 $N'_{63.5}$、N'_{120}。

(4)试验成果整理

试验成果整理主要包括触探指标和触探曲线两方面内容。

①触探指标。触探指标主要包括实测触探锤击数、修正后的触探杆锤击数和动贯入阻力。

a. 实测触探锤击数。各种类型的圆锥动力触探试验是以贯入一定深度的锤击数（如 N_{10}、$N'_{63.5}$、N'_{120}）作为触探指标，通过与其他室内试验和原位测试指标建立相关关系获得地基土的物理力学性质指标，从而评价地基土的性质。

b. 修正后的触探杆锤击数。探杆长度的修正：当采用重型和超重型圆锥动力触探试验确定碎石土的密实度时，锤击数应按式(6-3)和式(6-4)进行修正。

$$N_{63.5} = \alpha_1 \cdot N'_{63.5} \tag{6-3}$$

$$N_{120} = \alpha_2 \cdot N'_{120} \tag{6-4}$$

式中：$N_{63.5}$、N_{120}——修正后的重型和超重型圆锥动力触探试验锤击数；

α_1、α_2——重型和超重型圆锥动力触探试验锤击数修正系数，按表 6-2 和表 6-3 取值；

$N'_{63.5}$、N'_{120}——实测重型和超重型圆锥动力触探锤击数。

表 6-2 重型圆锥动力触探锤击数修正系数 α_1

杆长/m $N'_{63.5}$	5	10	15	20	25	30	35	40	≥50
2	1.00	1.00	1.00	1.00	1.00	1.00	1.00	1.00	—
4	0.96	0.95	0.93	0.92	0.90	0.89	0.87	0.86	0.84
6	0.93	0. g0	0.89	0.85	0.83	0.81	0.79	0.78	0.75
8	0.90	0.86	0.83	0.80	0.77	0.75	0.73	0.71	0.67
10	0.88	0.83	0.79	0.75	0.72	0.69	0.67	0.64	0.61
12	0.85	0.79	0.75	0.70	0.67	0.64	0.61	0.59	0.55
14	0.82	0.76	0.71	0.66	0.62	0.58	0.56	0.53	0.50
16	0.79	0.73	0.67	0.62	0.57	0.54	0.51	0.48	0.45
18	0.77	0.70	0.63	0.57	0.53	0.49	0.46	0.43	0.40
20	0.75	0.67	0.59	0.53	0.48	0.44	0.41	0.39	0.36

表 6-3 超重型圆锥动力触探锤击数修正系数 α_2

杆长/m $N'_{63.5}$	1	3	5	7	9	10	15	20	25	30	35	40
1	1.00	1.00	1.00	1.00	1.00	1.00	1.00	1.00	1.00	1.00	1.00	1.00
2	0.96	0.92	0.91	0.90	0.90	0.90	0.90	0.89	0.89	0.88	0.88	0.88

续上表

杆长/m $N'_{63.5}$	1	3	5	7	9	10	15	20	25	30	35	40
3	0.94	0.88	0.86	0.85	0.84	0.84	0.84	0.83	0.82	0.82	0.81	0.81
5	0.92	0.82	0.79	0.78	0.77	0.77	0.76	0.75	0.74	0.73	0.72	0.72
7	0.90	0.73	0.75	0.74	0.73	0.72	0.71	0.70	0.68	0.68	0.67	0.66
9	0.88	0.75	0.72	0.70	0.69	0.68	0.67	0.66	0.64	0.63	0.62	0.62
11	0.87	0.73	0.69	0.67	0.66	0.66	0.64	0.62	0.61	0.60	0.59	0.59
13	0.86	0.71	0.67	0.65	0.64	0.63	0.61	0.60	0.58	0.57	0.56	0.55
15	0.86	0.69	0.65	0.63	0.62	0.61	0.59	0.58	0.56	0.55	0.54	0.53
17	0.85	0.68	0.63	0.61	0.60	0.60	0.57	0.56	0.54	0.53	0.52	0.50
19	0.84	0.66	0.62	0.60	0.58	0.58	0.56	0.54	0.52	0.51	0.50	0.48

侧壁摩擦影响的修正：对于砂土和松散～中密的圆砾、卵石，触探深度在1～15 m范围内时，一般不考虑侧壁摩擦的影响。

地下水影响的修正：对于地下水位以下的中砂、粗砂、砾砂和圆砾、卵石，锤击数可按式(6-5)修正。

$$N'_{63.5} = 1.1N'_{63.5} + 1.0 \tag{6-5}$$

式中：$N'_{63.5}$——修正前的锤击数。

c. 动贯入阻力。我国现应用最广的计算动贯入阻力的公式如下：

$$q_d = \frac{M}{M+m} \cdot \frac{Mgh}{Ae} \tag{6-6}$$

式中：q_d——动贯入阻力(MPa)；

M——落锤质量(kg)；

m——圆锥探头及杆件系统(包括探头、导向杆等)的质量(kg)；

g——重力加速度；

h——落锤高度(m)；

A——圆锥探头截面面积(cm^2)；

e——每击贯入度。

②触探曲线。绘制 $N_{63.5}$—h、N_{120}—h 曲线或 q_d—h 曲线，表示圆锥动力触探试验所获得的锤击数值(或动贯入阻力)随深度变化的关系。

根据试验成果可以进行地层的力学分层、确定地基土的变形模量、确定单桩承载力、确定抗剪强度、确定地基持力层、评价地基的密实度、评价地基承载力、评价地基均匀性。

表6-4所示为触探击数与砂土密实度的关系；表6-5所示为重型圆锥动力触探 $N_{63.5}$ 确定地基承载力。

表 6-4　触探击数与砂土密实度的关系

土的分类	$N_{63.5}$	砂土密实度	孔隙比
砾砂	<5	松散	>0.65
	5~8	稍密	0.65~0.50
	8~10	中密	0.50~0.45
	>10	密实	<0.45
粗砂	<5	松散	>0.80
	5~6.5	稍密	0.80~0.70
	6.5~9.5	中密	0.70~0.60
	>9.5	密实	<0.60
中砂	<5	松散	>0.90
	5~6	稍密	0.90~0.80
	6~9	中密	0.80~0.70
	>9	密实	<0.70

表 6-5　重型圆锥动力触探 $N_{63.5}$ 确定地基承载力(单位:kPa)

击数平均值 $N_{63.5}$	3	4	5	6	7	8	9	10	12	14
碎石土	140	170	200	240	280	320	360	400	480	540
中砂、砾砂	120	150	180	220	260	300	340	380	—	—
击数平均值 $N_{63.5}$	16	18	20	22	24	26	28	30	35	40
碑石土	600	660	720	780	830	870	900	930	970	1 000

6.1.5　地基容许承载力

地基极限承载力是指使地基发生剪切破坏而即将失去整体稳定性时相应的最小基础底面压力。

地基容许承载力是指要求作用于基底的压应力不超过地基的极限承载力，且有足够的安全度，而且所引起的变形不超过建(构)筑物的容许变形。满足以上两项要求的地基单位面积上所承受的荷载。

1.地基承载力的确定

地基承载力可根据地质勘测、原位测试、野外载荷试验以及邻近建(构)筑物调查对比，由经验和理论公式计算综合分析确定。

2.地基承载力基本容许值的确定

地基承载力基本容许值$[f_{a0}]$，可根据岩土类别、状态及其物理力学特性指标确定。

①一般岩石地基可根据强度等级、节理确定。

②碎石土地基可根据其类别和密实程度确定。

③砂土地基可根据土的密实度和水位情况确定。

④粉土地基可根据土的天然孔隙比 e 和天然含水率 $w(\%)$ 确定。

⑤老黏性土地基可根据压缩模量 E_s 确定。

⑥一般黏性土可根据液性指数 I_L 和天然孔隙比 e 确定。

⑦新近沉积黏性土地基可根据液性指数 I_L 和天然孔隙比 e 确定。

3.地基承载力基本容许值的修正

(1)修正后的地基承载力容许值$[f_a]$按式(6-7)确定

当地基基础位于水中不透水地层上时$[f_a]$按平均常水位至一般冲刷线的水深每米再增大10 kPa。

$$[f_a]=[f_{a0}]+k_1\gamma_1(b-2)+k_2\gamma_2(h-3) \tag{6-7}$$

式中:$[f_a]$——修正后的地基承载力容许值(kPa);

b——基础底面的最小边宽(m),当 $b<2$ m 时,取 $b=2$ m,当 $b>10$ m,取 $b=10$ m;

h——基底埋置深度(m),自天然地面起算,有水流冲刷时自一般冲刷线起算,当 $h<3$ m 时,取 $h=3$ m,当 $h/b>4$ 时,取 $h=4b$;

k_1、k_2——基底宽度、深度修正系数,根据基底持力层土的类别按表6-6确定;

γ_1——基底持力层土的天然重度(kN/m^3),若持力层在水面以下且为透水者,应取浮重度;

γ_2——基底以上土层的加权平均重度(kN/m^3),换算时若持力层在水面以下且不透水时,不论基底以上土的透水性如何,一律取饱和重度,当透水时,水中部分土层则应取浮重度。

表6-6 地基承载力宽度、深度修正系数 k_1、k_2

系数 土类	黏性土				粉土	砂土								碎石土			
	老黏性土	一般黏性土		新近沉积黏性土	—	粉砂		细砂		中砂		砾石、粗砂		碎石、圆砾、角砾		卵石	
		$I_L\geq0.5$	$I_L<0.5$		—	中密	密实	中密	密实	中密	密实	中密	密实	中密	密实	中密	密实
k1	0	0	0	0	0	1.0	1.2	1.5	2.0	2.0	3.0	3.0	4.0	3.0	40	3.0	4.0
k2	2.5	1.5	2.5	1.0	1.5	2.0	2.5	3.0	4.0	4.0	5.5	5.0	6.0	5.0	6.0	6.0	10.0

注:1.对于稍密和松散状态的砂、碎石土,k_1、k_2 值可采用表列中密值的50%。

2.强风化和全风化的岩石,可参照所风化成的相应土类取值;其他状态下的岩石不修正。

(2)软土地基承载力基本容许值$[f_a]$按下列规定确定

①根据原状土天然含水率,按表6-7确定软土地基承载力基本容许值$[f_{a0}]$,然后按下式计算修正后的地基承载力容许值$[f_a]$。

$$[f_a]=[f_{a0}]+\gamma_2 h \tag{6-8}$$

式中:γ_2、h 的意义同前。

表6-7 软土地基承载力基本容许值$[f_{a0}]$

天然含水率 ω/%	36	40	45	50	55	65	75
f_{a0}/kPa	100	90	80	70	60	50	40

②根据原状土强度指标确定软土地基承载力容许值$[f_a]$。

$$[f_a]=\frac{5.14}{m}K_p c_a+\gamma_2 h \tag{6-9}$$

$$K_p=\left(1+0.2\frac{b}{l}\right)\left(1-\frac{0.4H}{blc_u}\right) \tag{6-10}$$

式中：m——抗力修正系数，可视软土灵敏度及基础长宽比等因素选用，一般取1.5～2.5；

c_u——地基土不排水抗剪强度标准值(kPa)；

K_p——系数；

H——由作用(标准值)引起的水平力(kN)；

b——基础宽度(m)，有偏心作用时，取$b-2e_b$；

l——垂直于b边的基础长度(m)，有偏心作用时，取$l-2e_i$；

e_b、e_i——偏心作用在宽度和长度方向的偏心距；

γ_2、h——意义同前。

微课

桩基检测地基承载力现场视频

6.2 基桩检测

桩基础是桥梁工程中重要的基础形式之一，属隐蔽工程。成孔过程中塌孔、扩径、缩径、孔底沉淀过厚等问题容易造成基桩质量缺陷，为了保证桩基础的安全可靠，基桩的质量控制和检测至关重要。

我国常用的灌注桩施工有机械成孔和人工挖孔等方法。

人工挖孔为干作业施工，成孔后孔壁的形状、孔深、垂直度、孔底沉渣及钢筋笼的安放位置等可通过目测或人下到孔内进行检查，质量较容易控制。

机械成孔包括钻孔、冲击成孔、冲抓成孔等，属于湿法作业。多适用于地质条件较复杂的情况，通常需用泥浆护壁。由于泥浆性能指标不符合要求，从而导致钻孔过程中塌孔、扩径、缩径、夹泥、孔底沉淀过厚等桩身缺陷，这些缺陷只能用仪器设备去检测。

例如，桩径是保证基桩承载力的关键因素；其孔径不得小于设计要求；基桩垂直度是基桩承载力能否有效发挥的关键因素；孔底沉淀厚度极大地影响桩端承载力的发挥；扩径、缩径影响桩身完整性；等等。

6.2.1 预制钢筋混凝土桩质量控制和检测

1.预制钢筋混凝土桩质量控制

(1)预制钢筋混凝土桩原材料检验

原材料的检验包括砂料、石料、水泥、钢材等，有时还应对水、添加剂、电焊条等进行质量检验。

①砂料、石料：检验颗粒级配、含泥量、骨料强度等。

②水泥：检验水泥的质保单，鉴定水泥强度。

③钢材：检验质保单，鉴定钢材技术参数，并应检验浮锈和油污等。

(2)预制钢筋混凝土桩制作质量检验

预制钢筋混凝土桩制作质量检验包括模板、钢筋骨架、制作偏差及外观质量等。桩的外观质量应符合下列要求：

①钢筋混凝土桩的收缩裂缝宽度不得超过0.2 mm，深度不得超过20 mm；裂缝长度不得超过1/2桩宽。

②预应力混凝土桩桩身不得有裂缝。

③桩表面应无蜂窝、麻面。若因特殊情况出现表面蜂窝时，蜂窝深度不得超过5 mm，每面蜂窝面积不得超过该面总面积的0.5%。

④有棱角的桩，棱角碰损深度应在5 mm以内，且每10 m长的边棱角上只有一处破损，在一根桩上边棱破损总长度不得大于500 mm。

(3)桩的起吊、堆放与运输

①桩的起吊。预制桩应达到设计强度的70%方可起吊，如提前起吊，必须强度和抗裂验算合格。

桩起吊时必须做到平稳，并不使桩体受到损伤。吊点位置和数目应符合设计规定。当吊点不多于3个时，其位置应按正负弯矩相等的原则计算确定；当吊点多于3个时，其位置应按应力相等的原则确定。

②桩的运输。桩的搬运通常可分为预制场驳运、场外运输、施工现场驳运。

预制桩达到设计强度100%后方可运输。如提前运输，必须经过验算合格。

运桩前，应按验收规范要求，检查桩的混凝土质量、尺寸，预埋件、桩靴或桩帽的牢固性以及打桩中使用的标志是否备全等，运到现场后，应进行外形复查。

运桩必须平稳，不得损伤，支垫点应设在吊点处，不得因搬运使桩身产生的应力超过容许值。

打桩前，将桩运到现场堆放或直接运至桩架前。一般按打桩顺序或进度随打随运，以减少二次搬运。

③桩的堆放。堆桩场地要平稳坚实，不得产生过大的或不均匀沉陷。支点垫木的间距应与吊点位置相同，并保持在同一平面上，各层垫木应上下对齐处于同一垂直线上，最下层的垫木应适当加宽，堆桩层数，应根据地基强度和堆放时间而定，一般不宜超过四层，不能由于堆存原因，使桩身产生的应力超过容许值，甚至倾倒。

不同规格的桩应分别堆放，堆放位置和方法应根据打桩位置、吊运方式以及打桩顺序等综合考虑。

(4)强度检验

桩的强度包括对混凝土的配合比，拌制、浇筑、养护、试块抗压强度等进行质量检验。

①混凝土配合比检验，包括水灰比、坍落度、和易性、水用量、砂率值、容重及混凝土试块强度。

②混凝土拌制检验，包括原材料计量的允许偏差，搅拌加料顺序和搅拌最短时间等。

混凝土原材料计量的允许偏差：水泥及外掺混合料小于±2%；粗、细骨料小于±3%；水及外加剂溶液小于±2%。

③混凝土的浇筑检验，包括混凝土运输离析和预防措施，浇筑前模板和支架的质量检验记录，浇筑分层高度、厚度、程序、时间、振捣等操作，以及气象条件和防雨、防冻等措施进行检验。

④混凝土的养护检验，包括养护方式和措施、养护时间和湿度及拆模时间等。

⑤混凝土试块检验，包括试块的制作、取样、数量、养护及强度试验等。

(5)沉桩质量检验

沉桩质量检验,包括桩的接头,桩位偏差、倾斜度偏差及桩的外观质量等。

①接头质量检验,应按接头的形式检验接头外观质量,连接件或胶结料、焊接或胶结质量。

②桩位偏差检验,应按接头的基础结构特性检验桩位偏差。

③桩的标高偏差检验,按标高控制的桩,桩顶标高的允许偏差为 -50 ~ +100 mm。

④桩的倾斜度偏差检验,直桩的倾斜度不得大于1%,斜桩倾斜度的偏差不得大于桩纵向中心线与沿垂线间的夹角正切值的1.5%。

⑤桩的外观检验,包括桩身破碎裂缝和断裂、桩身混凝土掉角露筋,接桩处拉脱开裂等。

2.预制钢筋混凝土桩质量检测

预制混凝土桩质量检测的常用方法有反射波法、超声波透射法、机械阻抗法、动力参数法及水电效应法等。

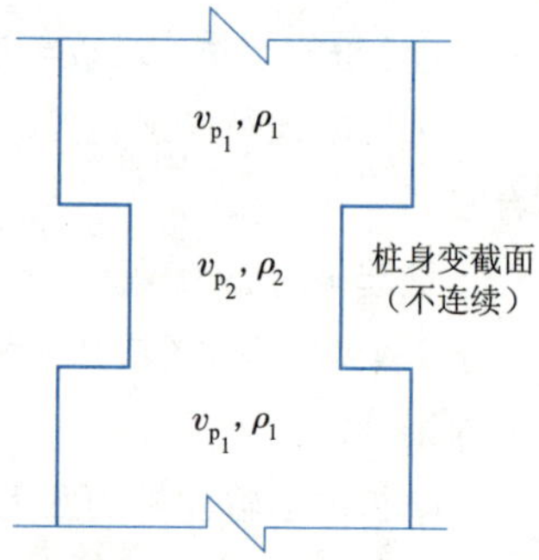

图6-5 桩身不连续示例

1)反射波法

(1)基本原理

对桩顶激振产生的弹性波沿桩身向下传播,在桩身明显波阻抗界面(如桩底、断桩或严重离析等部位)或桩身截面积变化(如缩颈或扩颈)产生反射波。根据反射波特征来判断桩身的完整性。

如图6-5所示,假定桩为一维弹性杆件,桩的缺陷截面(缩颈)的波阻抗比为:

$$\alpha = \frac{v_{p_2} A_2 E_2}{v_{p_1} A_1 E_1} = \frac{v_{p_2} \bar{m}_2}{v_{p_1} \bar{m}_1} = \frac{v_{p_2} \rho_2}{v_{p_1} \rho_1} \tag{6-11}$$

式中:v_{p_1}、v_{p_2}——缺陷处上、下段的波速;

ρ_1、ρ_2——缺陷处上、下段的质量密度;

A_1、A_2——缺陷处上、下段的杆件截面积;

E_1、E_2——缺陷处上、下段的弹性模量;

$\bar{m}_1$、$\bar{m}_2$——缺陷处上、下段的质量。

①当 $\alpha = 1$ 时,弹性杆连续,无缺陷。

②A 变化引起 $\alpha \neq 1$ 时,表象为桩出现缩颈、扩颈。

③ρ 变化引起 $\alpha \neq 1$ 时,表象为桩出现孔隙、夹泥。

④v_p 变化引起 $\alpha \neq 1$ 时,表象为桩出现疏松、硬化。

(2)测试设备

反射波检桩仪器由传感器、信号采集处理器构成。由力锤激发弹性波,如图6-6所示。

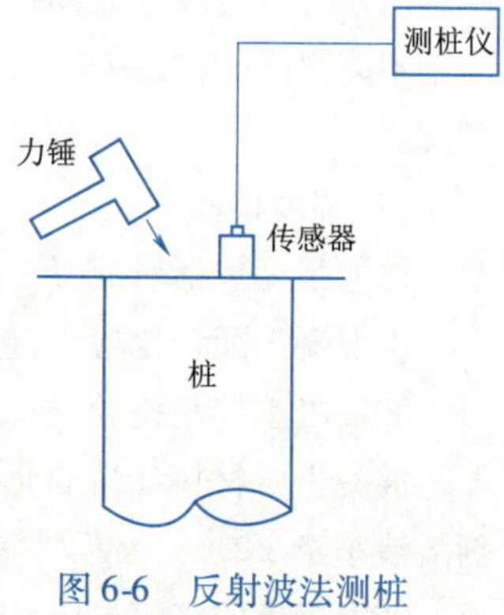

图6-6 反射波法测桩系统示意图

(3)现场测试

①混凝土龄期复核:桩身混凝土强度至少达到设计强度的70%,且不小于15 MPa。

②样品抽取及编号:灌注桩桩身完整性检测抽检比例≥20%,且≥10根;预制桩抽检比例≥10%,且≥5根;若抽检不合格数超过样品的30%,应加倍抽检。检测取样遵循随机原则,同时兼顾施工疑点桩、特定作用桩(如角桩、边桩)等。根据桩位图及抽检比例

确定、标示待检桩并统一编号。

③测试仪器设备,保证其性能正常。

④清除桩顶浮浆碎屑,整理出平整的传感器置放点。

⑤激振点宜选择桩心附近。传感器与桩头用石膏、橡皮泥等紧密耦合。

⑥每根桩均应进行两次以上测试,重复测试的波形应具有相似性。异常波形应现场研究,排除影响因素后再行复测。每根桩检测的波形记录不少于3条,以备分析。

(4)数据分析

①资料收集:包括工程地质勘察报告、桩的设计资料、非正常桩的施工记录、桩身混凝土标号检测报告、压桩试验报告等。

②波速、缺陷深度计算公式:

$$V_p = \frac{2L}{t_r} \tag{6-12}$$

$$L' = \frac{1}{2} v_{pm} t'_r \tag{6-13}$$

式中:V_p——桩身混凝土波速(m/s);

L——桩身全长(m);

L'——缺陷的深度(m);

t_r——桩底反射波到达时间(s);

t'_r——缺陷反射波到达时间(s);

v_{pm}——同一工地多根合格桩桩速平均值(m/s)。

③如波形中有桩底反射波出现,说明该桩未断;如桩底反射波之前无其他反射波出现,说明该桩为完整桩。

④如在桩底反射波之前,尚有其他反射波出现,说明桩身存在不连续面,该不连续面深度可由式(6-13)求得。每一个反射反映一个不连续面。如几个反射波的时间间隔相等,即为一个面的多次反射。

⑤缺陷判别依据波形、工程地质资料、施工记录综合分析。如反射波与激发波同相位,即为缺陷(如缩颈、空洞等);如反向,则为扩颈。

⑥如反射波出现较早,又无桩底反射,则断桩的概率极高。为避免误判,可横向激振,如出现低频振动,即为断桩。

⑦钻孔灌注桩与承台连接的露出钢筋,对波形的影响不能忽略。一般将检波器用细砂或细粒土屏蔽起来滤掉钢筋反射波。

2)超声波透射法

在桩身预留的声测管内放置超声检测的发射、接收换能器,声波从一根声测管中发射,透射混凝土后在另一根声测管中接收。当桩身混凝土质量存在缺陷时,声学参数声时、波幅、频率会发生变化。声波透射法就是利用这些声波特征参数来判别桩身的完整性。

微课

混凝土超声波

(1)主要设备

超声检测仪由超声仪、发射接收换能器组成,附加导线卷轴、换能器释放支架等方便工具,如图6-7所示。

(a) 超声检测仪　　(b) 现场检测　　(c) 超声检测仪工作原理

图 6-7　超声波透射法检测桩完整性

1—声测管;2、3—换能器;4—超声仪

(2)声测管

声测管是内径为 50 ~ 60 mm 的钢管、塑料管或波纹管,在浇筑桩身混凝土时预留。布置方式如图 6-8 所示,图中阴影区为检测的控制区域。桩径小于 1 m 时声测管沿直径布置两根,桩径为 1 ~ 2.5 m 时呈等边三角形布置三根,桩径大于 2.5 m 时呈正方形布置四根。

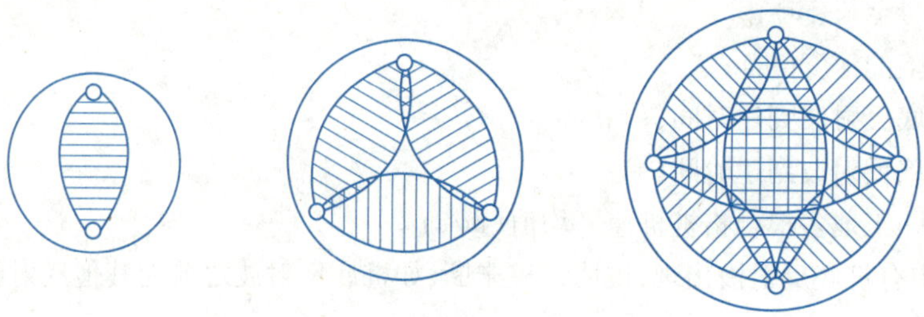

(a) 桩径小于1 m　　(b) 桩径为1～2.5 m　　(c) 桩径大于2.5 m

图 6-8　检测管的布置方式

声测管焊接或绑扎在钢筋笼的内侧,施工时应保证其顺直、通畅,底部及连接处封闭不漏水。

(3)现场测试

①声测管内注入清水,浊水将影响声测结果。

②将发射、接收换能器同步缓慢置于不同测点处。

③发射、接收换能器应保持等高或等高差,测点间距不宜大于 250 mm。

④实时显示和记录接收信号的时程曲线,读取声时、首波峰值和周期值,宜同时显示频谱曲线及主频值。

⑤多根声测管以两根为一个检测剖面进行全组合,分别对所有检测剖面完成检测。

⑥施工疑点桩应加密测点,或采用斜测、扇形扫测进行复测,以确定桩身缺陷的位置和范围。

⑦同一根桩的各检测剖面的检测声波发射电压和仪器设置参数应保持不变。

(4)数据分析

声速、波幅和主频都是反映桩身质量的声学参数测量值。声速的变化规律性比较强,在一定程度上反映了桩身混凝土的均匀性;而波幅的变化较灵敏;主频在保持测试条件一致的前提下也有一定规律。因此在确定测点声学参数测量值的判据时有如下三种不同的方法。

①声速判据:声速临界值的确定基于概率法,即无缺陷的混凝土声速测量值虽因其本身的不

均匀性造成一定的离散性,但符合正态分布;由缺陷造成的低声速异常值不符合正态分布。因此,确定临界值时必须采用正常混凝土的声速平均值及标准差。

②波幅判据:波幅临界值判据式为 $A_{pi} < A_m - 6$,即选择当信号首波幅值衰减量为其平均值的一半时的波幅分贝数为临界值。

③PSD 判据:采用"声时深度曲线相邻两点间的斜率和差值的乘积"作为判断依据,可以消除诸多非缺陷因素对声时值的影响,称为 PSD 判据。

设测点深度为 H,声时为 t,则声时随深度变化可用 $t-H$ 曲线表示:

$$t = f(H) \tag{6-14}$$

声时深度曲线相邻两点间的斜率为:

$$S_i = \frac{t_i - t_{i-1}}{H_i - H_{i-1}} \tag{6-15}$$

式中:t_i, t_{i-1}——两相邻测点的声时值;

H_i, H_{i-1}——两相邻测点的深度。

声时深度曲线相邻两点间的斜率和差值的乘积为:

$$K_i = S_i(t_i - t_{t-1}) = \frac{(t_i - t_{i-1})^2}{H_i - H_{i-1}} \tag{6-16}$$

实测表明,PSD 判据 K_i 对缺陷十分敏感,而对于因声测管不平行或混凝土不均匀等非缺陷因素引起的声时变化则不敏感,因为这二者都是渐变过程,相邻两测点间的声时差值都很小。因此,运用 PSD 判据可基本上消除声测管不平行或混凝土不均匀等非缺陷因素所造成的影响。

为了对全桩各测点进行判别,首先应将各测点的 K_i 值求出,并绘制 $K_i - H$ 曲线进行分析,凡是在 K_i 值较大的地方,均可列为缺陷可疑点,作进一步的细测。

3)机械阻抗法

机械阻抗法适用范围较为广泛,可用于各种机械结构和土木结构的动力分析。在基桩检测中,本方法有稳态激振和瞬态激振两种方式,适用于检测桩身混凝土的完整性,推定缺陷类型及其在桩身中的部位,当有可靠同条件动、静载对比试验资料时,该方法可用于推算单桩承载力,而本方法有效测试范围为桩长与桩径之比值小于 30,对摩擦端承桩或端承桩其比值可小于 50。

(1)基本原理

机械阻抗是指作用于某结构物上的力 F 与该结构的响应 X 之比,即机械阻抗 $Z = F/X$,而这种响应 X 既可以是位移、速度,又可以是加速度。如果在桩头施加幅值为 $|F|$ 的正弦激振力时,相应于每一激振频率的弹性波在桩身混凝土中传播速度为 v_p,则 F/v_p 就是机械阻抗 Z,其倒数为机械导纳 N。

系统在动态力作用下的阻抗(或导纳)是以激振频率 ω 为自变量的复函数 $Z(j\omega)$ 或 $N(j\omega)$。对不同的 ω 值,阻抗(或导纳)的幅值和幅角也就不同,这就提供了用阻抗和导纳随频率变化的图像来研究系统(如桩基础)动态特性的可能性。由于桩的动态特性为桩身完整性和桩-土体系相互作用的特性密切相关,通过对桩的动态特性的分析计算,可估计桩身混凝土的缺陷类型及其在桩身中的部位,亦可估算承载力。

(2)主要设备

测试设备可以采用专用的机械阻抗测试仪器,也可采用通用测试仪器组成的测试装置。

(3)现场测试

①桩的振动响应测试点布置原则。

在桥梁桩基础测试中,可布置1个测点;当布置2个测点时,其测点应位于顺流向的两侧;当布置4个测点时,应在顺流向的两侧和顺桥纵轴方向两侧各布置2个测点。

②激振力应位于桩头顶面正中,采用半刚性悬挂时,则粘贴在桩头顶面中心的钢板必须保持水平。

③现场测试步骤:首先,安装全部测试设备,并应确认各项仪器装置处于正常工作状态;其次,在测试前应正确选定仪器系统的各项工作参数,使仪器在设定的状态下进行试验;再次,在瞬态激振试验中,重复测试的次数应大于4次;最后,在测试过程中应观察各设备的工作状态,当全部设备均处于正常状态,则该次测试有效。

(4)数据分析

机械阻抗法得到的导纳函数或频响函数描述了桩-土系统的动态特性。它与激振和响应量的性质无关,包括幅频曲线、相频曲线、实频曲线、虚频曲线等。

导纳曲线所具备的各种特征,都可作为判别基桩完整性和基桩承载力的基桩质量数据。包括桩的测量长度、导纳的几何平均值(测量值)、导纳曲线的理论值、桩的动刚度 K_d、波速 v_p 等。

6.2.2 钻(挖)孔灌注桩质量控制和检测

1.钻(挖)孔灌注桩质量控制

1)钻孔灌注桩护筒设置

①护筒内径宜比桩径大200~400 mm。

②护筒中心竖直线应与桩中心线重合,除设计另有规定外,平面允许误差为50 mm,竖直线倾斜不大于1%。

③旱地、筑岛处护筒可采用挖坑埋设法,护筒底部和四周所填黏性土必须分层夯实。

④水域护筒设置,沉入时可采用压重、振动、锤击并辅以筒内除土的方法。

⑤护筒高度宜高出地面0.3 m或水面1~2 m。

当钻孔内有承压水时,应高于稳定后的承压水位2.0 m以上。

当处于潮水影响地区时,应高于最高施工水位1.5~2.0 m,并应采用稳定护筒内水头的措施。

⑥护筒埋置深度应根据设计要求或桩位的水文地质情况确定,一般情况埋置深度宜为2~4 m;特殊情况应加深,以保证钻孔和灌注混凝土的顺利进行。

⑦有冲刷影响的河床,应沉入局部冲刷线以下不小于1~1.5 m。

⑧护筒连接处要求筒内无突出物,应耐拉、压,不漏水。

2)泥浆要求及其性能指标检测

(1)泥浆的基本要求

①钻孔泥浆一般由水、黏土(或膨润土)和添加剂按适当配合比配制而成。

②对于大直径或超长钻孔灌注桩,泥浆的选择应根据钻孔的工程地质情况、孔位、钻机性能、泥浆材料等确定。在地质复杂、覆盖层较厚、护筒下沉不到岩层的情况下,宜使用丙烯酰胺即PHP泥浆。

(2)泥浆性能指标检测

①相对密度。用泥浆相对密度计测定。将要量测的泥浆装满泥浆杯,加盖,并洗净从小孔溢出的泥浆,然后置于支架上,移动游码,使杠杆呈水平状态,读出游码左侧所示刻度,即为泥浆的相

对密度 γ_x。

②黏度 η。工地用标准漏斗黏度计测定,将滤去大砂粒后的泥浆注入漏斗,然后使泥浆从漏斗下口流出,流满 500 mL 量杯所需时间(s),即为所测泥浆的黏度。

③静切力 θ。工地可用浮筒切力计测定。量测时,先将约 500 mL 泥浆搅匀后,立即倒入切力计中,将切力筒沿刻度尺垂直向下移至与泥浆接触时,轻轻放下,当它自由下降到静止不动时,即静切力与浮筒重力平衡时,读出浮筒上泥浆面所对应的刻度,即为泥浆的初切力。取出切力筒,按净黏着的泥浆,用棒搅动筒内泥浆后,静置 10 min,用上述方法量测,所得即为泥装的终切力。

④含砂率(%)。工地用含砂率计测定。量测时,把调好的泥浆 50 mL 倒进含砂率计,然后再倒 450 mL 清水,将仪器口塞紧,摇动 1 min,使泥浆与水混合均匀。再将仪器垂直静放 3 min,仪器下端沉淀物的体积乘以 2 就是含砂率(%)。另有一种大型的含砂率计,容积为 1 000 mL,从刻度读出的数无须乘 2,即为含砂率。

⑤胶体率(%)。胶体率又称稳定率,它是泥浆中土粒保持悬浮状态的性能。测定方法:可将 100 mL 泥浆倒入干净量杯中,用玻璃片盖上,静置 24 h 后,量杯上部泥浆可能澄清为透明的水,量杯底部可能有沉淀物,以 100 -(水 + 沉淀物)体积即等于胶体率。

⑥失水量(mL/30 mm)和泥皮厚(mm)。用一张 120 mm × 120 mm 的滤纸,置于水平玻璃板上,中央画一直径 3 cm 的圆,将 2 mL 的泥浆滴入圆圈中心,30 min 后,量算湿润圆圈的平均半径减去泥浆摊平成为泥饼的平均半径(mm),即为失水量,单位为 mL/min。在滤纸上量出泥浆皮的厚度(mm),即为泥皮厚。泥皮愈平坦、愈薄,则泥浆质量愈高,一般泥皮厚为 2 ~ 3 mm。

⑦酸碱度。pH 值是常用的酸碱标度之一。pH 值等于溶液中氢离子浓度的负对数值,即 $pH = -\lg[H^+] = \lg(1/[H^+])$。pH 值等于 7 时为中性,大于 7 时为碱性,小于 7 时为酸性。工地测量 pH 值的方法是,取一条 pH 试纸放在泥浆面上,0.5 s 后拿出来与标准颜色相比,即可读出 pH 值。

3)钻孔

(1)一般要求

①钻机就位前,应对钻孔各项准备工作进行检查。

②钻孔时,应按设计资料绘制的地质剖面图,选用适当的钻机和泥浆。

③钻机安装后的底座和顶端应平稳,在钻进中不应产生位移或沉陷,否则应及时处理。

④钻孔作业应分班连续进行,填写的钻孔施工记录,交接班时应交待钻进情况及下一班注意事项。

⑤应经常对钻孔泥浆进行检测和试验,不合要求时,应随时改正。

⑥应经常注意地层变化,在地层变化处均应捞渣样,判明后记入记录表中并与地质剖面图核对。

(2)钻孔灌注桩钻进的注意事项

①无论采用何种方法钻孔,开孔的孔位必须准确。开钻时均应慢速钻进,待导向部位或钻头全部进入地层后,方可加速钻进。

②采用正、反循环钻孔均应采用减压钻进。

减压钻进是指钻机的主吊钩始终要承受部分钻具的重力,而孔底承受的钻压不超过钻具重力之和(扣除浮力)的 80%。

③用全护筒法钻进时，为使钻机安装平正，压进的首节护筒必须竖直。

钻孔开始后应随时检测护筒水平位置和竖直线，如发现偏移，应将护筒拔出，调整后重新压入钻进。

④在钻孔排渣、提钻头除土或因故停钻时，应保持孔内具有规定的水位和要求的泥浆相对密度和黏度，处理孔内事故或因故停钻，必须将钻头提出孔外。

⑤变截面桩的施工。

全断面一次成孔或再分级扩孔钻进，分级扩孔时变截面桩开始用大直径钻头，钻到变截面处换小直径钻头钻进，达到设计高程后，再换钻头扩孔到设计直径，依次作业 2 ~ 3 次直到完成符合设计要求的变截面桩。

4)清孔

(1)清孔要求

①钻孔深度达到设计标高后，应对孔深，孔径进行检查，符合要求后方可清孔。

②清孔方法应根据设计要求、钻孔方法、机具设备条件和地层情况决定。

③在吊入钢筋骨架后，灌注水下混凝土之前，应再次检查孔内泥浆性能指标和孔底沉淀厚度，如超过规定，则应进行第二次清孔，符合要求后方可灌注水下混凝土。

(2)清孔时的注意事项

①清孔方法有换浆、抽浆、掏渣、空压机喷射、砂浆置换等，可根据具体情况选择使用。

②在清孔排渣时，必须注意保持孔内水头，防止坍孔。

③清孔后应从孔底提出泥浆试样，进行性能指标试验。

④灌注水下混凝土前，应测定孔底沉淀土厚度。

⑤不得用加深钻孔深度的方式代替清孔。

5)灌注水下混凝土

(1)一般要求

①长桩骨架宜分段制作，分段长度应根据吊装条件确定，应确保不变形，接头应错开。

②应在骨架外侧设置控制保护层厚度的垫块，其间距竖向为 2 m，横向圆周不得少于 4 处，骨架顶端应设置吊环。

③骨架入孔一般用吊机，无吊机时，可采用钻机钻架、灌注塔架。起吊应按骨架长度的编号入孔。

④钢筋骨架的制作和吊放的允许偏差为：主筋间距(±10 mm)、箍筋间距(±20 mm)、骨架外径(±10 mm)、骨架倾斜度(±0.5%)、骨架保护层厚度(±20 mm)、骨架中心平面位置(±20 mm)、骨架顶端高程(±20 mm)、骨架底面高程(±50 mm)。

⑤变截面桩钢筋骨架吊放按设计要求施工。

⑥灌注水下混凝土的搅拌机能力，应能满足桩孔在规定时间内灌注完毕，灌注时间不得长于首批混凝土初凝时间。若估计灌注时间长于首批混凝土初凝时间，则应掺入缓凝剂。

⑦水下灌注混凝土的泵送机具宜采用混凝土泵，距离稍远的宜采用混凝土搅拌运输车。采用普通汽车运输时，运输容器应严密坚实，不漏浆、不吸水，便于装卸，混凝土不应离析。

⑧水下混凝土一般用钢导管灌注，导管内径为 200 ~ 350 mm，视桩径大小而定。导管使用前应进行水密承压和接头抗拉试验，严禁用压气试压。进行水密试验的水压不应小于孔内水深 1.3

倍的压力，也不应小于导管壁和焊缝可能承受灌注混凝土时最大内压力 P 的1.3倍。

(2)水下混凝土配制

①可采用火山灰水泥、粉煤灰水泥、普通硅酸盐水泥或硅酸盐水泥，使用矿渣水泥时应采取防离析措施。水泥的初凝时间不宜早于2.5 h，水泥的强度等级不宜低于42.5。

②粗集料宜优先选用卵石，如采用碎石宜适当增加混凝土配合比的含砂率。集料的最大粒径不应大于导管内径的1/6～1/8和钢筋最小净距的1/4，同时不应大于40 mm。

③细集料宜采用级配良好的中砂。

④混凝土配合比的含砂率宜采用0.4～0.5，水灰比宜采用0.5～0.6。

⑤混凝土拌和物应有良好的和易性，在运输和灌注过程中应无显著离析、泌水现象。灌注时应保持足够的流动性，其坍落度宜为180～220 mm，混凝土拌和物中宜掺用外加剂、粉煤灰等材料。

⑥水下混凝土的水泥用量不宜小于350 kg/m^3，当掺有适宜数量的减水缓凝剂或粉煤灰时，可不少于300 kg/m^3。

⑦对沿海地区(包括有盐碱腐蚀性地下水地区)应配制防腐蚀混凝土。

(3)灌注水下混凝土的技术要求

①首批灌注混凝土的数量应能满足导管首次埋置深度(≥1 m)和填充导管底部的需要。

②混凝土拌和物运至灌注地点时，应检查其均匀性和坍落度等。如不符合要求，应进行第二次拌和，二次拌和后仍不符合要求时，不得使用。

③首批混凝土拌和物下落后，混凝土应连续灌注。

④在灌注过程中，特别是潮汐地区和有承压力地下水地区，应注意保持孔内水头。

⑤在灌注过程中，导管的埋置深度宜控制在2～6 m。

⑥在灌注过程中，应经常测探井孔内混凝土面的位置，及时调整导管埋深。

⑦为防止钢筋骨架上浮，当灌注的混凝土顶面距钢筋骨架底部1 m左右时，应降低混凝土的灌注速度。当混凝土拌和物上升到骨架底口4 m以上时，提升导管，使其底口高于骨架底部2 m以上，即可恢复正常灌注速度。

⑧灌注的桩顶标高应比设计高出一定高度，一般为0.5～1.0 m，以保证混凝土强度，多余部分接桩前必须凿除，残余桩头应无松散层。

⑨变截面桩灌注混凝土的技术要求。对变截面桩，应从最小截面的桩孔底部开始灌注，其技术要求与等截面桩相同。灌注至扩大截面处时，导管应提升至截面下约2 m，应稍加大混凝土灌注速度和混凝土的坍落度；当混凝土面高于扩大截面处3 m后，应将导管提升至扩大截面处上1 m，继续灌注至桩顶。

⑩使用全护筒灌注水下混凝土时，当混凝土面进入护筒后，护筒底部始终应在混凝土面以下，随着导管的提升，逐步上拔护筒。护筒内的混凝土灌注高度，不仅要考虑导管及护筒提升的高度，还要考虑因上拔护筒引起的混凝土面的降低，以保证导管的埋置深度和护筒底面低于混凝土面。要边灌注、边排水，保持护筒内水位稳定，不至过高，造成反穿孔。

⑪在灌注过程中，应将孔内溢出的水或泥浆引流至适当地点处理，不得随意排放，污染环境及河流。

⑫灌注中发生故障时，应查明原因，合理确定处理方案，进行处理。

6)挖孔灌注桩

(1)一般要求

①适用范围。无地下水或少量地下水,且较密实的土层或风化岩层。若孔内产生的空气污染物超过现行规定限值时,必须采取通风措施,方可采用人工挖孔施工。

②挖孔直径。应按照设计规定,挖孔过程中,应经常检查桩孔尺寸、平面位置和竖轴线倾斜情况,如有偏差应随时纠正。

(2)挖孔时的技术要求

①挖孔施工应根据地质和水文地质情况,因地制宜选择孔壁支护方案报批,并应经过计算,确保施工安全并满足设计要求。

②孔内遇到岩层须爆破时,应专门设计,宜采用浅眼松动爆破法,严格控制炸药用量并在炮眼附近加强支护。孔深大于5 m时,必须采用电雷管引爆。孔内爆破后应先通风排烟15 min并经检查无有害气体后,施工人员方可下井继续作业。

③挖孔达到设计深度后,应进行孔底处理。必须做到孔底表面无松渣、泥、沉淀土。

说明:孔内无积水时,可不采用水下灌注混凝土施工。

2.钻(挖)孔灌注桩质量检测

钻(挖)孔灌注桩的质量检测内容主要有孔形检测、沉渣厚度检测及桩身质量检测。

1)成孔质量检测

(1)桩位偏差检查

桩位偏差是指成桩后的位置与设计位置的差距。

基桩施工前应按设计桩位平面图落放桩的中心位置,施工结束后应检查中心位置的偏差,并应将其偏差绘制在桩位竣工平面图中,检测时可采用经纬仪对纵、横方向进行量测。

桩孔中心位置的偏差要求,对于群桩不得大于100 mm,单排桩不得大于50 mm。当桩群中设置有斜桩时,应以水平面的偏差值计算。

(2)孔径检查

桩孔径可用专用球形孔径仪、伞形孔径仪和声波孔壁测定仪等测定。

①钢筋笼检测。钢筋笼式检孔器检测孔径如图6-9所示。钢筋笼式检孔器测量孔的垂直度如图6-10所示。

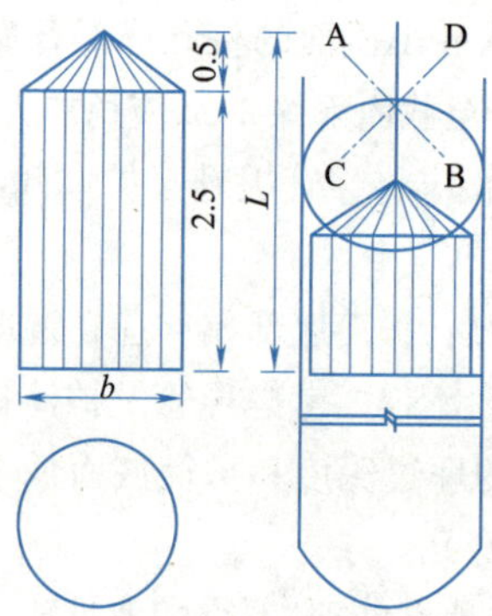

图6-9 钢筋笼检孔器测量孔径(尺寸单位:m)

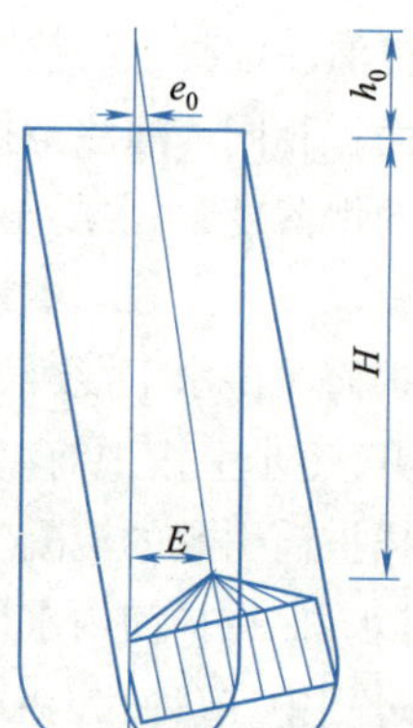

图6-10 钢筋笼式检孔器测量孔的垂直度

检孔器的尺寸可根据设计桩径大小设计，检孔器的外径 D 不应小于设计桩孔直径，长度 L 为 4～6 倍的外径。

检孔器用钢筋制作，应有一定的刚度，每次检测前十字交叉测量检孔器外径 D，二者之差宜不大于 20 mm，并防止使用过程中变形。

检测前，待钻孔的孔深、清孔泥浆指标等检查合格后，再用三脚架将孔径器放入孔内。

检孔器对中后，上吊点的位置应固定，并保持在整个检测过程中位置不变。

检孔器靠自重下沉，如能在自重作用下顺利下沉到孔底，则表明孔径能满足设计要求。如不能下沉到孔底，则说明孔径小于设计孔径，应进行扩孔等处理。

②伞形孔径仪检测。用伞形孔径仪测量孔的倾斜度是在孔内不同深度连续多点测量其顶角和方位角，从而计算钻孔的倾斜度。

伞形孔径仪由测头、信号适调放大器和记录仪三部分组成。

测头为机械式的构件，测头放入测孔之前，将四条腿合拢并用弹簧锁定，待测头放入孔底后，四条腿即自动张开。当测头缓缓上提时，在弹簧力作用下，四条腿端始终紧贴孔壁，随着孔壁凹凸不平状况相应张开和收拢，带动测头密封筒内的活塞上下移动，使四组串联滑动电阻来回滑动，将电阻变化转化为电压变化，经信号适调放大器放大，并由记录仪记录，即可绘出孔径大小随孔深的变化情况。伞形孔径仪如图 6-11 所示。

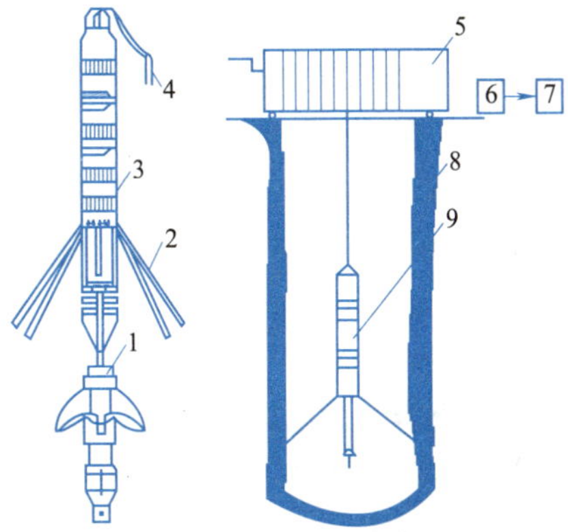

（a）测头 （b）测量原理

图 6-11 伞形孔径仪

1—镜腿架；2—测腿；3—密封桶；4—电缆；5—电缆绞车；6—放大器；7—记录仪；8—桩孔；9—测头

（3）桩倾斜度检查

一般要求对于竖直桩，其倾斜度允许偏差范围在 50～200 mm，或是桩长的 0.5%～1%，斜桩不应超过设计斜度的 ±2.5%。

钻孔倾斜度的检查可采用图 6-12 所示的简易方法。在孔口沿钻孔直径方向设一标尺，标尺上 O 点与钻孔中心重合，并使滑轮、标尺 O 点和钻孔中心在同一铅垂线上，其高度为 H_0。穿过滑轮的测绳一端连接于用钢筋弯制的圆球（圆球直径比钻孔直径略小些），另一端通过转向滑轮用手拉住。将圆球慢慢放入钻孔中，并测读测绳在标尺上的偏距 e，则倾斜角 $\alpha = \arctan(e/H)$。该方法工具简单，操作方便，但测读范围以 e 值小于钻孔的半径为最大限度，且读数较为粗糙。

当检查的桩孔深度较深且倾斜度较大时，可根据地质及施工情况选用 JDL-1 型陀螺斜测仪或 JJX-3 型井斜仪检查，也可采用声波孔壁测定仪绘出连续的孔壁形状和垂直度。

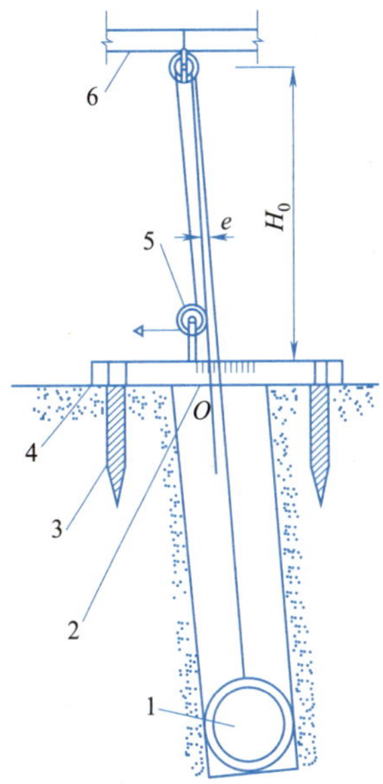

图 6-12 桩的倾斜度检查

1—钢筋圆球；2—标尺；3—固定桩；4—木板；5—导向滑轮；6—钻架横梁

(4)孔底沉淀土厚度检查

根据行业标准《公路桥涵施工技术规范》(JTG/TF 50—2011)规定,对于摩擦桩清孔后,沉淀厚度应符合设计要求。当设计无要求时,对于直径小于或等于1.5 m的桩,沉淀厚度小于或等于200 mm;对于桩径大于1.5 m或桩长大于40 m或土质较差的桩,沉淀厚度小于或等于300 mm;支承桩的沉淀厚度不大于设计规定值。

常用的检查方法有垂球法、电阻率法和电容法。

①垂球法。垂球法是一种惯用的简易测定沉淀土厚度的方法。其将质量不小于1 kg的平底圆锥体垂球,端部连接专用测绳,把垂球慢慢沉入孔内,接触孔底时,轻轻拉起垂球并放下,判断孔底位置,其施工孔深和量测孔深之差值即为沉淀土厚度。

②电阻率法。电阻率法沉淀土测定仪由测头、放大器和指示器组成。它根据介质不同,如水、泥浆和沉淀颗粒具有不同的导电性能,由电阻阻值变化来判断沉淀土厚度。测试时将测头慢慢沉入孔中,观察表头指针的变化,当出现突变时,记录深度 h_1,继续下沉测头,指针再次突变,记录深度 h_2;直到测头不能下沉为止,记录深度 h_3。设施工深度为 H,则各沉淀土厚度为 (h_2-h_1)、(h_3-h_2) 和 $(H-h_3)$……

③电容法。电容法沉淀土厚度测定原理是当金属两极间距和尺寸不变时,其电容量和介质的电解率成正比关系,水、泥浆和沉淀土等介质的电解率有较明显差异,从而由电解率的变化量测定沉淀土的厚度。

钻(探)孔在终孔和清孔后,应进行孔位、孔深检验。一般情况下,孔径、孔形和倾斜度宜采用上述专用仪器测定。当缺乏专用仪器时,可采用外径为钻孔桩钢筋笼直径加100 mm(不得大于钻头直径),长度为4~6倍外径的钢筋笼检孔器吊入钻孔内检测。

2)桩身质量检测

桩身质量检测方法除了在预制混凝土桩质量控制和检测一节中所述的方法外,还有声波法和取芯法。

(1)测试原理及仪器设备

把泥浆作为均匀介质,则超声波在混浆介质中传播速度 C 是恒定的。若超声波的发射探测器至孔壁的距离为 L,实测声波发射至接收的时间差为 Δt,则按下式计算。

$$L = C \cdot \frac{\Delta t}{2} \tag{6-17}$$

超声波孔壁测试仪,一般由主机(由超声记录仪、声波发射和接收探头组成)、绕线器和绞车三大部分组成。在现场检测中,通过绞车将探测器自动放入孔内,并靠探测器自重保持测试探头处于铅垂位置。测试时,超声振荡器产生一定频率的电脉冲,经放大后由发射换能器转换为声波,并通过孔内泥浆向孔壁方向传播,由于泥浆与孔壁地层的声阻抗差异很大,声波到达孔壁后绝大部分被反射回来,经接收换能器接收。声波从发送到接收的时间,为计时门打开至关闭的时间差,即声波在孔内泥浆中的传播时间。超声波测试原理如图6-13所示。

声波探头中的四组换能器(一发一收为一组)呈十字交叉布置,可以探测孔内某高程测点两个方向相反的换能器与孔壁之间的距离,进行连续测试,即可得到该钻孔两个方向孔壁的剖面变化图。如某测点声波探头的两方向相反探头测得的换能器至孔壁的距离分别为 L_1 和 L_2,则桩孔在该点的孔径为 $D=L_1+L_2+d$,其中,L_1 和 L_2 为两方向相反的换能器至孔壁的距离,d 为两个方向相反换能器发射面间的距离。用同样的方法可以计算与此呈正交方向的钻孔孔径。如此改变测点的高度，就可获得整个钻孔在该断面测点剖面孔径变化图。记录的数据经同步放大并产生高压脉冲电流，利用记录笔的高压放电在专用记录纸上同时记录两孔壁信号。当声波探头提升的绞车在测试时始终保持吊点不变且电缆垂直，即可通过钻孔孔壁剖面图得到钻孔的垂直度。

(2)孔径分析

如图 6-14(a)所示，假设某截面测试的两个方向为 AB 与 CD，孔为圆形，O 为圆心，半径为 R_1，O'为测试探头中心，L_A、L_B、L_C、L_D分别为 O'点到 A、B、C、D 点的距离，于是可导出 R 的计算公式为

$$R=\frac{\sqrt{(L_C+L_D)^2+(L_B-L_A)^2}+\sqrt{(L_A+L_B)^2+(L_C-L_D)^2}}{4} \tag{6-18}$$

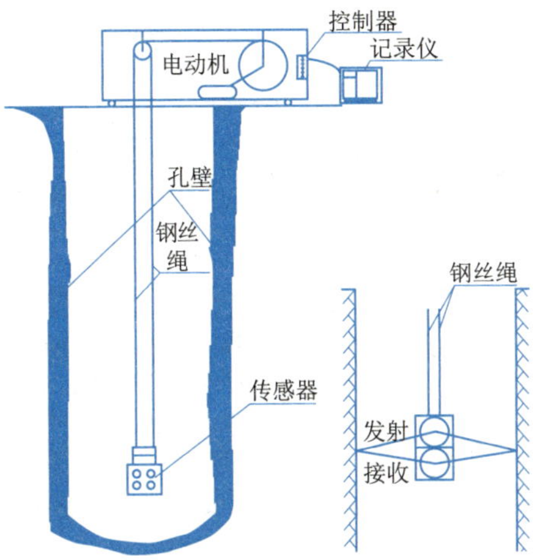

图 6-13 超声波测试原理图

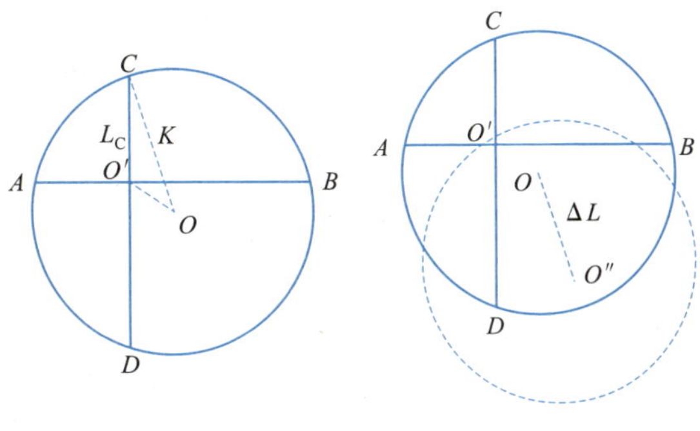

(a) 任意截面计算示意图　(b) 倾斜度计算示意图

图 6-14 测试计算示意图

O—圆心，实线圆—孔口截面；O'—测试探头中心，虚线圆—孔底截面；$S=OO'$；OO''—孔中心偏移距离 ΔL；AB、CD—相互垂直的两个剖面

孔的直径为 $2R$。

探头中心偏高孔的中心距离 OO'为：

$$S=OO'=0.5\times\sqrt{(L_A-L_B)^2+(L_C-L_D)^2} \tag{6-19}$$

按上式计算出孔口截面探头中心偏离孔的中心距离 S_0 以及任一截面探头中心偏离孔的中心距离 S，两者之差即为该截面偏离孔口中心轴线的距离。

$$\Delta L=S-S_0 \tag{6-20}$$

(3)倾斜度分析

按上述方法分析计算出孔口中心轴的距高 $\Delta L_{底}$，$\Delta L_{底}$与孔深 H 之比的百分率即为倾斜度，如图 6-14(b)所示。

$$倾斜度=\frac{\Delta L_{底}}{H}\times 100\% \tag{6-21}$$

6.3 桩身完整性检测

钻孔灌注桩桩身完整性检测方法有低应变反射波法、超声波透射法和钻探取芯法三种。

低应变反射波法具有仪器轻便、检测速度快、成本低等特点，可根据检测桩身缺陷及位置，判定桩身完整性类别，但受低应变锤击能量影响检测深度受到限制。

声波透射法同样具备仪器轻便、检测速度快等特点，通过预埋声测管，可检测灌注桩混凝土缺陷位置，判定桩身完整性类别。

钻探取芯法设备笨重、检测时间长、成本高，但检验成果直观可靠。除判定桩身完整性类别外，它可以检测桩长、桩身混凝土强度、桩底沉渣厚度，鉴别桩底岩土性状等。

实际检测过程中，可将上述三种方法有机结合，综合针对桩身完整性类别做出可靠的评价。

6.3.1 低应变反射波法

1.基本原理

把桩视为一维弹性均质杆件，设介质密度为 ρ、截面面积为 A、纵波波速为 C、弹性模量为 E，则桩身材料的广义波阻抗 $Z=\rho AC=EA/C$。当桩顶受到激励力后，则压缩波以波速 C 沿桩身向下传播，当遇到桩身波阻抗变化的界面时，压缩入射波(I)在波阻抗界面将产生反射波(R)和透射波(T)，如图 6-15 所示。

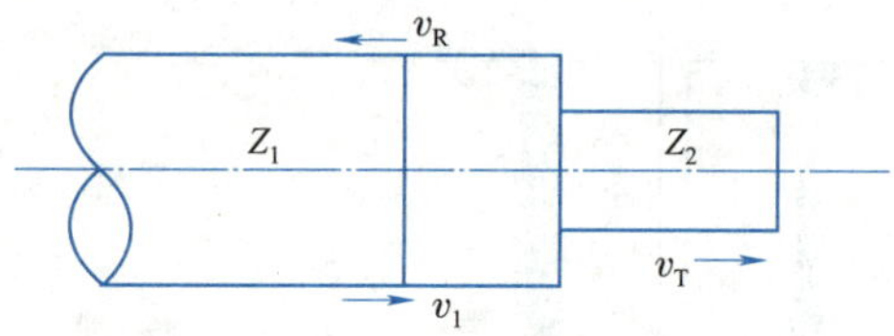

图 6-15　阻抗界面变化时的应力波

设桩身截面上、下的波阻抗比值为 n，根据桩身交界面的连续条件和牛顿第三定律，界面上两侧质点速度、内力均应相等，即

$$n=\frac{Z_1}{Z_2}=\frac{\rho_1 A_1 C_1}{\rho_2 A_2 C_2} \tag{6-22}$$

$$\left.\begin{aligned}\sigma_R&=\sigma_1\left[\frac{Z_1-Z_2}{Z_2+Z_1}\right]=F\sigma_1\\ \sigma_T&=\sigma_1\left[\frac{2Z_2}{Z_2+Z_1}\right]=T\sigma_1\end{aligned}\right\} \tag{6-23}$$

$$\left.\begin{aligned}\nu_R&=-\nu_1\left[\frac{Z_2-Z_1}{Z_2+Z_1}\right]=-F\nu_1\\ \nu_T&=\nu_1\left[\frac{2Z_1}{Z_2+Z_1}\right]=nT\nu_1\end{aligned}\right\} \tag{6-24}$$

其中，反射系数：

$$F=\frac{1-n}{1+n} \tag{6-25}$$

透射系数：

$$T=\frac{2}{1+n} \tag{6-26}$$

桩身各种性状以及桩底不同的支承条件，均可归纳成以下三种波阻抗变化类型：

①当 $Z_1\approx Z_2$ 时，即桩身连续、无明显阻抗差异时。此时 $n=1$，$F=0$，$T=1$，由上述各式可知，$\sigma_R=0$、$\nu_R=0$，即桩身无反射波信号，应力波全透射，表示桩身完整。

②当 $Z_1>Z_2$ 时，相当于桩身有缩径、离析、空洞及摩擦桩桩底的情况。此时 $n>1$，$F<0$，$T>0$，可知 σ_R 与 σ_1 异号，反射波为上行拉力波。ν_R 与 ν_1 符号一致，所以反射波与入射波同相。

③当 $Z_1 < Z_2$时，相当于桩身扩径、膨胀或端承桩的情况，则 $n<1, F>0, T>0$。由上述各式可知，σ_1与σ_R同号，反射波为上行压缩波，ν_R与ν_1符号相反，这样在桩顶接收到的反射波速度及应力均与入射波信号的极性相反。同理可得，桩底处的速度为零，而应力加倍。

表6-8是根据上述理论绘制出的与桩身阻抗变化相对应的反射波特征曲线示意图。

表 6-8　桩身阻抗变化的反射波特征曲线

缺　陷	典型曲线	曲线特征
完整	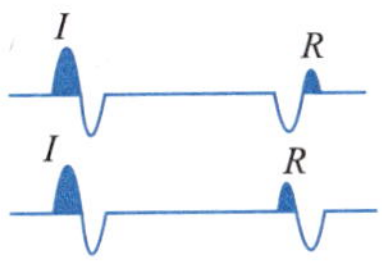	①短桩：桩底反射波与入射波频率相近，振幅略小； ②长桩：桩底反射振幅小，频率低； ③摩擦桩的桩底反射波与入射波同相位，端承桩的桩底反射波与入射波反相位
扩径	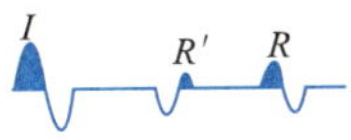	①曲线不规则，可见桩间反射，扩径第一反射子波与入射波反相位；后续反射子波与入射波同相位，反射子波的振幅与扩径尺寸正相关； ②可见桩底反射
缩径	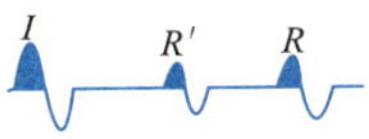	①曲线不规则，可见桩间反射，缩径第一反射子波与入射波同相位；后续反射子波与入射波反相位，反射子波的振幅大小与缩径尺寸正相关； ②一般可见桩底反射
离析		①曲线不规则，一般见不到桩底反射； ②离析的第一反射子波与入射波同相位，幅值视离析程度呈正相关，但频率明显降低； ③中、浅部严重离析，可见到多次反射子波
断裂	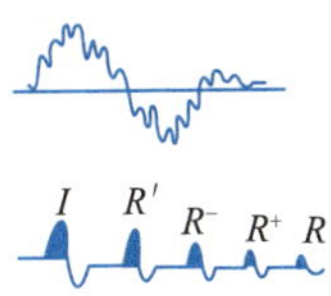	①浅部断裂（<2 m）由于受钢筋和下部桩影响，反映为锯齿状子波叉叠加在低频背景上的脉冲子波，峰-峰为 Δf； ②中、浅部断裂为一多次反射子波等距出现，振幅和频率逐次下降； ③深部断裂似桩底反射曲线，但所计算的波速远大于正常波速； ④一般见不到桩底反射
夹泥空洞 微裂	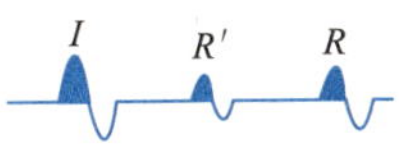	①曲线不规则，一般可见桩底反射； ②缺陷的第一反射子波与入射波同相位，后续反射子波与入射波反相位； ③子波的 I 幅值与缺陷的程度呈正相关
桩底沉渣		桩底存在沉渣，桩底反射波与入射波同相位，其幅值大小与沉渣的厚度呈正相关

2.检测仪器设备

反射波法检测系统由基桩动测仪、传感器和激振设备组成。

1）基桩动测仪

行业标准《基桩动测仪》（JG/T 518—2017）中，对基桩动测仪的主要技术性能指标作出规定，将动测仪器产品主要技术性能分为1、2、3三个等级。1级较低，3级较高。

行业标准《公路工程基桩检测技术规程》（JTG/T 3512—2020）对采集处理仪器做了如下规定：

①数据采集装置的模-数转换器不得低于12位。

②采样间隔宜为10～500 μs，可调。

③单通道采样点不少于1 024点。

④放大器增益宜大于60 dB,可调,线性度良好,其频响范围应满足5 Hz～5 kHz。

2)传感器主要性能指标

①传感器宜选用压电式加速度传感器或磁电式速度传感器,频响曲线的有效范围应覆盖整个测试信号的频带范围。

②加速度传感器的电压灵敏度应大于100 mV/g,电荷灵敏度应大于20 PC/g,上限频率不应小于5 kHz,安装谐振频率不应小于6 kHz,量程应大于100 g。

③速度传感器的固有谐振频率不应大于30 Hz,灵敏度应大于200 mV/(cm·s^{-1}),上限频率不应小于1.5 kHz,安装谐振频率不应小于1.5 kHz。

3)激振设备

(1)激振锤

反射波法基桩质量检验用的手锤和力棒,其锤头的材质有铜、铝、硬塑、橡皮等。改变锤的质量和锤头材质,即可获得检测所需的能量和激振频谱要求。在相同材质情况下,质量大的,力值也大,主频相对减小;在锤的质量相同时,主频随钢、铝、硬塑、橡皮、杂木硬度的降低而减小。

(2)锤激振源对基桩检测信号的影响

①锤激能量。其大小取决于锤的质量和下落速度。对大直径长桩,应选择质量大的锤或力棒,以产生主频率低、能量大的激励信号,获得较清晰的桩底反射信号,但这时桩身的微小缺陷会被掩盖。

②锤头材料。锤头材料硬,产生的高频脉冲波有利于提高桩身缺陷的分辨率,但高频信号衰减快,不容易探测桩身深部缺陷;锤头材料软,产生的低频脉冲波,衰减慢,有利于获得桩底反射信号,但降低了桩身缺陷的分辨率。

③脉冲宽度。小钢锤的脉冲宽度约为0.6 ms,尼龙锤约为2.0 ms,橡皮锤约为4.8 ms。激振脉冲宽度大,有利于探测桩身的深部缺陷,但波长大于缺陷尺寸时,由于波的绕射作用,桩身内的小缺陷不容易识别,从而降低了分辨率;激振力脉冲宽度小,应力波频率高,波长短,有利于对桩身小缺陷的分辨率,但在桩浅部不能满足一维弹性杆件的平截面假定条件,会出现接收信号波形畸变。

3.现场检测技术

1)准备工作

(1)现场踏勘及资料收集

在接受检测任务后,检测人员应了解场地地质条件、建筑物的类型、桩型、桩设计参数、成桩工艺、施工记录及相关资料,然后根据检测委托书,编制检测纲要。

(2)桩头处理

应根据相应的技术规范、标准的规定,并参考现场施工记录和基桩在工程中所起的作用来确定抽检数量及桩位。公路桥梁的钻孔灌注桩通常是每根桩都要进行检测,对受检桩,要求桩顶的混凝土质量、截面尺寸与桩身设计条件基本相同。桩头应凿去浮浆或松散、破损部分,并露出坚硬的混凝土,对桩头外露主筋不宜太长。桩头表面应平整干净、无积水,并将传感器安装点与敲击点部位磨平。

(3)传感器的安装

《公路工程基桩检测技术规程》(JTG/T 3512—2020)对传感器安装做了如下规定:

传感器底安装可采用石膏、黄油、橡皮泥等耦合剂,黏结应牢固,并与桩顶面垂直。

①对于混凝土灌注桩，传感器宜安装在距桩中心1/2～2/3半径处，且距离桩的主筋不宜小于50 mm。当桩径不大于1 000 mm时，不宜少于2个测点；当桩径大于1 000 mm时，不宜少于4个检测点。

②对混凝土预制桩，当边长不大于600 mm时，不宜少于2个测点；当边长大于600 mm时，不宜少于3个测点。对预应力管桩，不宜少于2个测点。

《建筑基桩检测技术规范》(JGJ 106—2014)对传感器安装做了如下规定：

①传感器部位的混凝土应平整；传感器安装应与桩顶面垂直；用耦合剂黏结时，应具有足够的黏结强度。

②振点与测量传感器安装位置应避开钢筋笼的主筋影响。

③根据桩径大小，桩心对称布置2～4个安装传感器的检测点；实心桩的激振点应选择在桩中心，检测点宜在距桩中心2/3半径处；空心桩的激振点和检测点宜为桩壁厚的1/2处，激振点和检测点与桩中心连线形成的夹角为90°。

2)仪器参数设置

(1)采样频率

每通道的采样点数不应小于1 024点，采样频率应满足采样定理。

$$f_s \geqslant 2f_m \tag{6-27}$$

式中：f_s——采样频率；

f_m——信号频率上限，在基桩检测中，通常取$f_s=3f_m$。

在基桩测试中，通常在0～2 kHz范围已能满足要求。对不同的测试要求，可改变频率范围，如要测3～5 m内的浅部缺陷，可将频率调到1～2 kHz；要测桩底信号，则可降低频率范围至0～0.6 kHz。

(2)采样点数N

应满足：$N \geqslant 3L/c\Delta t$，一般每通道的采样点数不少于1 024点。

采样时间T，又称采样长度，是一次采样N个点数据所需的时间，可表示为$T=N\cdot\Delta t$。

采样间隔Δt是对信号离散采样时，每采一点所需的时间，可表示为$\Delta t=1/f_s$。

这样频率间隔Δf频域里两相邻数据的频率间隔，可表示为

$$\Delta f=\frac{1}{T}=\frac{1}{N\cdot\Delta t} \tag{6-28}$$

由式(6-28)可见，采样频率越高，采样间隔越小，时域分辨率越高，而频域分辨率越低；反之亦然。这是因为Δt与Δf互为倒数关系。

(3)适调放大器

放大增益要足够大，在屏幕上有足够大波形，以不限幅为原则。

3)信号采集

①根据桩径大小，在与桩心对称处布置2～4个测点。

②实测信号能反映桩身完整性特征，有明显的桩底反射信号，每个测点记录的有效信号数不宜少于3个。

③不同测点及同一测点的多次实测时域信号一致性好。否则，应分析原因，找出问题后进行重测。

④信号幅值适度，波形光滑，无毛刺、振荡出现，信号曲线最终归零。

4.检测数据的分析与判定

1)时域分析

(1)桩身波速平均值的确定

当桩长已知、桩底反射信号明确时,选用相同条件下(地质条件、设计桩型、成桩工艺相同)不少于5根Ⅰ类桩的桩身波速值,按下式计算其平均值。

$$c_{m}=\frac{1}{n}\sum_{i=1}^{n}c_{i} \tag{6-29}$$

$$c_{i}=\frac{2\ 000L}{\Delta T} \tag{6-30}$$

$$c_{i}=2L\cdot\Delta f \tag{6-31}$$

式中:c_m——桩身波速的平均值(m/s);

c_i——第i根受检桩的桩身波速值(m/s),且$|(c_i-c_m)/c_m|\leqslant5\%$;

L——测点下桩长(m);

ΔT——速度波第一峰与桩底反射波峰间的时间差(ms);

Δf——幅频曲线上相邻谐振峰间的频差(Hz);

n——参加波速平均值计算的基桩数量,$n\geqslant5$。

(2)桩身缺陷位置计算

当桩身有缺陷但测不到桩底信号时,可根据本地区、本工程同类桩型的波速测试值,按下式计算桩身缺陷x的位置。

$$x=\frac{1}{2\ 000}\Delta t_{x}c \quad 或 \quad x=\frac{1}{2}\frac{c}{\Delta f} \tag{6-32}$$

式中:x——桩身缺陷至传感器安装点的距离(m);

Δt_x——速度波第一峰与缺陷反射波峰间的时间差(ms);

c——受检桩的桩身波速(m/s),无法确定时,用c_m值代替;

Δf——幅频曲线上缺陷相邻谐振峰间的频差(Hz)。

(3)桩身完整性判定

在实际检测中,一般以时域分析为主、频域分析为辅。不同规范的判定依据侧重点不同。《公路工程基桩检测技术规程》(JTG/T 3512—2020)、《建筑基桩检测技术规范》(JGJ 106—2014)的分类原则分别见表6-9(a)和表6-9(b)。

表6-9(a) 桩身完整性判定(一)

类别	时域信号及频域特征	说明
Ⅰ类桩	桩底反射波较明显,桩身无缺陷反射,频谱图中谐振峰排列基本等间距,混凝土波速处于正常范围	桩身完整、均匀,混凝土密实
Ⅱ类桩	桩底反射波较明显,桩底前有轻微缺陷反射波,混凝土波速处于正常范围,频谱图中轻微缺陷叠加在桩底谐振峰上	桩身基本完整,桩身混凝土局部离析、空洞、缩径等缺陷
Ⅲ类桩	桩底反射信号不明显,可见缺陷二次反射波;或有桩底反射,但波速明显偏低	桩身完整性差,其缺陷对桩身结构承载力有影响
Ⅳ类桩	无桩底反射波,可见因缺陷引起的多次强烈反射波;或平均波速明显高于正常波速	桩身有严重缺陷,强度和承载力不满足设计要求

表 6-9(b) 桩身完整性判定(二)

类别	时域信号特征	幅频信号特征
Ⅰ	$2L/c$ 时刻前无缺陷反射波,有桩底反射波	桩底谐振峰排列基本等间距,其相邻频差 $\Delta f \approx c/2L$
Ⅱ	$2L/c$ 时刻前出现轻微缺陷反射波,有桩底反射波	桩底谐振峰排列基本等间距,其相邻频差 $\Delta f \approx c/2L$,轻微缺陷产生的谐振峰与桩底谐振峰之间的频差 $\Delta f > c/2L$
Ⅲ	有明显缺陷反射波,其他特征介于Ⅱ类和Ⅳ类之间	
Ⅳ	$2L/c$ 时刻前出现严重缺陷反射波或周期性反射波,无桩底反射波; 或因桩身浅部严重缺陷使波形呈现低频大振幅衰减振动,无桩底反射波	缺陷谐振峰排列基本等间距,相邻频差 $\Delta f > c/2L$,无桩底谐振峰; 或因桩身浅部严重缺陷只出现单一谐振峰,无桩底振峰

注:对同一参加场地、地基条件相近、桩型和成桩工艺相同的基桩,因桩端部分桩身阻抗与持力层阻抗相匹配,导致实测信号无桩底反射波时,可按本场地同条件下有桩底反射波的其他桩实测信号判定桩身完整性类别。

2)频域分析

尽管现场动测时的时域信号能较真实地反应桩身情况,但许多实测曲线不可避免地夹杂着许多干扰信号,这给时域分析带来困难,因此对测试信号进行频域分析是必要的。

根据动态信号测试原理,对于反射法动测桩时激励桩头所得的响应信号,在频域中可用下式表示系统响应的总和:

$$V_{(\omega)} = P_{(\omega)} \cdot B_{(\omega)} \cdot F_{(\omega)} \cdot A_{(\omega)} \cdot R_{(\omega)} \tag{6-33}$$

式中:V——对应的傅里叶变换;

$P_{(\omega)}$——桩身完整性响应函数;

$B_{(\omega)}$——传感器安装后的频响特性;

$F_{(\omega)}$——激振产生的响应函数;

$A_{(\omega)}$——采集和分析时所用带宽与放大器综合函数;

ω——频率自变量,$\omega = 2\pi f$。

可以证明,对于自由桩而言,上式中 $P_{(\omega)}$共振峰频率与桩底和缺陷的位置有关,其系统固有频率的表达式为:

$$f_{\mathrm{b}}^{L} = \left(n + \frac{\arctan\lambda_{\mathrm{L}}}{\pi}\right)\frac{c}{2L} \quad (n = 1, 2, \cdots) \tag{6-34}$$

$$f_{\mathrm{n}}^{b} = \left(n + \frac{\arctan\lambda_{\mathrm{b}}}{\pi}\right)\frac{c}{2b} \quad (n = 1, 2, \cdots) \tag{6-35}$$

式中:λ_{a}、λ_{b}——分别为桩底和缺陷有关的函数。

在自由端时,$\lambda_{\mathrm{L}} \to 0$;在支承端时,$\lambda_{\mathrm{L}} \to \infty$。一般情况下,$\lambda_{\mathrm{L}}$介于两者之间,由此可导出完整桩的波速。

$$c = 2L \cdot \Delta f \tag{6-36}$$

式中:L——桩长(m);

Δf——频谱分析中的频差峰第一峰值(1/s)。

而在缺陷桩所形成的相邻共振峰频差和缺陷位置的关系为:

$$L' = \frac{c}{2 \cdot \Delta f} \tag{6-37}$$

式中：L'——缺陷部位的深度(m)。

将式(6-36)变换后可写成各阶振型的固有频率形式时，有下式：

$$\Delta f = f_n - f_{n-1} = \frac{c}{2L} \tag{6-38}$$

同样，如桩存在缺陷，其缺陷处距桩顶距离 L' 与两阶谐振峰频率之差的关系式如下：

$$\Delta f' = f'_n - f'_{n-1} = \frac{c}{2L'} \tag{6-39}$$

式(6-38)和式(6-39)可作为频域法判断桩身缺陷的依据，一根桩身完整的幅频特性曲线如图6-16所示。

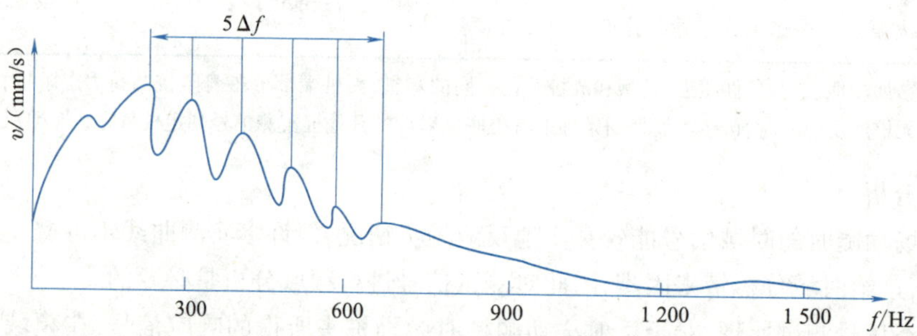

图6-16　桩身完整的幅频特性曲线

3)时域与频域分析的互相验证

通常，人们只对时域曲线进行积分、滤波、指数放大等信号处理后，即可将桩身存在的各种缺陷充分展示出来，从而判断桩身完整性问题。但有时桩身有多个缺陷，加之各种干扰信号，时域曲线变得非常复杂，这时需要进行信号的频域分析，将干扰信号滤去后，找出桩身的缺陷反射信息，再判定桩身完整性。而时域、频域分析可作为反射波法分析时的互相验证与补充，两者各有优缺点：

①多数情况下的时域、频域分析结果能很好地统一和相互验证，但时域和频域分析的精度互相矛盾，采样频率越高，时域的分辨率越高，而频域分辨率越低；反之亦然。对缺陷位置和桩长来说，还是以时域计算为准。

②非桩土系统引起的干扰振荡较严重时，时域局限性较大，应以频域分析为主体。

③桩身存在多个等间距缺陷时，时域难以区分深部缺陷反射与浅部缺陷的多次反射，分析频域的基频和频差可对其加以甄别。

④有些桩底反射信号不明显，频谱中有较明显的整桩基频和频差。

⑤涉及离析、缩颈、裂隙等缺陷性状的区分时，时域、频域的相互印证有时特别重要，离析处的谐振峰多见低缓形式，而裂隙的谐振峰较尖锐。

5.反射波法的特点

1)反射波法的优点

仪器设备轻便，操作简单，成本低廉；可对桩基工程进行普查，检测覆盖面大；可检测桩身完整性和桩身存在的缺陷及位置，估计桩身混凝土强度、核对桩长等。

2)反射波法的局限性

①检测桩长的限制，对于软土地区的超长桩，长径比很大，桩身阻抗与持力层阻抗匹配好，常测不到桩底反射信号。

②桩身截面阻抗渐变时，容易造成误判。

③当桩身有两个以上缺陷时，较难判别。

④在桩身阻变小的情况下，较难判断缺陷的性质。

⑤嵌岩桩的桩底反射信号多变，容易造成误判。

3）混凝土强度与波速的关系

在工程检测中，常用波速估计混凝土的强度等级。实际上，桩身混凝土强度远非平均强度指标所能评价。而混凝土强度与波速之间的关系比较复杂，影响混凝土强度的因素很多。表6-10中混凝土强度等级与波速的关系仅供分析时参考。

表6-10 试验室内混凝土强度与波速的关系

波速/(m/s)	3 000～3 250	3 250～3 500	3 500～3 750	3 750～4 000
抗压强度/MPa	20	25	30	35

6.检测报告

检测报告的内容除应给出委托方名称、工程名称等常规内容外，还应给出桩身完整性检测的实测信号曲线、桩身波速取值、桩身完整性描述、缺陷位置及桩身完整性类别。

6.3.2 超声波透射法

超声波透射法是在预埋声测管的混凝土灌注桩中检测桩身完整性，判定桩身缺陷的程度及其位置。

超声波透射法的特点是检测的范围可覆盖全桩长的各个检测剖面，检测全面细致，信息量大，结果准确可靠，现场操作不受场地、桩长、长径比的限制，操作简便，工作进度快。

1.基本原理

超声波透射法是在灌注桩中预埋两根或两根以上的声测管作为检测通道，管中注满水作为耦合剂，将超声发射换能器和接收换能器置于声测管中，由超声仪激励发射换能器产生超声脉冲，向桩身混凝土辐射传播。声波在混凝土传播过程中，当桩身混凝土介质存在阻抗差异时，将发生反射、统射、折射和声波能量的吸收、衰减，并经另一声测管中的接收换能器接收，经超声仪放大、显示、处理、存储，可在显示器上观察接收超声波波形，判读出超声波穿越混凝土后的首波声时、波幅及接收波主频等声学参数，通过桩身缺陷引起声学参数或波形变化来检验桩身混凝土是否存在缺陷。

2.检测仪器设备

声波检测仪器有两大类：一类是数字式声波仪，另一类是模拟式声波仪。

数字式声波仪是指通过信号采集器采集信号，将采集的模拟信号变为数字信号，由计算软件自动进行声时和波幅判读，既提高了检测精确度，又提高了效率，因而得到了广泛应用。

模拟式声波仪是指所显示和分析的是模拟信号，其声波幅值随时间的变化是连续的，这种信号称为时域信号。这类模拟式声波仪，测试时由人工操作，现场工作量大，工作效率低，容易出错，使用场所越来越少。

1）数字式超声波检测仪

数字式超声波检测仪的作用是重复产生100 Hz（或50 Hz）频率的高压电脉冲去激励发射换

能器。为了测量从发射到接收声波所经过的时间，声波仪从刚开始桩身混凝发射声波脉冲的同时，就将同步计时门打开，计时器开始不断计时。当发射换能器发射的超声波经水耦合进入混凝土，在混凝土中传播后被接收换能器接收，经超声仪放大、A/D 转换为数字信号后加以存储，再经 D/A 转换为模拟量。在某一时刻出现接收波形时，声波仪即将波形采集下来，转变为数字信号存储。然后转化为模拟波形，显示在屏幕上。同时，启动计算机分析软件，比较前后各信号，找到波形刚刚变大且以后一直较大的那个采样点，即为接收波的起点，并立即关闭计时器，从而获得声时结果。这种数字信号便于存储、传输和各种处理分析，由计算软件自动进行声时和波幅判读后显示打印，可得到声速、波幅、PSD 随深度变化的曲线，供基桩桩身质量分析，判定桩身完整性类别。

(1)《公路工程基桩检测技术规程》(JTG/T 3512—2020)对超声波检测仪的技术指标要求

①超声波检测仪的技术性能应符合下列规定：

- 检测仪系统应包括信号放大器、数据采集及处理存储器、径向振动换能器等。
- 检测仪应具有一发双收功能。
- 波发射应采用高压阶跃脉冲或矩形脉冲，其电压最大值不应小于 1 000 V，且分挡可调。

②接收放大与数据采集器应符合下列规定：

- 接收放大器的频带宽度为 5 ~ 200 kHz，增益不应小于 100 dB，放大器的噪声有效值不大于 2 μV；波幅测量范围不小于 80 dB，测量误差小于 1 dB。
- 计时显示范围应大于 2 000 μs，精度优于 0.5 μs，计时误差不应大于 2%。
- 采集器模-数转换精度不应低于 8 位，采样频率不应小于 10 MHz，最大采样长度不应小于 32 KB。

③径向振动换能器应符合下列规定：

- 径向水平面无指向性。
- 振频率宜大于 25 kHz。
- 1 MPa 水压下能正常工作。
- 收、发换能器的导线均应有长度标注，其标注允许偏差不应大于 10 mm。
- 换能器宜带有前置放大器，频带宽度宜为 5 ~ 60 kHz。
- 单孔检测采用一发双收一体型换能器，其发射换能器至接收换能器的最近距离不应小于 30 cm，两接收换能器的间距宜为 20 cm。

(2)《建筑基桩检测技术规范》(JGJ 106—2014)对超声波检测仪的技术指标要求

①声波发射与接收换能器应符合下列规定：

- 柱状径向振动，沿径向无指向性。
- 外径小于声测管内径，有效工作段长度不大于 150 mm。
- 谐振频率为 30 ~ 60 kHz。
- 密性满足 1 MPa 水压不渗水。

②声波检测仪应符合下列规定：

- 实时显示和记录接收信号时程曲线以及频率测量或频谱分析。
- 最小采样时间间隔小于或等于 0.5 μs，系统频带宽度为 1 ~ 200 kHz，声波幅值测量相对误差小于 5%，系统最大动态范围不小于 100 dB。

- 声波发射脉冲为阶跃或矩形脉冲,电压幅值为 200～1 000 V。
- 首波实时显示。
- 自动记录声波发射与接收换能器位置。

2)声测管埋设要求

声测管应选择透声性好、便于安装和费用较低的材料。考虑到混凝土的水化热作用及施工过程中受外力作用较大,容易使声测管变形、断裂,影响换能器上、下管道的畅通,以选用强度较高的金属管为宜。

①声测管内径应大于换能器外径(>15 mm)。

②声测管应下端封闭、上端加盖、管内无异物。声测管连接处应光滑过渡,管口应高出桩顶 100～300 mm,且各声测管管口高度应一致。

③应采取适宜方法固定声测管,使之成桩后相互平行。

④声测管埋设数量与桩径大小有关,根据《公路工程基桩检测技术规程》(JTG/T 3512—2020)规定,桩径 D 不大于 1 500 mm 时,埋设 3 根管;当桩径大于 1 500 mm 时,应埋设 4 根管。《建筑基桩检测技术规范》(JGJ 106—2014)规定,桩径小于或等于 800 mm 时,不少于 2 根声测管;桩径大于 800 mm 且小于或等于 1 600 mm 时,不少于 3 根声测管;桩径大于 1 600 mm 时,不少于 4 根声测管;桩径大于 2 500 mm 时,宜增加预埋声测管数量。

声测管应沿桩截面外侧呈对称形状布置,按图 6-17 所示以路线前进方向的顶点为起始点顺时针旋转依次编号。

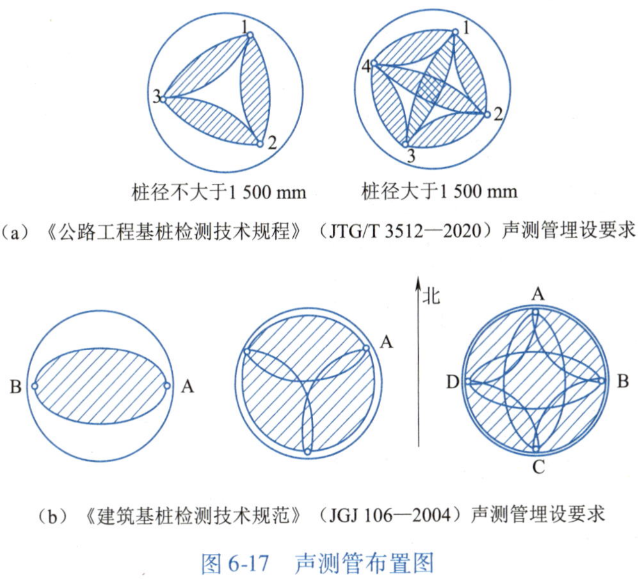

(a)《公路工程基桩检测技术规程》(JTG/T 3512—2020)声测管埋设要求

(b)《建筑基桩检测技术规范》(JGJ 106—2004)声测管埋设要求

图 6-17　声测管布置图

3.现场检测技术

1)检测准备工作

检测对混凝土龄期的要求,《公路工程基桩检测技术规程》(JTG/T 3512—2020)规定不应小于 14 d。《建筑基桩检测技术规范》(JGJ 106—2014)规定受检桩混凝土强度不应低于设计强度的 70%,且不应低于 15 MPa。

检测前的准备工作:

①用大于换能器直径的圆钢疏通,以保证换能器在声测管全程范围内升降顺畅,然后用清水清洗声测管。

②准确测量声测管的内外径和声测管外壁间的净距离。

③采用标定法确定仪器系统延迟时间。

④计算声测管及耦合水层声时修正值。

2)检测方法

声波透射法检测混凝土灌注桩有桩内单孔透射法和跨孔透射法两种。单孔透射法是在桩身只有一个通道的情况下,如钻孔取芯后需要了解孔芯周围的混凝土质量情况,作为钻芯检测的补充手段使用。这时采用一发两收换能器放于一个钻芯孔中,声波从发送换能器经水耦合进入孔壁混凝土表层滑行,再经水耦合到达接收换能器,从而测出声波沿孔壁混凝土传播的各项声学参数。单孔透射法的声传播途径比跨孔法复杂得多,信号分析难度大,且有效检测范围约一个波长,故此法不常采用。

下面介绍跨孔透射法。跨孔透射法是在桩内预埋两根或两根以上的声测管,把发射和接收换能器分别置于两根管中,跨孔透射法现场检测装置如图 6-18 所示。

测试系统由超声仪、发收换能器、位移量测系统(深度记录、三脚架、井口滑轮)、传输电缆等组成。其中,超声仪和径向换能器组成超声脉冲测量部分。

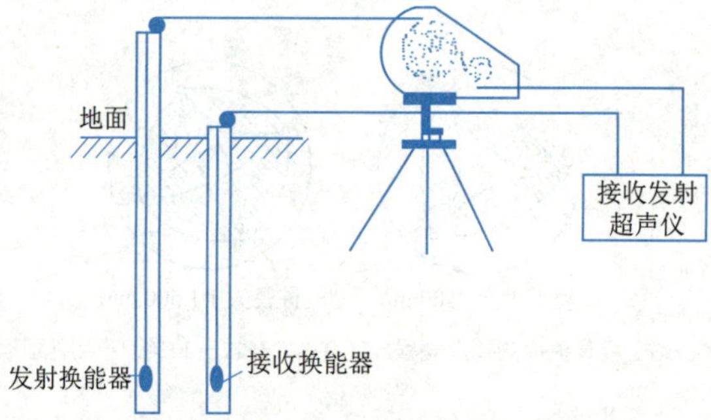

图 6-18 跨孔透射法检测装置示意图

3)测试过程

将发收换能器放入桩内声测管中同一深度的测点处,超声仪通过发射换能器发射超声波,经桩身混凝土传播,在另一声测管中的接收换能器接收到超声波,经电缆传输给超声仪,实时高速记录显示接收波形,并判读声学参量。换能器在桩内移动过程的位置,位移测量系统也实时传输给超声仪。当换能器到达预定位置时,超声仪自动存储该测点的波形及声学参量,实现换能器在桩身测管内移动过程中自动记录存储各测点声学参量及波形的目的。全桩各个检测剖面检测出的桩身声学参量(声时、幅值和主频等),按照规范编制软件进行数据处理后,可绘制成基桩质量分析的成果图。

现场测试过程中应保持发射电压与仪器设置参数不变,使同一次测得的声学参量具有可比性。

4)测试方式

测试方式可分为对测、斜测和扇形测三种,如图 6-19 所示。

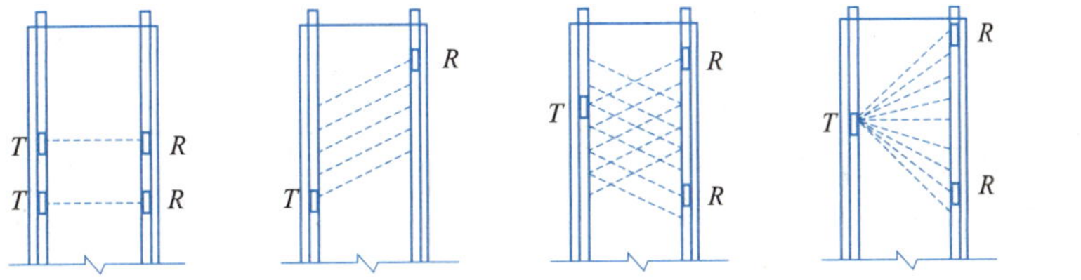

（a）对测　　（b）斜测　　（c）扇形测

图 6-19　声波测试方法

（1）对测（普查）

发射和接收换能器分别置于两声测管的同一高度，自下而上，将收发换能器以相同步长（不大于 100 mm）向上提升，进行水平检测。若平测后，存在桩身质量的可疑点，则进行加密平测，以确定异常部位的纵向范围。

（2）斜测

让发、收换能器保持一定的高程差，在声测管中以相同步长，同步升降进行测试。斜测分单向斜测和交叉斜测。斜测时，发、收换能器中心连线与水平夹角一般取 30° ~ 40°。斜测可探出局部缺陷、缩径或专测管附着泥团、层状缺陷等。

（3）扇形测

扇形测在桩顶、桩底斜测范围受限或为减少换能器升降次数时采用。一只换能器固定在某一高程不动，另一只逐步移动，测线呈扇形分布。此时换算的波速可以相互比较，但幅值无可比性，只能根据相邻测点幅值的突变来判断是否有异常。

通过上述三种方法检测，结合波形进行综合分析，可查明桩身存在缺陷性质和范围大小。

当现场进行平测以后，发现其 PDS、声速、波幅明显超过临界值，接收频率、波形（或频谱）等物理量异常时，为了找出缺陷所造成阴影的范围，确定缺陷位置、范围大小和性质，需要进行更详细的检测。

双管对测时，各种缺陷的细测判断法如图 6-20 ~ 图 6-22 所示。其基本方法是将一个探头固定，另一探头上下移动，找出声阴影所在边界位置。在混凝土中，由于各种不均匀界面的漫射和低频波的绕射等原因，使明影边界十分模糊，但通过上述物理量的综合运用仍可确定出其范围。

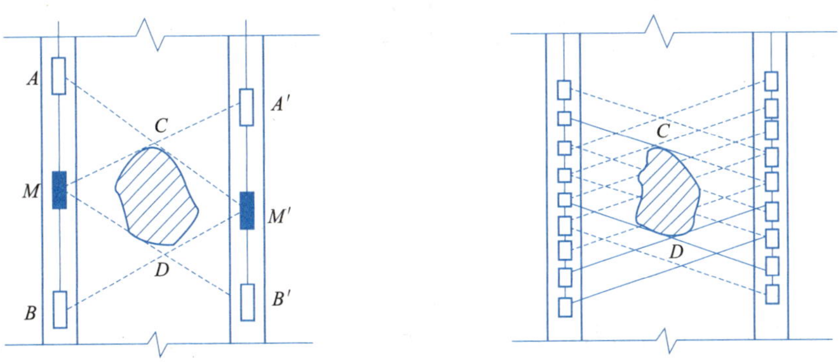

（a）扇形扫测　　（b）加密测点平移扫测

图 6-20　孔洞大小及位置的细测判断

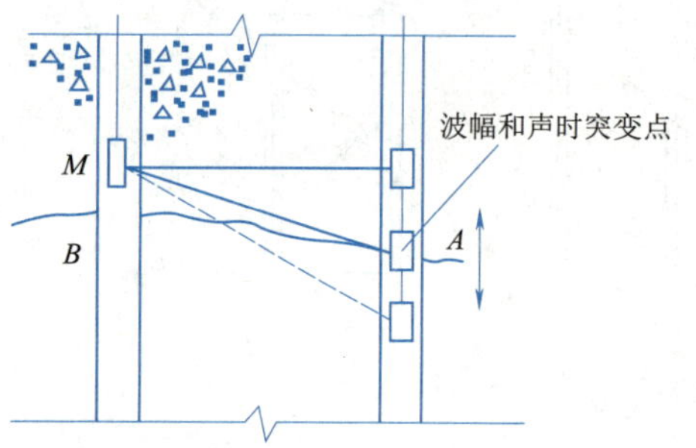

图 6-21　断层位置的细测判断

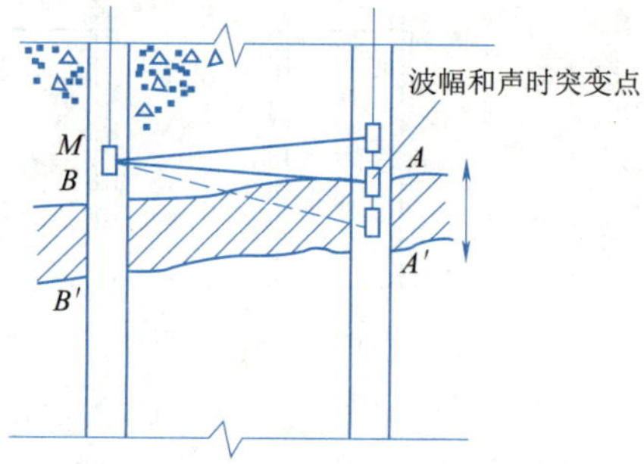

图 6-22　厚夹层上下界面的细测判断

在运用上述分析判断方法时，应注意排除声测管和耦合水声时值、管内混响、箍筋等因素的影响，且检测龄期应在 7 d 以上。

如用 PSD 判据，也可用于其他结构物大面积扫测时缺陷判别，即将扫测网络中每条测线上的数据用 PSD 判据处理，然后把各测线处理结果综合在一起，同样可确定出缺陷的性质、大小及位置。

图 6-23 所示的颈缩现象的细测判断现场检测一般首先采用水平同步对测法，将收发换能器置于两个声测管中，从管顶（或管底）开始，以一定间距向下进行水平逐点对测，直到桩底时止。为保证测点间声场可以覆盖而不至于漏测，其测量点距可取 20～40 cm。超声仪对每一个测点自动步进式编号，从测点编号，即可知道换能器的测试深度。一对测声管测完后，再转入下一对测声管进行测试，可对全桩各个检测剖面进行检测，即可测出桩身声学参数（声时、幅值和主频等）供计算分析，判定桩身混凝土质量情况。

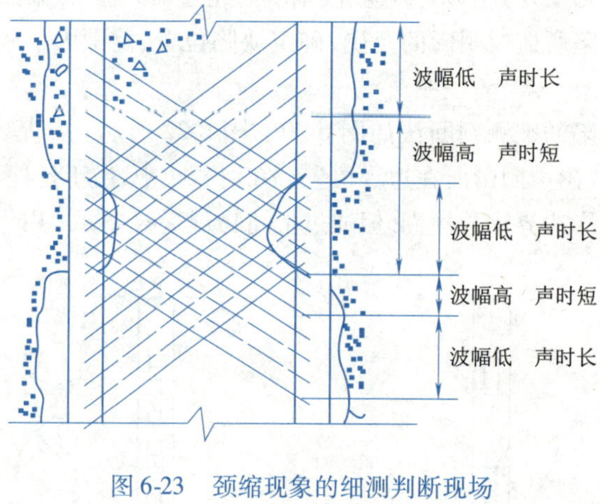

图 6-23　颈缩现象的细测判断现场

4.检测数据分析与判定

灌注桩声波透射法检测分析和处理的参数主要有声时 t_c、声速 v，波幅 A_p 及主频 f，同时要观测和记录实测波形。目前使用的数字式声波仪有很强的数据处理和分析功能，可以直接绘制出声速—深度（v—z）曲线、波幅—深度（A_p—z）曲线和 PSD 判据图来分析桩身质量情况。下面简单介绍数据整理的方法，将有助于对桩身缺陷的判定。

1)波速计算

第 i 测点声时 t_{ci} 可由第 i 测点声时测量值 t_i 减去仪器系统延迟时间 t_0 和声测管与耦合水层声时修正值 t' 得到。

$$t_{ci}=t_i-t_0-t' \tag{6-40}$$

根据每检测剖面两声测管的外壁间净距离 l'(mm),求得第 i 测点声速 v_i(km/s)。

$$v_i=\frac{l'}{t_{ci}} \tag{6-41}$$

2)声速临界值计算

声速临界值应按下列步骤计算:

将第 j 检测剖面各测点的声速值 $v_i(j)$ 由大到小依次排序,即

$$v_1(j)\geqslant v_2(j)\geqslant\cdots v'_k(j)\geqslant\cdots v_{i-1}(j)\geqslant v_i(j)\geqslant v_{i+1}(j)\geqslant\cdots v_{n-k}(j)\geqslant\cdots v_{n-1}(j)\geqslant v_k(j) \tag{6-42}$$

式中:$v_i(j)$——第 j 检测剖面第 i 声测线声速,$i=l,2,\cdots,n$;

n——第 j 检测剖面的声测线总数;

$v_k(j)$——拟去掉的低声速值的数据个数,$k=0,1,2,\cdots$;

$v'_k(j)$——拟去掉的高声速值的数据个数,$k=0,1,2,\cdots$。

对逐一去掉 $v_i(j)$ 中 k 个最小数值和 k' 个最大数值后的其余数据,按下列公式进行统计计算:

$$v_{01}(j)=v_m(j)-\lambda\cdot s_x(j)$$

$$v_{02}(j)=v_m(j)+\lambda\cdot s_x(j)$$

$$v_m(j)=\frac{1}{n-k-k'}\sum_{i=k'+1}^{n-k}v_i(j)$$

$$s_x(j)=\sqrt{\frac{1}{n-k-k'-1}\sum_{i=k'+1}^{n-k}\left[v_i(j)-v_m(j)\right]^2} \tag{6-43}$$

$$C_v(j)=\frac{s_x(j)}{v_m(j)} \tag{6-44}$$

式中:$v_{01}(j)$——第 j 剖面的声速异常小值判断值;

$v_{02}(j)$——第 j 剖面的声速异常大值判断;

$v_m(j)$——$(n-k-k')$ 个数据的平均值;

$s_x(j)$——$(n-k-k')$ 个数据的标准差;

$c_v(j)$——$(n-k-k')$ 个数据的变异系数;

λ——可由《建设基桩检测技术规范》(JGJ 106—2014)中与 $(n-k-k')$ 相对应的系数查得。

根据《公路工程基桩检测技术规程》(JTG/T 3512—2020)中的规定,取 $\lambda=2$,即声速临界值采用正常混凝土声速平均值与2倍声速标准差之差。

将 v_{n-k} 与异常判断值 v_0 进行比较,当 $v_{n-k}\leqslant v_0$ 时,v_{n-k} 及其以后的数据均为异常,去掉 v_{n-k} 及其以后的异常数据;再用数据 $v_i\sim v_{n-k-1}$,重复计算步骤,直到 v_i 序列中余下的全部数据满足:$v_i>v_0$,此时,v_0 为声速的异常判断临界值 v_{c0}。

声速异常时的临界值判据为:$v_i\leqslant v_{c0}$,当上式成立时,声速可判定为异常。

在分析中注意：测点总数不应少于20个，异常点不应参与统计，声速明显高于混凝土正常值时，分析原因剔除。

当检测剖面 n 个测点的声速值普遍偏低且离散性很小时，宜采用声速低限值判据。

$$v_i < v_L \tag{6-45}$$

式中：v_i——第 i 测点声速（km/s）；

v_L——声速低限值（km/s），由预留同条件混凝土试件的抗压强度与声速对比试验结合地区经验确定。

当上式成立时，可直接判定为声速（低于低限值）异常。

声速低限值相对应的混凝土强度不宜低于 $0.9R$（R 为混凝土设计强度）。若试件为钻孔取芯样，则不宜低于 $0.85R$。当实际混凝土声速低于声速低限值时，应将其作为可疑缺陷区。混凝土强度与声速的关系见表6-11。

表6-11　混凝土强度与声速的关系参考表

声速/（m/s）	>4 500	4 500～3 500	3 500～3 000	3 000～2 000	<2 000
强度定性评价	好	较好	可疑	差	非常差

3）波幅计算

$$A_{p_i} = 20\lg \frac{a_i}{a_0} \tag{6-46}$$

$$f_i = \frac{1000}{T_i} \tag{6-47}$$

式中：A_{p_i}——第 i 测点波幅值（dB）；

n——第 i 测点信号首波峰值（v）；

a_0——零分贝信号幅值（v）；

f_i——第 i 测点信号主频值（kHz），也可由信号频谱的主频求得；

T_i——第 i 测点信号周期（ms）。

波幅异常时的临界值判据应按下列公式计算：

$$A_m = \frac{1}{n}\sum_{i=1}^{n} A_{p_i} \tag{6-48}$$

$$A_{p_i} < A_m - 6 \tag{6-49}$$

式中：A_m——波幅平均值（dB）；

n——检测剖面测点数。

当上式成立时，波幅可判定为异常。

4）PSD 判据

当采用斜率法的PSD值作为辅助异常点判据时，PSD值应按下列公式计算：

$$\mathrm{PSD} = K \cdot \Delta t \tag{6-50}$$

$$K = \frac{t_{c_i} - t_{c_i} - 1}{z_i - z_{i-1}} \tag{6-51}$$

$$\Delta t = t_{c_i} - t_{c_i} - 1$$

式中：t_{c_i}——第 i 测点声时(ms)；

z_i——第 i 测点深度(m)；

z_{i-1}——第 $i-1$ 测点深度(m)。

可根据PSD值在某深度处的突变，结合波幅变化情况，作为异常点判定的辅助依据。

从工程实践经验可知，声速指标比较稳定，重复性好，数据有可比性，但对桩身缺陷不够敏感。波幅虽对桩身缺陷反应很敏感，但它受传感器与桩身混凝土耦合状态的影响很大，可比性较差。斜率法(PSD)判据将桩内缺陷处与正常测点的声时差取平方，将其特别放大，但 K 值很大的地方，有可能是缺陷的边缘。因为 K 值的大小主要取决于相邻两点的声时差值，对于因声测管不平行造成测试误差的干扰有削弱作用。灌注桩所产生各种类型的缺陷，使声学参数变化的特征有所不同：如沉渣是松散介质，声速很低(2 000 m/s以下)，对声波衰减相当剧烈，其波幅、声速均剧烈下降。泥沙与水混砂浆的混合物在桩身中存在，则是断桩；如在桩顶出现，则是混凝土强度不够。它们的特点是声速、波幅都明显下降，但前者是突变，后者为缓变。孔壁坍塌或泥团，其声速、波幅均较低，如果是局部泥团，并未包裹声测管时，下降程度不大。粗集料本身波速高，但声学界面多，对声波的反射、散射加剧，能量损耗，幅值下降，混凝土气泡密集时，虽不致形成空洞，但混凝土质量下降，波速不会明显下降，波幅却明显下降。

一般分析步骤是：首先，以波速值进行概率统计法统计判断，得到低于临界值的异常点位置和深度，再分析振幅大小的变化，将上述两者都偏低的测点定为异常部位；再进一步进行细测和斜测，确定缺陷的范围和大小；最后，根据施工情况综合判定缺陷的种类和性质，判定桩身完整性类别。《公路工程基桩检测技术规程》(JTG/T 3512—2020)桩身完整性类别判定见表6-12(a)，《建筑基桩检测技术规范》(JGJ 106—2014)判定见表6-12(b)。

表6-12(a)　桩身完整性类别判定表

类别	特　征
Ⅰ类桩	各声测剖面每个测点的声速、波幅均大于临界值，波形正常
Ⅱ类桩	某一声测剖面个别测点的声速、波幅略小于临界值，但波形基本正常
Ⅲ类桩	某一声测剖面连续多个测点或某一深度桩截面处的声速、波幅值小于临界值，PSD值变大，波形畸变
Ⅳ类桩	某一声测剖面连续多个测点或某一深度桩截面处的声速、波幅值明显小于临界值，PSD突变，波形严重畸变

表6-12(b)　桩身完整判定表

类别	特　征
Ⅰ	所有声测线声学参数无异常，接收波形正常； 存在声学参数轻微异常、波形轻微畸变的异常声测线，异常声测线在任一检测剖面的任一区段纵向不连续分布，且在任一深度横向分布的数量小于检测剖面数量的50%
Ⅱ	存在声学参数轻微异常、波形轻微畸变的异常声测线，异常声测线在一个或多个检测剖面的一个或多个区段内纵向连续分布，或在一个或多个深度横向分布的数量大于或等于检测剖面数量的50%； 存在声学参数明显异常、波形明显畸变的异常声测线，异常声测线在任一个检测剖面的任一区段内纵向不连续分布，且在任一深度横向分布的数量小于检测剖面数量的50%

续上表

类别	特 征
Ⅲ	存在声学参数显明异常、波形明显畸变的异常声测线，异常声测线在一个或多个检测剖面的一个或多个区段内纵向连续分布，但在任一深度横向分布的数量小于检测剖面数量的50%； 存在声学参数明显异常、波形明显畸变的异常声测线，异常声测线在任一检测剖面的任一区段内纵向不连续分布，但在一个或多个深度横向分布的数量大于或等于检测剖面数量的50%；存在声学参数严重异常、波形严重畸变或声速低于限值异常的声测线，异常声测线在任一检测剖面的任一区段内纵向不连续分布，且在任一深度横向分布的数量小于检测剖面数量的50%
Ⅳ	存在声学参数明显异常、波形明显畸变的异常声测线，异常声测线在一个或多个检测剖面的一个或多个区段内纵向连续分布，且在一个或多个深度横向分布的数量大于或等于检测剖面数量的50%； 存在声学参数严重异常、波形严重畸变或声速低于限值的异常声测线，异常声测线在一个或多个检测剖面的一个或多个区段内纵向连续分布，或在一个或多个深度横向分布的数量大于或等于检测剖面数量的50%

注：1. 完整性类别由Ⅳ类往Ⅰ类依次判定。

2. 若只有一个检测剖面，桩身完整性判定应按该检测剖面代表桩全部横截面的情况对待。

6.3.3 钻探取芯法

1.钻探取芯的目的与适用范围

1)钻探取芯的目的

①检测桩身混凝土胶结状况，是否存在空洞、蜂窝、夹泥、断桩等缺陷，判定桩身完整性类别，从而分析研究产生质量问题的原因、程度及处理措施。

②检测混凝土灌注桩桩长，检验桩底沉渣是否满足设计要求，鉴别桩底持力层的岩土性状和厚度是否符合设计或规范要求。

③通过对混凝土芯样力学试验，评定桩身混凝土的强度。

④对施工中出现异常或因质量问题采取处理后的桩，通过钻探取芯，检验其成桩质量及对工程的影响程度。

⑤桩身存在缺陷的桩，可以利用钻孔进行压浆补强处理。

2)适用范围

钻探取芯法是检测混凝土灌注桩成桩质量的一种有效方法，不受场地条件限制，特别适用于大直径混凝土灌注桩的成桩质量检验。钻芯孔的垂直度不容易控制，故要求受检桩的桩径不宜小于800 mm，长径比不大于30且桩身混凝土强度等级不低于C10。

钻机设备一般应符合以下要求。

①钻取芯样宜采用液压操纵的高速钻机，并配置适宜的水泵、孔口管、扩孔器、卡簧、扶正稳定器和可捞取松软渣样的钻具。

②基桩桩身混凝土钻芯检测，应采用单动双管钻具钻取心样，严禁使用单动单管钻具。

③钻头应根据混凝土设计强度等级选用合适粒度、浓度、胎体硬度的金刚石钻头，且外径不宜小于100 mm。

2.钻探技术要求

钻探取芯应在混凝土浇灌28 d后进行，或受检桩同条件养护时间强度。一般要求钻孔垂直度偏差不得大于0.5%。

①钻芯孔数与孔位。

- 桩径小于12 m的桩钻1~2孔,1.2~1.6 m的桩钻宜为2孔,大于1.6 m的钻桩宜为3孔。
- 当钻芯孔为1时,宜距桩中心10~15 cm的位置钻孔,当钻芯孔为2个以上时,宜距桩中心0.15D~0.25D内均匀对称布置。
- 对桩端持力层的钻探,每根受检桩不应少于1个孔。

②钻机设备安装必须周正、稳固、底座水平;钻机立轴中心与孔口中心必须在同一垂直线上。钻孔垂直度偏差不大于0.5%。钻进过程中,钻孔内循环水不得中断,每次进尺控制在1.5 m内。钻至桩底时,测定沉渣厚度,对桩端持力层岩土性状进行编录鉴别。提钻取芯时,严禁敲打卸取岩芯。

③钻取的芯样应自上而下按回次、顺序放进岩样箱中,并对标有工程名称和芯样及其标示牌等进行全貌拍照。在钻进过程中,对混凝土芯样描述应包括深度、混凝土芯样是否为柱状、完整性、胶结情况、表面光滑情况、断口吻合程度、骨料大小分布情况、气孔、蜂窝麻面、沟槽、破碎、夹泥、松散等情况。

④当单桩质量评价满足设计要求时,应采用0.5~1.0 MPa压力,从钻芯孔孔底往上用水泥浆回灌封闭;否则应封存钻芯孔,留待处理。

3.芯样试件截取与加工

芯样截取原则:应科学、准确、客观地评价混凝土实际质量,避免人为因素的影响,特别是混凝土强度;取样位置应标明其深度和高程。有缺陷部位的芯样强度应满足设计要求。

截取混凝土抗压芯样试件应符合下列规定:当桩长小于10 m时,取2组;当桩长为10~30 m时,每孔截取3组芯样;当桩长大于30 m时,不小于4组;上部芯样位置距桩顶设计标高不宜大于1倍桩径或超过2 m,下部芯样位置距桩底大于1倍桩径或超过2 m,中间芯样宜等间距截取;缺陷位置能取样时,应截取1组芯样进行混凝土抗压试验;同一基桩的钻芯孔数大于1个,且某一孔在某深度存在缺陷时,应在其他孔的该深度处,截取1组芯样进行混凝土抗压强度试验。

混凝土芯样试件加工,由于芯样试件的高度对抗压强度有较大的影响,为避免高度修正带来误差,应取试件高径比为1,即在0.95~1.05的范围内,且芯样试件内不能含有钢筋,并观察芯样侧面表观混凝土粗集料粒径,应小于芯样试件平均直径的0.5倍。芯样端面的平整度和垂直度应满足要求。

持力层岩芯可制成芯样时,应在接近桩底部位取一组岩石芯样,每组芯样应制作三个芯样抗压试件。

4.抗压强度试验

芯样抗压强度试验应按现行国家标准《混凝土物理力学性能试验方法标准》(GB/T 50081—2019)中有关规定执行。一般情况下,桩的工作条件比较潮湿,芯样试件宜在潮湿状态下进行。芯样试件抗压强度试验应按下列公式计算。

$$f_{cor}=\frac{4P}{\pi d^2} \tag{6-52}$$

式中:f_{cor}——混凝土芯样试件抗压强度(MPa),精确至0.1 MPa;

P——芯样试件抗压试验测得的破坏荷载(N);

d——芯样试件的平均直径(mm)。

桩底岩芯单轴抗压强度试验可参照《建筑地基基础设计规范》(GB 50007—2011)附录J执行。当判断桩底持力层岩性时,检测报告中只给出平均值即可。

5.检测资料分析与判定

①混凝土芯样试件抗压强度代表值应接一组三块试样强度的平均值确定。同一受检桩同一深度部位有两组或两组以上混凝土试件抗压强度代表值时,取其平均值为该桩该深度处混凝土芯样试件抗压强度代表值。

②单桩混凝土芯样试件抗压强度代表值是指该桩中不同深度位置的混凝土芯样试件抗压强度代表值中的最小值。

③桩底持力层性状应根据芯样特征、岩石芯样单轴抗压强度试验、动力触探或标准贯入试验结果,综合判定桩端持力层岩土性状。

④因场地地层的复杂性和施工中的差异,成桩后的差异较大。为保证工程质量,应按单桩进行桩身完整性和混凝土强度评价。

⑤《建筑基桩检测技术规范》(JGJ 106—2014)规定成桩质量评价应结合钻芯孔数、现场混凝土芯样特征、芯样单轴抗压强度试验结果综合判定。多于三个钻芯孔的基桩桩身完整性可类比表6-13的三孔特征进行判定。

表6-13　桩身完整性判定

<table>
<tr><th rowspan="2">类别</th><th colspan="3">特　征</th></tr>
<tr><th>单　孔</th><th>两　孔</th><th>三　孔</th></tr>
<tr><td rowspan="2">Ⅰ</td><td colspan="3">混凝土芯样连续、完整、胶结好,芯样侧表面光滑、集料分布均匀,芯样呈长柱状、断口吻合</td></tr>
<tr><td>芯样侧表面仅见少量气孔</td><td>局部芯样侧表面有少量气孔、蜂窝麻面、沟槽,但在另一孔同一深度部位的芯样中未出现,否则应判为Ⅱ类</td><td>局部芯样侧表面有少量气孔、蜂窝麻面、沟槽,但在三孔同一深度部位的芯样中未同时出现,否则应判为Ⅱ类</td></tr>
<tr><td rowspan="2">Ⅱ</td><td colspan="3">混凝土芯样连续、完整、胶结较好,芯样侧表面较光滑、集料分布基本均匀,芯样呈柱状、断口基本吻合。
有下列情况之一:</td></tr>
<tr><td>①局部芯样侧表面有蜂窝麻面、沟槽或较多气孔;
②芯样侧表面蜂窝麻面严重、沟槽连续或局部芯样集料分布极不均匀,但对应部位的混凝土芯样试件抗压强度检测值满足设计要求,否则应判为Ⅲ类</td><td>①芯样侧表面有较多气孔、严重蜂窝麻面、连续沟槽或局部混凝土芯样集料分布不均匀,但在两孔同一深度部位的芯样中未同时出现;
②芯样侧表面有较多气孔、严重蜂窝麻面、连续沟槽或局部混凝土芯样集料分布不均匀,且在另一孔同一深度部位的芯样中同时出现,但该深度部位的混凝土芯样试件抗压强度检测值满足设计要求,否则应判为Ⅲ类;
③任一孔局部混凝土芯样破碎段长度不大于10 cm,且在另一孔同一深度部位的局部混凝土芯样的外观判定完整性类别为Ⅰ类或Ⅱ类,否则应判为Ⅲ类或Ⅳ类</td><td>①芯样侧表面有较多气孔、严重蜂窝麻面、连续沟槽或局部混凝土芯样集料分布不均匀,但在三孔同一深度部位的芯样中未同时出现;
②芯样侧表面有较多气孔、严重蜂窝麻面、连续沟槽或局部混凝土芯样集料分布不均匀,且在任两孔或三孔同一深度部位的芯样中同时出现,但该深度部位的混凝土芯样试件抗压强度检测值满足设计要求,否则应判为Ⅲ类;
③任一孔局部混凝土芯样破碎段长度不大于10 cm,且在另两孔同一深度部位的局部混凝土芯样的外观判定完整性类别为Ⅰ类或Ⅱ类,则应判为Ⅲ类或Ⅳ类</td></tr>
</table>

续上表

<table>
<tr><th rowspan="2">类别</th><th colspan="3">特　征</th></tr>
<tr><th>单　孔</th><th>两　孔</th><th>三　孔</th></tr>
<tr><td rowspan="2">Ⅲ</td><td colspan="2">大部分混凝土芯样胶结较好,无松散、夹泥现象。
有下列情况之一:</td><td>大部分混凝土芯样胶结较好。
有下列情况之一:</td></tr>
<tr><td>①芯样不连续、多呈短柱状或块状;
②局部混凝土芯样破碎段长度不大于10 cm</td><td>①芯样不连续、多呈短柱状或块状;
②任一孔局部混凝土芯样破碎段长度大于10 cm但不大于20 cm,且在另一孔同一深度部位的局部混凝土芯样的外观判定完整性类别为Ⅰ类或Ⅱ类,否则应判为Ⅳ类</td><td>①芯样不连续、多呈短柱状或块状;
②任一孔局部混凝土芯样破碎段长度大于10 cm但不大于30 cm,且在另两孔同一深度部位的局部混凝土芯样的外观判定完整性类别为Ⅰ类或Ⅱ类,否则应判为Ⅳ类;
③任一孔局部混凝土芯样松散段长度不大于10 cm,且在另两孔同一深度部位的局部混凝土芯样的外观判定完整性类别为Ⅰ类或Ⅱ类,否则应判为Ⅳ类</td></tr>
<tr><td rowspan="2">Ⅳ</td><td colspan="3">有下列情况之一:</td></tr>
<tr><td>①因混凝土胶结质量差而难以钻进;
②混凝土芯样任一段松散或夹泥;
③局部混凝土芯样破碎长度大于10 cm</td><td>①任一孔因混凝土胶结质量差而难以钻进;
②混凝土芯样任一段松散或夹泥;
③任一孔局部混凝土芯样破碎长度大于20 cm;
④两孔同一深度部位的混凝土芯样破碎</td><td>①任一孔因混凝土胶结质量差而难以钻进;
②混凝土芯样任一段松散或夹泥段长度大于10 cm;
③任一孔局部混凝土芯样破碎长度大于30 cm;
④其中两孔在同一深度部位的混凝土芯样破碎、松散或夹泥</td></tr>
</table>

注:当上一缺陷的底部位置高程与下一缺陷的顶部位置高程的高差小于30 cm时,可认定两缺陷处于同一深度部位。

当出现下列情况之一时,应判为该桩不满足设计要求:

①混凝土芯样试件抗压强度检测值小于混凝土设计强度等级。

②桩长、桩底沉渣厚度不满足设计要求。

④端持力层岩土性状(强度)或厚度不满足设计要求的桩。

6.钻探取芯检测报告编制

其内容应包括:

①工程概况、检测目的、工期、工作量及完成情况。

②地质条件概述、桩基设计概况及有关设计参数。

③受检桩桩号、钻孔数量及相关的施工质量状况和成桩的有关参数。

④钻探设备及工艺。

⑤芯样抗压强度及试验结果。

⑥试验结果及分析评价。

⑦结论及建议。

7.钻探取芯法存在的问题

钻探取芯法虽然具有直观、可靠、精确度高的优点,但也存在如下问题:

①钻探取芯法和芯样加工比较笨重,操作不便,成本也高,普遍使用受到限制。

②取芯只能反映钻孔范围内的小部分混凝土质量,对桩身的整个断面来说,以点代面容易造成误判或漏判。

③对局部缺陷和水平裂缝等判断不够准确。

④钻孔取芯后,桩身结构局部受到损坏,孔洞需进行修补。

6.4 基桩承载力检测

基桩极限承载力的确定方法有静载荷试验和桩的动力试验两大类。静载荷试验是确定单桩承载力最原始、最基本的方法,也是最可靠的方法。近代发展起来的一些新的基桩承载力试桩方法,如高应变动力试桩法、自平衡测试法和静动法等,都是在与静载荷试验的成果对比基础上,建立相关关系,从而提高其成果的可靠性。因此,国内外规范一致规定,凡属重要工程都应通过静载荷试验确定单桩承载力。

桩基在公路桥梁工程中得到广泛应用,如何正确评价桩的承载能力,选择合理的设计参数是关系到桥梁工程是否安全、经济的重要问题。基桩静载荷试验是获得基桩轴向抗压、抗拔以及水平向承载力最直接、最可靠的方法,也为进一步研究桩-土作用机理提供条件。基桩竖向受荷载作用的极限承载力大小取决于桩身自身的混凝土强度和桩周地基土强度两大要素。当桩身混凝土强度足够时,基桩承载力则取决于桩周土的侧摩阻力和端阻力大小。对于承受侧向荷载的桩,随着侧向荷载的不断增加,桩侧土塑性区逐渐扩大加深,使基桩丧失水平承载力。

对公路特大桥和地质条件复杂的大、中型桥,一般都应采用静载荷试验确定桩的承载力,为桩基工程的设计提供依据。基桩静载荷试验通常可分为单桩竖向静载荷试验、抗拔试验和水平静推试验三种。静载荷试验的方法有等贯入速率法、循环加卸载法、终极荷载长时间维持法等,而我国惯用的是维持荷载法。维持荷载法又可分为慢速维持荷载法、快速维持荷载法。

1.试验目的

①单桩静压试验通常用来确定单桩承载力和荷载与位移的关系,并校核动力公式的准确程度。单桩竖向抗拔试验确定单桩竖向抗拔承载力,单桩水平静推试验确定单桩水平承载力。

②当在桩身埋设有测量应力、应变、桩底反力传感器或位移杆时,可以测定桩周土层侧摩阻力和桩端土阻力或桩身截面的位移量。测定桩身应力变化,求出桩身弯矩分布。

2.对试验桩的要求

①从成桩到试验的间歇时间,在桩身混凝土强度达到设计要求的前提下,还应满足不少于规范规定的休止时间。

②试桩的成桩工艺和质量控制标准应与工程桩一致。

③试桩桩头混凝土强度不得低于C30,一般可在桩顶配置加密钢筋网2~3层,以薄钢板圆筒做成加筋箍与桩顶混凝土浇成一体,用高强度等级的砂浆将桩头抹平。

④为安置沉降测点和仪表,试桩顶部露出试坑地面的高度不宜小于600 mm,试坑地面宜与桩承台底设计高程一致。

6.4.1 竖向静载试验

1.静载试验设备

单桩静载试验设备由加载装置与荷载及变形观测装置等组成。加载装置由主梁、次梁、锚桩或压重等反力装置、千斤顶及油泵等组成。荷载及变形观测装置由压力表、压力传感器或荷重传感器等组成。

一般静载试验采用油压千斤顶加载，荷载测力系统可采用荷重传感器测量荷重或压力传感器测定油压，实现加卸荷与稳压自动化控制，不仅可减轻人员的工作强度，而且可提高测试精确度。

1）加载装置

用千斤顶加载的反力装置可根据现场条件选用，主要有锚桩横梁反力装置（见图6-24）、压重平台反力装置（见图6-25）、锚桩压重联合反力装置三种形式。反力装置能提供的反力相对于最大加载量应有一定的储备，一般为其1.2～1.5倍。

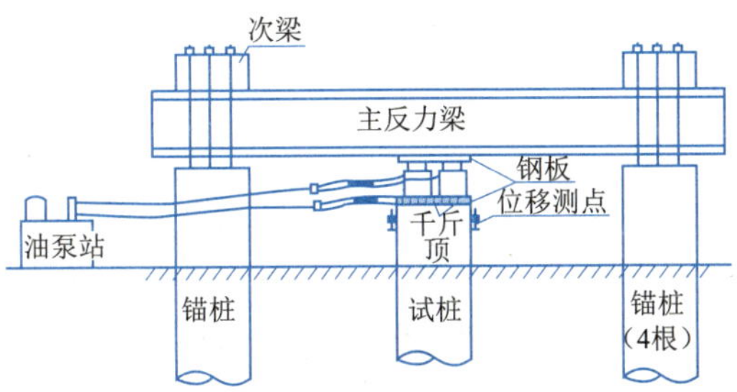

图6-24　锚桩反力梁装置示意图

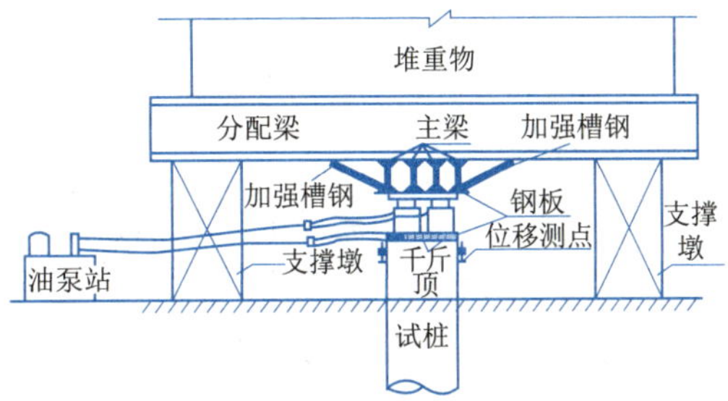

图6-25　堆载平台反力装置示意图

（1）锚桩横梁反力装置

锚桩一般采用4根，如入土较浅或土质松软时，可增至6根。应对加载反力装置的全部构件进行强度和变形验算，使其在最大试验荷载的作用下，避免产生过大的变形，并有足够的安全储备。每根锚桩的钢筋笼要沿桩身通长配置，还应对锚桩抗拔力（地基土、抗拔钢筋、混凝土抗拉能力）进行验算，并监测锚桩上拔量。一般情况下，锚桩的上拔量不大于15 mm。

（2）压重平台反力装置

利用平台上压重作为对桩静压试验的反力装置，压重应在试验前一次加上。试桩中心至压重平台支承边缘的距离与上述试桩中心至锚桩中心距离相同。当需加荷载大时，要考虑施加于地基的压应力，不宜大于地基承载力特征值的1.5倍。

（3）锚桩压重联合反力装置

当试桩的最大加载量超过锚桩的抗拔能力时，可在横梁上放置或悬挂一定重物，由锚桩和重物共同承受千斤顶反力。当试桩达到破坏时，横梁上的重物容易产生振动反弹，因此要注意安全。

基准桩中心与试桩、锚桩中心（或压重平台支承边）的距离要求。《公路桥涵施工技术规范》（JTG/T F50—2011）、《建筑基桩检测技来规范》（JGJ 106—2014）的要求分如表6-14（a）和表6-14（b）所示。

表 6-14(a)　基准桩中心与试桩、锚桩中心(或压重平台支承边)的距离

反力装置	基准桩与试桩	基准桩与锚桩(或压重平台支承边)
锚桩横梁反力装置	≥4*D*	≥4*D*
压重平台反力装置	≥2.0 m	≥2.0 m

注:表中为试桩的直径 *D*(或边长)≤800 mm 的情况;若试桩直径 *D*>800 mm 时,基准桩中心与试桩中心(或压重平台支承边)的距离不宜小于 4 m。

表 6-14(b)　试桩、锚桩(或压重平台支墩边)和基准桩之间的中心距离

装　置	试桩中心与锚桩中心(或压重平台支墩边)	试桩中心与基准桩中心	基准桩中心与锚桩中心(或压重平台支墩边)
锚桩横梁	≥4(3)*D* 且>2.0 m	≥4(3)*D* 且>2.0 m	≥4(3)*D* 且>2.0 m
压重平台	≥4(3)*D* 且>2.0 m	≥4(3)*D* 且>2.0 m	≥4(3)*D* 且>2.0 m
地锚装置	≥4*D* 且>2.0 m	≥4(3)*D* 且>2.0 m	≥4*D* 且>2.0 m

注:1. *D* 为试桩、锚桩或地锚的设计直径或边宽,取其较大者。

2. 括号内数值可用于工程桩验收检测时多排桩设计基定中心距离小于 4*D* 或压重平台支墩下 2~3 倍宽影响范围内的地基土已进行加固处理的情况。

2)荷载测量

静载试验一般采用油压千斤顶与油泵相连的形式,由千斤顶施加荷载,千斤顶平放于试桩中心位置。当采用两个以上千斤顶加载时,应将千斤顶并联同步工作,并使千斤顶的合力通过试桩中心。荷载测量可通过放置在千斤顶上的荷重(应变式压力)传感器直接测量,也可用压力传感器测定油压,根据千斤顶率定曲线换算荷载。前者无须考虑千斤顶活塞摩擦对出力的影响;后者受千斤顶活塞摩擦的影响,不能简单地根据油压乘面积计算荷载。在同等情况下,相同油压时的出力相对误差为 1%~2%,非正常时高达 5%。近年来,一些单位实现加卸荷与稳压自动化控制,不仅可减轻人员的工作强度,而且可提高测试的精确度。

3)沉降观测

基准梁和基准桩要严格按相关规定执行。基准梁宜采用工字钢,其高跨比不宜小于 1/40,尤其是大吨位静载试验,要采用较长和刚度较大的基准梁。基准梁的一端固定在基准桩上,另一端简支于基准桩上,并采取遮挡措施,以减少温度气候等对沉降的影响。沉降由安装在基准梁与桩身间的大量程百分表或电子位移计测量,测量误差要求不大于 0.1% FS,分辨率不低于 0.01 mm。对于直径或边宽大于 500 mm 的桩,应在桩径的两个正交方向对称安装 4 个位移计测量。

4)桩身内力测量器件

通过桩身内力测量可得到桩侧各土层的摩阻力和桩端支承力,基桩内力测量可采用应变式传感器(简称应变计)测量应变,钢弦式传感器测量力,沉降杆测量位移。需要检测桩身某断面或桩底位移时,可在需检测的断面设置沉降杆。

电阻(全桥)应变式传感器可采用焊接或绑扎在钢盘笼主筋上,随钢盘笼一起下入钻孔内,灌注在桩身混凝土中。成桩后,试桩在轴向荷载作用下,桩身产生应变,在桩身中的电阻应变片的阻值随之发生变化,通过测量应变片电阻的变化,可以得到桩身的应变值,进而得到桩身的应力变化。该传感器受工作环境温度的影响,可通过温度补偿片予以消除。传感器的测量片与补偿片应

选用同一规格同一型号的产品,按轴向、横向准确地粘贴在钢筋同一断面上。测点用屏蔽电缆连接,导线对地绝缘电阻大于500 MΩ。正式测试前,电阻片与电缆系统间的绝缘电阻不应低于200 MΩ。电阻应变式传感器所用的电阻应变仪宜有多点自动测量功能。

埋设于桩身中的弦式钢筋计,当桩顶施加荷载时,会产生微量变形,从而改变钢弦原来的应力状态和自振频率。根据事先标定的应力与频率的关系曲线,得到桩身所承受的轴向力。弦式钢筋计应选择与桩身主筋直径大小相同的,直接焊接在桩身的主筋上,并替代这一段钢筋的工作。频率分辨率应不大于1 Hz,其可测范围应大于桩在最大荷载频率时的1.2倍。

桩身应力测试器件应安放在两种不同性质的地层界面处,以测量桩侧不同土层的侧摩阻力。同一地层应根据桩径大小对称设置2~4只传感器。

桩底的反力,可用埋置于桩端的扁式千斤顶测得。桩(身)端位移测量可通过沉降杆进行测量,沉降杆宜采用内、外管形式,外管固定在桩身,内管(沉降杆)下端固定在需测试的部位,上端高出外管10~20 cm,数据的观测应与桩顶位移观测同步。当为大直径灌注桩时,也可采用较大直径的外管,在其内设置多根沉降杆,同时测量桩身不同深度的位移。

当沉降杆底端固定断面处的桩身埋设有内力传感器时,可得到该断面处的桩身轴力与位移。其计算公式如下:

$$Q_i = \frac{2AE(S_t - S_{t0} - S_i - S_{i0})}{L} - Q_t \tag{6-53}$$

式中:L——有效桩长;

A——桩身截面积;

E——桩材弹性模量;

S_t——桩顶沉降量;

S_i——测点处的桩身沉降量;

Q_t——桩顶荷载;

Q_i——测点处的桩身轴力;

S_{t0}——桩顶荷载卸载为零后桩顶的沉降量;

S_{i0}——桩顶荷载卸载为零后测点处的桩身沉降量。

5)荷载与位移的量测仪表

采用连接荷载箱的压力表测定油压,根据荷载箱率定曲线换算荷载。桩身位移采用电子位移计测量,并用伸出桩顶的位移棒测量向上和向下的位移。

2.试验方法

1)加载方式

《公路桥涵施工技术规范》(JTG/T F50—2011)采用慢速维持荷载法逐级加荷,《建筑基桩检测技术规范》(JGJ 106—2014)给出慢速维持荷载法和快速维持荷载法,以适用不同的试验要求。本节列出《公路桥涵施工技术规范》(JTG/T F50—2011)采用慢速维持荷载法的相关要求。快速维持荷载法可参考《建筑基桩检测技术规范》(JGJ 106—2014)。

2)慢速维持荷载法试验要求

①加载分级:加载分级不宜少于10级,每级加载为最大加载量或预估极限承载力的1/15~1/10;

当桩的下端埋入巨粒土、粗粒土以及坚硬的黏质土中时，第一级可按2倍分级加荷；最大加载量不应小于设计荷载的2倍。

②沉降观测：下沉未达稳定时不得进行下一级加载，每级加载后，每隔15 min观测一次；累计1 h后，每隔30 min观测一次。

③稳定标准：每级加载下沉量，在下列时间内如不大于0.1 mm时，即可认为稳定。

- 桩端下为巨粒土、砂类土、坚硬黏质土，最后30 min。
- 桩端下为半坚硬和细粒土，最后1 h。

3）终止加载的规定

《公路桥涵施工技术规范》（JTG/T F50—2011）规定当出现下列情况之一时，可终止加载：

①总位移量大于或等于40 mm，本级荷载沉降量大于或等于前一级荷载下沉降量的5倍。

②总位移量大于或等于40 mm，本级荷载加上后24 h尚未达到相对稳定标准。

③巨粒土、砂类土、坚硬黏质土中，总下沉量小于40 mm，但荷载已大于或等于设计荷载×设计规定的安全系数。

④施工过程中的检验性试验，一般应继续加到桩的2倍设计荷载为止。如果桩的总沉降量不超过40 mm，且最后一级加载引起的沉降不超过前一级加载引起的沉降的5倍。

4）桩的卸荷与回弹量观测

①卸荷应分级进行，每级卸载量为两个加载级的荷载量。每级卸载后，应观测桩顶的回弹量，观测办法与沉降时相同。

②卸载到零后，至少2 h内每隔30 min观测1次。如果桩尖下为砂类土，则开始30 min内，每15 min观测一次；如果桩尖下为黏质土，第1 h内，每15 min观测1次。

5）试验记录

所有试验数据应按表6-15填写记录，绘制静载试验曲线，并编写试验报告。

表6-15　静压试验记录表

______线______桥______号试桩　　　　地质情况______

沉桩方法及设备型号______　　　　桥的类型，截面尺寸及长度______

桩的人土深度______（m）设计荷载______（kN）　　　　最终贯入度______（min/击）

加载方法______　　　　加载顺序______

荷载编号	起止时间			间歇时间/min	每级荷载/kN	各表读数/mm			平均读数/mm	位移/mm			气温/℃	备注
	日	时	分			1号	2号	……		下沉	上拔	水平		

其他记录：

3.检测数据的分析与判定

1）检测数据的整理

①绘制竖向荷载—沉降（$P—S$）、沉降—时间对数（$S—\lg t$）曲线。需要时，也可绘制其他辅助

分析所需曲线。

②当进行桩身应力、应变和桩底反力测定时,应整理出有关数据的记录表,并按相应规范绘制桩身轴力分布图,计算不同土层的分层侧摩阻力和端阻力值。

2)单桩竖向抗压极限承载力确定

单桩竖向抗压极限承载力是指单桩在竖向荷载作用下达到破坏状态前或出现不适于继续承载的变形所对应的最大荷载。它包含了桩身结构极限承载力和支承桩侧、桩端地基土的极限承载力两层含义。

《公路桥涵施工技术规范》(JTG/T F50—2011)规定单桩竖向抗压极限承载力的确定应符合下列规定:

①总位移量大于或等于 40 mm,本级荷载沉降量大于或等于前一级荷载下沉降量的 5 倍。取比终止时荷载小一级的荷载为极限荷载。

②总位移量大于或等于 40 mm,本级荷载加上后 24 h 尚未达到相对稳定标准。终止加载,取比终止时荷载小一级的荷载为极限荷载。

③巨粒土、砂类土、坚硬黏质土中,总下沉量小于 40 mm,但荷载已大于或等于设计荷载 × 设计规定的安全系数。终止加载,取此时的荷载为极限荷载。

④极限荷载确定困难时,应绘制荷载—沉降(P—S)曲线、沉降—时间(S—t)曲线确定,必要时绘制 S—lg$t$ 曲线、S—lg$p$ 曲线进行综合比较,确定比较合理的极限荷载取值。

《建筑基桩检测技术规范》(JGJ 106—2014)中,单桩竖向抗压极限承载力的确定应符合下列规定:

①根据沉降随荷载时间变化的特征确定:对于荷载—沉降(P—S)曲线呈陡降形时,取其发生明显陡降的起始点对应的荷载值。

②根据沉降随时间变化的特征确定:取曲线尾部出现明显向下弯曲的前一级荷载值。

③桩顶沉降量大于或等于前一级荷载沉降量 2 倍,且 24 h 尚未达到相对稳定标准情况,取前一级荷载值。

④对于缓变形 P—S 曲线可根据沉降量确定,宜取 $S=40$ mm 对应的荷载值;对直径大于或等于 800 mm 的桩,可取 $S=0.05D$(D 为桩端直径)对应的荷载值;当桩长大于 40 m 时,宜考虑桩身弹性压缩量。

⑤当按上述四项判定桩的竖向抗压承载力未达到极限时,桩的竖向抗压极限承载力宜取最大加载值。

6.4.2 竖向抗拔试验

1.试验目的

在个别桩基中设计承受拉力时,用以确定单桩抗拔容许承载力。

2.试验时间

一般可按复打规定的"休止"时间以后进行。对于钻(挖)孔灌注桩,须待灌注的混凝土强度达到设计要求的强度后才可进行。静拔试验也可在静压试验后进行。

3.加载装置

可采用油压千斤顶加载。千斤顶的反力装置一般采用两根锚桩和承载梁组成,试桩和承载梁用拉杆连接，将千斤顶置于两根锚桩之上，顶推承载梁，引起试桩上拔。试桩与锚桩间的距离可参照图6-26。加载反力结构的承载能力应不小于预估最大试验荷载的1.3～1.5倍。图6-26所示为抗拔试验检测示意图。

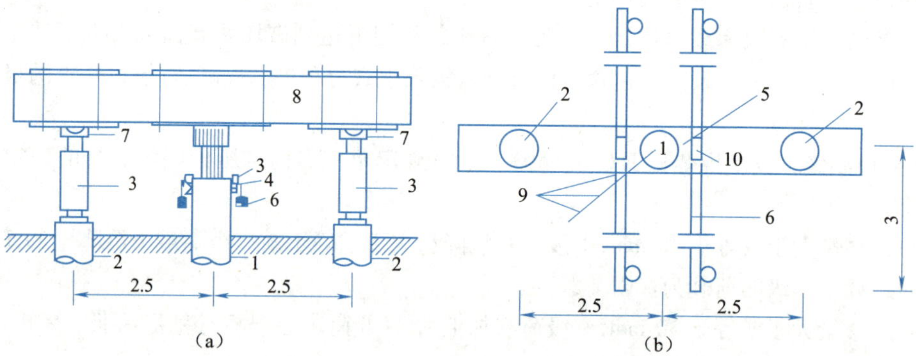

图6-26　抗拔试验检测示意图(尺寸单位:m)

1—试桩;2—锚桩;3—液压千斤顶;4—表座;5—测微计;6—基准梁;7—球铰;8—反力梁;9—地面变形测点;10—10 m×10 cm薄钢板

4.加载方法

一般采用慢速维持荷载法进行。施加的静拔力必须作用于桩的中轴线。加载应均匀、无冲击。每级加载量不大于预计最大荷载的1/15～1/10。

5.位移观测

每级加载完毕后，每隔15 min观测一次；累计1 h后，每隔30 min观测一次。下沉未达稳定不得进行下一级加载。

6.稳定标准

位移量小于或等于0.1 mm/h，即可认为稳定。

7.加载终止

勘测设计阶段，总位移大于或等于25 mm，加载即可终止；施工阶段，加载不应大于设计容许抗拔荷载。

8.试验记录

记录所有试验观测数，并绘制曲线。

6.4.3　静推(水平)试验

1.试验目的

确定桩的水平承载力、推定桩侧地基土水平抗力系数的比例系数。当埋设有桩身应力量测元件时，可测定桩身应力变化，并求出桩身的弯矩分布。

2.试验方法

对于承受反复水平荷载的基桩，采用单向多循环加卸载方法；对于承受长期水平荷载的基桩，采用单循环加载方法。

为设计提供依据的试验桩，宜加载至桩顶出现较大水平位移或桩身结构出现破坏；对工程桩抽样检测，可按设计要求的水平位移容许值控制加载。

3.加载装置

①一般采用两根单桩，通过高压油泵驱动的水平向千斤顶施加水平力，相互顶推加载；或在两根锚桩间平放一根横梁，用千斤顶向试桩加载；有条件时可利用墩台或专设反力座以千斤顶向试桩加载。在千斤顶与试桩接触处宜安设一球形铰座，以保证千斤顶作用力能水平通过桩身轴线。

②加载反力结构的承载能力应为预估最大试验荷载的1.3～1.5倍，其作用方向的刚度不应小于试桩直径的1倍。

单桩水平静推试桩装置如图6-27所示。

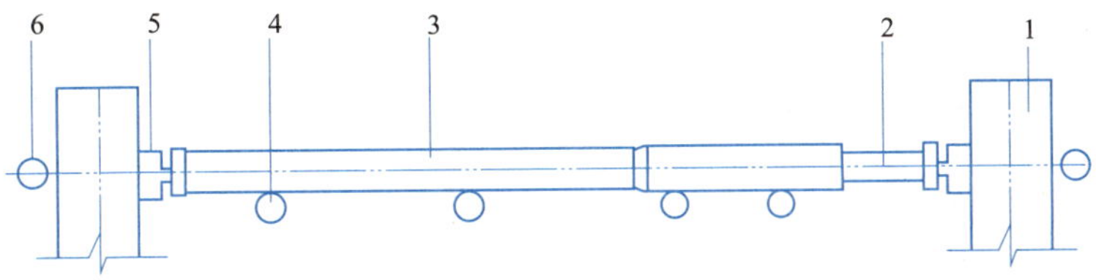

图6-27 单桩水平静推试验装置

1—桩；2—千斤顶及测力计；3—传力杆；4—滚轴；5—球支座；6—百分表

4.单向多循环加载试验法

单向多循环加卸载试验法按下列规定进行：

①加载分级。可按预计最大试验荷载的1/15～1/10，一般可采用5～10 kN，过软的土可采用2 kN级差。

②加载程序与位移观测。各级荷载施加后，恒载4 min测读水平位移，然后卸载至零，2 min后测读残余水平位移，至此完成一个加载循环，如此循环5次，便完成一级荷载的试验检测。加载时间应尽量缩短，测量位移间隔时间应严格准确，试验不得中途停歇。

③加载终止条件。当出现下列情况之一时即可终止加载：

- 桩顶水平位移超过20～30 mm（软土取40 mm）。
- 桩身已经断裂。
- 桩侧地表有明显裂纹或隆起。

5.多循环加卸载法的资料整理

表6-16所示为单桩水平静推试验记录参照表。

表6-16 单桩水平静推试验记录参照表

试桩号　　　　　　　　　　　　　　　　　　　　　　上下表距

荷载/kN	观测时间/(d/h/min)	循环数	加载	卸载	水平位移/mm	加载上下表读数差	转角	备注
			上表	下表	上表	下表	加载	卸载

续上表

荷载/kN	观测时间/(d/h/min)	循环数	加载	卸载	水平位移/mm	加载上下表读数差	转角	备注

试验________ 记录________ 校核________ 施工负责人________

由试验记录绘制水平荷载—时间—桩顶位移关系曲线(H—t—x 曲线)(见图 6-28)、水平荷载—位移梯度关系曲线(H—$\Delta x/\Delta H$ 曲线)(见图 6-29)。

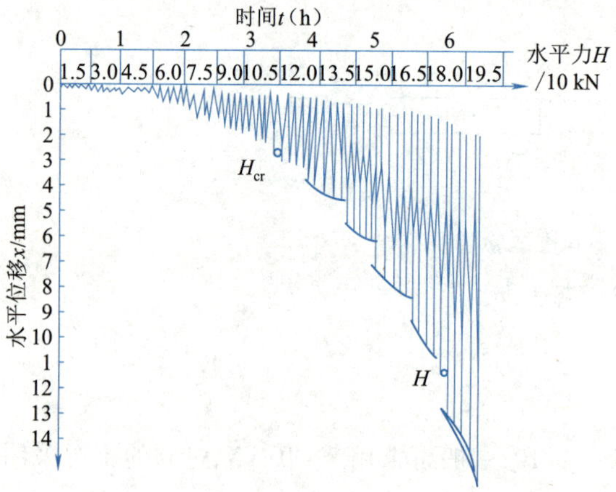

图 6-28 H—t—x 曲线

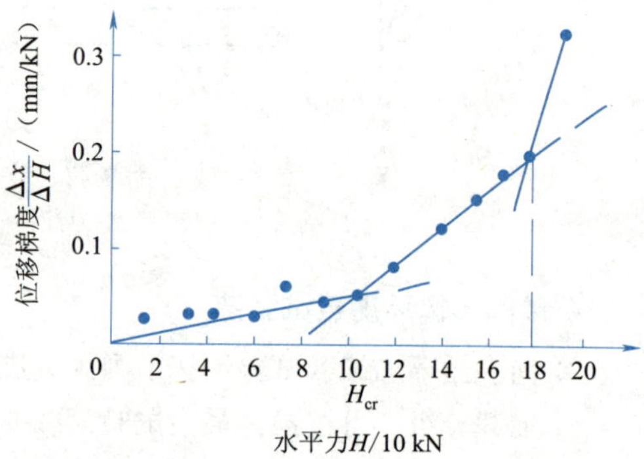

图 6-29 H—$\Delta x/\Delta H$ 曲线

当桩身具有应力量测资料时,尚应绘制应力沿桩身分布和水平力—最大弯矩截面钢筋应力关系曲线(H—σ_g 曲线),如图 6-30 所示。

6.多循环加卸载临界荷载(H_{cr})、极限荷载(H_u)及水平抗推容许承载力确定

①水平临界荷载(H_{cr})相当于桩身开裂,受拉混凝土不参加工作时的桩顶水平力,其数值可按下列方法综合确定:图 H—σ_g 曲线第一突变点对应的荷载。

②水平极限荷载(H_u)可按下列方法综合确定:

- 取 H—t—x 曲线明显陡降的前一级荷载值。
- 取 H—$\Delta x/\Delta H$ 曲线各级荷载水平位移包络线向下凹曲的前一级荷载。
- 取 H—σ_g 曲线第二直线终点所对应的荷载。
- 桩身断裂或钢筋应力达到极限的前一级荷载。

③水平抗推容许荷载为水平极限荷载除以设计规定的安全系数。

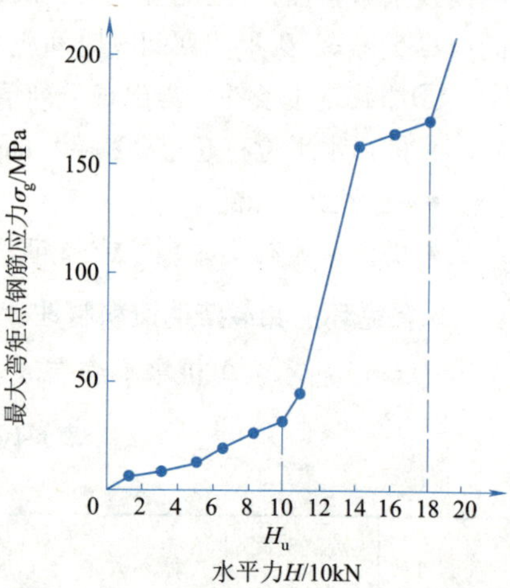

图 6-30 H—σ_g 曲线

7.单循环加载试验法的执行规定

①加载分级与多循环加卸载试验方法相同。

②加载后测读位移量与静压试验测读的方法相同。

③静推稳定标准。如位移量小于或等于0.05 mm/h,即可认为稳定。

④终止加载条件。勘察设计阶段的试验,水平力作用点处位移量大于或等于50 mm,加载即可终止;施工检验性试验,加载不应超过设计的容许荷载。

⑤试验记录。所有试验观测数据应填写记录,并绘制曲线图。将水平位移量改为横坐标,荷载改为纵坐标。

6.4.4 高应变动力试桩法

高应变动力试桩法是通过与桩应力水平相近的重锤冲击桩顶,即产生沿桩身向下传播应力波和一定的桩—土相对位移,利用对称安装于桩顶一定距离的力和加速度传感器,记录冲击波作用下的加速度与应变信号,经基桩动测仪软件处理后,输出力和速度时程曲线,分析基桩承载力和基桩质量完整性。

1.检测目的

①监测预制桩打入时的桩身应力和锤击能量传递比,为沉桩设备与工艺参数及桩长选择提供依据。

②估算单桩抗压极限承载力。

③判断桩身完整性。

注意事项:进行极限承载力检测时,应具有相同条件下的动—静试验对比资料和现场工程实践经验。对超长桩、大直径扩底桩和嵌岩桩,不宜采用本方法进行单桩承载力检测。

2.仪器设备装置

检测系统包括信号采集仪、传感器、锤击设备和贯入度测量仪等。仪器设备装置框图如图6-31所示。

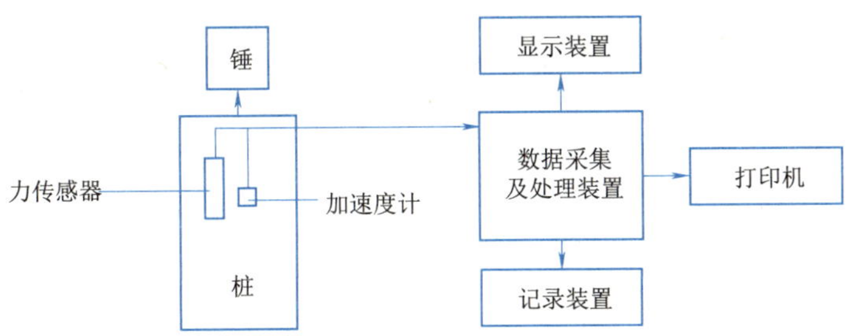

图6-31 仪器设备装置框图

(1)信号采集仪性能应符合下列规定

①信号采样点数不宜小于1 024点,采样间隔宜为100~200 μs。当用曲线拟合法推算承载力时,信号记录长度应确保桩端反射后不小于20 ms或达到5 L/c。

②信号采集系统的采样频率可调,其模—数转换精度不应低于12位,通道之间的相位差不应大于50 μs。

(2)传感器性能应符合下列规定

①力传感器一般采用工具式应变传感器,其安装谐振频率应大于 2 kHz,在 1 000 $\mu\varepsilon$ 测量范围内的非线性误差不应大于 ±1% 。

②速度信号宜采用压电式加速度传感器测量,其安装谐振频率应大于 10 kHz,且在 2 ~ 3 000 Hz 范围内,灵敏度变化不大于 ±5% ;在冲击加速度量程范围内,其幅值非线性误差不大于 ±5% 。

③传感器的灵敏度系数应计量检定。

(3)锤击设备

①激振宜采用由铸铁或铸钢制作的自由落锤。

②锤击用的重锤锤底平整,高径比不得少于 1。

③桩锤的重力不得小于预估单桩极限承载力的 1.2% 。桩头应设置锤垫,如胶合板、木板等均质材料。锤击应采用重锤低击的方式。

(4)测量桩的贯入度

桩的贯入度应采用精密仪器测量。

3.现场测试技术

(1)桩头处理

为了确保试桩时锤击力准确地传递给混凝土柱,检测前必须对桩头进行加固处理。要求桩头顶面平整,桩头中轴线与桩身中轴线重合,桩头测点处截面尺寸应与桩身截面相同;距桩顶 1 倍桩径范围内,宜用厚度为 3 ~ 5 mm 的厚钢板围裹或距桩顶 1.5 倍桩径范围内设置箍筋,间距不宜大于 100 mm。桩顶应设置钢筋网片 2 ~ 3 层,间距 60 ~ 100 mm,桩头的混凝土强度应比桩身提高 1 ~ 2 级,且不得低于 C30,并满足地基土类别所需的休止时间。

(2)传感器安装的规定

传感器安装应符合如下规定:

①力传感器和加速度传感器各两个,分别对称安装在离桩顶 1.5 ~ 2.0 倍以上桩径的位置,用膨胀螺栓固紧。现场测试仪器设备装置如图 6-32 所示。

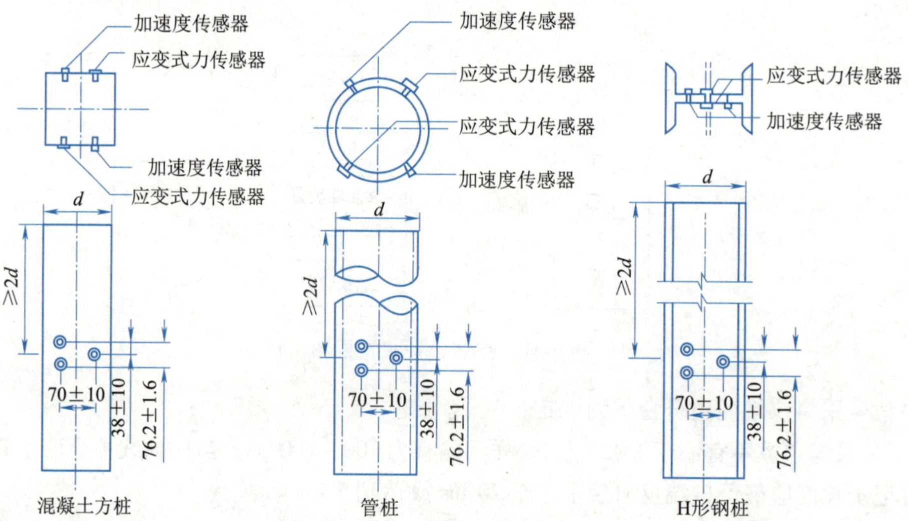

图 6-32 测点处传感器装置(尺寸单位:mm)

②各传感器的安装面材质应均匀、密实、平整，并与桩轴线平行。

③安装应变式传感器时，应对其初始应变值进行监视，其值不得超过规定的限值。

(3)参数设定

参数设定如下：

①传感器安装点到桩底的桩长和截面积，可根据设计文件或施工记录提供的数据设定。

②桩身波速可用反射波法按桩底反射明显的桩计算出平均波速值来设定。如长桩测不到桩底反射信号，可结合本地经验或混凝土强度等参数综合设定桩身波速 c 值。

③桩身材料的质量密度 ρ，对混凝土灌注桩可取 2.4 t/m^3，预应力混凝土桩可取 2.8 t/m^3。

④桩身弹性模量根据 $E=\rho c^2$ 计算后设定。

(4)仪器检查

检测前，应检查交流供电的测试系统是否良好接地，仪器测试系统是否处于正常状态；结合工程实际情况输入参数设定值。

重锤以自由落锤锤击设有桩垫的桩头，采用以重锤低击，锤的最大落距不宜大于2.0 m。桩的贯入度宜用精密水准仪实测，单击贯入度宜在2～6 mm。有效锤击次数不小于2次。在现场及时检查采集的数据、曲线质量。如测试波形紊乱，应查找原因，处理后重新进行检测，直至达到检测质量要求为止。

(5)测试采集信号的要求

测试采集的信号应符合如下要求：

两组力和速度信号时域波形基本一致，峰前力与速度信号重合，峰后两者协调，最终归零。波形采样长度不小于5 L/c 或2 L/c+20 ms；波形无明显的杂波干扰，桩底反射清楚，贯入度不宜小于2.5 mm。

当有下列情况时，不得作为承载力分析计算的依据：传感器安装处混凝土开裂或出现严重塑性变形，使力曲线最终未能归零；严重锤击偏心，两力信号幅值相差1倍；四通道测试数据不全。

4.数据处理分析与判定

①桩身波速平均值可根据已知桩长、力和速度信号上的桩端反射波时间或下行波上升沿的起点到上行波下降沿的起点之间的时差来确定，如图6-33所示。

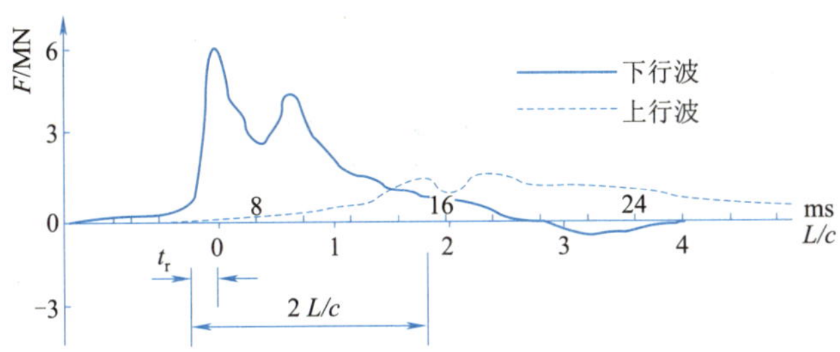

图6-33　桩身波速的确定

F—锤击；L—测点下桩长；c—桩身波速

②推算被检桩的极限承载力前，应结合工程地质条件和设计参数，利用实测信号特征对桩的荷载传递性状、桩身缺陷程度和位置及连续锤击时缺陷的逐渐扩大或闭合情况进行定性判别。

③采用实测曲线拟合法推算被检桩的极限承载力，应符合下列规定：

● 采用的桩和土的力学模型应能分别反映被检桩地基土的物理力学性状。在各计算单元中，所用土的弹性极限位移不应超过相应桩单元的最大计算位移。

● 曲线拟合时间段长度在 t_1+2L/c 后的延续时间不应小于 20 ms 和 3 L/c 中的较大值。

● 分析所用的模型参数应在岩土工程的合理范围内，可根据工程地质和施工工艺条件进行桩身阻抗变化或裂隙拟合。

● 拟合曲线应与实测曲线基本吻合，贯入度的计算值应与实测值基本一致，且整体曲线的拟合质量系数宜控制在合适范围内。

④采用凯司法推算单桩的极限承载力时，应符合下列规定：

● 只适用于桩侧和桩端土阻力均已充分发挥的摩擦型桩。

● 用于混凝土灌注桩时，桩身材质、截面应基本均匀。

● 单桩轴向抗压极限承载力可按下列公式计算：

$$Q_{uc}=\frac{1}{2}\{(1-J_c)\cdot[F(t_1)+Z\cdot v(t_1)]+(1+J_c)\cdot[F(t_1+\frac{2L}{c})-Z\cdot V(t_1+\frac{2L}{c})]\} \tag{6-54}$$

$$Z=A\cdot\frac{E}{c} \tag{6-55}$$

式中：Q_{uc}——单桩轴向抗压极限承载力(kN)；

J_c——凯司法阻尼系数；

t_1——速度信号第一峰对应的时刻(ms)；

$F(t_1)$——t_1 时刻的锤击力(kN)；

$v(t_1)$——t_1 时刻的振动速度(m/s)，

Z——桩身截面力学阻抗(kN·s/m)；

E——桩身材料弹性模量(kPa)；

A——桩身截面面积(m^2)；

c——桩身波速(m/s)；

L——测点以下桩长(m)。

● J_c 应根据基本相同条件下桩的动-静载对比试验结果确定，或由不少于 50% 被检桩的曲线拟合结果推算，但当其极差相对于平均值大于 30% 时，不得使用。

⑤对于等截面桩，测点下第一个缺陷可根据桩身完整性系数 β 值按表 6-17 判定。

表 6-17　桩身完整性判定

类　别	β　值	类　别	β　值
Ⅰ	$\beta=1.0$	Ⅲ	$0.6\leq\beta<0.8$
Ⅱ	$0.8\leq\beta<1.0$	Ⅳ	$\beta<0.6$

注：β 为桩身完整性系数。

● 桩顶下第一个缺陷的结构完整性系数 β 值可按下式计算：

$$\beta=\frac{[F(t_1)+Z\cdot v(t_1)]/2-\Delta R+[F(t_x)+Z\cdot v(t_x)]/2}{[F(t_1)+Z\cdot v(t_1)]/2-[F(t_x)+Z\cdot v(t_x)]/2} \tag{6-56}$$

式中：β——桩身结构完整性系数；

t_1——速度第一峰所对应的时刻(ms);

t_x——缺陷反射峰所对应的时刻(ms);

ΔR——缺陷以上部位土阻力的估计值,等于缺陷反射起始点的锤击力与速度乘以桩身截面力学阻抗之差值,取值方法如图6-34所示。

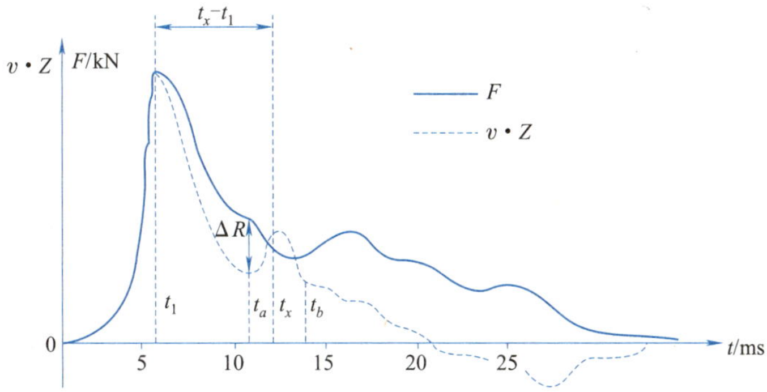

图6-34 桩身结构完整性系数计算

- 桩身缺陷位置可按下式计算:

$$x=\frac{c\cdot(t_x-t_1)}{2\ 000} \tag{6-57}$$

式中:x——测点至桩身缺陷之间的距离(m);

t_x——速度信号第一峰对应的时刻(ms);

t_1——缺陷反射峰对应的时刻(ms)。

⑥当出现下列情况之一时,应按工程地质和施工工艺条件,采用实测曲线拟合法或其他检测方法综合判定桩身完整性。

- 桩身有扩径、截面渐变或多变的混凝土灌注桩。
- 桩身存在多处缺陷的桩。
- 力和速度曲线在上升沿或峰值附近出现异常,桩身浅部存在缺陷或波阻抗变化复杂的桩。

⑦试打桩分析时,桩端持力层的判定应综合考虑岩土工程勘察资料,并对推算的单桩极限承载力进行复打校核。

⑧桩身最大锤击拉应力和桩身最大锤击压应力可分别按下列公式计算。

- 桩身最大锤击拉应力:

$$\sigma=\frac{1}{2A}\max\left[Z\cdot v\left(t_1+\frac{2L}{c}\right)-F\left(t_1+\frac{2L}{c}\right)-Z\cdot v\left(t_1+\frac{2L-2x}{c}\right)-F\left(t_1+\frac{2L-2x}{c}\right)\right] \tag{6-58}$$

式中:σ——桩身最大锤击拉应力(kPa);

x——测点至计算点之间的距离(m);

A——桩身截面面积(m^2);

Z——桩身截面力学阻抗(kN·s/m);

c——桩身波速(m/s);

L——完整桩桩长(m)。

- 桩身最大锤击压应力:

$$\sigma_p = \frac{F_{max}}{A} \tag{6-59}$$

式中：σ_p——桩身最大锤击压应力（kPa）；

F_{max}——实测最大锤击力（kN）；

A——桩身截面面积（m^2）。

⑨桩锤实际传递给桩的能量：

$$E_n = \int_0^T Fv\mathrm{d}t \tag{6-60}$$

式中：E_n——桩锤传递给桩的实际能量（J）；

T——采样结束的时刻；

F——桩顶锤击力信号；

v——桩顶实测振动速度信号（m/s）。

⑩检测报告应包括下列内容：

● 实测力和速度信号曲线及由加速度信号经两次积分后得到桩顶位移信号曲线、拟合曲线、模拟的静荷载—沉降曲线、土阻力和桩身阻抗沿深度的变化曲线。

● 凯司法中所选取的 J_c 值。

● 试打桩和打桩监控所采用的桩锤和锤垫类型，监测得到的锤击数、桩侧和桩端阻力、桩身锤击拉（压）应力、能量传速比等随入土深度的变化关系。

● 试桩附近的地质柱状图及土的物理力学性能指标。

● 检测报告格式见《公路工程基桩检测技术规程》附录 D。

5.实测曲线拟合实例

由于 CASE 法的计算过于简单，只利用 t_1 和 $t_2 = t_1 + 2L/c$ 两个时刻的数据，计算误差较大，阻尼系数 J_c 的选用带有很强的经验性，不得不依靠动—静对试验来解决，且无法得到桩侧和桩尖阻力分布。为了充分利用现场采集到的桩—土体系中的宝贵数据，在凯司法的基础上，对桩和土的模型进行改进后，提出实测曲线拟合法程序，对锤击桩顶在桩身中应力波的传播过程，由基桩动测仪记录力和速度的实测曲线。以实测桩顶力时程曲线（或速度时程曲线）作为各输入数据，通过不断修改桩土模型参数，求解波动方程，直至计算得到的速度时程曲线（或力时程曲线）和实测速度时程曲线（或力时程曲线）的吻合程度满足要求为止，从而得到单桩承载力、桩身应力等分析结果。其步骤如下：

①根据设定的桩土模型及有关参数进行分段参数设定，如桩的参数 E、A、ρ、v、L 以及土的参数 R、Q、J 等。

②选择有足够锤击能量，能使桩周土阻力充分发挥，并符合分析质量要求的一组实测速度（v）曲线和力（F）曲线。

③利用实测的速度（或力、上行波、下行波）曲线作为输入边界条件，运用一维波动方程，对桩身阻抗和土阻力实现分段分层的分析计算，反算桩顶的力（或速度、下行波、上行波）曲线。

④若计算的曲线与实测曲线不吻合，说明假设的模型或参数不合理，要重新调整模型及参数后，再行计算，直至计算曲线与实测曲线的吻合程度达到要求为止。

⑤输出计算结果，给出单桩的极限承载力，打印桩侧阻力分布、桩端阻力以及计算的荷载—位移曲线等，如图 6-35 所示。

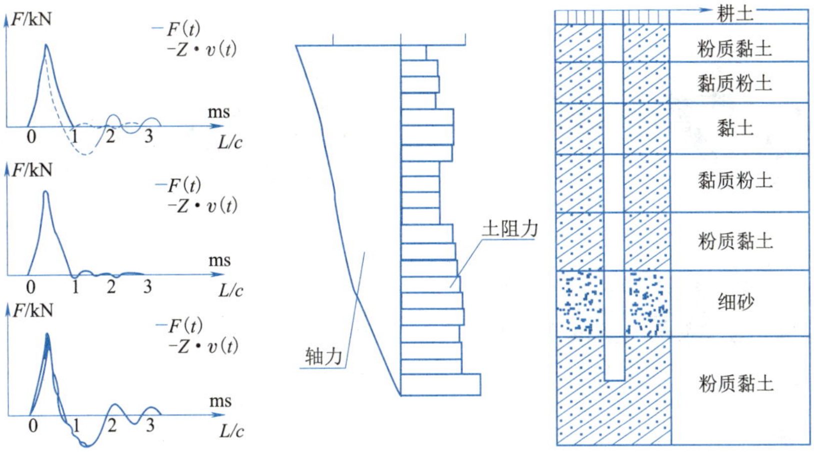

图6-35 桩侧阻力分布、桩端阻力以及计算的荷载-位移曲线

习 题

1. 简述地基岩土分类。
2. 简述黏性土、黄土地基承载力检测。
3. 简述砂土、碎石地基承载力检测。
4. 简述浅层平板载荷试验。
5. 简述深层平板载荷试验。
6. 简述静力触探试验的原理。
7. 简述动力触探试验的原理。
8. 简述预制钢筋混凝土桩原材料检验。
9. 简述预制钢筋混凝土桩制作质量检验。
10. 简述反射波法基本原理。
11. 简述声波透射法基本原理。
12. 简述机械阻抗法基本原理。
13. 简述钻(挖)孔灌注桩质量控制。
14 简述泥浆要求。
15. 简述钻孔灌注桩钻进的注意事项。
16. 简述清孔时应注意事项。
17. 简述灌注水下混凝土的技术要求。
18. 简述低应变反射波法。
19. 简述超声透射波法。
20. 简述钻探取芯的目的与适用范围。
21. 简述竖向静载试验。
22. 简述竖向抗拔试验。
23. 简述静推(水平)试验。
24. 简述高应变动力试桩法。

模块7

桥梁荷载试验

知识目标

1. 掌握桥梁静载试验。
2. 掌握桥梁动载试验。

能力目标

1. 能掌握桥梁静载试验的方案设计。
2. 能掌握桥梁静载试验现场组织。
3. 能掌握桥梁桩基础静载试验。
4. 会桥梁静载试验数据分析。
5. 能掌握桥梁动载试验方法程序。
6. 会桥梁结构动力响应的测试。
7. 会动测数据分析与评价。

模块要点

1. 桥梁静载试验。
2. 桥梁静载试验的方案设计。
3. 桥梁静载试验现场组织。
4. 桥梁桩基础静载试验。
5. 桥梁静载试验数据分析。
6. 桥梁动载试验。
7. 桥梁动载试验方法程序。
8. 桥梁结构动力响应的测试。
9. 动测数据分析与评价。

桥梁荷载试验是检验桥梁结构工作状态或实际承载能力的一种试验手段。荷载试验的目的、任务和内容通常由实际工程需要所决定。一般桥梁荷载试验的任务有：

1.检验桥梁设计与施工的质量

对于一些新建的大中型桥梁或者具有特殊设计的桥梁，为保证桥梁建设质量，交竣工时一般要求进行实桥荷载试验，并把试验结果作为评定桥梁工程质量优劣的主要技术资料和依据。另一方面，对桥梁工程师来说新建桥梁的荷载试验的作用很大，可以帮助他们理解活荷载作用下桥梁的正常使用和极限状态行为，验证原来分析得到的有关荷载分布、应力水平和变形的假设。

2.评定桥梁结构的实际承载能力

国内许多早年建成的桥梁设计荷载等级偏低，难以满足现今交通发展的需要，为对这类桥梁进行加固、改建或在其加固、改建后，有必要通过试验检测确定桥梁的实际承载能力。有时为特殊原因（如超重型车过桥或结构遭意外损伤等），也要用试验检测方法确定桥梁的承载能力。

3.验证桥梁结构设计理论和设计方法

桥梁工程中的新结构、新材料和新工艺创新不断，对一些理论问题的深入研究，对某种新方法、新材料的应用实践，往往都需要荷载试验数据。

4.桥梁结构动力特性及动态反应的测试研究

对一些桥梁在动力荷载作用下的桥梁车致振动问题（包括动态增量和冲击系数），大跨径轻柔结构抗风稳定以及桥梁结构抗震性能等，都要求实测桥梁结构的动力特性和动态反应。

新颁布的《公路桥梁荷载试验规程》（JTG/T J21—01—2015）（以下称 JTG/T J2101—2015）规定：新建桥梁和进行了加宽或加固后的桥梁，可通过荷载试验来检验桥梁结构的正常使用状态和承载能力是否符合设计要求。对在用桥梁，除按《公路桥梁承载能力检测评定规程》（JTG/T J21—2011）第 3.2.4 条规定（即经检算“作用效应与抗力效应的比值在 1.0 ~ 1.2 时，应根据本规程的有关规定通过荷载试验评定承载能力”）进行荷载试验外，存在下列情况之一时，可进行荷载试验：

①技术状态等级为四、五类。

②拟提高荷载等级。

③)需要通过特殊重型车辆荷载。

④遭受重大自然灾害或意外事件。

⑤采用其他方法难以准确判断其能否承受预定荷载。

这就明确了应进行荷载试验只是少数桥梁。对绝大多数在用桥梁来说，按照桥梁管理养护要求，只需进行常规检查或定期检查和结构检算。因此，应该理清荷载试验的适用性问题，即哪些桥梁该做荷载试验，哪些桥梁不该做或没必要做荷载试验的问题。这方面我国有关规范没有明确的条文。美国 AASHT0《桥梁评估手册》（2011，第二版）第 8.6 条款列出了一座桥梁什么时候不适合做荷载试验的几条理由（可供参考）：

①荷载试验成本达到或超过桥梁加固成本。

②先前（技术状况）评价表明荷载试验不大可能使承载能力有改善前景。

③根据计算，桥梁无法维持即使最低级别的负荷。

④有突然出现破坏（剪切或折断）的可能性。

⑤由于靠近测试困难或现场交通条件原因，做荷载试验可能不现实。

7.1 桥梁静载试验

7.1.1 桥梁静载试验背景知识

1.桥梁静载试验的含义

桥梁静载试验是指按照预定的试验方案,将静止的荷载作用在桥梁的指定位置上,通过对桥梁结构的静力位移、静力应变、裂缝、沉降等参量的观测,综合分析和判断桥梁结构的承载能力及使用性能。

2.桥梁静载试验类别

桥梁静载试验可以是生产鉴定性试验或科学研究性试验;可以是组成桥梁的主要构件试验或全桥整体试验;可以是实桥现场检测或是桥梁结构模型的室内试验。一般人们接触的多是生产鉴定性的主要桥跨实桥现场检测。

3.桥梁静载试验原则

进行桥梁静载试验要根据不同桥梁结构形式的受力特点,结合病害特征或静载试验的主要目的,按照技术上可行、经济上合理、测试上可靠的原则,来设计桥梁静载试验的加载方案与测试方法,按照桥梁静载试验的程序,合理组织实施现场试验工作,仔细进行数据整理和分析,客观地评定桥梁的承载能力和工作性能。

4.桥梁静载试验目的

桥梁静载试验主要目的如下。

(1)检验桥梁设计与施工质量

现行规范规程要求大、中跨度桥梁竣工后,通过荷载试验鉴定桥梁设计与施工质量,保证桥梁安全可靠。试验报告是评定工程质量优劣的主要依据之一。此外,既有桥梁经过长期运营或遭受突发灾害后,必须通过静载试验来确定其承载能力与使用性能,并以此作为继续运营或加固改造的主要依据。

(2)验证桥梁设计理论

随着交通事业的不断发展,采用新结构、新材料、新工艺的桥梁日益增多,这些桥梁在设计、施工中必然会遇到一些新问题,其设计计算理论或设计参数需要通过桥梁试验予以验证或确定,在大量试验检测数据积累的基础上,就可以逐步建立或完善这类桥梁的设计理论与计算方法。

(3)评定桥梁实际承载能力和工作性能

目前我国已跻身世界桥梁大国之列,具有可观的桥梁存量与增量数据。在使用过程中,很多桥梁已不能满足日益增加的通行荷载要求,有些桥梁已经产生不同程度的损伤与破坏,少数桥梁由于设计或施工差错而产生先天缺陷。对于这些桥梁,需要采用静载试验的方法,来判定其实际承载能力和使用性能,由此确定限载方案或加固改造方案。此外还有一些桥梁的原始设计施工资料不全,通过静载试验确定其承载能力与使用性能就显得非常必要。

5.桥梁静载试验主要环节

实践证明,做好一次桥梁检测并不是一件轻而易举的事情,必须根据静载试验对象的实际情况，把握以下主要环节。

(1)明确试验目的，抓住主要问题

桥梁静载试验涉及理论计算、测点布置、加载测试、数据分析整理等多个方面，在进行试验之前一定要明确试验目的，预测试验桥梁的结构行为，这样才能有的放矢，合理地选择仪器仪表，准确地确定加载设备及加载程序，科学地布置测点及测试元件，充分利用有限的人力、物力及其他有利条件，采取各种必要的手段，以达到预期的试验效果。

(2)精心准备、严密组织

桥梁静载试验由于观测项目多、测点多、仪器仪表多，加上多数处于荒郊野岭的桥梁试验现场环境条件恶劣，突发状况、意想不到的情况时有发生，这就要求试验工作必须有严格的组织，统一的指挥，并能够紧密配合，协同作战。在正式试验之前，要做好充分的准备工作。对一些关键性的测试项目和测点要考虑备用的测试方法，注意防止和消除意外事故。大量试验证明，如果试验工作的某些环节考虑不周，轻者会使试验工作不能顺利进行，严重的会导致整个试验工作的失败。

(3)加强人员培训，提高测试水平

试验开始前要召开技术交底会，使参加试验检测的工作人员，必须在试验之前，熟练掌握仪器的性能、操作要领以及故障排除技术和技巧，了解本次试验的目的、试验程序及测试要求，了解协同工作事项，及时发现、反映试验过程中的问题。

6.桥梁静载试验准备阶段

桥梁静载试验分为三个阶段，试验准备阶段、加载观测阶段、分析评定阶段。

试验准备阶段包括了技术资料的收集、桥梁现状检查、理论分析计算、试验方案制订、现场实施准备等一系列工作。这一阶段的工作是大量而细致的。实践证明，检测工作的顺利与否很大程度上取决于检测前的准备工作。

(1)技术资料收集

桥梁技术资料包括桥梁设计文件、施工记录、监理记录、验收文件、以往试验资料、桥梁养护与维修加固记录、环境因素的影响及其变化、现有交通量及重载车辆的情况等。

(2)桥梁现状检查

桥梁检查是指按照有关养护规范的要求，对桥梁的外观进行系统而细致的检查评价，具体包括桥面平整度、排水情况、纵横坡的检查；承重结构开裂与否及裂缝分布情况、有无露筋现象及钢筋锈蚀程度、混凝土碳化剥落程度等情况的检查；支座是否老化、河流冲刷情况、基础病害等方面的检查。

(3)理论分析计算

理论分析计算包括设计内力计算和试验荷载效应计算两个方面。设计内力计算是按照试验桥梁的设计图纸与设计荷载等级，根据有关设计规范，采用专用桥梁计算软件或通用分析软件，计算出结构的设计内力；试验荷载效应计算是根据实际加载等级、加载位置及加载重量，计算出各级试验荷载作用下桥梁结构各测点的反应，如位移、应变等，以便与实测值进行比较。

(4)试验方案制订

试验方案制订包括测试内容的确定、加载方案设计、观测方案设计、仪器仪表选用等方面，试验方案是整个检测工作技术纲领性文件，因此，必须具备全面、翔实、可操作性强等基本特点。

(5)现场实施准备

现场准备工作包括搭设工作脚手架、设置测量仪表支架、测点放样及表面处理、测试元件布置、测量仪器仪表安装调试、通信照明安排等一系列工作，现场准备阶段工作量大，工作条件复杂，是整个检测工作比较重要的一个环节。

7.桥梁静载试验加载观测阶段

加载观测阶段是整个检测工作的中心环节。这一阶段的工作是在各项准备工作就绪的基础上，按照预定的试验方案与试验程序，利用适宜的加载设备进行加载，运用各种测试仪器观测试验结构受力后的各项性能指标，如挠度、应变、裂缝宽度等，并记录各种观测数据和资料。需要强调的是，对于静载试验，应根据当前所测得的各种指标与理论计算结果进行现场分析比较，以判断受力后结构行为是否正常，是否可以进行下一级加载，以确保试验结构、仪器设备及试验人员的安全，这对于病害比较严重的既有桥梁结构进行试验时尤为重要。

8.桥梁静载试验分析评定阶段

分析评定阶段是对原始测试资料进行综合分析的过程。原始测试资料包括大量的观测数据、文字记载和图片记录等各种原始材料，受各种因素的影响，原始测试数据一般显得缺乏条理性与规律性，未必能直接揭示试验结构的内在行为。因此，应对它们进行科学的分析与处理，找出内在规律，揭示结构受力特征。对于一些数据或信号，有时还需按照数理统计或其他方法进行分析，或依靠专门的分析仪器和分析软件进行分析处理，或按照有关规程的方法进行计算。这一阶段的工作，直接反映整个检测工作的质量。测试数据经分析处理后，按照检测的目的要求，依据相关规范规程，对桥梁承载力、工作性能作出科学准确的评价。

桥梁静载试验应依据国家、行业相应规范规程，综合上述三个阶段的内容，形成桥梁静载试验报告。

7.1.2 桥梁静载试验的方案设计

试验方案设计是对桥梁静载试验的完整过程进行全面的规划和系统的安排。在充分研究试验对象和理论分析计算结果的基础上，全面分析各种有利条件与不利因素，选择科学的试验方式、方法、具体操作等，以达到试验的目的。试验方案设计包括试验对象的选择、理论分析计算、加载方案设计、观测内容确定、测点布置及测试仪器选择等。

1.试验对象的选择

桥梁静载试验要科学合理地从全桥中选择具有控制性的孔跨。一般说来，形式相同的多孔桥跨，选择其中一孔或几孔进行试验；结构形式不同的多孔桥跨，应按不同的结构形式分别选取具有代表性的一孔或几孔进行试验；结构形式相同但跨度不同的多孔桥跨，应选取跨度最大的一孔进行试验；对于预制梁，应根据不同跨度及制梁工艺，按照一定的比例随机抽查试验。除此之外，试验对象的选择还应考虑：

①试验孔或试验墩台的受力状态最为不利。

②试验孔或试验墩台的病害或缺陷比较严重。

③试验孔或试验墩台便于搭设脚手支架，布置测点及加载。

2.理论分析计算

理论分析计算包括试验桥跨的设计内力计算和试验荷载效应计算两个方面。理论分析计算应采用先进可靠的计算手段和工具，以使计算结果准确可靠。

(1)设计内力计算

设计内力计算是依据试验桥梁的设计图纸与设计荷载,选取合理可靠的计算图式,按照设计规范,运用结构分析方法,采用专用桥梁计算软件或通用分析软件,计算出桥梁结构的设计内力。一般的,由于永久作用(如结构重力)已作用在桥梁结构上,设计内力计算是指可变作用下的内力计算,即按照相应行业桥梁设计规范计算各种荷载所产生的各控制截面的最不利活载内力。对于常见桥型,控制截面的数量多少取决于准确地绘制出内力包络图,控制截面最不利活载内力计算的一般方法是先求出该截面的各类影响线,然后进行影响线加载,再按照车道数、冲击系数及车道折减系数计算出该截面的最不利活载内力。此外,对于存在病害或缺陷的桥梁,还应计算其恒载内力,进行内力组合,验算控制截面强度,以确保试验荷载达到或接近活载内力时桥梁结构的安全。

控制截面不仅出现设计内力峰值,也往往是进行观测量测的主要部位,把握住控制截面,就可以较为宏观全面地反映试验桥梁承载能力和工作性能。在进行静载试验时,常见桥型控制截面的设计内力及观测内容可大致归纳如下:

①简支梁桥:控制截面的设计内力包括跨中截面的弯矩与支点截面的剪力,对于曲线梁还包括支点截面的扭矩,相应的应变观测内容为跨中截面应变,必要时可增加 $L/4$ 截面、$3L/4$ 截面的应变;变形观测内容为支点沉降以及 $L/4$、跨中、$3L/4$ 截面的挠度,对于曲线梁还包括跨中截面的扭转角。

②连续梁桥(连续刚构桥):控制截面的设计内力包括中跨跨中截面、中跨 $L/4$ 截面、中跨 $3L/4$ 截面、中支点截面、边跨(次边跨)跨中截面的弯矩、剪力。一般的,应变观测内容为中跨跨中截面、中支点截面、近中支点的边跨跨中截面的应变,必要时可增加中跨 $L/4$ 截面、中跨 $3L/4$ 截面的应变;变形观测内容为各跨支点沉降,各跨 $L/4$、跨中、$3L/4$ 截面的挠度,对于曲线连续梁还应包括各跨支点、$L/4$、跨中、$3L/4$ 截面的扭转角。

③T 形刚构:控制截面的设计内力包括固端根部截面的弯矩与剪力、墩身控制截面的弯矩与轴力,相应的观测内容为固端根部截面、墩身控制截面的应变,悬臂端部的挠度、墩顶截面的水平位移与转角。

④拱桥:控制截面的设计内力包括拱肋或拱圈控制截面(拱顶、$L/4$、拱脚)的轴力、弯矩,对于中承式、下承式拱桥还包括吊杆的轴力,对于上承式拱桥还包括立柱的轴力,对于系杆拱桥还应包括系杆的轴力。与此相对应,观测内容为拱脚、$L/4$、跨中、$3L/4$ 处拱肋或拱圈截面的应变与挠度,墩台顶的挠度与水平位移,必要时还可增加 $L/8$、$3L/8$、$5L/8$、$7L/8$ 截面的挠度。对于中承式或下承式拱桥,还应测试吊杆的应变或伸长量;对于系杆拱,还应测试系杆的内力变化。

⑤斜拉桥:控制截面的设计内力包括加劲梁控制截面的弯矩、扭矩与轴力,索塔控制截面的弯矩与轴力,控制拉索的轴力,桥面系的局部弯曲应力等。相应的观测内容为各跨支点、$L/4$、跨中、$3L/4$ 截面的挠度,必要时还要观测上述部位的扭转角和横桥向位移,加劲梁控制截面及索塔控制截面的应变,索塔塔顶的水平位移,控制拉索的索力,桥面系的工作性能等。

⑥悬索桥:控制截面的设计内力包括主缆的轴力,索塔控制截面的轴力、弯矩,吊杆的轴力,加劲梁控制截面的弯矩与剪力,桥面系的应力等。观测内容包括加劲梁支点、$L/8$、$L/4$、$3L/8$、跨中、$5L/8$、$3L/4$、$7L/8$ 截面的挠度以及上述测点在偏载情况下的扭转角和横桥向位移,加劲梁跨中截面、$L/8$ 截面、索塔控制截面的应变,索塔塔顶的水平位移,控制吊杆的轴力,最大索股索力,主缆

的表面温度，桥面系的工作性能等。

（2）试验荷载效应计算

试验荷载效应计算是在设计内力计算的基础上，确定加载位置、加载等级以及在各级试验荷载作用下结构的反应。由于桥梁静载试验为鉴定性荷载试验，试验荷载原则上应尽量采用与设计标准荷载相同的荷载，但由于客观条件的限制，实际采用的试验荷载往往很难与设计标准荷载一致。在不影响主要试验目的的前提下，一般采用内力（应力）或变形等效的加载方式，即计算出设计标准荷载对控制截面产生的最不利内力，以此作为控制值，然后调整试验荷载使该截面内力逐级达到此控制值，从而实现检验鉴定的目的。在选择试验荷载大小及加载位置时一般采用静载试验效率 η 进行调控，即：

$$\eta = \frac{S_t}{S_d(1+\mu)} \tag{7-1}$$

式中：S_t——试验荷载作用下，检测部位变形或内力的计算值；

S_d——设计标准荷载作用下，检测部位变形或内力的计算值；

$1+\mu$——设计取用的冲击系数。

η 取值宜为 0.8～1.05。根据最大试验荷载量及试验目的的不同，可以分为：

①基本荷载试验：最大试验荷载为设计标准规定的荷载，即 $1.0 \geqslant \eta > 0.8$，包括设计标准规定的动力系数或荷载增大系数等因素的作用。

②重荷载试验：最大试验荷载大于基本荷载，即 $\eta > 1.0$，一般只在特殊情况下才进行重荷载试验，其上限值根据检验要求确定。

③轻荷载试验：最大试验荷载小于基本荷载，即 $0.8 \geqslant \eta > 0.5$，但为了充分反映结构的整体工作和减少量测的误差，要求试验荷载不小于基本荷载的 0.5 倍。

在计算试验荷载效应时，首先要根据控制截面的设计内力及加载设备的种类，初步确定加载位置、加载等级，以使试验荷载逐级达到该截面的设计内力，实现预定的加载效率，同时，应计算其他控制截面在试验荷载作用下的内力，如未超过其设计内力，说明试验荷载的加载位置、加载等级有效且安全，如超过其设计内力，则应重新调整试验荷载的加载位置、加载等级，直至找到既可使控制截面达到其加载效率、又确保其他截面在试验荷载作用下不超过其设计内力的加载方式为止。其次，根据最终确定的加载等级、加载位置及加载重量，计算出试验桥梁各级试验荷载作用下的结构行为，包括试验桥梁各应力测试截面的应力应变，各挠度测点的挠度，必要时还要根据试验桥梁的受力特点，计算出各测点的扭角、水平位移等结构反应，以便与实测值进行比较，评价该桥的工作性能。最后，在上述工作的基础上，结合现场实际情况，形成严密可行的加载程序，以便试验时实施。

3.加载方案设计

桥梁静载试验的加载方案设计包括加载设备的选用，加载卸载程序以及加载持续时间三个方面。

（1）加载设备

加载设备应根据桥梁静载试验的目的要求、现场条件、加载量大小和经济方便的原则选用。现场静载试验常用车辆荷载加载、重物加载加力架加载三种方式。图 7-1 所示为加载车辆示意。

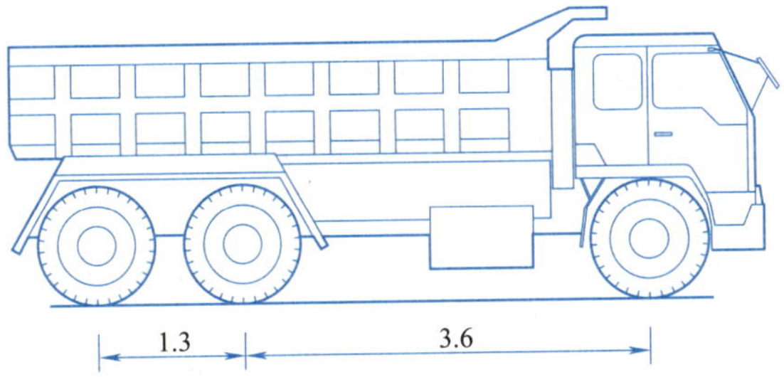

图 7-1 加载车辆示意

车辆荷载便于运输、加载卸载方便，较常用。公路桥梁通常选用重载汽车，铁路桥梁则选择标准的加载列车。车辆荷载加载需注意，一是加载车辆应严格称重，保证试验车辆的重量与方案值的误差在 5% 以内；二是尽可能采用“标准加载车辆”，避免车辆轴距与方案轴距差别引起的检测误差。

重物加载是将重物（如铸铁块、预制块、沙包、水箱等）施加在桥面或构件上。重物加载时要进行重量检查，保证加载重量的准确性。重物加载准备工作量大，加载卸载时间长，实际应用受到一定限制，重物加载一般用于现场单片梁试验、人行桥梁静载试验等场合。

加力架一般由地锚、千斤顶、加力架、测力计（力传感器）、支承等组成，如图 7-2 所示。千斤顶一端作用于加力架上并通过加力架传递给地锚，另一端作用在试验梁上，力的大小由测力计进行监控。加力架临时工程量大，经济性差，仅适用于单片梁或桥梁局部构件的现场检测。

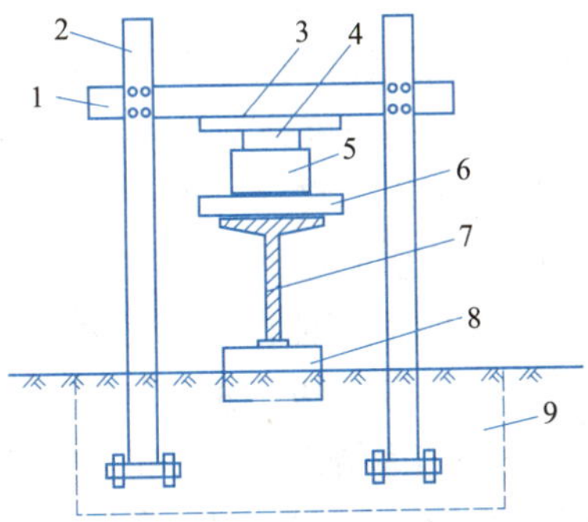

图 7-2 加力架示意

1—横梁；2—拉杆；3—垫板；4—测力计；5—千斤顶；6—分配梁；7—试验梁；8—试验梁支承；9—地锚

（2）加载卸载程序

加载卸载程序就是试验期间施加的荷载与时间的关系，如加载速度的快慢、分级荷载量值的大小、加载卸载的流程等等。桥梁静载试验有着科学严密的加载卸载程序，以保证能够获得结构应变和变形随荷载增加的连续关系曲线，并且防止意外事故。加载卸载程序如下。

①荷载应该分级递加、递减，不宜一次完成。分级加载的目的在于较全面地掌握试验桥梁实测变形、应变与荷载的关系，了解桥梁结构各阶段的工作性能，且便于观测操作。静载试验一般应不少于四级加载，加载车辆条件受限时也不应少于三级加载，分级使控制截面内力逼近设计内力。采用分级加载方法，每级加载量值的大小和分级数量的多少要根据试验目的、观测项目与试验的具体情况来确定，必要时减小荷载增量幅度，加密荷载等级。

②正式加载前，要对试验桥梁进行预加载。预加载的目的在于消除结构的非弹性变形，并起到演习作用，检查试验组织安排上存在的问题，如检查试验仪器仪表的工作状态，检验试验设备的可靠性，检查现场组织工作与试验人员分工协作方面存在的问题。此外，对于新建结构，通过预加载可以使结构进入正常工作状态，消除支点沉降、支座压缩等非弹性变形。预加载的荷载大小一般为最大试验荷载的1/3～1/2，对钢筋混凝土结构还应小于其开裂荷载。

③桥梁状况较差或存在缺陷时，应尽可能增加加载分级，并在试验过程中密切监测结构的反应，以便在试验过程中根据实测数据对加载程序进行必要的调整或及时终止试验，以确保试验桥梁、量测设备和人员的安全。

④一般情况下，加载车辆全部到位、达到设计内力后方可进行卸载，卸载可分2～3级卸载，并尽量使卸载的部分工况与加载的部分工况相对应，以便进行校核。

⑤加载车辆位置应尽可能靠近测试截面内力影响线的峰值处，以便用较少的车辆来产生较大的试验荷载效应，从而节省试验费用与测试时间。同时，加载车辆位置还应尽可能兼顾不同测试截面的试验荷载效应，以减少加载工况与测试工作量，如三跨连续梁中跨跨中截面的加载与中支点截面的加载就可以互相兼顾。此外，对于直线桥跨每级荷载应尽可能对称于桥轴线，以便利用对称性校核测试数据，减少测试工作量。

在上述工作的基础上，根据所确定的加载设备、加载等级、加载顺序与加载位置几个方面，就可以形成一个比较严密的、操作性较强的加载程序，作为正式试验时加载实施的纲领。

(3)加载卸载时间

为减少温度变化对测试结果的影响，加载时间宜选在温度较为稳定的晚22时至次日凌晨6时之间进行，尤其是对于加载工况较多、加载时间较长的试验。如夜间加载或量测存在困难而必须在白天进行时，一方面要采取严格良好的温度补偿措施，另一方面应采取加载—卸载—加载的对策，同时保证每一加载周期不超过20 min为宜。

每次加载、卸载持续一定时间后方可进行观测，以使结构的反应能够充分地表现出来，如加载后持续的时间较短，则测得的应变、变形值有可能偏小。通常要根据观测仪表所指示的变化来确定加载持续时间，当结构应力、变形基本稳定时方可进行各观测点读数。对于卸载后残余变形的观测，零载持续时间则应适当延长，这是因为结构的残余变形与其承载历史有关，对于新建结构在第一次荷载作用下，常有较大的残余变形，以后再受力，残余变形增加得很少。一般情况下，试验时每级荷载持续时间应不少于15 min方可进行观测；卸载后观测残余变形、残余应变的时间间隔应不少于30 min。

4.观测内容

荷载作用下桥梁结构的变形分为整体变形和局部变形。整体变形(如梁的挠度、转角，索塔的水平变位等)反映桥梁结构整体工作性能；局部变形(如裂缝宽度、相对错位、结构应变等)反映结构局部工作状况。确定桥梁静载试验观测项目，首先考虑整体变形，以确定桥梁结构受力的宏观行为，其次要针对结构的特点及现存主要问题，抓住重点，有的放矢，避免面面俱到。桥梁静载试验观测内容如下：

(1)控制截面最大应力(应变)

以混凝土表面正应力(应变)为主，一方面测试应力(应变)沿截面高度的分布，检验中心轴高度计算是否可信、推断结构极限强度；另一方面测试应力(应变)随试验荷载的变化规律，判断结构是否处于弹性工作状态。受力较为复杂的情况还要测试最大主应力大小、方向及其随荷载的变化规律。此外，为了全面地反映结构应力分布，常常在施工阶段就在结构内部预埋相应的测试元件，布设应力测点，如钢筋应力测点、混凝土内部应力测点。

(2)控制位移

梁桥为最大竖向挠度以及挠度沿桥轴线分布。拱桥、斜拉桥、悬索桥，观测拱肋或索塔控制点纵横向最大水平位移；偏载加载方式或曲线桥梁，还要观测变形控制点的水平位移和扭转变形。

(3)裂缝

包括初始裂缝所处的位置，裂缝的长度、宽度、间距与方向的变化，以及卸载后裂缝的闭合情况。

(4)沉降

在试验荷载作用下，支座的压缩或支点的沉降，墩台的位移与转角。

(5)索(杆)力

斜拉桥、悬索桥、系杆拱的吊索(拉索)的索力，以及主缆(拉索)的表面温度。

5.测点布置

测点布置遵循必要、适量、方便观测的原则，并使观测数据尽可能准确、可靠。测点布置要点如下。

(1)测点处于结构受力特征点

如简支梁桥，跨中截面最大挠度与截面上下缘最大应变最能反映结构性能，有经验的检测工程师首先想到的就是在此布点。

(2)测点设置目的明确

在保证试验目的要求下，测点不宜设置过多，以便提高试验工作效率，保证重点，保证质量。

(3)测点布置便于数据采集

测点布设也要考虑测试仪器的安装与数据采集的方便，数据采集不下来的测点没有意义，一般测点布置宜适当集中。数据采集比较危险的部位应有妥善的安全预案或采用无线传输设备。

(4)布设校核性测点

在现场检测过程中，由于偶然因素或外界干扰，会有部分测试元件、测试仪器不能正常工作，为了保证可靠的数据采集，就要布置一定数量的校核性测点。例如一个对称截面，在同一截面的同一高度应变测点不应少于2个，同一截面应变测点不应少于6个，以便判别量测数据的可靠程度，舍去可疑数据。

(5)结构对称互等原理的利用

例如简支梁在对称荷载作用下，$L/4$、$3L/4$ 截面的挠度相等，两截面对应位置的应变也相等，利用这一点可在保证数据校核的情况下，适当减少测点数量。

6.测试仪器选择

桥梁静载试验选择仪器仪表，可以参考模块1中检测仪器的内容，此外要注意：

①仪器仪表应满足测试精度要求。一般情况下要求测量结果的最大相对误差不超过5%。

②避免盲目追求精度。精密量测仪器仪表常常要求良好的环境条件。

③仪器仪表越少越好。首先考虑一机多用，其次尽量选用同一类型规格仪器仪表。在同一次

试验中种类愈少愈好。

④仪器仪表量程足够。试验中途更换仪器，或者调试仪器，会增加试验的误差。

⑤选用简便可靠的仪器。一般电测仪器的适应性不如机械式仪器仪表，而机械式仪器仪表的适应性不如光学仪器。例如，当桥下净空较大、测点较多、挠度较大时，桥梁挠度观测宜选用光学挠度仪，而单片梁静载试验挠度的量测宜采用百分表。

7.1.3 桥梁静载试验现场组织

把桥梁荷载试验比喻为一场演出应该不为过，它涉及多个工种的配合，多个工序的衔接，多种设备的协调，多种可能情况的应对，而可供操作的“时间窗口”有限，“空间舞台”简陋，环境条件恶劣。因而优秀的现场组织是实现完美“演出”的重要保证。静载试验现场组织就是把各工种、各工序、各种设备、各种可能的情况按照时间、空间安排好，使整个静载试验协调、完整、高效、统一。静载试验现场组织包括试验前现场准备工作、加载测试工作及现场清理的全部内容。

1.现场准备及测试工作安排

静载试验前现场准备工作比较庞杂、费时费工。整个试验的大部分工作都要在加载试验前具体化。

(1)试验前准备工作

试验前准备工作包括以下内容：

①工作环境平台。为了方便地布置测点、安装仪表或读数，经常需要搭设脚手架、使用升降设备或桥梁检测车，搭设的支架应牢固可靠，又不能影响试验对象的自由变形；此外，要在距离测试部位适当的地方搭设棚帐，以供操作仪器使用；还要接通电源或自备发电设备，安装照明设备。

②仪器仪表、加载设备的检查标定。试验前对仪器仪表、设备进行全面检查与标定，确保仪器仪表状态良好，准备好各类人工记录仪器的记录表格。采用加力架加载，要进行加力架强度、刚度、稳定性验算，并进行千斤顶的校验。汽车或重物加载，要联系、监督地磅称重，测量加载车辆轴距。

③应变测点放样定位。首先结构表面测点要进行表面打磨处理或局部改造(如铲除桥面铺装)；结构内部测点要检查整理施工预埋测试元件。其次进行应变测试元件的粘贴、编号、防潮与防护处理，连接应变测试元件与数据采集仪，采取温度补偿措施，进行数据采集仪的预调平。

④变形测点的定位布置。挠度、水平位移观测用到的激光挠度仪、精密水准仪、全站仪等光学仪器需要配合进行测点标志设置，测站、测量路线布设；百分表、千分表或位移计变形测量，要根据理论位移计算值的大小和方向，安装测表并进行初读数调整及测读。

⑤加载位置定位放样。使用油漆或粉笔明确地画出加载的位置、加载等级，以便正式试验时指挥加载车辆或加载重物准确就位。

⑥封闭交通。运营状态下的桥梁，应提前联系交管部门确定交通封闭时间并保证试验期间绝对禁止闲杂人员和非试验车辆进入。相应做好测试元件、测试导线的防护。

⑦人员分工组织安排。现场由指挥长统一调度指挥试验工作，下设测试小组组长，可根据使用的仪器型号、测试项目的情况划分各小组，需要配备无线通信联络工具或明确联络方式，以便统一指挥，统一行动。正式开始试验前，指挥长根据试验程序向全体工作人员进行技术交底，交底的

内容包括试验测试内容、试验程序、注意事项等，明确所有测试人员的职责，做到人人心中有数。

⑧正式加载前，要进行预加载，以检查仪器的工作状态，消除非弹性变形。预加荷载卸载后，进行零荷载测量，读取各测点零荷载的读数。

(2)试验工作

准备工作做得精细，试验会变得心中有数。但在试验开始时，还是应留意环境条件的变化，包括温度、天气以及其他意料之外的状况等，尽可能在干扰较小的情况下进行试验。试验本身就是按照预先方案控制好加载节奏、做好数据采集。需要留意的是：

①加载的位置、顺序、重量要准确无误。利用汽车加载时，要提前与驾驶人沟通并有专人指挥汽车行驶到指定位置。

②做好数据核准比对。每台仪器应配备一个以上的观测人员进行观测记录，每级荷载作用下的实测值应与对应的理论计算值进行比较，如有异常情况应立即检查、分析原因，并立即向试验指挥人员汇报，以便试验指挥人员做出正确的判断，确保工作安全。

③数据采集要同步。每级荷载作用下，待结构反应稳定后，不同类别的测试项目(应变、变形、裂缝)应约定好在同一时间进行读数。如某些项目观测时间较长，则应将观测时间较短的项目的读数时间安排在中间进行，以使各测试项目的读数基本同步。

④试验进行过程中，注意不要触动测试元件及测量导线，以免引起读数的波动。

⑤关注关键数据和控制环节。关键数据如简支梁试验跨中挠度变化，控制环节指数据采集难度较大的环节或者时间上容易拖延整体工作的环节，如跨中挠度的水准测量。

(3)现场清理

试验完成后，简单核查测试数据的完备性，如有关键数据采集遗漏或明显失真，应做补测；测试结束后的现场清理包括以下工作：

①清理仪器仪表及可重复利用的测试元件，回收测试导线。

②拆除脚手架和棚帐，清理现场，以便开放交通。

③对于进行了打磨或局部改造的应变测点，要用混凝土或环氧砂浆进行修补。此外，还要拆除变形测量时所埋设的测点标志或临时站点设施。

2.加载控制及终止条件

在静载试验过程中，试验指挥人员应及时掌握各方面的情况，对加载进行控制。既要取得良好的试验效果，又要确保人员、仪器设备及试验桥梁的安全，避免不应有的损失。为此，应注意以下几点：

①严格按照预定试验方案的加载程序进行加载，试验荷载的大小，测试截面的内力大小都应由小到大，逐步增加，并随时做好停止加载和卸载的准备。

②对于变形控制点、应变控制点应随时观测、随时计算，必要时应对变形、应变控制点的量值变化进行在线实时监控观测，并将测试结果及时报告试验指挥人员。如实测值超过理论计算值较多、裂缝宽度急剧增大或听到异常的声响，则应暂停加载，待查明原因后再决定是否继续加载。

③加载过程中应指定专人注意观察结构的薄弱部位是否有新裂缝出现，组合结构的接合面是否出现错位或相对滑移现象，结构是否出现不正常的响声，加载时墩台是否发生摇晃现象等。如发生这些情况应及时报告试验指挥人员，以便采取相应的措施。

④试验过程中发生下列情况时应中途终止加载。

· 在某一级试验荷载作用下，控制点的应变急剧增大，或某些测点应变处于继续增大的不稳定状态。

· 在某一级试验荷载作用下，控制测点的应变或挠度超过规范允许值。

· 加载过程中，结构原有裂缝的长度、宽度急剧增大，或超过规范限值的裂缝迅速增多，对结构的使用寿命造成较大影响。

· 发生其他损坏，影响桥梁结构的正常使用或承载能力。

7.1.4 桥梁桩基础静载试验

下部结构如桥墩、桥台、基础是桥梁结构的重要组成部分，它承担着上部结构的自重和汽车、人群等活荷载，并将这些荷载传递给地基。因此，下部结构的工作状态对桥梁结构的安全使用有决定性的影响。下部结构的静载试验是确定其承载能力的主要途径之一。下部结构的荷载试验包括墩台荷载试验和桩基础荷载试验。通常，墩台荷载试验往往通过上部结构的加载来实现，与上部承重结构的试验有许多共同之处，而桩基础静载试验加载、测试则比较特殊，又是桥梁检测中经常进行的试验，特别是在钻孔灌注桩广泛使用于桥梁工程中以后。

1.试验的目的与内容

桩基础静载试验的目的是确定桩的实际承载能力（包括桩的允许荷载、极限荷载、安全储备），了解桩基础的变位情况，根据试验结果来修改原定的桩长或桩径，增减桩的数量，以确保桩基础的安全性与经济性。由于桩基静载试验是在施工现场进行的，桩的类型、尺寸、施工方法，尤其是工程地质条件都十分接近拟建桥梁的实际情况，因此它的成果是最可靠准确的，桩基础的静载试验不仅可以鉴定桩的承载能力，而且对桩基础的设计、施工、科研都具有重要意义。

桩基础静载试验分为竖向荷载试验与水平荷载试验。竖向荷载试验是对试验桩逐级施加竖向荷载，测量试验桩在各级荷载作用下的稳定沉降量，得出桩基础荷载与变位之间的关系，从而判定桩基础的竖向承载能力，简称“试桩”。水平荷载试验是对试验桩逐级施加水平荷载，测量试验桩在各级荷载作用下的水平变位，得出桩基础荷载与水平变位之间的关系，并由此判断试验桩的水平承载能力。为了能够准确地推断桩基础的承载力，试桩的数量应不少于桩基总数的2%，且不少于2根，试桩的施工方法、施工工艺、材料、尺寸及入土深度均应与设计桩基相同。有关规范、规程对桩基试验加载等级的划分、试桩的时间、变形稳定的标准、破坏的特征、资料的分析与评价等方面均有详细规定。试桩内容主要是测定荷载-变位关系，荷载测试、变位测试是主要内容，有时也需要测试其他内容。

（1）荷载的测试

进行竖向荷载试验时，应测定竖向荷载的大小；进行水平荷载试验时，要测定水平荷载的大小。所有荷载都要分级施加在试桩上，直至达到规定的荷载或试桩出现破坏标志为止。由于荷载是试验的主要观测项目，所以应进行精确测定。

（2）变位的测试

变位是指桩在地面处和其他各截面的竖向位移、水平位移和转角。变位与荷载的关系说明了桩的工作性能，所以它是试桩必须测定的项目。此外，对于鉴定性试桩，还必须测定桩在地面处的变位以及试桩开裂情况。

(3)应力的测试

通过测试桩中主要受力钢筋的应力、混凝土的应力,可以推算出测试截面的弯矩、轴力等,然后与理论计算结果比较,以便为修正计算参数或计算理论积累资料。

(4)桩底反力测试

由于直接测定桩侧摩阻力有困难,通常多通过桩底反力和各截面轴向力的测定来推算桩侧摩阻力,以便通过试桩荷载试验修正单位摩阻力。测定桩底反力,还可以查明钻孔桩底部的工作状态,判断桩底沉淀土的厚度。

微课

中岩科技单桩竖向抗压静载荷试验教学视频

(5)土中应力测试

土中应力测试主要是测定试桩对土的水平压力(土抗力)的大小,此外,往往还钻取桩位处的原状土,以通过试验取得土的物理力学性能指标。

(6)地面变形测试

地面变形是判断桩承载能力的重要因素,试验时应尽可能观测地面变形和开裂的情况。

2.单桩竖向荷载试验

1)试验基本原理

桩的承载能力由桩周围土的摩擦力和桩底岩土的抵抗力组成,当这两个组成部分没有充分发挥之前,桩的下沉量随着荷载成正比加载;当桩身产生突然增大的下沉或不稳定的下沉,说明桩身摩擦力和桩端阻力都已充分发挥,此时作用在桩头上的荷载就是破坏荷载,而它的前一级荷载就定义为桩的极限荷载。将桩的极限荷载除以安全系数,就得到桩的承载力。一般地,对于桥梁桩基础,安全系数取用2.0。按照上述原理,试验时对试桩分级施加竖向荷载,测量试桩在各级试验荷载作用下的稳定沉降量,根据沉降与荷载及时间的关系,即可分析确定试桩的容许承载力。此外,还可以根据实际情况的要求,在加载过程中进行桩身应力、钢筋应力的测试,或通过预埋的压力传感器测试桩底反力。

2)加载设备

试桩的加载方式主要有锚桩法和压重法两种。

锚桩法是一种常用的加载装置,主要设备由锚梁、横梁和液压千斤顶等组成,如图7-3所示,采用千斤顶逐级施加荷载,反力通过横梁、锚梁传递给已经施工完毕的桩基,用油压表或力传感器量测荷载的大小,用百分表或位移计量测试桩的下沉量,以便进一步分析。

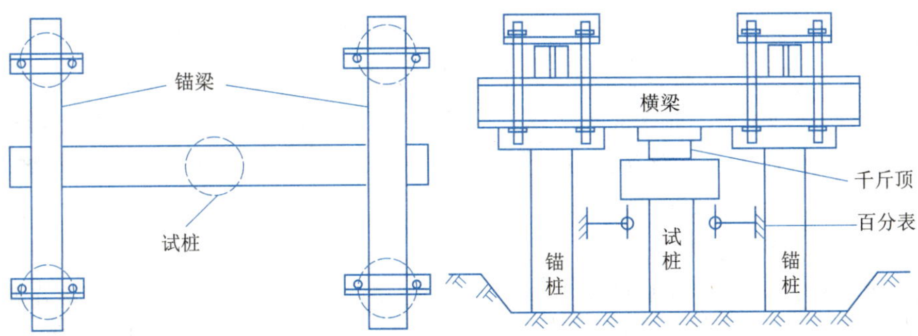

图7-3 锚桩法加载装置

一般说来,采用锚桩法进行试验应注意以下几个方面:

(1)锚桩设计

锚桩可根据需要布置4~6根,锚桩的入土深度应等于或大于试桩的入土深度,锚桩与试桩的距离应大于试桩直径的3倍,以减小锚桩对试桩的影响。同时,考虑到锚桩与试桩在受力性质上有所不同,试桩受轴向压力,由于桩身材料泊松比的关系,受力后其截面在横向有扩大的趋势,这有利于增强桩壁的摩阻力,地基土受力后的塑性区是在桩的下段发展;而作为反力装置的抗拔锚桩,受力后横向有缩小的趋势,相对地降低了桩壁摩阻力,塑性区在桩的上段发展,因此入土长度相等时,同一地点的锚桩的上拔力低于试桩的抗力。根据一些试验资料,上拔时桩壁的摩阻力极限值约为受压时的1/5~1/3,可供设计锚桩时参考。此外,对于锚桩,应根据要求的锚固荷载,进行抗裂计算。

(2)加载装置设计

对于横梁、锚梁等加载装置,要进行强度、稳定性、变形等方面的验算,做出周密的设计,确保加载装置的加载能力不低于试桩破坏荷载或最大加载量的1.5~2.0倍,确保加载装置有足够的刚度。

(3)观测装置的布置

试桩受力后,会引起其周围的土体变形,为了能够准确地量测试桩的下沉量,观测装置的固定点如基准桩应与试桩、锚桩保持适当的距离,如表7-1所示。

表7-1 观测装置的固定点与试桩、锚桩间的距离

锚桩数目	观测装置的固定与试桩、锚桩间的最小距离/m	
	与试桩	与锚桩
4	2.4	1.6
6	1.7	1.0

压重法又称堆载法,是在试桩的两侧设置枕木垛,上面放置型钢或钢轨,将足够重量的钢锭、铅块或混凝土块堆放其上作为压重,在型钢下面安放主梁,千斤顶则放在主梁与桩顶之间,通过千斤顶对试桩逐级施加荷载,同时用百分表或位移计量测试桩的下沉量,如图7-4所示。由于这种加载方法临时工程量较大,多用于承载力较小的桩基静载试验。

3)试验基本要求

(1)试桩试验时间

对于砂性土地基的打入桩,沉桩后距静载试验的时间间隔不得少于7天;对于黏性土地基的打入桩,沉桩后距静载试验的时间间隔不得少于14天;对于钻孔灌注桩要满足桩身混凝土养护时间,一般情况下不少于28天。此外,试桩的桩顶应完好无损,桩顶露出地面的长度应满足试桩仪器设备安装的需要,一般不小于60 cm。

(2)试桩加载、卸载方法

根据有关计算公式,估计试桩的最大试验荷载,将其划分为8~12级,逐级等量施加;卸载可分为4~6级,逐级等量卸载,卸载量一般可取加载量的2倍;必要时,试桩的加载、卸载也可采取多次循环方式。

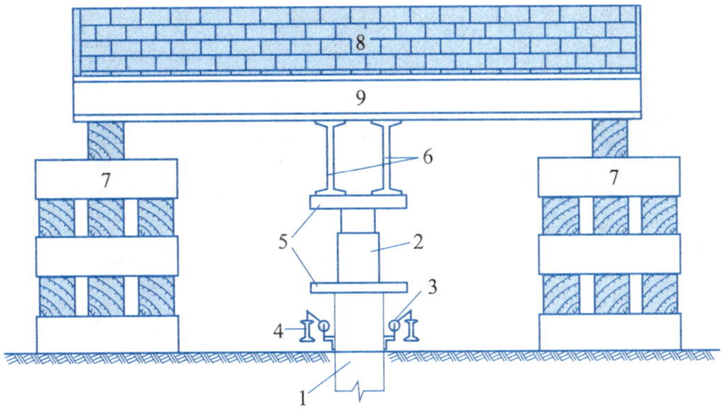

图7-4 堆载法加载装置

1—试桩;2—千斤顶;3—百分表;4—基准梁;5—钢板;6—主梁;7—枕木;8—堆放的荷载;9—次梁

(3)沉降测读时间

加载时,在每级加载后的第1小时内,每隔15 min测读1次,以后每隔30 min测读1次,直至沉降稳定为止。沉降稳定的标准规定为:对砂性土30 min沉降不超过0.1 mm,对黏性土60 min不超过0.1 mm。待沉降稳定后,方可施加下一级荷载,如此加载测读,直至试桩破坏。卸载时,每级荷载持载1 h,按照0、15、30、60 min测读4次,卸载至0荷载时,要测读残余稳定的沉降量,一般是在完全卸载的3 h后进行测读。

(4)终止加载条件

当出现下列情况之一时,一般认为试桩已达破坏状态,所施加的荷载即为破坏荷载,试桩即可终止加载:

①试桩在某级荷载作用下的沉降量,大于前一级荷载沉降量的5倍。

②试桩在某级荷载作用下的沉降量大于前一级荷载沉降量的2倍,且经24 h尚未达到相对稳定。

③荷载超过预估极限荷载的50%,或已达到桩身材料的极限强度以及试桩桩顶出现明显的破损现象。

④试桩桩顶的总沉降量超过40 mm。若桩长大于40 m,则控制的总沉降量可放宽,桩长每增加10 m,沉降量限值相应地增大10 mm。

4)成果整理分析

为了确定试桩的极限承载力,要根据试验原始记录资料,绘制试桩曲线来分析。下面介绍两种常用的试桩曲线绘制方法。

(1)P—S曲线转折点法

P—S曲线即荷载沉降曲线,如图7-5所示。在P—S曲线上,以曲线出现明显下弯转折点所对应的荷载作为极限荷载。原理是当荷载超过极限荷载之后,桩周土达到破坏阶段而发生大量塑性变形,引起桩发生较大或者较长时间仍未停止的下沉,所以在P—S曲线上呈现出明显的下弯转折点。为了便于判断,一般地,P—S曲线以横坐标为荷载P轴,以1 cm代表50 kN,纵坐标为桩顶沉降量,以1 cm代表1 mm,并规定P轴与S轴方向的宽度比为2∶3,这样绘制的P—S曲线其转折点比较明显可靠。但有些时候,P—S曲线的转折点仍不够明显,此时极限荷载就难以确定,需借助其他方法辅助判断,例如绘制各级荷载作用下的沉降—时间(S—t)曲线(见图7-5),或采用对数坐标绘制 log$P$—log$S$ 曲线，可能会使转折点显得明确一些。

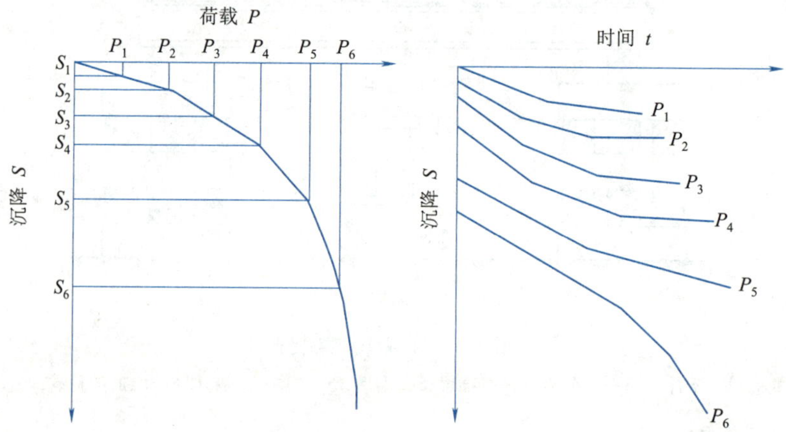

图 7-5　试桩荷载—沉降(P—S)曲线、沉降—时间(S—t)曲线

(2)S—log$t$ 法

这种方法是按照沉降随时间变化的特征来确定极限荷载的，根据对以往大量试桩资料的分析，发现桩在破坏荷载之前的每级下沉量(S)与时间(t)的对数成线性关系，如图 7-6 所示，用公示表示为

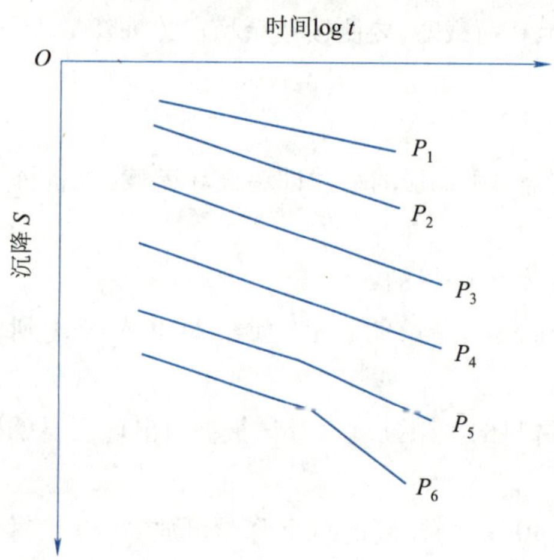

图 7-6　试桩 S—log$t$ 曲线

$$S = m\log t \tag{7-2}$$

直线的斜率 m 在某种程度上反映了桩的沉降速率，m 不是常数，它随着桩顶荷载增加而增大，m 越大则桩的沉降速率越大。当桩顶荷载继续增大时，如发现绘制的 S—log$t$ 线形不是一条直线而是折线时，则说明该级荷载作用下桩的沉降速率骤增，此为地基土塑性变形骤增的结果，标志桩已破坏。因此，可将相应于 S—log$t$ 曲线由直线变为折线的那一级荷载定为试桩的破坏荷载，其前一级荷载即为桩的极限荷载。

3.桩水平荷载试验

作用在桥梁桩基础的水平力有从上部结构传递下来的车辆制动力、风力，也可能有直接作用在下部结构的流水(流冰)冲击力、船舶撞击力等。水平荷载作用下桩的承载能力，变形曲线，桩侧法向土应力的分布规律比较复杂，难以依靠理论计算准确地确定，因此通过荷载试验掌握桩的水平承载能力是非常必要的。单桩水平荷载试验一般方法如下。

水平荷载加载方式如图 7-7 所示，由垫板、导木、滚轴(圆钢)和卧式液压千斤顶等组成。由千斤顶逐级施加荷载，反力传递给反力桩，用油压表或力传感器量测荷载的大小，用百分表或位移计量测试桩的水平位移。观测装置、加载装置的要求原则上与竖向静载试验相同，但应注意以下两个方面：其一，反力装置的承载能力及其抗推刚度不应小于试桩，当采用顶推法加载时，反力装置与试桩之间的净间距不小于试桩直径的 5 倍。采用牵引法加载时，净间距不小于试桩直径的 10

倍,并不小于6 m。其二,基准点应设置在受试桩及反力装置影响的范围以外,其与试桩的净距一般不小于试桩直径的5倍,当设置在与加载轴线垂直方向或与试桩位移相反方向时,间距可适当减小,且不宜小于2 m。

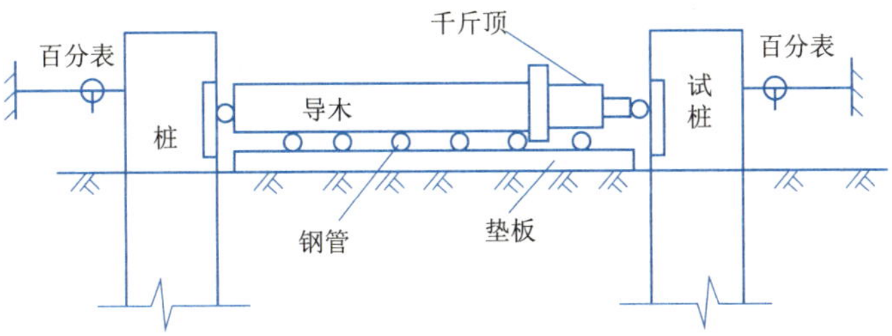

图7-7 单桩水平静载试验装置

单桩水平荷载试验的基本要求可归纳如下:

①试桩基本要求。试桩的位置应根据地质、地形、设计要求和该地区的相关经验综合考虑,选择有代表性的地点。对于打入预制桩,桩顶中心偏差不大于直径的1/8,且不大于10 cm,轴线的倾斜度不大于1/100;对于钻孔灌注桩,要保证桩的成孔情况、倾斜度、清孔效果等方面满足规范和设计要求。

②试桩试验时间。对于砂性土地基的打入预制桩,沉桩后距静载试验的时间间隔不得少于3天;对于黏性土地基的打入式预制桩,沉桩后距静载试验的时间间隔不得少于14天;对于钻孔灌注桩不少于28天。

③试桩的加载、卸载方法。加载方法一般采用单循环恒速水平加载方法,取试桩估计最大试验荷载的1/10作为加载级差,试桩在施加某级荷载后,保持10 min,记录其水平位移读数。然后卸载至零,再经过10 min后测读其回弹位移,而后再加上原级荷载,如此即为一个循环。每级荷载均按以上过程反复5~6次后,方可施加下一级荷载,按此逐级加载,直至试桩达到极限荷载为止,根据实测资料,绘制水平静载试验位移—时间(U—t)曲线,如图7-8所示。此外,试验也可以采用逐级等量连续加载方法,这种方法与竖向静载试验相同,即分级施加水平荷载,测读水平位移,直至桩周土出现明显的裂缝并隆起,或水平位移突然增大或水平位移经长时间后仍不能趋于稳定,即认为该试桩达到破坏状态,根据实测资料,绘制水平静载试验荷载—位移(H—U)曲线。卸载时,每级卸载量为对应的两级加载量,总体上分为5级左右,逐级等量卸载。

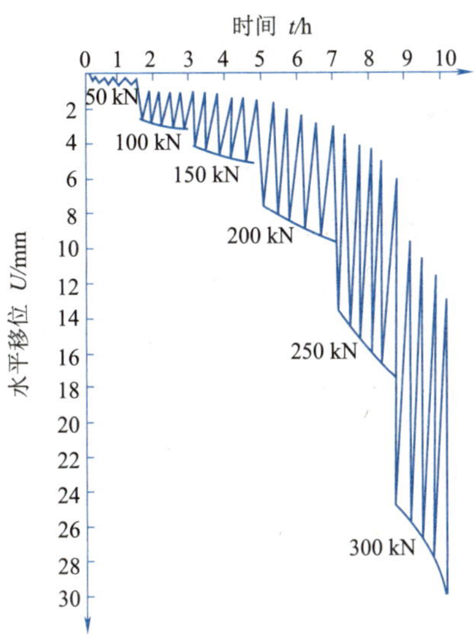

图7-8 桩基水平试验位移—时间(U—t)曲线

④沉降测读时间。逐级连续加载时,在每级加载持载20 min,按照0、5、15、20 min测读;卸载时,每级荷载持载10 min,按照0、5、10 min测读3次,卸载至0荷载时持载30 min,按照0、10、20、30 min测读4次。循环加载时,根据循环加载持续时间,一般在每循环的0、5、15、20、25、30 min测

读6次位移。

⑤在恒定不变的荷载作用下，横向变形急剧增大，变形速率逐渐加快，或已达到试验要求的最大荷载或最大变位，一般认为试桩已达破坏状态，所施加的荷载即为破坏荷载，试桩即可终止加载。

采用循环加载方法时，可在绘制的水平试验位移—时间（U—t）曲线上，将各级荷载反复作用的位移峰值连起来，形成该级荷载作用下的位移包络图，如图4-7所示。若此包络线为上凸时，说明在该级荷载反复作用下，桩的变形逐渐趋于稳定，试桩尚可进一步承载；若此包络线为下凹时，说明在该级荷载反复作用下，桩的变形不断增加，且不稳定，使桩趋于破坏，故可认为该级荷载为桩的破坏荷载，其前一级荷载即为该桩的极限荷载。采用逐渐连续加载方法时，同竖向静载试验一样，分析桩的荷载—位移（H—U）曲线，把相应于曲线上明显下弯转折点所对应的荷载定为极限荷载。将水平极限荷载除以安全系数，即可得出桩的横向容许承载力，安全系数一般取为2。

实际工程中，桩基达到上述按强度条件确定的极限荷载时的位移，往往已超过上部结构的容许水平位移，因此，通常情况下要按变形限值来确定单桩的水平容许承载力，即以桩的水平位移达到容许值时所承受的荷载作为桩的容许承载力。水平位移容许值可根据桩身材料强度、桩周土横向抗力要求、墩台顶横向位移要求以及上部结构容许水平位移限值来确定。目前，对于桥梁工程中的钻孔灌注桩，其在地面处水平位移限值为6 mm，通常以此作为单桩横向容许承载力的判断标准，以满足上部结构、桩基、桩周土变形条件安全度的要求。可以说，这是一种较为概略的试桩水平位移限值标准。

7.1.5 桥梁静载试验数据分析

静载试验数据分析包括对现场采集数据进行整理，用公式或曲线对桥梁受力变形行为进行描述，评价方法与评价指标的取用，以及桥梁静载试验后的桥梁评定。

1.实测资料整理

试验的原始资料与原始记录是研究试验结果、评价桥梁使用性能与承载能力的主要依据。原始记录是说明试验情况的第一手资料，从整体上看是最可靠的，但也难免是烦琐的、庞杂的，缺乏必要的条理性，不能够集中而明确地说明试验所得到的主要技术结论。因此，在实测资料的整理过程中，要进行去粗存精、去伪存真的加工，这样所得到的综合材料要比原始记录更为清楚地表达了试验主要成果。同时，在测试数据整理过程中，要重视和尊重原始资料与原始记录，珍惜有用的点滴资料，保持原始记录的完整性与严肃性。此外，对于一些量测方法和量测内容，要按照科学合理的方法进行计算和修正，以获取有价值的数据或进行量测误差分配。

1）试验原始资料的内容

①桥梁的调查结果和验算结果。

②试验方案。

③原始记录。

④材料的力学性能试验结果。

⑤荷载试验过程中出现的各种异常情况的记录、照片等。

2）试验资料整理

弹性结构的某级荷载的反应等于加荷后读数减去初读数，在测值计算时，要注意以下几个问题：

(1)测值修正

测值修正就是消除各类仪器的系统误差。如机械式仪表的校正系数，电测仪器的率定系数、灵敏系数，电阻应变仪观测导线电阻的影响等。当这类因素对测试值的影响小于1%时可不予修正。

(2)测点应力计算

各测点应力由实测应变求得，即 $\sigma = E \times \varepsilon$。

钢材的弹性模量一般采用规范或规程的规定值，也可通过试验测定。新建桥梁的混凝土结构弹性模量一般可采用设计混凝土强度下的规定值，既有桥梁的混凝土结构弹性模量可以采用无损检测方法实际测算得出。

千分表、杠杠引伸仪、手持应变仪测读应变时，应变值为：

$$\varepsilon = \frac{\text{测值(绝对变位)}}{\text{标距}} \tag{7-3}$$

电测法测量应变时，其测试结果(加载读数与初读数之差)即为应变值 ε。一般地，测试截面的纤维应变由多种应力综合组成，包括轴向应变、竖向弯曲应变、水平弯曲应变以及约束扭转应变等。测定这些应力所需要的测点数量和布置方式，随构件的截面形状与试验目的而定。对于单向应力状态，且沿主应力方向布置应变片的情况，正应力即为主应力；对于单向应力状态按主应力方向布置直角应变花的情况，如图7-9(a)所示，主应力为

$$\sigma = \frac{E}{1+\mu}\varepsilon \tag{7-4}$$

式中：ε——应变测读值；

μ——泊松比；

E——混凝土弹性模量。

在平面应力状态下，当主应力方向已知、按主应力方向布置应变片测量应变，测值为 ε_a、ε_b 时，对应的主应力为

$$\sigma_a = \frac{E}{1-\mu^2}(\varepsilon_a + \mu\varepsilon_b) \tag{7-5}$$

$$\sigma_b = \frac{E}{1-\mu^2}(\varepsilon_b + \mu\varepsilon_a) \tag{7-6}$$

在平面应力状态下，当主应力方向未知，采用图7-9(b)所示的45°应变花进行应变测量时，主应力为

$$\sigma_{max} = \frac{E}{2}\left(\frac{\varepsilon_1+\varepsilon_3}{1-\mu} + \frac{1}{1+\mu}\sqrt{2[(\varepsilon_1-\varepsilon_2)^2+(\varepsilon_2-\varepsilon_3)^2]}\right) \tag{7-7}$$

$$\sigma_{min} = \frac{E}{2}\left(\frac{\varepsilon_1+\varepsilon_3}{1-\mu} - \frac{1}{1+\mu}\sqrt{2[(\varepsilon_1-\varepsilon_2)^2+(\varepsilon_2-\varepsilon_3)^2]}\right) \tag{7-8}$$

$$\tau_{max} = \frac{E}{2(1+\mu)}\sqrt{2[(\varepsilon_1-\varepsilon_2)^2+(\varepsilon_2+\varepsilon_3)^2]} \tag{7-9}$$

最大主应力与第一应变片的夹角为

$$\varphi = \frac{1}{2}\arctan\left(\frac{2\varepsilon_2-\varepsilon_1-\varepsilon_3}{\varepsilon_1-\varepsilon_3}\right) \tag{7-10}$$

平面应力状态主应力方向未知、采用图7-9(c)所示的60°应变花进行应变测量时，主应力、剪应力为

$$\sigma_{\max} = E\left[\frac{\varepsilon_1+\varepsilon_2+\varepsilon_3}{3(1-\mu)} + \frac{1}{1+\mu}\sqrt{\left(\frac{2\varepsilon_1-\varepsilon_2-\varepsilon_3}{3}\right)^2 + \frac{(\varepsilon_2-\varepsilon_3)^2}{3}}\right] \tag{7-11}$$

$$\sigma_{\min} = E\left[\frac{\varepsilon_1+\varepsilon_2+\varepsilon_3}{3(1-\mu)} - \frac{1}{1+\mu}\sqrt{\left(\frac{2\varepsilon_1-\varepsilon_2-\varepsilon_3}{3}\right)^2 + \frac{(\varepsilon_2-\varepsilon_3)^2}{3}}\right] \tag{7-12}$$

$$\tau_{\max} = \frac{E}{1+\mu}\sqrt{\left(\frac{2\varepsilon_1-\varepsilon_2-\varepsilon_3}{3}\right)^2 + \frac{(\varepsilon_2-\varepsilon_3)^2}{3}} \tag{7-13}$$

最大主应力与第一片应变片的夹角为：

$$\varphi = \frac{1}{2}\arctan\left(\frac{\sqrt{3}(\varepsilon_2-\varepsilon_3)}{2\varepsilon_1-\varepsilon_2-\varepsilon_3}\right) \tag{7-14}$$

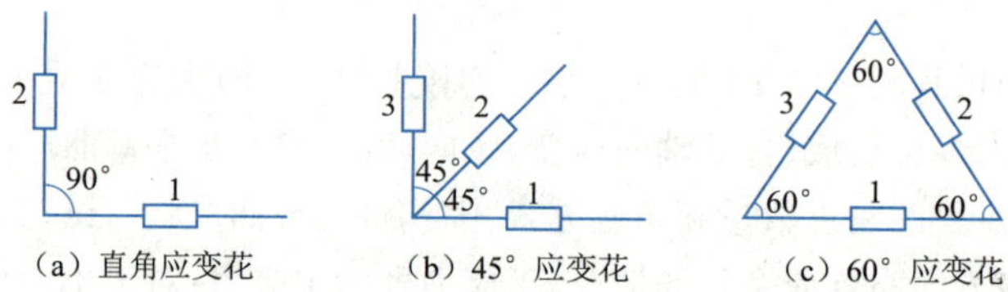

图7-9　测点应力计算

(3)挠度计算及误差处理方法

激光挠度仪测量挠度，使用仪器自带软件即可方便地得出各测点挠度；精密水准仪测量挠度，则依据水准测量的误差理论、平差方法进行各测点在各级试验荷载作用下的高程，计算得出各点挠度。

(4)支点沉降影响的修正

对于梁式桥，支点沉降会产生刚体位移和转角，测试结果不仅包括弹性挠度，也包括刚体位移，因此，当支点产生沉降时，应修正其对挠度的影响。以图7-10所示的简支梁为例，支点沉降为直线分布，修正量值可按下式计算：

$$\delta(x) = \frac{l-x}{l}a + \frac{x}{l}b \tag{7-15}$$

式中：$\delta(x)$——距支点A距离为x处的修正值；

l——简支梁的跨度；

x——挠度测点到A支点的距离；

a——支点A的沉降量；

b——支点B的沉降量。

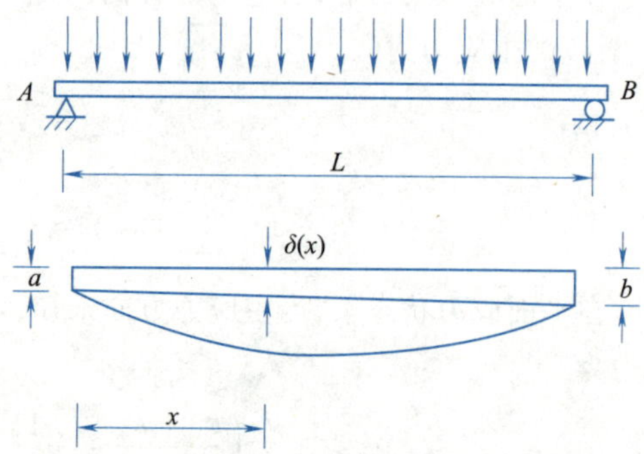

图7-10　考虑支点沉降时梁的挠度修正

(5)荷载横向分布系数的计算

对于由多片主梁组成的桥梁结构，荷载横向分布系数的量测与计算往往是桥梁检测的内容之一。通过对桥梁结构跨中截面各主梁挠度的测定，可以绘制出跨中截面的横向挠度曲线，然后按

照荷载横向分布的概念，运用变位互等原理，即可计算出任一主梁的荷载横向分布系数。一般地，各主梁截面尺寸相同，按照横向分布系数的定义：

$$\eta_i = \frac{\omega_i}{\omega_i'} \tag{7-16}$$

式中：ω_i——荷载 P 引起的某一主梁的挠度；

ω_i'——荷载 P 均匀分布于全桥宽时所产生的挠度。

同时，荷载横向分布系数也可以用挠度图的面积来定义，如图7-11所示。

$$\eta_i = \frac{\Omega_i(y)}{\Omega} = \frac{y_i}{\sum y_i} \tag{7-17}$$

式中：$\Omega_i(y)$——第 i 个主梁范围内挠度图的面积；

Ω——挠度图的总面积；

y_i——第 i 个主梁的挠度。

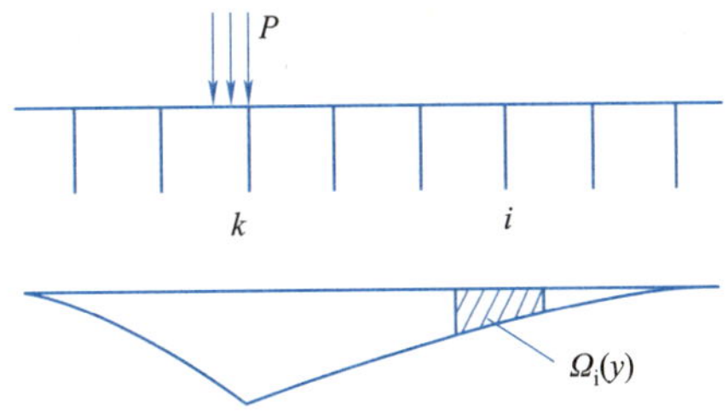

图7-11 任一主梁的挠度曲线

2.试验曲线绘制

1）荷载—变形曲线的整理

荷载—变形曲线表达荷载与变形之间的关系，其中的变形可以是各种变形如挠度、转角、应变等。荷载—变形关系能够宏观地说明结构的基本状态和工作性质，说明结构是处于弹性还是处于弹塑性工作阶段，同时也能反映某些局部现象（如结构开裂与否）以及节点的工作状态等。荷载—变形曲线如图7-12所示。曲线1是直线，说明结构处于弹性工作状态，钢结构试验得到这样的结果是正常的，而钢筋混凝土等具有显著非弹性性质的结构，只有在承受多次正常荷载作用后再测试，才可能达到这样的结果。曲线2表示非弹性工作状态各种材料在初期加载时荷载—变形规律，曲线的斜率反映了结构的非弹性程度。曲线3是曲线2的延伸与极限情况，说明结构出现了屈服现象，如钢筋混凝土结构中钢筋的屈服、试桩的桩周土达到极限强度，在这种情况下，即使荷载不再增加，变形也可能进一步增大。曲线4主要表示卸载情况，表示一种非弹性变形的恢复过程。如果这种现象在加载过程中出现，则说明测试系统或试验结构本身有问题。

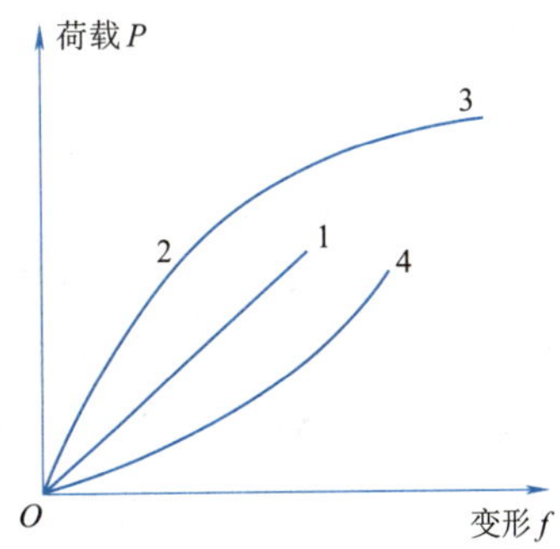

图7-12 常见荷载-变形曲线的类型

荷载—变形曲线的陡缓，表明了试验结构刚度的大小，曲线愈陡，结构刚度也愈大。根据荷载—变形曲线的形状与特征点，可以研究试验结构的工作状态，在试验曲线形状发生特别变化的地方，一定与结构中某些特殊的现象相联系，再利用其他实测资料进行综合分析，即可全面把握试验结构的受力行为。

2）结构位置—实测变形曲线

结构位置—实测变形曲线主要有两种，其一是实测变形与试验结构位置曲线，如挠度沿桥轴线的分布曲线、挠度沿桥横向的分布曲线；其二是应变沿截面高度的分布曲线。利用沿桥梁跨径方向将各测点在各级试验荷载作用下实测挠度值连接起来的挠度曲线，可以宏观判断挠度测试结果是否正确，结构反应是否正常，卸载后残余变形如何分布等问题，有些时候还可利用对称性进行检查。利用沿桥梁截面方向将各测点在各级试验荷载作用下实测挠度值连接起来的挠度曲线，可以进行横向分布系数的计算，进而验证所采用的横向分布计算理论的合理性。图 7-13 所示为一装配式钢筋混凝土 T 形梁在试验荷载作用下的桥轴线方向、跨中截面沿横桥向挠度实测曲线，通过上述两条曲线，就可以较为宏观、全面地把握试验结构的受力行为。利用应变沿截面高度的分布曲线，可以检查应变分布是否符合平截面假定，结合面是否产生相对滑移，判断试验结构是否处于弹性工作状态。

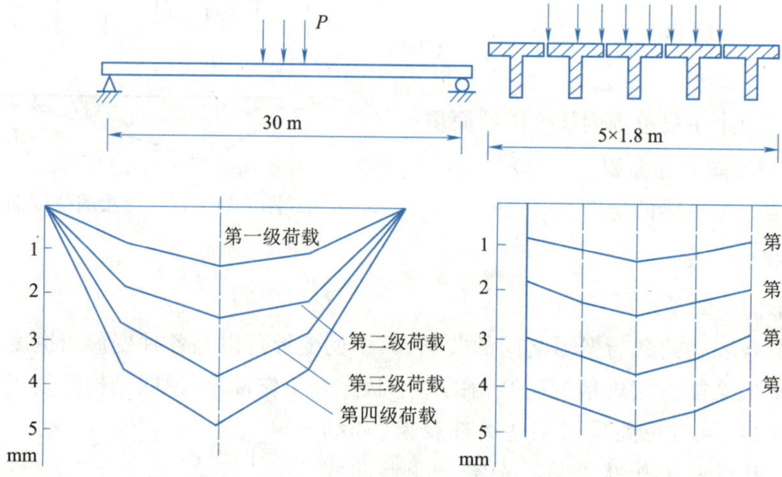

图 7-13　简支 T 形梁静载试验实测曲线

3）理论值—实测值关系曲线

将试验结构在各级荷载作用下的实测值与对应的理论计算值绘制在一起，进行实测值与理论值的比较，进而检验设计计算理论的正确性与合理性。一般说来，各种计算理论都作了一些简化和假设，和实际情况有一定出入，同时也存在其适用范围、适用程度的问题，通过实测值与理论值的比较，不仅可以判断试验结构的使用性能与工作状态，而且可以验证计算理论，为规范的修订与完善积累设计资料，这对于新结构、新材料的推广应用有非常重要的意义。

4）其他曲线

对于钢筋混凝土结构和预应力混凝土结构，在试验过程中，当裂缝出现之后，应按照裂缝的开展情况绘制裂缝分布图，以及特征裂缝形态随试验荷载增加发展变化图，注明裂缝宽度、长度在每级荷载作用下的发展变化情况，并采用照相方式或采用米格纸将裂缝详细情况记录下来。进行破坏试验时，对于结构的破坏部位、破坏形态采用照相方式进行记录。

除了上述常用的试验曲线和图形外，根据试验类型、荷载性质、变形特点的不同，还可以绘制一些其他的结构试验特征曲线，如试验荷载—支点反力曲线，试桩的荷载—变形—时间曲线，某些结构局部变形（相对滑移、挤压）曲线、节点主应力轨迹曲线等。图 7-14 所示为某试验桥梁实测应变—理论应变比较图。

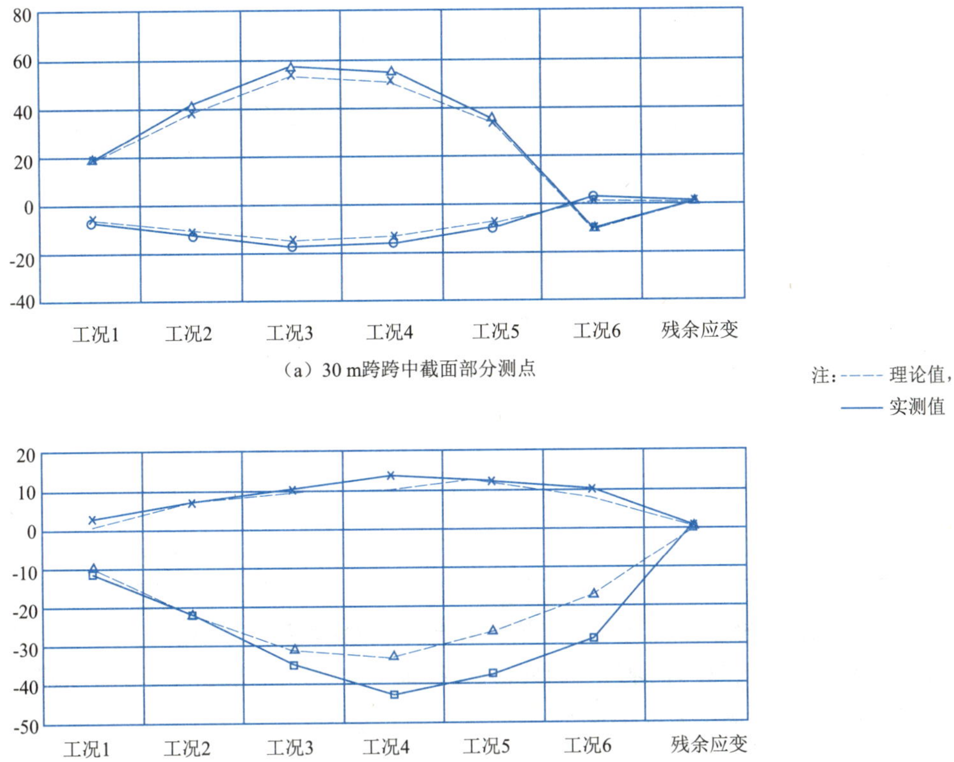

（a）30 m跨跨中截面部分测点

（b）30 m跨支点截面部分测点

图7-14　某试验桥梁实测应变—理论应变比较图

3.静载试验评价方法

生产鉴定性静载试验，最后还要通过对试验的数据、资料的整理分析，提取充分而必要的数据，对结构的承载能力、使用性能做出评定。

桥梁结构静载试验的评定，一是根据控制测点的实测值与相应的理论计算值进行比较，来说明结构的工作性能和安全储备；二是将控制测点的实测值与规范规定的允许值进行比较，来说明结构所处的工作状况。

1）校验系数

校验系数是某一力学参数（挠度、位移、应变、力）的实测值与理论计算值的比值，用 λ 表示。

$$\lambda = \frac{\text{参数的实测值}}{\text{参数的理论计算值}}$$

$\lambda = 1$ 时，说明实测值与理论值完全相符。

$\lambda < 1$ 时，说明结构工作性能较好，承载能力有一定安全储备。

$\lambda > 1$ 时，说明结构工作性能较差，承载能力不够，结构不安全。

通常，桥梁结构的校验系数如表7-2所示，可供参考。

表 7-2　桥梁结构静载试验的校验系数 λ 表

类别	项目	校验系数
钢桥	应力	0.75 ~ 0.95
	挠度	0.75 ~ 0.95
预应力混凝土桥	混凝土应力	0.70 ~ 0.90
	钢筋应力	0.70 ~ 0.85
	挠度	0.60 ~ 0.85
钢筋混凝土桥	混凝土应力	0.60 ~ 0.85
	钢筋应力	0.70 ~ 0.85
	挠度	0.60 ~ 0.85

多数情况下,设计理论总是偏于安全的,故桥梁结构的校验系数往往小于 1。然而,过度的安全储备是不经济的,设计时应两者兼顾。因此,大跨径桥梁试验方法规定,在最大试验荷载作用下,实测挠度、实测应变应满足下式要求:

$$\beta < \frac{W_t}{W_d} \leqslant \alpha \tag{7-18}$$

式中:W_t ——实测弹性反应值;

W_d ——理论计算值。

α 、β 值与加载效率 η 相关,可参照表 7-3 取值。

表 7-3　α 、β 值表

承重结构	β	α				
		$\eta \leqslant 1.0$	$\eta = 1.1$	$\eta = 1.2$	$\eta = 1.3$	$\eta \geqslant 1.4$
预应力混凝土与组合结构	0.7	1.05	1.07	1.10	1.12	1.15
钢筋混凝土与圬工结构	0.6	1.10	1.12	1.15	1.17	1.20

注:η 为中间数值时,α 值可直线内插。

卸载后最大残余变形与该点最大实测值的比值应满足下式的要求:

$$\frac{W_p}{W_{max}} \leqslant \lambda \tag{7-19}$$

式中:λ ——残余变形系数,对于预应力混凝土与组合结构,$\lambda = 0.2$;对于钢筋混凝土与圬工结构,$\lambda = 0.25$;

W_p ——卸载后最大残余变形;

W_{max} ——最大实测值。

2）规范允许值

桥梁设计规范规定了不同结构型式的桥梁的挠度、裂缝宽度的允许值。在桥梁静载试验中，可以测出桥梁结构在设计荷载作用下控制截面的最大挠度及最大裂缝宽度。允许值与实测值比较，即可评定桥梁工作性能与承载能力。

桥梁挠度评定指标为

$$\frac{f'}{l} \leqslant \left[\frac{f}{l}\right] \tag{7-20}$$

式中：$\left[\frac{f}{l}\right]$——规范允许挠度值。梁式桥主梁跨中为1/600；拱桥、桁架桥为1/800；梁式桥主梁悬臂端为1/300；

f'——消除支座沉陷等影响的跨中截面最大实测挠度；

l——桥梁计算跨度或悬臂长度。

钢筋混凝土桥的裂缝宽度应满足：

正常大气条件下：$\delta_{f\max} \leqslant 0.2$ mm；

有侵蚀气体或海洋大气条件下：$\delta_{f\max} \leqslant 0.1$ mm。

部分预应力B类构件，裂缝宽度采用名义拉应力进行限制，即

$$\sigma_{\mathrm{hl}} \leqslant [\sigma] \tag{7-21}$$

式中：σ_{hl}——假设截面不开裂的弹性应力计算值，可按照材料力学方法计算；

$[\sigma]$——混凝土名义拉应力限值。

4.试验报告的编制

桥梁静载试验资料整理分析后，应该依据整理、分析的结果，提出桥梁结构静载试验报告。试验报告包括以下内容：

（1）试验概况

试验概况包括试验桥梁的结构类型、跨度、桥宽、设计荷载、构造特点、施工概况等。

（2）试验目的与依据

根据试验桥梁的特点，要有针对性地说明结构静载试验所要达到的目的与要求，说明试验的依据，选取试验对象等。

（3）试验方案

试验方案包括理论分析计算结果、工况设置、加载方案、加载控制、观测项目、测点布置、测试人员的组织安排及测试仪器选择等方面。

（4）试验过程

说明组织桥梁静载试验的日期，加载观测时间的安排及试验准备阶段的情况，还要说明试验过程有无异常情况出现，试验时遇到的特殊问题及解决方法等。

（5）试验成果与分析评价

将理论计算值、实测值及规范允许值进行比较，说明理论与实测的符合程度，评定桥梁的使用性能与承载能力，对于存在问题的桥梁结构，还要提出维修养护或加固改建的意见或建议。

（6）试验记录、图表、照片

将试验实测数据，以图表曲线的形式表达出来。对于试验桥梁所存在的缺陷，如果可能，以照片的形式记录下来。

7.2 桥梁动载试验

7.2.1 桥梁动载试验方法程序

1.桥梁结构的振动问题

目前,动荷载引起的桥梁结构的振动问题已经成为设计、施工、运营、维修养护的重要问题。行驶的车辆、风、地震等因素都会引起桥梁振动,近年交通量的激增、桥梁结构的轻型化使桥梁振动问题越发突出,而对于大跨度、超大跨度桥梁结构,地震、风振响应、车桥耦合振动往往变成桥梁设计施工的控制因素。

桥梁结构的振动问题及其复杂,仅靠理论或计算分析无法达到实用的目的,一般多采用理论分析与现场实测相结合的研究方法,因此,振动测试是解决工程结构振动问题必不可少的手段。随着电子计算机普及与自动化技术的发展,振动测试技术取得了极大的进步:一方面研究领域的风洞试验、模拟地震振动台试验、拟动力试验逐步成为解决工程动力响应的主要手段之一;另一方面表现为工程结构在风荷载、车辆荷载、地震荷载作用下动力反应的现场测试手段也得到了很大的改进。

2.桥梁结构的动载试验

桥梁结构的动载试验是利用某种激振方法激起桥梁结构的振动,测定桥梁结构的固有频率、阻尼比、振型、动力冲击系数、动力响应(加速度、动挠度)等参量的试验项目,从而宏观地判断桥梁结构的整体刚度与运营性能。桥梁结构的动载试验与静载试验虽然在试验目的、测试内容等方面有所不同,但对于全面分析掌握桥梁结构的工作性能是同等重要的。就试验步骤而言,基本上与静载试验相同,动载试验也要经过准备、试验和分析总结三个阶段。就试验性质而言,动载试验也可分为生产鉴定性和科学研究性试验。一般情况下,动载试验多在现场实际结构上进行测试,也可根据桥梁结构的特点和实际需要在室内进行结构模型的动载试验,如在风洞内进行大跨度桥梁的风致振动试验、在模拟地震振动台上进行桥梁结构的地震响应试验研究等。

3.桥梁动载试验的任务

桥梁结构的动载试验的基本任务如下:

①测定结构的动力特性。如测定桥梁结构或构件的自振频率、阻尼特性、振型等。

②测定结构的振动响应。如测定桥梁结构或构件在车辆荷载、风荷载作用下的振幅、动应力、加速度等。

③测定动荷载的动力特性。如测定引起结构振动作用力的大小、方向、频率与作用规律等。

4.桥梁动载试验信号数据

桥梁结构的动载试验需要量测和记录大量的物理量(如位移、应变、振幅、加速度等)。与静载试验不同的是,动载试验中通过仪器仪表量测和记录的物理量是随时间而变化的,现场把这些随时间变化的物理量称为信号,而测得的结果则称为数据。根据这些数据,可以进行有关振动量之间相互关系的分析。

动载试验的信号数据具有如下特征:

(1)振源与响应的随机性

引起结构振动的振源包括车辆、人群、阵风或地震力等,结构的振动响应是指位移、应变、振幅、加速度等待测物理量,所谓随机是指这些量不能预先确定,或者说每次观测结果不同。例如,汽车在不平整的桥面上行驶所引起的桥梁振动就是随机的,两次条件完全相同的试验不会量测到相同的动力响应。这种信号虽然可以检测,并得到时间历程曲线,但却不能预测。这类信号服从统计规律,可以用概率统计的方法研究。

(2)动力响应与结构动力特性相关

桥梁结构在动荷载作用下的响应不仅与激振源的特性相关,也与结构本身的动力特性密切相关。对于桥梁结构而言,本身就具有无限多个自由度,加上车辆与桥梁结构之间的耦合,其动力特性就更为复杂。

(3)干扰信号的随机性

在动载试验所记录的信号和数据中,常常会夹杂一些干扰因素。干扰信号不同于量测误差,没有一定的规律。因此,必须对动载试验所测得的信号和数据进行科学的分析与处理,从中提取尽可能多的反映桥梁结构振动内在规律的有用信息。

5.桥梁动载试验的时域信号、频域信号

如果把信号的幅值随时间变化的规律用数学表达式、图形或表格表达出来,我们就获得了所谓的时域信号,实践中如加速度时程曲线、位移时程曲线等都是时域信号。信号的时域描述比较简单、直观,可以通过多个测点的时程曲线,分析出结构的振幅、振型、阻尼特性、动力冲击系数等参量,但不能明确揭示信号的频率特征。为深刻揭示振动的频率特性,需要对信号进行频谱分析,研究信号的频率组成及不同频率信号的强弱(幅值),即采用频域描述方法而获得所谓的频域信号。时域信号通过数学上的傅里叶变换即可获得频域信号。傅里叶变换就是把一个复杂振动的波形分解为一系列简谐波的叠加,以得到振动能量按频率分布的情况,从而确定结构的频率组成和频率分布特性。

6.桥梁动载试验程序

桥梁动载试验的工作程序如下。

首先,通过确定的激振方法使桥梁处于一种特定的振动状态中,才可以进行振动响应信号的测试。

其次,要合理选取测试仪器仪表组成振动测试系统,振动测试系统一般由拾振部分、放大部分和分析部分组成,其原理框图如图7-15所示,这三部分可以由专门仪器配套使用,也可以配换使用,因此,要根据试验的环境条件和试验的要求,选择组配合理的振动测试系统。仪器组配时除应考虑频带范围外,还要注意仪器间的阻抗匹配问题。

再次,要根据测试桥梁的特点,制定测试内容、测点布置与测试方法。例如对于混凝土简支梁桥的动载试验,一般的观测项目有:跨中截面的动挠度、跨中截面钢筋或混凝土的动应变等。又例如要测定某一固有频率的振型时,应将传感器设置在振幅较大的各部位,并注意各测点的相位关系。

最后,利用相应的专业软件对采集的数据或信号进行分析,即可得出桥梁结构的频率、振型、阻尼比、冲击系数等振动参量。

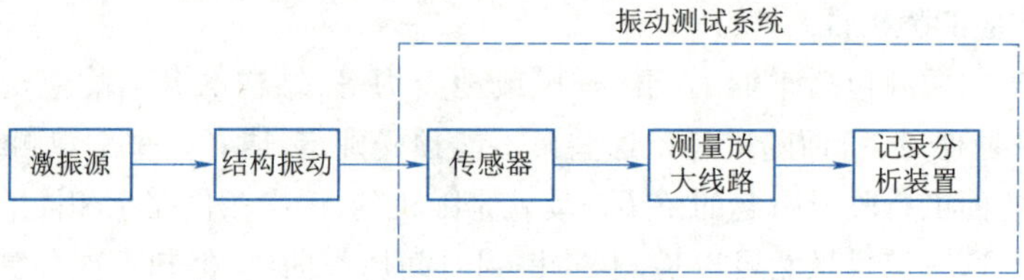

图 7-15　桥梁结构振动测试系统的原理框图

7.2.2　桥梁结构动力响应的测试

1.激振方法

桥梁动载试验的激振方法很多,如自振法、强迫振动法、脉动法等。选用时应根据桥梁的类型和刚度进行选择,以简单易行、便于测试为原则。通常,多将上述一种或两种方法结合起来,以便全面把握桥梁结构的动力特性。

1)自振法

自振法就是使桥梁产生有阻尼的自由衰减振动,来获得桥梁的衰减振动信号。实践中有突然加载法和突然卸载法。

(1)突然加载法

突然加载就是给结构施加一个瞬间冲击,实际上就是一个脉冲作用。冲击脉冲的频谱是连续的,只有与被测结构的固有频率相同或接近的冲击脉冲频率分量才对结构起作用,从而激起结构以其固有频率作自由振动。

突然加载法的实施要点是冲击荷载的大小和作用位置。例如要激起桥梁的整体振动,冲击荷载要足够大,并且要作用在桥梁的主要受力构件上。冲击荷载的作用位置可按所需结构的振型来确定。例如要获得简支梁的第一振型,冲击荷载应作用于跨中部位;测第二振型时冲击荷载应施加在跨度的1/4处。

突然加载法在现场常采用"跳车试验"或"锤击方法"。测试桥梁结构整体振动时采用跳车试验,就是让试验车辆的后轮从三角垫块上突然下落产生冲击作用,激起桥梁的竖向振动如图7-16所示。测试单一构件(如拉索)的振动时,常常采用锤击方法产生冲击作用。

(2)突然卸载法

突然卸载法是在结构上预先施加一个荷载作用,使结构产生一个初位移,然后突然卸去荷载,使其产生自由振动。荷载的卸落可通过自动脱钩装置、剪断绳索或特别设计的断裂装置(当预施加力达到一定数值时,在绳索中间的断裂装置便突然起作用),来激发结构的振动。突然卸载法的荷载大小要根据振动测试系统所需的最小振幅计算求出。图7-17所示为突然卸载法的激振装置。

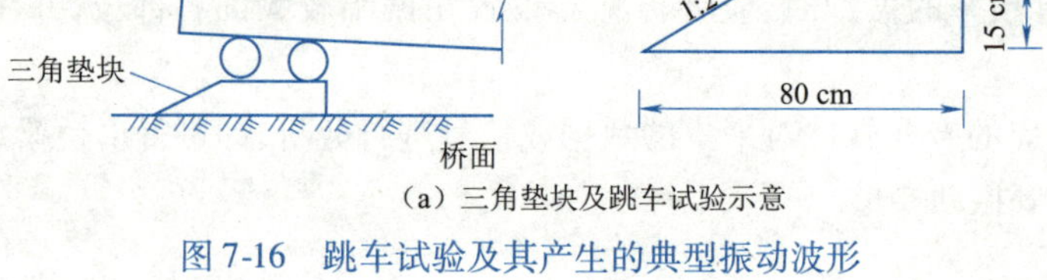

(a)三角垫块及跳车试验示意

图 7-16　跳车试验及其产生的典型振动波形

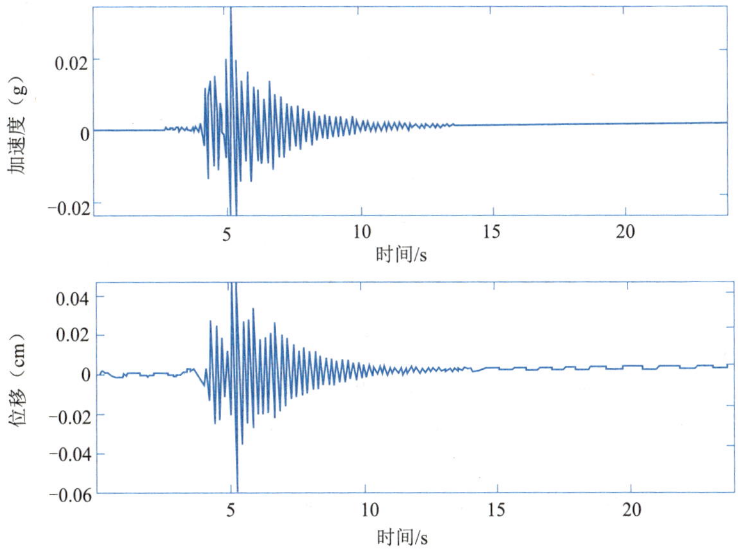

（b）跳车试验产生的典型波形

图 7-16　跳车试验及其产生的典型振动波形（续）

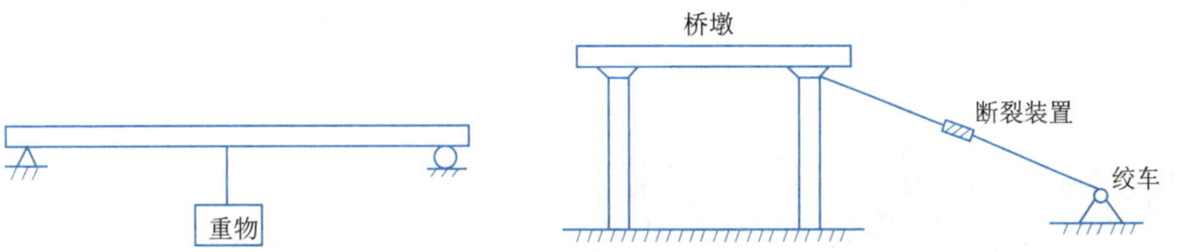

图 7-17　突然卸载法的试验装置

2）强迫振动法

强迫振动法就是利用专门的激振装置，对桥梁结构施加激振力，使结构产生强迫振动，通过改变激振力的频率而使结构产生共振现象，借助于共振现象来确定结构的动力特性。

（1）专用激振设备

模型试验一般使用专用的激振设备。常见的激振设备有机械式激振器、电动式激振器。激振器在模型结构上的安装位置、激振频率和激振方向可以根据试验的要求和目的来确定。试验时，连续改变激振器的频率，进行“频率扫描”，当激振器的频率与模型的固有频率一致时，模型就会出现第一次共振、第二次共振……由此即可得到模型的第一阶频率、第二阶频率……

（2）跑车试验

现场动载试验，常常采用试验车辆以不同的行驶速度通过桥梁，使桥梁产生不同程度的强迫振动，简称“跑车试验”。由于车辆行驶、桥面平整度都具有一定的随机性，所以跑车试验引起的振动也是随机的，当试验车辆以某一速度通过时，所产生的激振频率可能会与桥梁结构的某阶固有频率接近，桥梁结构便产生类共振现象，此时桥梁各部位的振动响应达到最大值。在车辆驶离桥跨后，桥梁作自由衰减振动。这样，就可从记录到的波形曲线中分析得出桥梁的动力特性。在试验时，根据桥梁结构的设计行车速度，常采用 10 t 重的试验车辆以 20 km/h、40 km/h、60 km/h、80 km/h的速度进行跑车试验。图 7-18 所示为一辆 10 t 重的试验车辆以 40 km/h 的速度驶过跨度为 30 m 混凝土连续梁桥时，跨中截面加速度时程曲线。

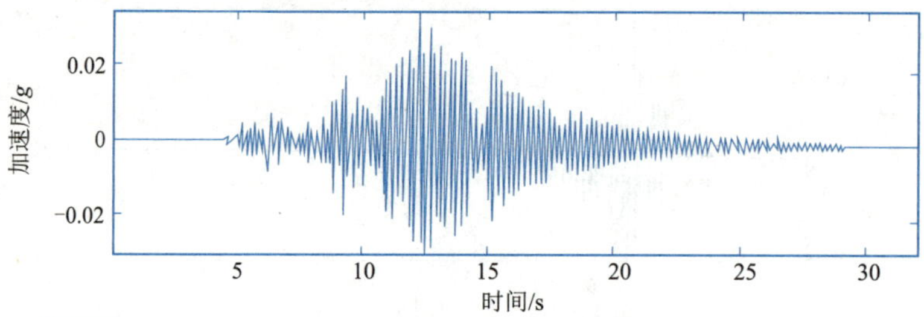

图 7-18　车速为 40 km/h 时某连续梁跨中截面加速度时程曲线

3）脉动法

脉动法是利用被测桥梁结构所处环境的微小而不规则的振动来确定桥梁结构的动力特性的方法。这种微振动通常称为“地脉动”，它是由附近地壳的微小破裂和远处地震传来的脉动所产生的，或由附近的车辆、机器的振动所引发。结构的脉动具有一个重要特性，就是它能够明显地反映出结构的固有频率，因为结构的脉动是因外界不规则的干扰所引起的，具有各种频率成分，而结构的固有频率是脉动的主要成分，在脉动图上可以较为明显地反映出来。图 7-19 所示的波形为某桥结构脉动记录曲线，振幅呈有规律的增减，通过频谱分析，即可得出该桥的一阶频率为 6.057 Hz。

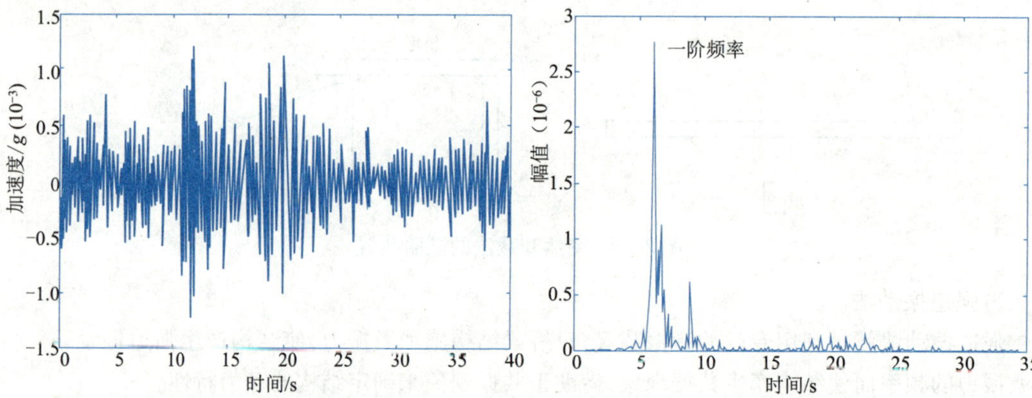

（a）地脉动所引起的桥梁加速度时程曲线　　（b）自功率谱图

图 7-19　某桥结构脉动所产生的加速度时程曲线及其频谱图

2.传感器选取与布置

1）桥梁动载试验传感器

桥梁动载试验的振动测试参量主要有动应变、动位移、振动加速度。对应的信号采集的传感器有应变片、位移传感器或光学挠度仪、加速度传感器。

动应变与静应变的测量元件、测量方法基本相同，不同之处在于需要采用动态应变仪进行信号采集，所以动载试验可以与静载试验共用应变片来采集应变信号。

动位移与静位移之比为桥梁的动力冲击系数，它是衡量桥梁结构整体刚度与行车性能的主要指标。通过位移传感器直接测量桥梁结构的位移时程曲线，进行分析之后可以得出其固有频率、冲击系数和阻尼比。位移传感器的安装一般需要有固定不动的支架，这对于桥梁尤其是跨越江河的桥梁往往是难以实现的，目前已广泛采用激光（红外）挠度仪代替传统位移传感器。

加速度传感器用来采集振动加速度值，通过加速度传感器直接测量桥梁结构的加速度时程曲线，进行频谱分析后可以得出其固有频率，进行数值积分后可以得到位移时程曲线等。

2)桥梁动载试验传感器布置

(1)最大动力响应测试

测试动应变、动位移、振动加速度的最大值时,传感器布置在变位峰值处。

根据桥梁动力特性的理论分析可计算得出桥梁结构的振型,选择变位较大的部位布置传感器,以测得桥梁结构最大反应(如主跨跨中截面振幅),并较好地勾画出振型曲线。

桥梁结构动力特性,目前多利用专用桥梁计算软件或通用分析软件进行计算。

(2)振型测试

桥梁结构的振型是结构相应于各阶固有频率的振动形式。一个振动系统的振型数目与其自由度数相等,桥梁结构是一个具有连续分布质量的体系,也是一个无限多自由度体系,因此其固有频率及相应的振型也有无限多个。但是,对于一般桥梁结构,第一固有频率,即基频,对结构动力分析才是重要的;对于较复杂的动力分析问题,也仅需要前几阶固有频率,因而在实际测试中,一些低阶振型才有实际意义。图7-20所示为常见梁式桥的前三阶振型。

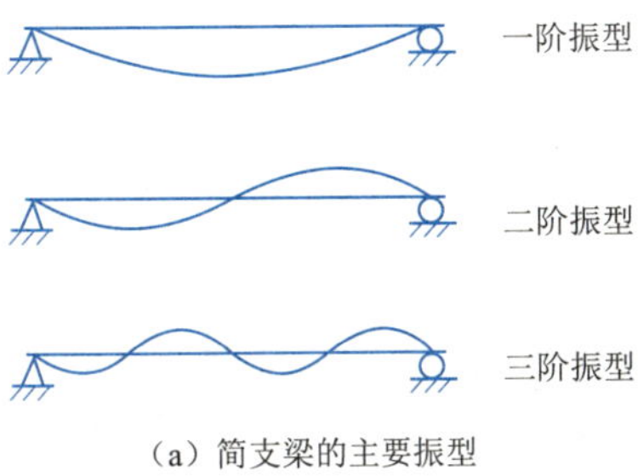

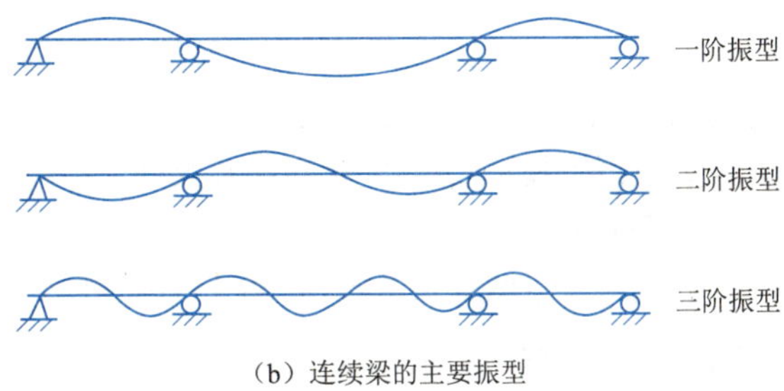

图7-20 常见梁式桥的前三阶振型

桥梁结构的振型测试,传感器布置采用两种方式:

一是在结构上同时布置许多传感器,传感器的布设位置可根据理论计算结果来确定,这时须保证所有传感器的灵敏度相同,放大器的特性相同。表7-4所示为某五跨连续梁动力特性理论计算值,根据理论分析结果,该桥动载试验的传感器的布置方式如图7-21所示。

表7-4 某五跨连续梁动力特性理论计算值

阶次	频率/Hz	周期/s	振型
1	4.39E+00	2.28E-01	竖向正对称
2	6.47E+00	1.55E-01	竖向反对称
3	7.57E+00	1.32E-01	面外水平振动

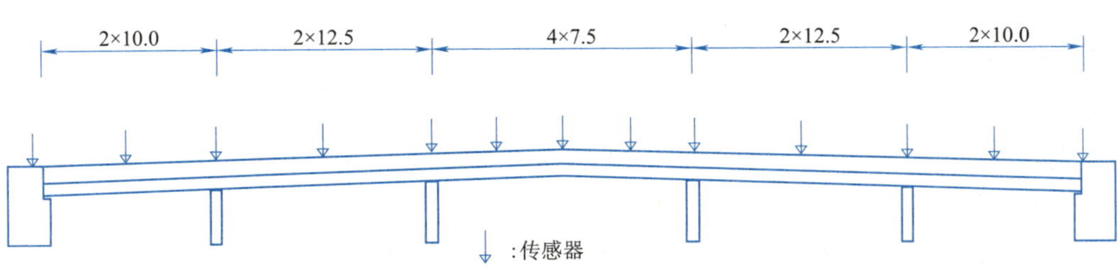

图7-21 某五跨连续梁动载试验传感器布置(m)

另一种方式是只用两个传感器,其中一个传感器布置在支点或桥外,作为不动的参考点,另一个传感器不断地改变位置,测出桥梁结构各控制点的振动曲线。测出各测点的振动曲线后,比较各测点的振幅、相位便可绘制出振型曲线。

3.振动测试系统组成

振动测试系统的组成有两种类型。一种是仅仅测量输出。另一种是同时测量输入和输出。一般振动测试系统由以下三部分组成:

1)激励部分

激励部分的作用是使桥梁结构发生振动。如在跳车试验、跑车试验中的汽车就是激励源。

2)拾振部分

拾振部分由传感器、导线等组成。振动测试系统中,传感器的选用十分重要,应根据测试对象的振动频率、需要检测的物理量来选用不同种类的传感器。

3)数据采集分析系统

数据采集分析系统的作用是将传感器采集的信号放大或转为电压量进行记录。大多数数据采集分析系统都有模拟信号的放大滤波及数字信号的放大滤波等功能。典型的数据采集分析系统由采样/保持、模拟量/数字量转换及数据采集记录三部分组成。

(1)采样/保持器

采样信号的电路称为采样器。采样器由开关元件及控制电路组成。连续信号的采样是通过周期脉冲序列的调制来完成的,实际的采样脉冲有一定宽度但通常远小于采样周期。采样得到的模拟量要转换成数字量,要求模拟量/数字量转换器有非常高的转换速度。因此在实际采样时,是将采得的时间离散信号通过记忆装置即保持器保持起来,在信号处于保持期间,再进行模拟量/数字量的转换。

(2)模拟量/数字量转换器

数据采集中获得的量一般为模拟量,需要转换成便于数字处理的数字量,这种转换称为模/数转换,实现这种转换技术的电路或器件称为模拟量/数字量转换器,简称模/数转换器,英文为A/D。通常所指的模/数转换器都是对输入模拟量为直流电压信号而言,模/数转换器将此直流电压转换为二进制数字量。

(3)数据采集记录

目前,大多数数据采集分析系统的构成模式为:将具有单片机控制的数据采集仪和微型计算机采用通信方式联机,组成一套数据采集与分析系统。由于采集部分独立于计算机系统,因此各项性能指标和功能可以设计得很理想。同时,可以通过计算机通信接口对采集部分进行控制、传送数据,具有较好的互换性,再配以不同的软件,可使整套仪器同时具有多种功能。

4.数据采集

1)采样定理与采样频率

所谓采样是将一个信号(即时间或空间上的连续函数)转换成一个数值序列(即时间或空间上的离散函数)。

采样定理说明采样频率与信号频谱之间的关系,是连续信号离散化的基本依据。

采样定理指出:如果采样频率高于信号频率的2倍,原来的连续信号可以从采样样本中完全重建出来。实际应用中采样频率为信号最高频率的5～10倍。

实际采样前并不知道信号的最大频率,如何确定采样频率呢?人为设定一个很大的采样频率会产生大量的离散数据,增加所需内存容量,或是在进一步进行数字频分析时,由于频线数有限,造成频率分辨率不足。为此,可以根据动态测试任务的需要确定频率范围,然后对原信号进行低通滤波,限制信号带宽,并由此按采样定律确定采样频率。

2)量测噪声的抑制

测量信号受到各种电噪声的干扰,导致测试精度降低。电噪声可分为静电噪声、电感噪声、射频噪声、电流噪声、接地回路电流噪声等。测试系统在设计中已经考虑噪声抑制问题,现场测试环节上抑制电噪声的方法如下。

①电源稳定措施。一般设置交流稳压电源来减少电源电压波动引起的噪声。测试仪器由稳压电源直接供电,且功率大的设备安排在功率小的设备之后,这样可以减少共用电源仪器之间由于电流波动造成的相互影响。

②测试系统单点接地。接地是一个重要抑噪措施,但必须是单点接地,多点接地会引入大地噪声。单点接地有串联和并联两种接法,并联接法是将所有仪器的接地线都并联地接到同一个接地点,这种方法是比较理想的接地方法(高频电路除外),但由于需要连很多根接地线,布线复杂且笨重,在实际测试中不常用。串联接法是将所有仪器的接地线串接在一起,然后再接到接地点,这种方法由于各接地线存在一定的阻抗而造成相互之间的影响,因而不是一种合理的接地方法。但由于它布线简单,当各电路电平相差不大时仍常采用,此时应注意使低电平的电路接地线最靠近接地点接入。由于测试系统中各仪器电平大小基本一致,故一般均采用这种接法。实际操作时,某台关键仪器直接接地,而其他仪器的接地是由仪器间的输入、输出插头间信号线的屏蔽相连接来完成的。此外,由于被测物体一般为导体,如果传感器与其直接相接触,而被测物体与大地相连,那么传感器相当于一个接地点,它和测试系统的接地点、信号传输线以及两地点间的大地将形成回路,引入大地噪声。解决的办法是将传感器与被测物体绝缘。最后,尚应注意测试系统接地点与其他接地点严格分开。

③电源线、信号线采用屏蔽线。应注意不要让信号传输线与电源线平行,且应尽可能使它们相互远离隔开。

④正在测试记录或分析时,应注意不要变动测试系统中任何仪器的任何开关,否则将产生高额噪声和出现瞬时过载现象,甚至损坏仪器。

⑤应尽量使仪器间的阻抗相互匹配,并使振动测试仪器接地电阻不大于4 Ω。

5.试验组织

桥梁动载试验组织包括试验前现场准备、试验测试、实时分析及现场清理四个方面的工作。试验组织就是把上述工作内容互相衔接,形成一个有机、完整、高效率的组织计划,并在试验中按照这个计划进行。动载试验组织虽然内容较少,但仍是试验成功的重要保证。

1)试验前现场准备工作

①仪器仪表、传感器检查标定。出发前应对所携带的仪器仪表、传感器等进行全面的检查与标定,确保仪器仪表状态良好。

②创建现场工作环境。包括供电、固定与移动照明、通信设备配备与调试、仪器棚帐,以及后勤保证。

③传感器、信号线放样布设。按照试验方案将传感器固定在被测对象上，敷设测试导线。

④“跳车试验”准备。包括位置标记和准备三角垫木。

⑤封闭交通。预先联系交管部门安排交通封闭，交通封闭最好有交警配合，否则容易造成闲杂人员和社会车辆强行闯入，影响试验或造成传感器、测试导线的损坏。

⑥人员分工组织安排。由现场指挥统一调度试验工作，设试验车辆导引员一人，测试人员数名，配备相应的通信联络工具或明确联络方式，以便统一指挥，统一行动。

⑦正式试验前，要进行预测试，以检查仪器、仪表、测量线路的工作状态，确定测量放大器的放大系数。

2）试验工作

①动载试验的测试内容一般包括地脉动测试、跑车测试、跳车测试三项。试验时宜从动力响应小的测试项目做起，即先进行地脉动测试，再进行20 km/h、40 km/h、60 km/h跑车试验，最后进行跳车试验，以便根据动力响应的大小及时调整测量放大器的放大系数，避免量测溢出。

②进行跑车试验时，要较准确控制试验车辆的车速，并根据测试传感器的布置，确定试验车辆行驶途中进行数据采集的起止位置，以免测试数据产生遗漏。

③每次测试后，要在现场进行数据回放和频谱分析，并与测试桥梁动力特性的理论计算值进行比较，检查测试数据是否正常，实测频率是否与理论计算值接近。如有异常情况应立即检查、分析原因，必要时应重新进行测试。

④试验进行过程中，注意不要触动测试元件及测量导线，以免引起读数的波动。

⑤试验完成后，清理仪器仪表、传感器，回收测试导线，拆除棚帐，清理现场，以便开放交通。

7.2.3 动测数据分析与评价

桥梁结构的动力特性包括固有频率、阻尼系数和振型等。这些参量只与结构本身的固有性质（如结构的组成形式、刚度、质量分布、支承情况和材料性质等）有关，而与荷载等外部条件无关。

桥梁结构在动荷载作用下的动力响应包括振幅、应力、位移、加速度等。动力响应反映了桥梁结构在动荷载作用下的受力状态，也反映了动力作用对驾驶人、乘客舒适性的影响。

动载试验可以获取位移、应力、加速度等的时间历程曲线。直接根据这样的信号或数据来分析结构振动的性质和规律是困难的，需对实测振动波形进行分析与处理，以便对结构的动态性能做进一步分析。常用的分析处理方法可以分为时域分析和频域分析两种。时域分析是直接对时程曲线进行分析，可以得出诸如振幅、阻尼比、振型、冲击系数等参数；频域分析是把时域信号通过傅里叶变换转为频域信号，得到振动能量按频率的分布情况，从而确定结构的频率和频率分布特性。从而评价桥梁结构的动力性能。

1.时域分析

在时域分析中，桥梁结构的一些动力参数可以直接在相应的时程曲线上得出。例如，可以在加速度时程曲线上得到各测点加速度振幅，在位移时程曲线上将最大动挠度减去最大静挠度即可得出位移振幅，如图7-22所示，通过比较各测点的振幅、相位就可得出振型。而另外一些参数如结构阻尼特性、冲击系数则需要对时程曲线进行一些分析处理，简述如下。

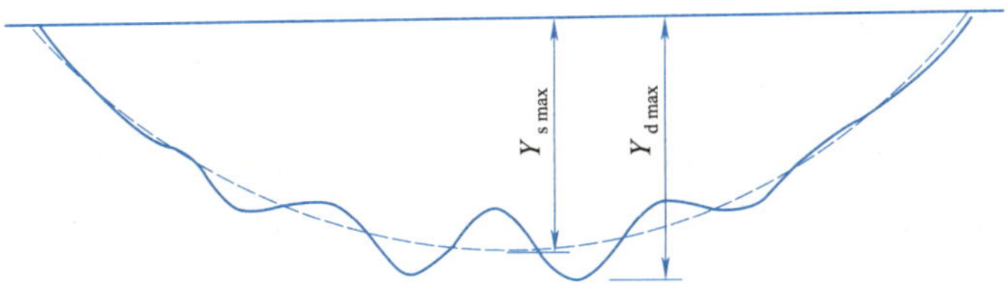

图 7-22 移动荷载作用下简支梁的挠度曲线

1)桥梁结构阻尼特性分析

桥梁结构的阻尼特性,用对数衰减率 δ 或阻尼比 ζ 来表示。对数衰减率为

$$\delta = \ln\frac{A_i}{A_{i+1}} \tag{7-22}$$

式中:A_i 和 A_{i+1} ——分别为相邻两个波的振幅值,可以直接从衰减曲线上量取。

实践中,常在衰减曲线上量取 n 个波形,求得平均衰减率:

$$\delta_\alpha = \frac{1}{n}\ln\frac{A_i}{A_{i+1}} \tag{7-23}$$

根据振动理论,对数衰减率与阻尼比 ζ 的关系为

$$\delta = \frac{2\pi\zeta}{\sqrt{1-\zeta^2}} \tag{7-24}$$

由于一般材料的阻尼比都很小,因此,式(7-24)近似表述为

$$\zeta = \frac{\delta}{2\pi} \tag{7-25}$$

图 7-23 所示为跳车试验所产生的自由振动衰减曲线,通过对实测数据的分析,可知该桥的阻尼比为 0.021 8。通常,桥梁结构的阻尼比为 0.01 ~ 0.08,阻尼比越大,说明桥梁结构耗散外部能量输入的能力越强,振动衰减得越快。

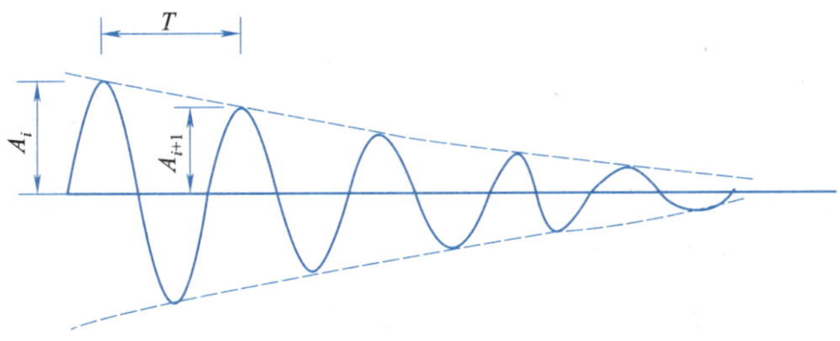

图 7-23 移动荷载作用下简支梁的挠度曲线

2)冲击系数的确定

动力冲击系数是动挠度与相应的静挠度的比值。桥梁结构的动挠度,比相应静荷载产生的静挠度要大。挠度是衡量结构刚度和桥梁整体性能的主要指标,因此活载冲击系数综合地反映了动力荷载对桥梁结构的作用。车辆以不同的速度驶过桥梁可以测得截面的挠度时程曲线,如图 4-11 所示。按照冲击系数的定义有

$$1+\mu = \frac{Y_{d\,max}}{Y_{s\,max}} \tag{7-26}$$

式中：$Y_{d\max}$——最大动挠度值；

$Y_{s\max}$——最大静挠度值。

图7-24(a)所示为一辆10 t重的试验车辆以20 km/h时速通过某预应力混凝土T形刚构桥时，T形钢构牛腿处的动挠度时程曲线，根据实测数据，可得该桥的冲击系数$1+\mu$为

$$1+\mu=\frac{Y_{d\max}}{Y_{s\max}}=\frac{5.576}{5.089}=1.096$$

对动挠度进行频谱分析，如图7-24(b)所示，从频谱图中可得出该桥第一阶频率为1.08 Hz。

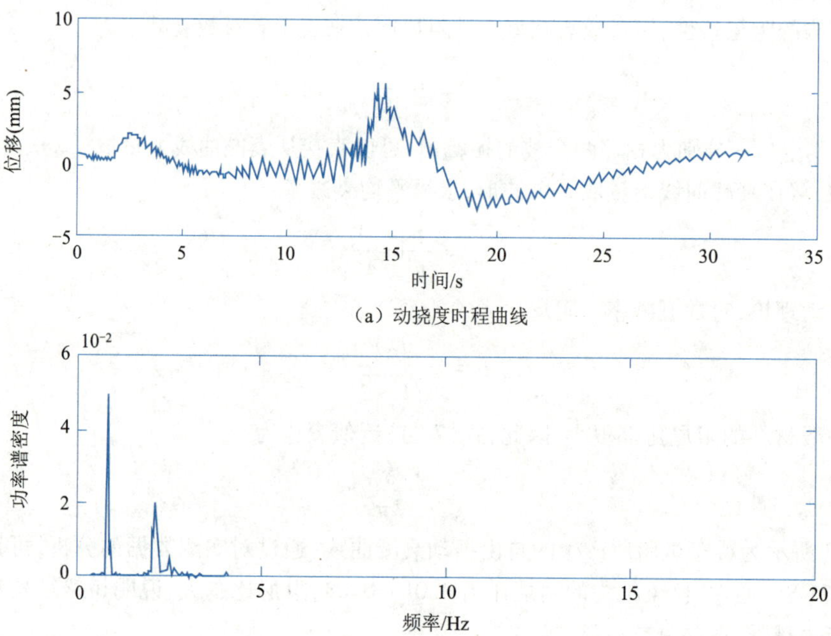

（a）动挠度时程曲线

（b）自功率谱图

图7-24　20 km/h跑车所产生的T形钢构牛腿处动挠度时程曲线及其频谱图

2.频域分析方法

风荷载、地震荷载、车辆荷载作用下产生的振动，都是包含有多个频率成分的随机振动，不能用一个确定的函数来描述，因而就无法了解振动规律。

随机变量的单个试验称为样本，每次单个试验的时间历程曲线称为样本记录，同一试验的多个试验的集合称为样本集合或总体，它代表一个随机过程。随机数据的不确定性、不规则性是对单个观测样本而言的，而大量的同一随机振动试验的集合都存在一定的统计规律。桥梁结构振动的统计特征与时间无关，且可以用单个样本来替代整个过程的研究。

1)均值、均方值和均方差

随机数据的均值、均方值和均方差从不同方面反映了随机振动信号的强度，其表达式分别如下。

均值：

$$u_x=E[x(t)]=\lim_{T\to\infty}\frac{1}{T}\int_0^T x(t)\,dt \tag{7-27}$$

均方值：

$$\psi_x^2 = E[x^2(t)] = \lim_{T\to\infty}\frac{1}{T}\int_0^T x^2(t)\mathrm{d}t \tag{7-28}$$

均方差：

$$\sigma_x^2 = E[(x(t) - u_x)^2] = \lim_{T\to\infty}\frac{1}{T}\int_0^T (x(t) - u_x)^2\mathrm{d}t \tag{7-29}$$

均值反映了随机过程的静态强度，是时间历程的简单算术平均；均方值反映了总强度，它是时间历程平方值的平均；均方差反映了动态强度，是零均值信号的均方值。均值 u_x、均方值 ψ_x^2、均方差 σ_x^2 三者之间的关系为

$$\psi_x^2 = u_x^2 + \sigma_x^2 \tag{7-30}$$

2）概率密度函数

各态历经随机振动过程的概率密度函数表示在样本记录中，瞬时数据 $x(t)$ 的值落在某一指定范围 $(x, x+\Delta x)$ 内的概率，如图 7-25 所示，其定义为

$$p(x) = \lim_{\Delta x\to 0}\left[\frac{\mathrm{prob}[x < x(t) < x + \Delta x]}{\Delta x}\right] = \lim_{\Delta x\to 0}\frac{1}{\Delta x}\left[\lim_{T\to\infty}\frac{T_x}{T}\right] \tag{7-31}$$

式中：T ——观测时间；

T_x ——在总观测 T 时间内，$x(t)$ 落在 $(x, x+\Delta x)$ 区间内的时间总和。

根据上述定义可知，概率密度曲线 $p(x)$ 下的面积总和等于 1，它标志着随机数据落在全部范围内的必然性。概率密度函数与均值、均方值有内在的联系。均值 U_x 等于概率密度曲线下的面积形心的坐标，如图 7-26 所示，它可以由一次矩来计算：

$$u_x = \int_{+\infty}^{-\infty} xp(x)\mathrm{d}x \tag{7-32}$$

均方值，Ψ_x^2 由二次矩来计算：

$$\Psi_x^2 = \int_{+\infty}^{-\infty} x^2p(x)\mathrm{d}x \tag{7-33}$$

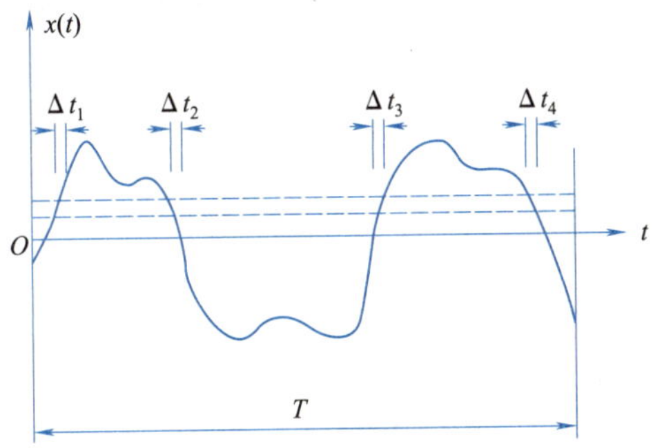

图 7-25 概率密度函数

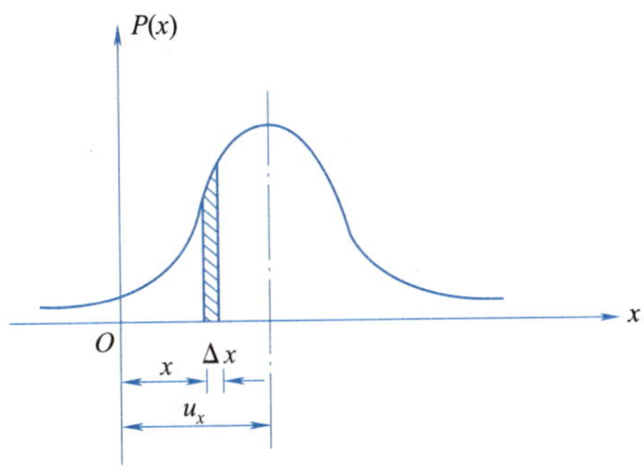

图 7-26 概率密度曲线与均值的关系

3）自相关函数

随机变量的自相关函数是描述一个时刻的变量与另一时刻变量数值之间的依赖关系，对于各态历经随机过程的变量 $x(t)$ 的自相关函数 $R_x(\tau)$ 可以定义为 $x(t)$ 与它的延时 $x(t+\tau)$ 乘积的时间平均，即

$$R_x(\tau) = \lim_{T\to\infty}\frac{1}{T}\int_0^T x(t)x(t+\tau)\mathrm{d}x \tag{7-34}$$

自相关函数主要用来确定任一时刻的随机数据对它以后数据的影响程度，$R_x(\tau)$的数值大小说明影响程度的大小。因此，可以利用自相关函数来鉴别混淆在随机数据中的周期成分，因为当随机数据在时间间隔很大时，自相关程度趋于零，而周期成分不管时间间隔多大，其自相关函数都变化不大。

4）功率谱密度函数

对于平稳随机过程，随机变量$x(t)$的功率谱密度定义为样本函数在$(f,f+\Delta f)$频率范围内均方值的谱密度，即

$$G(f) = \lim_{\Delta f\to\infty}\frac{\Psi_x^2(f,f+\Delta f)}{\Delta f} \tag{7-35}$$

得到的功率谱称为单边功率谱。在实际分析时，常采用自相关函数$R_x(\tau)$的傅里叶变换来求得功率谱密度函数，其表达式为

$$S(f) = \int_{-\infty}^{\infty} R_x(\tau)\mathrm{e}^{-i2\pi f_\tau}\mathrm{d}\tau \tag{7-36}$$

得到的功率谱称为双边功率谱密度函数，又称自功率谱密度，$S(f)$与$G(f)$的关系为

$$G(f) = 2S(f) \tag{7-37}$$

逆变换可得：

$$R_x(\tau) = \int_{-\infty}^{\infty} S(f)\mathrm{e}^{i2\pi f_\tau}\mathrm{d}f \tag{7-38}$$

当$\tau=0$时，上式可表示为

$$R_x(0) = \Psi_x^2 = \int_{-\infty}^{\infty} S(f)\mathrm{d}f \tag{7-39}$$

上式表明，自功率谱密度$S(f)$在整个频率域上的积分就是随机变量的均方值。一般振动的能量或功率与其振幅的平方或均方值成比例，所以功率谱密度反映了随机数据在频率域内能量的分布情况，某个频率对应的功率谱值大，说明该频率在振动过程中占主导地位，由此即可在纷繁的量测数据中分析出结构的固有频率，如图7-27所示。因而，在分析随机数据的频率构成时，常常利用其自功率谱的分布图形来判断桥梁结构的固有频率，在实际测试中，随机数据的自功率谱计算常采用快速傅里叶变换来实现。

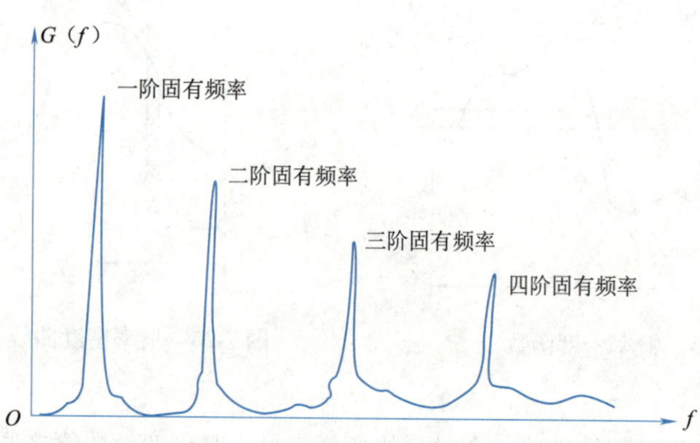

图7-27　自功率谱图与结构的固有频率

7.3 桥梁荷载试验

7.3.1 工程概况

1.试验桥梁

试验桥梁为2孔中承式钢管混凝土无铰拱桥。

(1)上部结构为哑铃型钢管混凝土系杆拱，每孔采用2片拱肋，每片拱肋采用2ϕ700 mm钢管混凝土通过腹板相连，钢管壁厚12 mm，腹板壁厚10 mm，钢管和腹箱内灌注40号混凝土；拱肋径向高1.8 m；拱肋净跨68 m，净矢高18 m，净矢跨比为1/3.78；拱轴线选用悬链线，拱轴系数1.167。

(2)拱肋中心距为9.4 m；在拱肋中部设2道一字式横撑，在两端1/4拱肋处及拱脚处设K形撑。横撑和K形撑均采用ϕ600 mm钢管，内部均灌注混凝土。

(3)吊杆间距4 m，桥面上共设14道，桥端部的吊杆至桥台的端跨跨径为10.5 m(计算跨径10.06 m)。吊杆两端分别锚于拱肋上钢管内及横梁底部，上端为固定端，下端为锚固端。吊杆采用热挤PE成品索，两端为冷铸锚具；中横梁处吊杆采用55×7(ϕ^j9.50)高强钢丝束，端横梁处吊杆采用73×7(ϕ^j9.50)高强钢丝束，公称强度1 670 MPa。

(4)桥面纵坡为0.5%，设计桥面总宽为12.5 m。8.5 m行车道(净宽7.5 m)，2车道；设计荷载为汽车—超20级、挂车—120级；2×1.0 m人行道，人群荷载3.5 kN/m^2；设计地震烈度为8度。

(5)桥面铺装和整体化层一起浇筑，共厚12 cm；人行道铺装厚5 cm。

(6)本桥在0号台、1号墩和2号台设3道伸缩缝，采用M60-型毛勒缝。10.5 m端桥面板设板式橡胶支座。

(7)0号台为钢筋混凝土U形台，6根钻孔灌注桩基础上接承台；1号墩为钢筋混凝土实体墩，5根钻孔灌注桩基础上接承台；2号台为钢筋混凝土U形台，台阶式扩大直接坐在岩层上。1号墩上设双柱式支墩且上接盖梁。

桥型布置和横断面如图7-28和图7-29所示。

2.试验目的

(1)静载试验

①通过静载试验，掌握桥梁重要部位在设计荷载以及试验荷载作用条件下的应变和位移情况；

②实测控制截面的应变分布规律以及试验荷载作用下的桥梁变形情况，判断现阶段桥梁的实际承载能力是否满足设计要求，并进一步验证在现行活荷载条件下结构的承载能力是否能满足正常使用要求。

③通过对比荷载试验和理论计算分析结果，对桥梁的剩余承载能力和工作状况做出综合评价。

(2)动载试验

①桥梁结构的动力性能是评价桥梁运营状态和承载能力的重要指标之一。判别桥梁结构是否处在安全振动工作状态，是桥梁动载试验的主要目的。

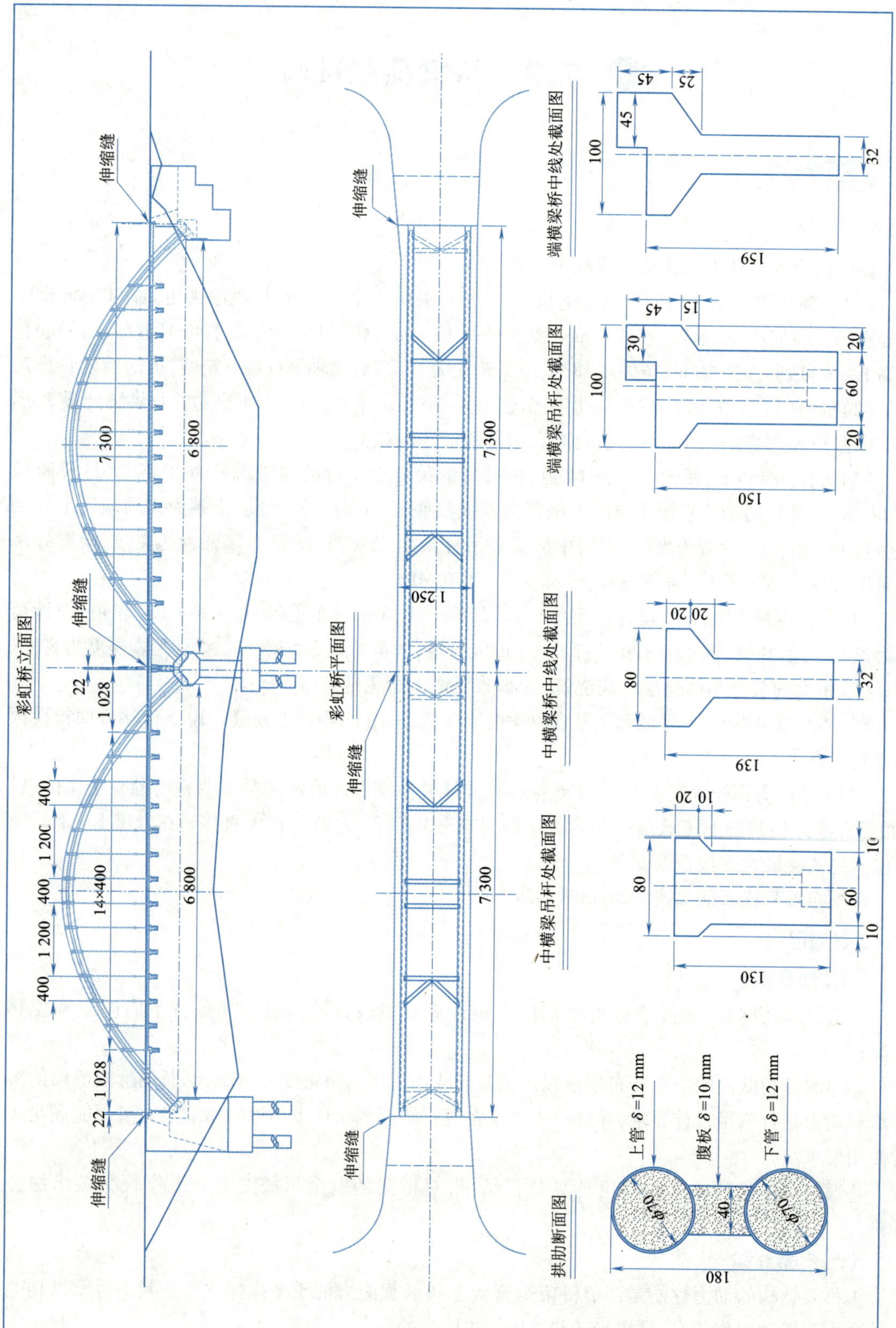

图7-28　桥型布置图和部分构造图

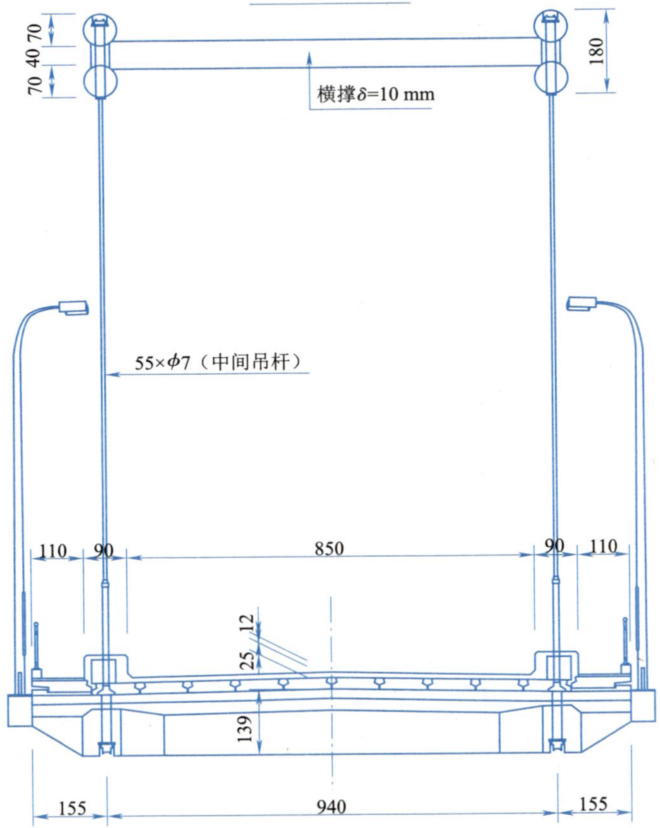

说明：

1.本图尺寸除里程标高以米记及注明者外，其余均以厘米记。

2.设计荷载：汽-超20级，挂-120级，人群3.5 kN/m²。

3.本桥设计为中承式钢管混凝土拱，主拱圈净跨径68 m，净失高18 m，净失跨比为1/3.78；拱轴线为等截面悬链线，拱轴系数1.167；主拱肋为两片，哑铃形截面。桥面系横梁为T形结构。行车道板为纵铺钢筋混凝土矩形板，其上设12 cm等厚的30号防水混凝土现浇铺装层，桥面横坡通过横梁变化高度实现。桥台采用U形重力式桥台，桥墩为实体墩。0号台与1号墩采用桩基础，2号台为扩大基础。

4.本桥在0号台，1号墩，2号台处设60型伸缩缝。

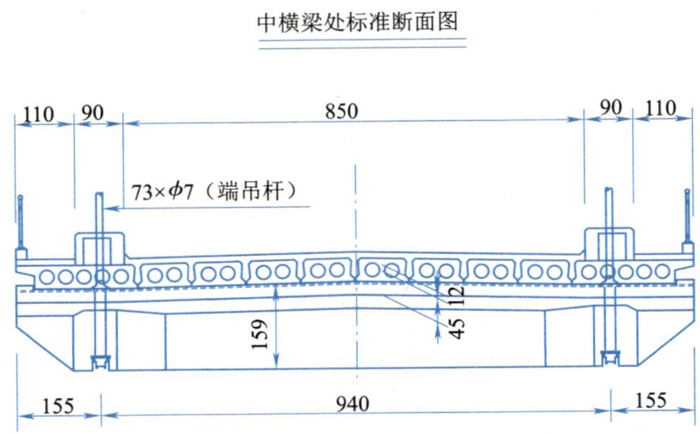

图7-29 标准横断面图

②动载试验的主要内容包括自振特性测试和动力反应测试两部分内容。通过动载激励试验(汽车变速行驶、跳车和刹车等激励试验)测试得到大桥的自振特性,包括固有频率、振型、衰减系数、阻尼比等;通过跑车试验,测定桥梁结构在强迫振动下的动力响应(如位移时程、加速度(速度)时程等)。

③依据动载试验结果综合分析和评价桥梁的动力性能。

3.试验内容

根据本次试验的目的,确定试验内容:

(1)静载试验

多个关键工况静力加载,实测关键截面的应力、应变及位移响应,检验大桥的工作状态,并基于试验结果评估桥梁承载能力;实测拱肋横向位移,计算分析大桥的横向稳定性。主要测试项目有:

①钢管混凝土拱肋控制截面和关键截面在试验荷载下的挠度、应变和水平位移(偏载工况)。

②桥面板(端部)控制截面(跨中)在试验荷载下的挠度和应变(偏载工况)。

③横梁(端横梁)控制截面(跨中)在试验荷载下的挠度、应变(正载工况)。

④吊杆在试验荷载下的拉力(偏载工况)。

⑤1 号墩(拱座)在试验荷载下的纵向水平变位(正载工况)。

(2)动载试验主要测试项目

①钢管混凝土拱肋和桥面板的自振特性(自振频率和振型)

②钢管混凝土拱肋和桥面板在试验荷载下的动力特性(位移和应变时程曲线、加速度时程、阻尼比和冲击系数)。

4.仪器设备

试验仪器材料如表 7-5 所示。

表 7-5　试验仪器材料表

编号	分项	子项	用量
1	数据存储和处理	笔记本式计算机	2 台
2	静载试验读数仪	钢弦式应变数据采集仪	1 台
3	应变计	钢弦式应变计	70 支
4	动载试验测试装置	DASP-E. T. 2006 动态数据分析仪	1 台
		INV306U 数据采集仪	1 台
5	传感器	941B 型拾振器	12 支
6	精密测量设备	全站仪	1 台
		电子水准仪	1 台
		变形观测尺	2 把
		DBS-1 电显位移计	10 支
		百分表	10 支
7	索力动测仪	PD30 激光测距仪	1 台
8	现场试验记录	数码照相机	1 台

①加速度传感器:用于测量桥梁各个部分的振动、速度和位移量,进而可估算出桥梁所受到的应力、应变、谐振频率、刚度等参数。选用了超低频传感器。

②百分表:用于测量端部桥面板的挠度。

③振弦式应变传感器:表贴式传感器。用于测量结构在载荷作用下该点的应变。据有可靠性高,稳定性好的特点。

④最新型号的全站仪(Leica TCA-2003)角度测量的精度为0.5弧秒,距离测量的精度为±1 mm+1 ppm,而且具有自动对准测量目标的功能,可用于三维坐标的实时监测。其缺点是受气象条件限制较多,在雨、雾的天气不能顺利地进行测量。

⑤PD30激光测距仪,通过测量吊杆伸长量反算吊杆拉力,具有检测速度快、使用简单方便等特点。

7.3.2 线形测量

1.测量目的

通过线形测量,获得实测拱轴系数和桥面高程,为计算分析提供校核参数。

2.测量项目

①拱肋线形(拱底高程和坐标)。

②桥面线形(桥面高程、纵坡和横坡)。

3.测点布置

线形测量布点图如图7-30所示。

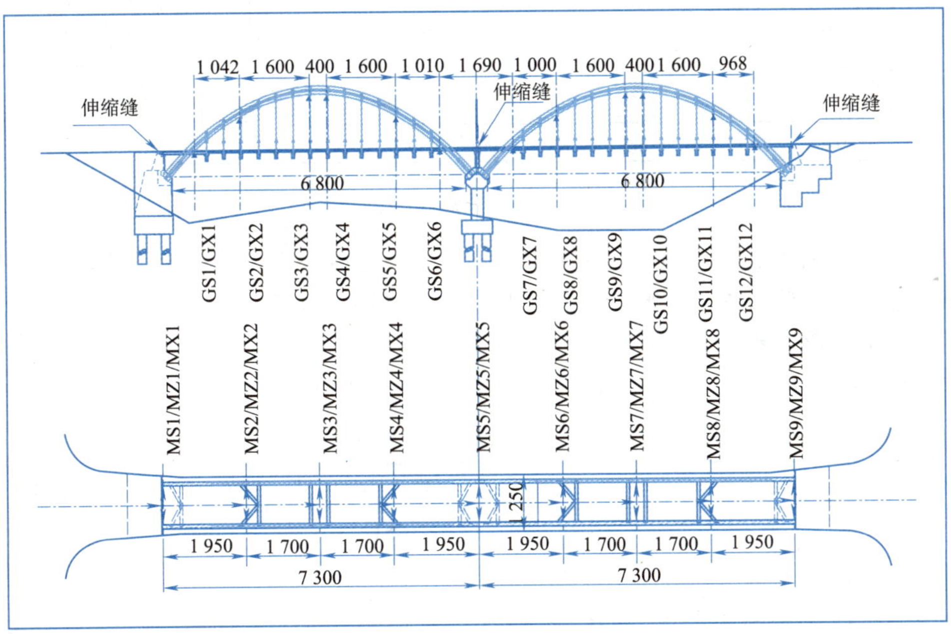

图7-30 线形测量布点图

4.测点结果

(1)桥面测量结果

桥面测量数据如表 7-6 所示,纵坡示意图如图 7-31 所示。

表 7-6　桥面测量数据

距 0 号台/m	上游测点	相对高程/m	中线测点	相对高程/m	下游测点	相对高程/m
0	MS1	1.093	MZ1	1.154	MX1	1.092
19.5	MS2	0.960	MZ2	1.030	MX2	0.967
36.5	MS3	0.855	MZ3	0.920	MX3	0.859
53.5	MS4	0.756	MZ4	0.830	MX4	0.767
73.0	MS5	0.656	MZ5	0.743	MX5	0.672
92.5	MS6	0.543	MZ6	0.611	MX6	0.542
109.5	MS7	0.457	MZ7	0.528	MX7	0.453
126.5	MS8	0.370	MZ8	0.441	MX8	0.359
146	MS9	0.278	MZ9	0.335	MX9	0.278

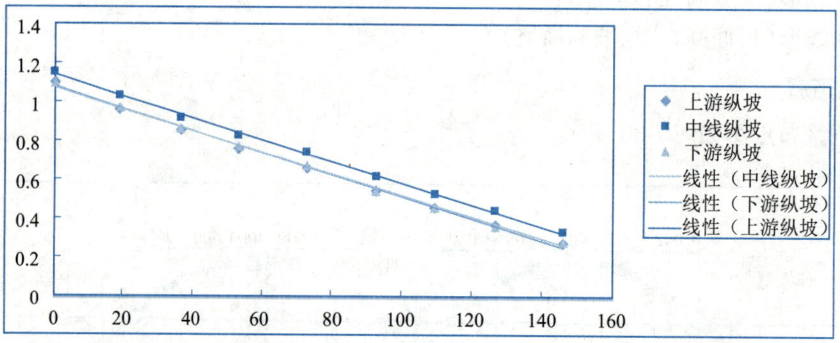

图 7-31　纵坡示意图

根据测量结果,上游平均纵坡为 -0.554%,中线平均纵坡为 -0.555%,下游平均纵坡为 -0.561%。桥面上游侧平均横坡为 1.65%,下游侧平均横坡为 1.57%。

(2)拱圈测量结果

拱圈测量数据如表 7-7 所示,拱圈线形示意图如图 7-32 所示。

表 7-7　拱圈(底部)测量数据

距 GS1 点	拱肋测点	相对高程	拱肋测点	相对高程	理论相对高程
0	GS1	0.713	GX1	0.698	0.647
10.42	GS2	7.039	GX2	7.038	7.522
26.42	GS3	11.858	GX3	11.884	12.42
30.42	GS4	11.845	GX4	11.916	12.42
46.42	GS5	6.979	GX5	7.077	7.522

续上表

距 GS1 点	拱肋测点	相对高程	拱肋测点	相对高程	理论相对高程
50.52	GS6	0.393	GX6	0.375	0.369
67.42	GS7	0.289	GX7	0.302	0.286
77.42	GS8	6.96	GX8	6.964	7.522
93.42	GS9	11.845	GX9	11.844	12.42
97.42	GS10	11.861	GX10	11.863	12.42
113.42	GS11	7.04	GX11	7.029	7.522
123.1	GS12	0	GX12	0	0

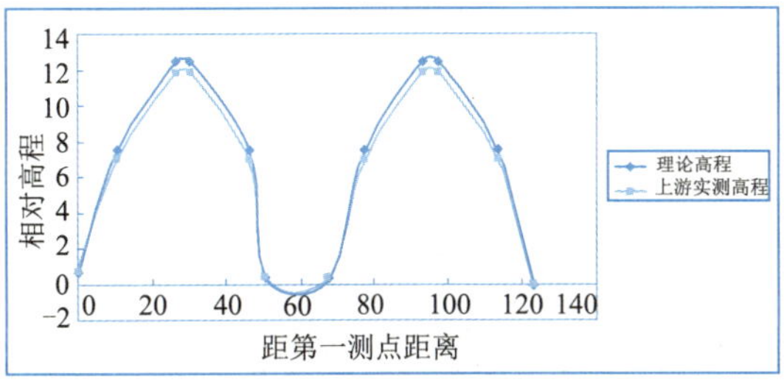

（a）上游侧拱圈线形示意图

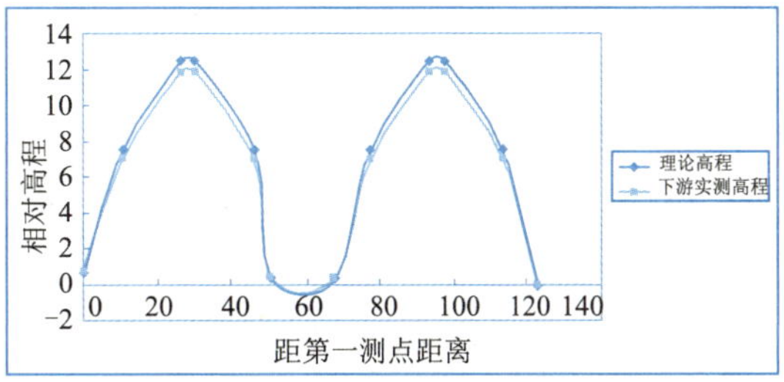

（b）下游侧拱圈线形示意图

图 7-32 拱圈线形示意图

由图 7-32(a)可知，线性相关系数 $R=0.999\,8$，拱轴线与设计基本吻合。

由图 7-32(b)可知，线性相关系数 $R=0.999\,8$，拱轴线与设计基本吻合。

7.3.3 计算分析

1.确定测试孔跨

该桥两孔跨径相同，龙池一侧端部桥面板和横梁位于岸上，试验较方便。综合考虑了大桥实际结构形式、受力特征等因素，选择龙池侧一跨作为荷载试验跨。

2.分析模型

根据钢管混凝土拱桥的结构特点，全桥主要构件可分为拱肋、吊杆、桥面板和墩台等部分。为准确模拟结构实际受力情况建立空间有限元模型，彩虹桥计算模型如图 7-33 所示。

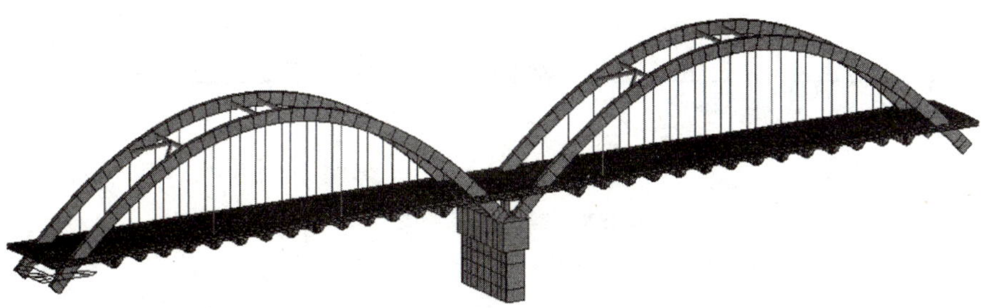

图 7-33 桥梁分析模型

3.静载试验

(1)针对拱肋的主要工况

工况一:拱顶截面最大正弯矩工况(偏载)。

工况二:拱脚截面最大负弯矩工况(偏载)。

(2)针对拱肋的附加工况

工况三:1/4 跨截面最大正弯矩和挠度工况(偏载)。

(3)针对吊杆的主要工况

工况四:吊杆最大拉力工况(偏载)。

(4)针对桥面系的主要工况

工况五:端部桥面板(以等效第 4#边板底部贴有 S8 应变片对应的那片梁)跨中最大正弯矩和挠度工况(偏载)。

工况六:端横梁跨中最大正弯矩和挠度工况(正载)。

(5)针对墩台的主要工况

工况七:1 号墩拱脚最大水平推力工况(偏载)。

4.计算分析

根据中承式钢管混凝土拱桥的结构特点,并且针对大桥的试验进行了全面的静力分析,得到各工况下的不利断面内力影响线如图 7-34 所示。

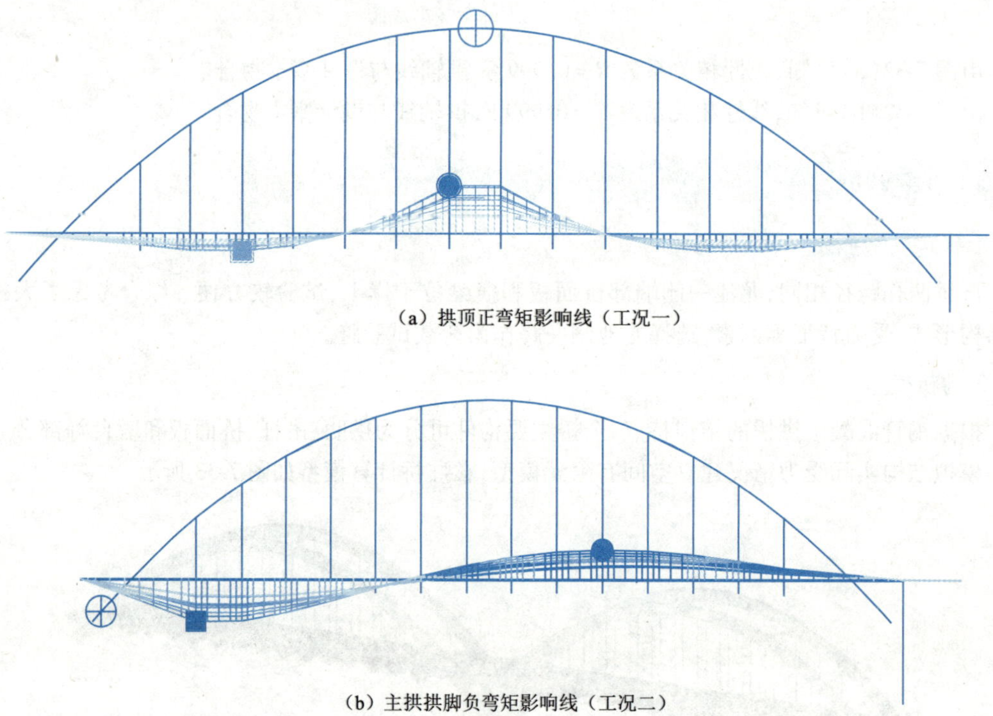

(a)拱顶正弯矩影响线(工况一)

(b)主拱拱脚负弯矩影响线(工况二)

图 7-34　各工况下的不利断面内力影响线

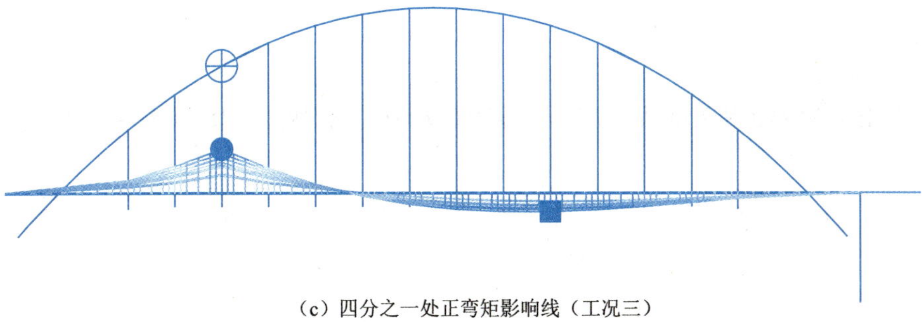

（c）四分之一处正弯矩影响线（工况三）

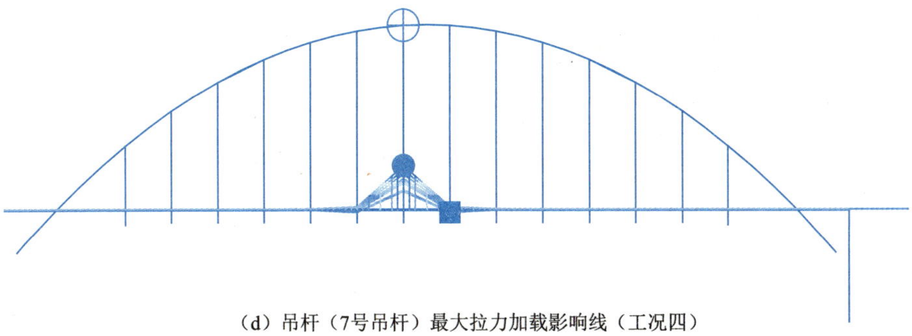

（d）吊杆（7号吊杆）最大拉力加载影响线（工况四）

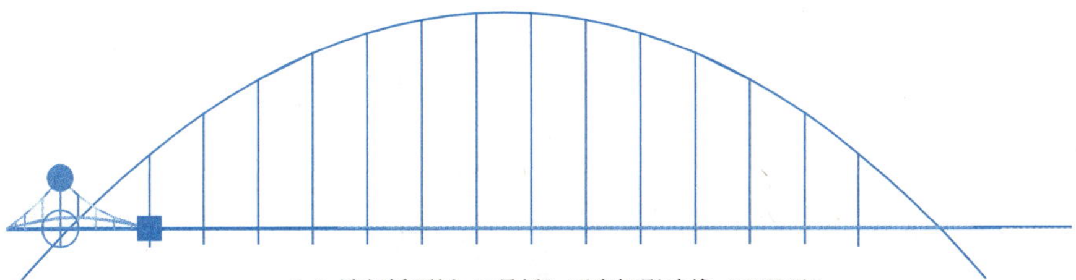

（e）端部桥面板（2号板）正弯矩影响线（工况五）

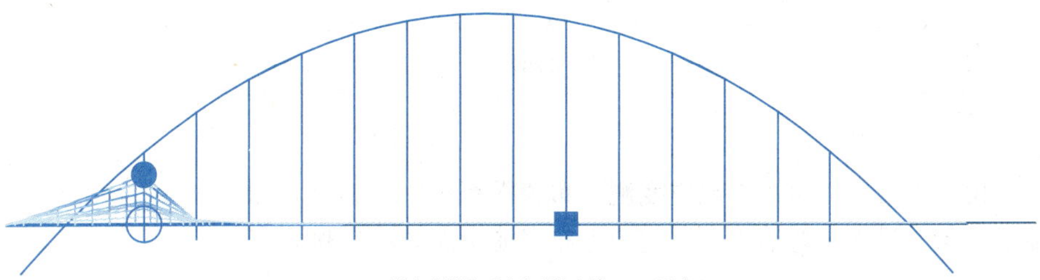

（f）端部横梁正弯矩影响线（工况六）

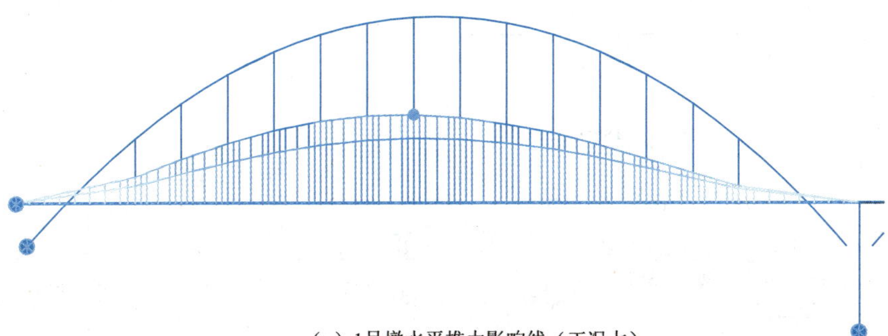

（g）1号墩水平推力影响线（工况七）

图7-34 各工况下的不利断面内力影响线(续)

5.测点布置

（1）应变测点布置

①拱肋各控制截面和关键截面应变测试截面及测点布置如图 7-35 和图 7-36 所示。

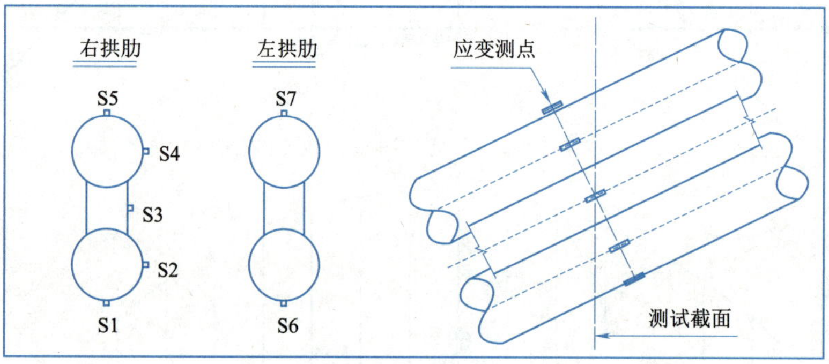

图 7-35　拱肋应变测点布置横断面图

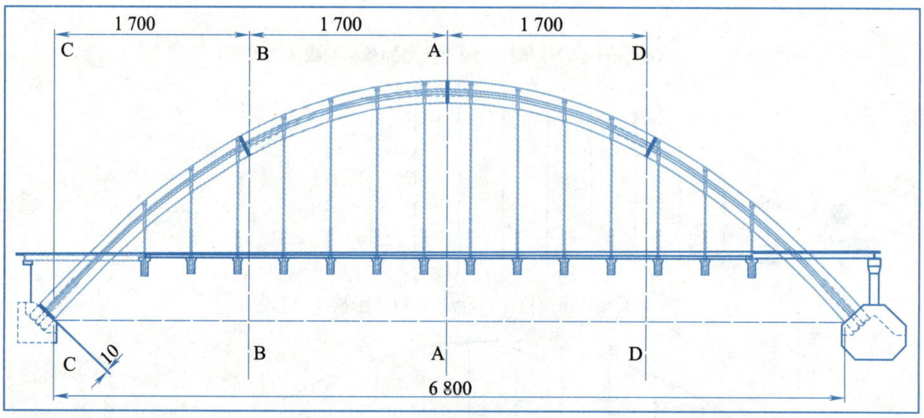

图 7-36　拱肋应变测点布置横断面图

②端部桥面板最大正弯矩工况应变测点布置横断面如图 7-37 所示。

③端横梁跨中最大正弯矩工况应变测点布置横断面如图 7-38 所示。

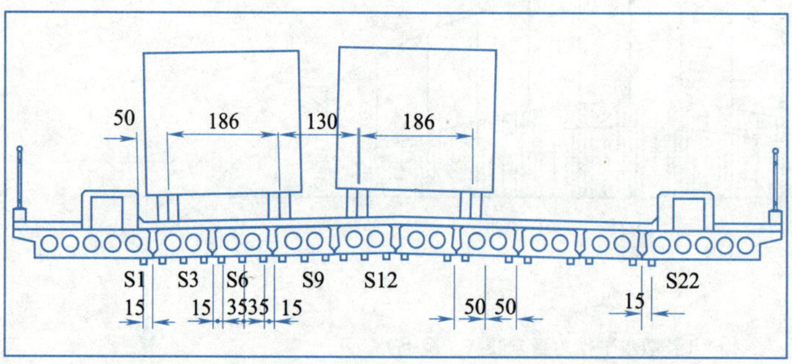

图 7-37　端部桥面板跨中应变测点布置横断面图

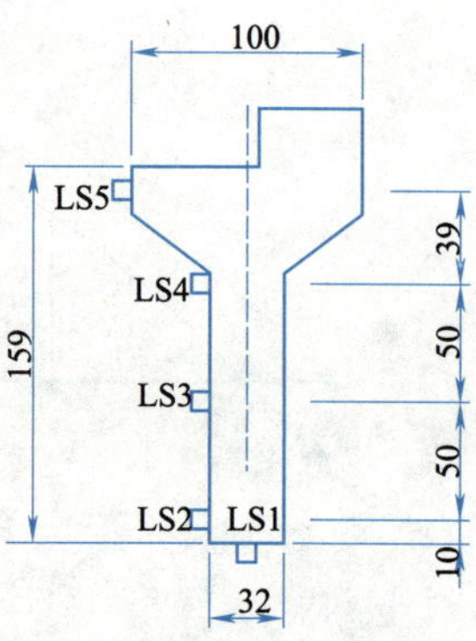

图 7-38　端横梁跨中断面应变测点布置图

(2)位移测点布置

①拱顶及1/4跨拱肋最大正弯矩工况位移测点布置如图7-39所示。

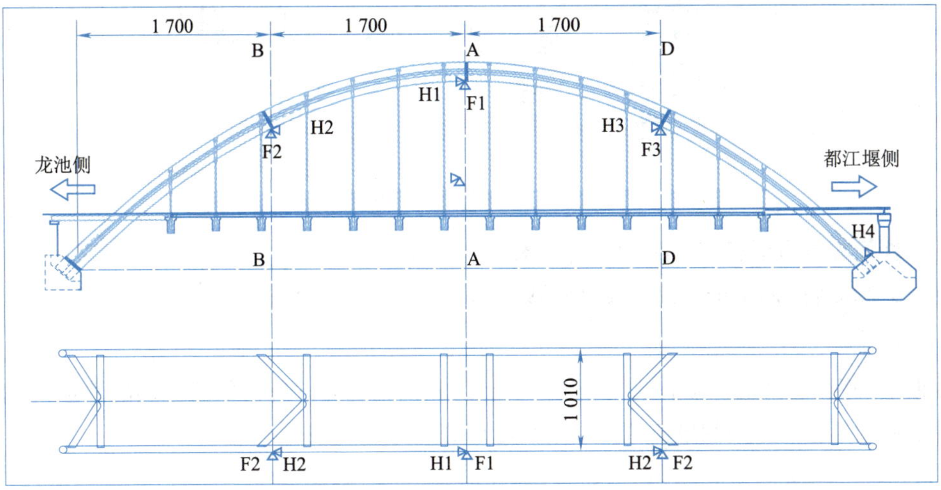

图7-39 拱顶及1/4跨拱肋挠度及横向水平位移测点布置

②拱顶及1/4跨拱肋最大正弯矩工况桥面系挠度测点布置如图7-40所示。

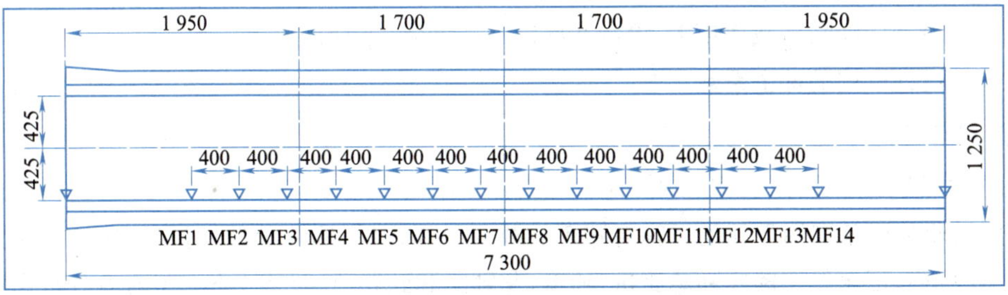

图7-40 桥面系挠度测点布置

③端部桥面板最大正弯矩工况挠度测点布置如图7-41所示。

由于桥面测量受加载车影响,桥面挠度测点设置于板底。

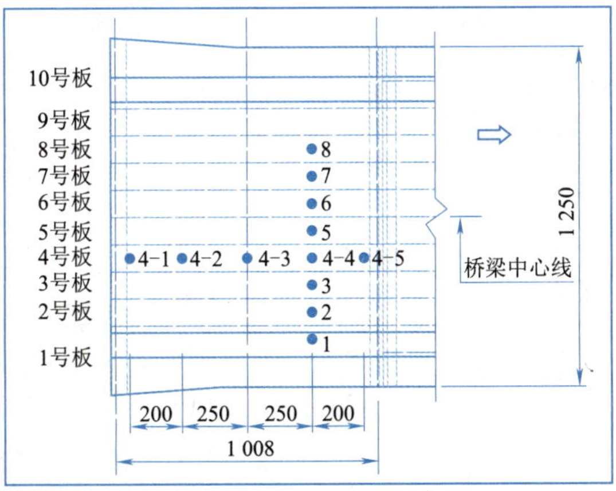

图7-41 端部桥面板挠度测点布置

④端横梁跨中最大正弯矩工况挠度测点布置如图 7-42 所示。

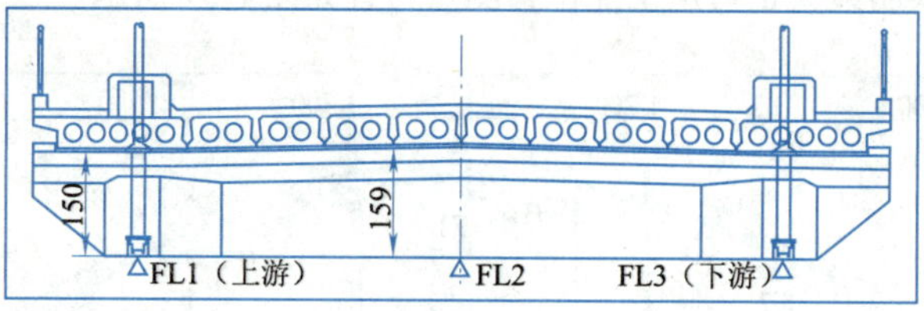

图 7-42　端横梁挠度测点布置

⑤吊杆最大拉力测点：布置在 7、8 号吊杆。

⑥1 号墩最大纵向水平变位工况位移测点：布置在 1 号墩上游拱座上缘。

6.加载原则

根据《大跨径混凝土桥梁的试验方法》的建议，各试验工况下所需加载车辆的数量，将根据设计标准活荷载产生的最不利效应值按下式所定原则等效换算而得：

$$0.85 < \eta = \frac{S_{stat}}{S(1+\mu)} \leqslant 1.05$$

式中：η——静力试验荷载效率系数；

S_{stat}——试验荷载作用下，控制截面内力计算值；

S——设计标准活荷载作用下，控制截面内力计算值（不计冲击作用时）；

μ——设计取用的冲击系数。

7.加载方案

（1）加载荷载

此次试验采用总重约 36 t 的三轴自卸车加载，试验前对每辆车都严格过磅，保证每车的质量误差在 1 t 以内，记录每车的实际总质量、轴重，及轴距和轮距，详见表 7-8。在内力分析和截面应变计算过程中，对荷载都是按表 7-8 中实际的轴距、轮距和轴重取值的。具体计算方法如图 7-43 所示。

表 7-8　试验车辆前后轴轴距和轴重表

序号	轮距/m	轴距 /m		轴重 /t		总质量/t
		前轴-中轴	中轴-后轴	前轴	中轴-后轴	
1#	1.8	3.6	1.3	7.90	28.10	36.00
2#	1.8	3.6	1.3	10.25	25.77	36.02
3#	1.8	3.6	1.3	12.60	23.45	36.05
4#	1.86	4.35	1.3	8.84	27.33	36.17
5#	1.8	3.6	1.3	9.32	26.75	36.07
6#	1.8	3.6	1.3	8.05	28.03	36.08
7#	1.8	3.6	1.3	7.58	28.42	36.00
8#	1.86	4.35	1.3	7.88	28.20	36.08

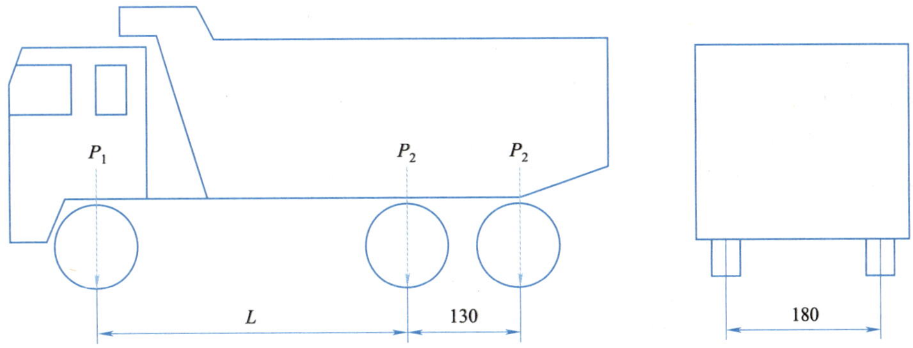

图 7-43 计算轴距及轴重

在模型计算分析中,模型加载中将每辆车模拟为六个集中力的形式,如图 7-44 所示。

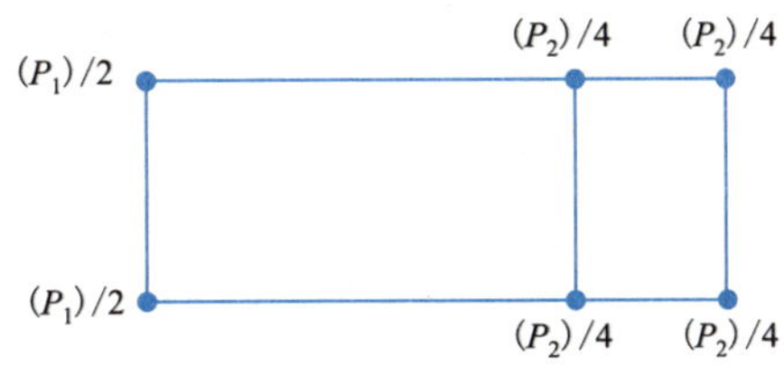

图 7-44 计算加载模式示意

8.加载方式

按照等效荷载的方法进行控制截面最不利加载。

为了加载安全和了解结构应变随试验荷载增加的变化关系,针对拱肋和桥面系的主要工况均采用分级加载程序,并通过加载车辆数和位置变化实现分级加载;工况只设最大内力或位移加载程序。试验布载方案如图 7-45 ~ 图 7-51 所示。

(1)工况一:拱肋拱顶截面最大正弯矩工况(偏载)

一级加载:1#。

二级加载:1#、2#。

三级加载:1#、2#、3#。

四级加载:1#、2#、3#、4#。

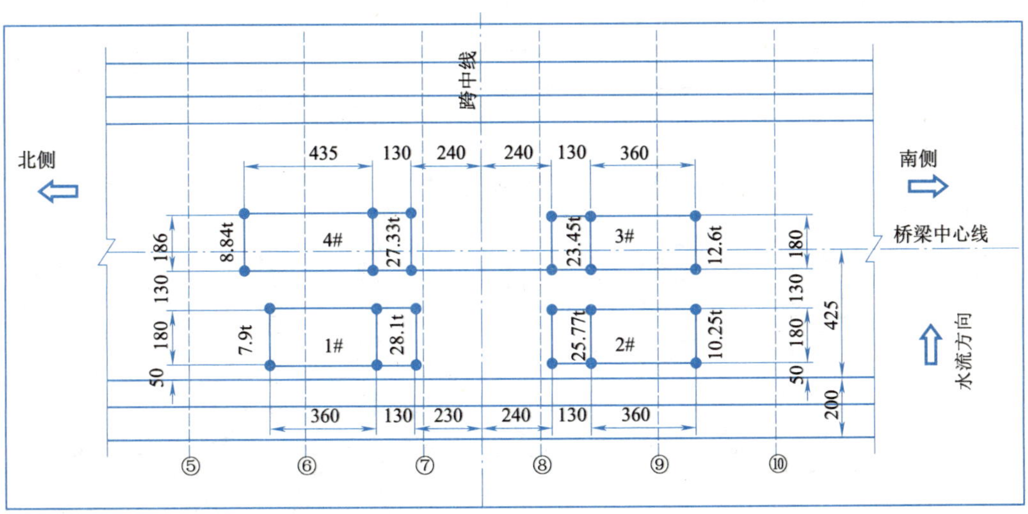

图 7-45 拱肋拱顶截面最大正弯矩工况加载图示

(2)工况二：拱脚截面最大负弯矩工况(偏载)

一级加载:1#。

二级加载:1#、2#。

三级加载:1#、2#、3#。

四级加载:1#、2#、3#、4#。

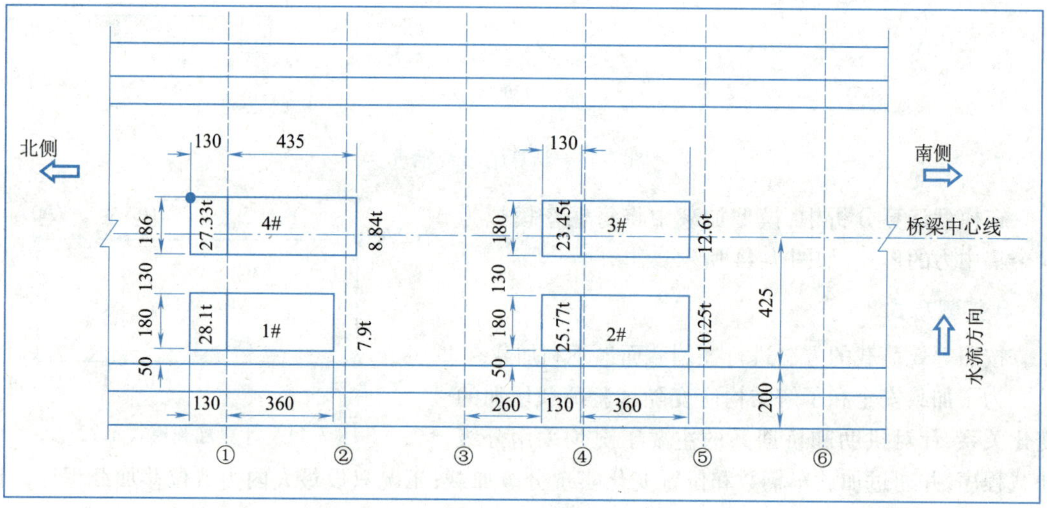

图 7-46　拱脚截面最大负弯矩工况加载图示

(3)工况三：拱肋 1/4 跨截面最大正弯矩和挠度工况(偏载)

一级加载:5#。

二级加载:5#、6#。

三级加载:5#、6#、7#。

四级加载:5#、6#、7#、8#。

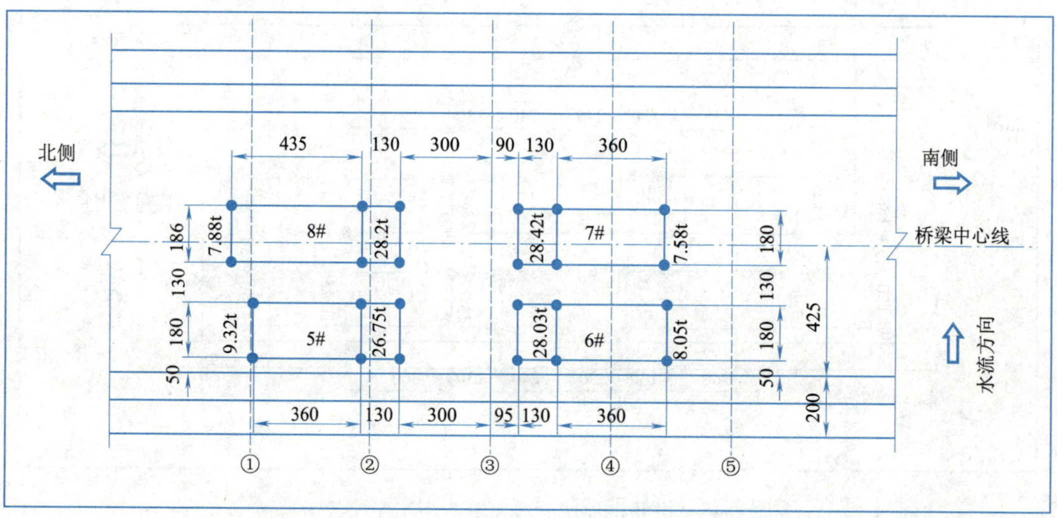

图 7-47　拱肋 1/4 跨截面最大正弯矩和挠度工况

（4）工况四：跨中吊杆（7#吊杆）最大拉力工况（偏载）

一级加载:5#、6#、7#、8#。

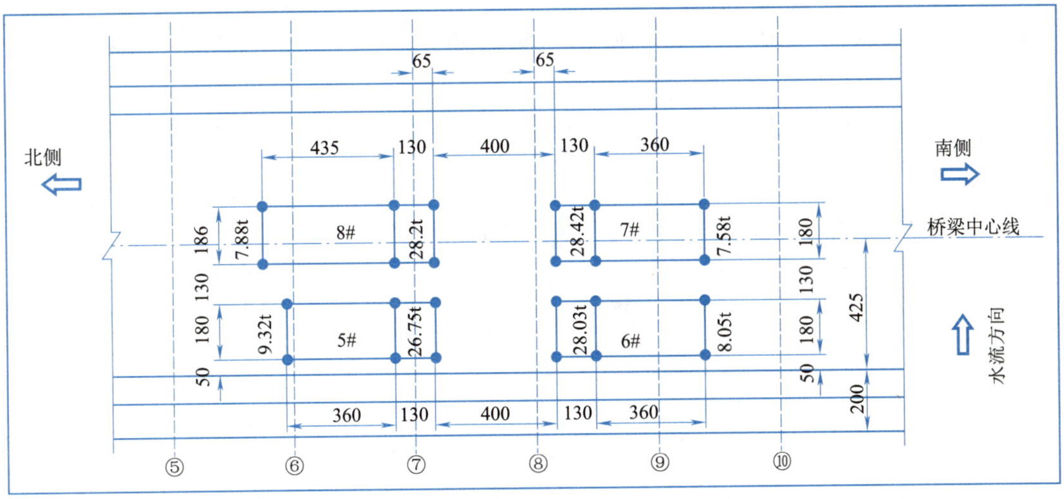

图 7-48 跨中吊杆（7 号吊杆）最大拉力工况

（5）工况五：岸测端部桥面板跨中最大正弯矩和挠度工况（偏载）

工况五移动车辆分级加载位置见表 7-9。

表 7-9 工况五移动车辆分级加载位置

分级	第 1 级	第 2 级
X/cm	770	440

注:X 表示车辆后轴到 1 号横梁中心的距离。

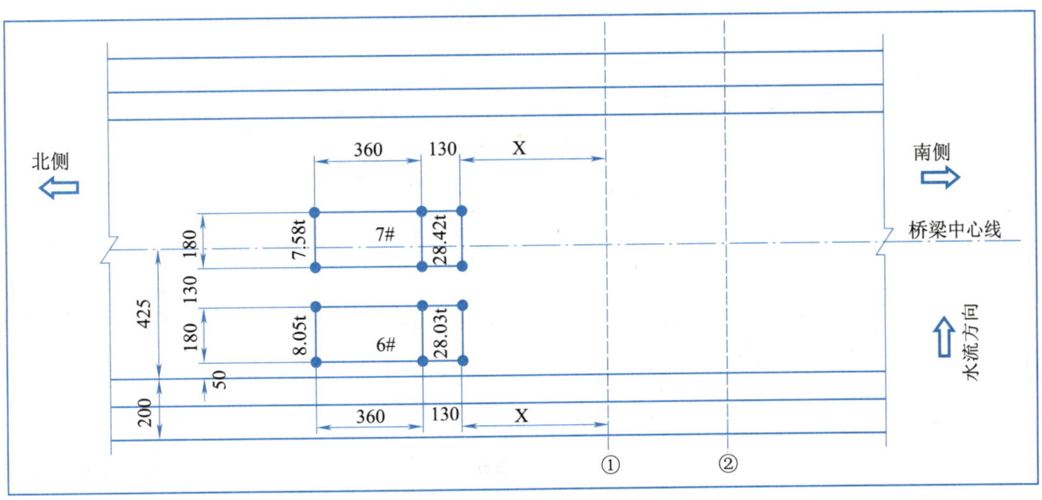

图 7-49 端部桥面板跨中最大正弯矩加载工况

（6）工况六：端横梁跨中最大正弯矩和挠度工况（正载）

一级加载:5#、6#、7#、8#。

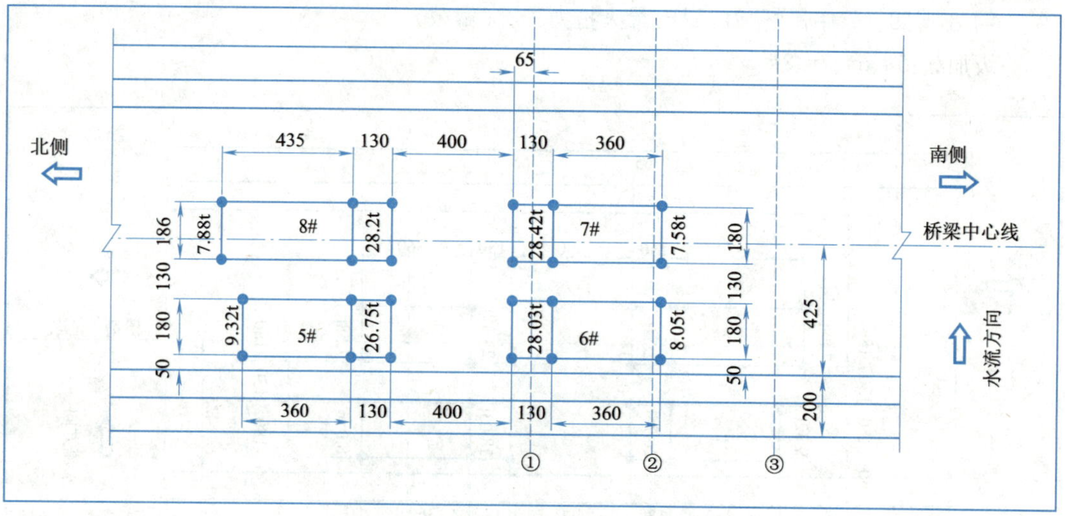

图 7-50　端横梁跨中最大正弯矩加载工况

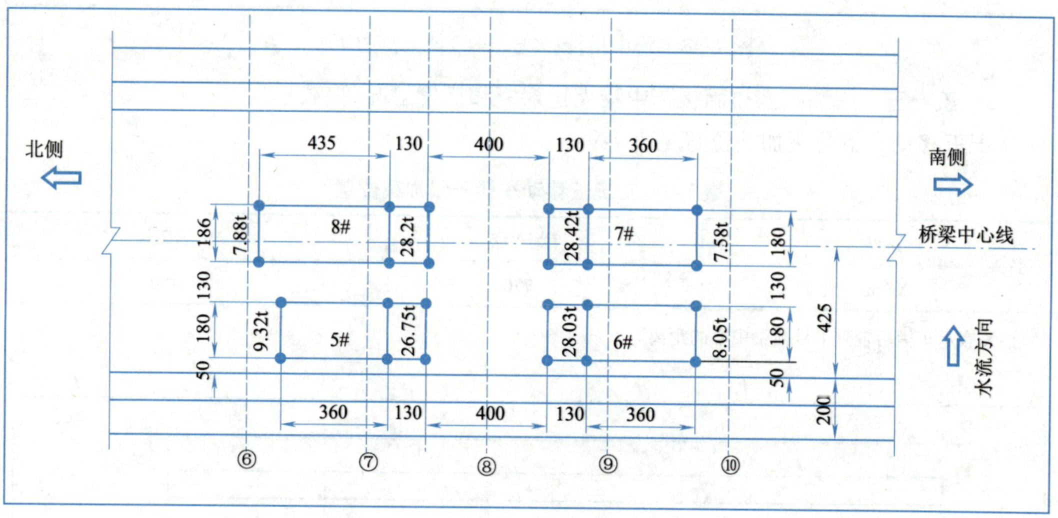

图 7-51　1 号墩最大纵向水平位移加载工况

(7)工况七：1 号墩最大纵向水平位移工况(偏载)

9.加载效率

根据《大跨径混凝土桥梁的试验方法》的建议，取静力试验荷载的效率为 $1 \geq \eta \geq 0.85$。各试验工况加载效率计算结果见表 7-10。

表 7-10　试验效率系数

工况	项目	试验荷载下计算内力	标准荷载下计算内力	效率系数 η
一	拱顶最大正弯矩/kN · m	1 487.50	1 508.37	0.986

续上表

工况	项目	试验荷载下计算内力	标准荷载下计算内力	效率系数 η
二	拱脚最大负弯矩/kN·m	-2 626.63	-2 803.80	0.937
三	1/4L 拱肋最大正弯矩/kN·m	1 889.49	2 217.94	0.852
四	跨中附近吊杆最大拉力/kN	282.62	468.52	0.603
五	端桥面板最大正弯矩工况/kN·m	467.04	737.19	0.634
六	端横梁最大正弯矩工况/kN·m	1 075.77	1 184.28	0.908
七	1 号墩水平推力最大工况/kN	1 244.80	1 373.08	0.907

由于本次试验根据重要构件拱肋选用加载车辆，而端桥面板和吊杆的影响线加载长度较短，导致端桥面板(工况四)和吊杆(工况五)加载效率偏低。

10.试验控制

本次试验应严格按照计算值进行控制，若超出计算值的15%，或出现较大趋势的变化时，应立即中止试验。各试验工况加载控制值计算结果见表7-11。

(应变单位：με，位移：mm，其中竖向位移以向上为正，水平位移以指向桥外为正。)

表 7-11 各试验工况加载控制值计算结果

工况一（满载，拱顶最大正弯矩）						
测试截面		拱顶	1/4L	3/4L	拱脚	桥面跨中
应变测点	上缘 A S5	-104.8	-31.8	83.3	-50.5	—
	下缘 A S1	72.9	-7.3	-119.0	10.3	—
竖向位移	拱顶 F1-1	-8.359 mm	-7.340 mm	7.812 mm	—	-18.517
水平位移	拱顶 H1-1	0.972 mm	0.900 mm	0.514 mm	—	—
工况二（满载，拱脚最大负弯矩）						
测试截面		拱顶	1/4L	3/4L	拱脚	桥面跨中
应变测点	上缘 C S5	26.6	-136.2	72.9	177.6	—
	下缘 C S1	-44.6	115.7	-90.5	-214.8	—
工况三（满载，1/4L 最大正弯矩工况）						
测试截面		拱顶	1/4L	3/4L	拱脚	桥面跨中
应变测点	上缘 B S5	31.3	-155.2	75.2	188.6	—
	下缘 B S1	-49.5	134.8	-107.6	-228.1	—

续上表

工况三（满载，1/4L 最大正弯矩工况）						
测试截面		拱顶	1/4L	3/4L	拱脚	桥面跨中
竖向位移	F2-1	1.455 mm	-15.75 mm	12.05 mm	—	-20.15 mm
水平位移	H2-1	8.961 mm	12.50 mm	10.41 mm	—	—
工况四（满载，吊杆最大拉力工况）						
测试吊杆		5 号	6 号	7 号	8 号	9 号
伸长量/mm		1.8	9.7	24.0	16.2	6.4
工况五（满载，桥面板最大正弯矩工况）						
测试截面		4 号板跨中				
应变测点	S9	86				
竖向位移	4-3	2.7 mm				
工况六（满载，端横梁最大正弯矩工况）						
测试截面		跨中				
应变测点	LS1	控制不开裂				
竖向位移	LF2	-11.56 mm				

试验时应对主要部位裂缝进行观测，发现裂缝激增时应立即中止试验。

11.试验过程

（1）读数

为控制加卸载稳定时间，选择跨中应变或挠度作为控制观测点，每级加载（或卸载）后立即读数一次，计算其与加载前（或卸载前）读数之差值 S_g，然后每隔 2 min 读数一次，计算 2 min 前后的差值 ΔS，并按下式计算相对读数之差值 m：

$$m = \Delta S / S_g$$

当 m 值小于 1% 或小于量测仪器的最小分辨值时即认为结构基本稳定，可进行各测点读数，但稳定时间不得少于 5 min。

全部测点在加载开始前均进行零级荷载的读数，以后每次加载或卸载后立即读数一次。

（2）裂缝观测

在加载试验过程中，观察各主要构件的开裂情况。

根据现场观察，该桥端横梁腹板存在竖裂缝，在试验过程中未发展；拱圈与吊杆保护带间接缝处因地震挤压破损，在现场试验过程中，接缝仍处于弹性伸缩状态。

7.3.4 静载试验结果分析

1.挠度及应变校验系数评定

校验系数即指某一测点的实测值与相应理论值的比值：$\eta = S_{实测}/S_{理论}$。在同一荷载作用下实测值与分析值应接近；当 $\eta<1$ 时，表明结构的工作性能较好，满足使用要求；当 $\eta>1$ 时，表明结构工作性能较差，应根据实际情况降级使用，限速限载并进行加固或改建。

(1) 挠度测量结果及评定

挠度测量结果如表 7-12 ~ 表 7-18 所示。

表 7-12 工况一、二、三拱肋截面测点挠度 （单位：mm）

工况	加载级数	拱顶竖向（向下为负）			$L/4$竖向（向下为负）			$3L/4$竖向（向下为负）		
		实测值	理论值	校验系数	实测值	理论值	校验系数	实测值	理论值	校验系数
一	4	-9.1	-9.92	0.92	2.5	2.81	0.89	2.5	3.06	0.82
二	4	-1.0	1.09	0.92	-12.1	-13.78	0.88	9.3	10.02	0.93
三	3	-1.6	2.01	0.80	-15.6	-16.37	0.95	10	11.07	0.9
工况	加载级数	拱顶纵向（向0号台为负）			$L/4$纵向（向0号台为负）			$3L/4$纵向（向0号台为负）		
		实测值	理论值	校验系数	实测值	理论值	校验系数	实测值	理论值	校验系数
一	4	0.2	0.43	0.47	-3	-3.23	0.93	3.5	4.23	0.83
二	4	8	8.38	0.95	9.5	11.14	0.85	8	9.02	0.89
三	4	8.5	9.43	0.90	12.5	13.19	0.95	7	9.02	0.78

表 7-13 工况一、二、三桥面截面测点满载挠度 （单位：mm）

测点	工况一			工况二			工况三		
上游	理论值	实测值	校验系数	理论值	实测值	校验系数	理论值	实测值	校验系数
MF1	2.92	2.5	0.86	-11.02	-9.9	0.90	-11.57	-7.8	0.67
MF2	3.18	2.9	0.91	-20.15	-17.9	0.89	-14.29	-8.6	0.60
MF3	1.89	1.3	0.69	-23.17	-20.6	0.89	-16.48	-11.8	0.72
MF4	-0.84	-0.7	0.83	-21.17	-20.3	0.96	-21.14	-18.3	0.87
MF5	-5.66	-4.4	0.78	-13.51	-10.3	0.76	-14.84	-12.5	0.84
MF6	-12.66	-12.4	0.98	-6.71	-6.1	0.91	-6.78	-6.6	0.97

续上表

测点	工况一			工况二			工况三		
上游	理论值	实测值	校验系数	理论值	实测值	校验系数	理论值	实测值	校验系数
MF7	-18.47	-17.4	0.94	-0.84	-0.5	0.60	-1.51	-0.7	0.46
MF8	-17.52	-16.6	0.95	4.52	3.2	0.71	3.4	3.0	0.88
MF9	-13.52	-10.6	0.78	8.81	7.5	0.85	7.43	5.1	0.69
MF10	-5.88	-5.6	0.95	11.59	9.4	0.81	10.13	9.9	0.98
MF11	-0.81	-0.4	0.49	12.65	10.9	0.86	11.26	10.6	0.94
MF12	2.07	2	0.97	11.97	9.8	0.82	10.78	8.9	0.83
MF13	3.49	2.2	0.63	9.74	8.2	0.84	8.84	6.6	0.75
MF14	3.32	3.3	0.99	6.42	3.5	0.55	5.87	3.6	0.61

表 7-14 工况一、二、三吊杆满载伸长量 (单位:mm)

测点	工况一			工况二			工况三		
上游	理论值	实测值	校验系数	理论值	实测值	校验系数	理论值	实测值	校验系数
吊杆 1	※	※	※	-1.08	-0.6	0.56	※	※	※
吊杆 2	※	※	※	※	※	※	-1.75	-1.4	0.8
吊杆 3	※	※	※	※	※	※	-1.99	-1.4	0.7
吊杆 4	※	※	※	-5.24	-4.1	0.78	※	※	※
吊杆 7	-8.83	-6.8	0.77	※	※	※	※	※	※
吊杆 8	-7.86	-6.2	0.79	※	※	※	※	※	※

表 7-15 工况四吊杆满载伸长量 (单位:mm)

测点	上游吊杆 7	上游吊杆 8	下游吊杆 7	下游吊杆 8
理论值	-9.7	-9.1	-6.3	-5.9
实测值	-8.5	-7.5	-5.0	-4.5
校验系数	0.88	0.82	0.79	0.76

表 7-16 端桥面板最大正弯矩工况桥面板竖向位移 （单位:mm）

测点编号		工况五		
		理论值	实测值	校验系数
横向	1	-4.57	-3.2	※
	2	-4.65	-3.6	※
	3	-4.63	-3.5	※
	4	-4.54	-3.3	※
	5	-4.44	-2.9	※
	6	-4.27	-2.9	※
	7	-3.97	-2.7	※
	8	-3.59	-2.5	※
纵向	4-1	-0.70	-0.6	※
	4-2	-2.80	-2.4	※
	4-3	-3.90	-3.5	※
	4-4	-4.57	-4.3	※
	4-5	-4.63	-4.4	※
4-3 点相对挠度		-1.24	-1.0	0.81

表 7-17 工况六端横梁最大正弯矩横梁跨中竖向位移 （单位:mm）

实测值			理论值			校验系数
FL1	FL2	FL3	FL1	FL2	FL3	
-9	-10	-9	-9.003	-10.705	-9.003	
-1			-1.70			0.59

表 7-18 工况七中墩最大水平推力工况拱座纵向位移 （单位:mm）

实测值	理论值	校验系数
1	1.55	0.64

由以上各表可以看出,关键测点位移实测值小于理论值,校验系数小于1,满足规范要求。

（2）应变测量结果及评定

应变测量结果如表 7-19～表 7-21 所示。

表7-19　工况一、二、三拱肋截面测点满载应变　（单位：με）

工况		工况一			工况二			工况三		
截面位置	测点编号	实测值	理论值	校验系数	实测值	理论值	校验系数	实测值	理论值	校验系数
上游侧拱脚	CS1	52	79.5	0.65	-199	-213.7	0.93	5	9.6	0.52
	CS2	36	42.9	0.84	-116	-136.5	0.85	-79	-96	0.82
	CS3	-10	-19.1	0.52	-15	-18.5	0.81	-48	-52.5	0.91
	CS4	-61	-79.4	0.77	76	100.3	0.76	44	47.2	0.93
	CS5	-114	-117.8	0.97	156	175.7	0.89	41	52.7	0.78
下游侧拱脚	CS6	8	9	0.89	-72	-78.5	0.92	-101	-110.3	0.92
	CS7	-3	-4	0.75	-95	-100.7	0.94	-93	-100.8	0.92
上游侧1/4拱	BS1	-74	-94.6	0.78	-122	-130.7	0.93	-60	-64.3	0.93
	BS2	-56	-64.6	0.87	40	51.3	0.78	39	57	0.68
	BS3	-11	-19.4	0.57	43	53.6	0.80	48	60.2	0.80
	BS4	4	26.2	0.15	37	48.2	0.77	46	55.2	0.83
	BS5	3	55.1	0.05	95	107.1	0.89	39	41.9	0.93
下游侧1/4拱	BS6	16	16.6	0.96	30	42.1	0.71	42	46.4	0.91
	BS7	12	15.8	0.76	24	28	0.86	25	30.6	0.82
上游侧拱顶	AS1	96	116.15	0.83	-67	-70.7	0.95	-40	-64.3	0.62
	AS2	49	65.4	0.75	39	51.3	0.76	52	57	0.91
	AS3	-15	-18.1	0.83	43	53.6	0.80	50	60.2	0.83
	AS4	-89	-100.9	0.88	38	48.2	0.79	44	55.2	0.80
	AS5	-113	-153.1	0.74	25	35.4	0.71	31	41.9	0.74
下游侧拱顶	AS6	14	16.6	0.84	35	42.1	0.83	30	46.4	0.65
	AS7	12	15.8	0.76	16	28	0.57	26	30.6	0.85
上游侧3/4拱	DS1	-74	-98.3	0.75	-56	-70.7	0.79	-61	-64.3	0.95
	DS2	-47	-66.2	0.71	37	51.3	0.72	47	57	0.82
	DS3	-13	-19.2	0.68	40	53.6	0.75	52	60.2	0.86
	DS4	27	28.6	0.94	39	48.2	0.81	49	55.2	0.89
	DS5	47	58.8	0.80	27	35.4	0.76	31	41.9	0.74
下游侧3/4拱	DS6	13	16.6	0.78	40	42.1	0.95	30	46.4	0.65
	DS7	10	15.8	0.63	23	28	0.82	18	30.6	0.59

表 7-20 工况五端桥面板跨中截面测点应变 (单位:με)

板号	测点编号	理论值	实测值	校验系数
1	S1	73.7	62	0.84
2	S2	78.0	64	0.82
	S3	78.3	77	0.98
	S4	81.0	71	0.88
3	S5	79.7	72	0.90
	S6	79.0	70	0.89
	S7	80.3	73	0.91
4	S8	80.7	72	0.89
	S9	82.7	74	0.89
	S10	84.3	77	0.91
5	S11	82.0	73	0.89
	S12	81.7	76	0.93
	S13	81.3	72	0.89
6	S14	78.3	53	0.68
	S15	77.7	73	0.94
7	S16	70.3	60	0.85
	S17	69.7	64	0.92
8	S18	55.4	49	0.88
	S19	54.6	44	0.81
9	S20	47.0	39	0.83
	S21	46.4	38	0.82
10	S22	43.7	33	0.76

表 7-21 工况六端横梁跨中截面测点应变 (单位:με)

测点编号	理论值	实测值	校验系数
S1	95.4	81	0.85
S2	89.2	75	0.84
S3	25.4	22	0.87
S4	-46.2	-38	0.82
S5	-70.8	-69	0.97

由以上各表可以看出，主要应变测点实测值小于理论值，校验系数小于1，满足规范要求。

2.相对残余挠度及残余应变评定

实测残余变形或应变（Sp）与实测总变形或应变（Stot）的比值越小结构越接近弹性工作状态，一般要求≤0.20。

（1）相对残余挠度（见表7-22～表7-25）

表7-22　拱肋测点相对残余挠度

工况	测点编号	拱顶竖向	$L/4$竖向	$3L/4$竖向
一	最大挠度值/mm	-9.1	※	※
	卸载残余挠度值/mm	-1.5	※	※
	残余变形比	16.5%	※	※
二	最大挠度值/mm	※	-12.1	9.3
	卸载残余挠度值/mm	※	-2	1
	残余变形比	※	16.5%	10.8%
三	最大挠度值/mm	※	-15.6	10
	卸载残余挠度值/mm	※	※	※
	残余变形比	※	※	※
工况	测点编号	拱顶纵向	$L/4$纵向	$3L/4$纵向
一	最大挠度值/mm		-3	3.5
	卸载残余挠度值/mm		0	0
	残余变形比		0	0
二	最大挠度值/mm	8	9.5	8
	卸载残余挠度值/mm	1	1	0
	残余变形比	12.55	10.5%	0
三	最大挠度值/mm	8.5	12.5	7
	卸载残余挠度值/mm	1	1	0
	残余变形比	11.8%	8%	0

表7-23　桥面测点相对残余挠度

工况	测点编号	MF3	MF4	MF7
一	最大挠度值/mm	※	※	-17.4
	卸载残余挠度值/mm	※	※	-3
	残余变形比	※	※	17.2%

续上表

工况	测点编号	MF3	MF4	MF7
二	最大挠度值 /mm	-20.6	※	※
	卸载残余挠度值 /mm	-1	※	※
	残余变形比	4.9%	※	※
三	最大挠度值 /mm	※	-18.3	※
	卸载残余挠度值 /mm	※	-1	※
	残余变形比	※	5.5%	※

表 7-24　端板跨中相对残余挠度

位置	4 号板底
测点编号	F4-3(相对)
最大挠度值/mm	-1
残余挠度值/mm	0
残余挠度比	0

表 7-25　端横梁跨中相对残余应变

位置	梁底
测点编号	FL2(相对)
最大挠度值/mm	-1
残余挠度值/mm	0
残余挠度比	0

由上述各表可以看出,挠度测点相对残余小于0.2,表明各结构控制截面变形恢复能力较好,满足规范要求。

(2)相对残余应变(见表7-26~表7-28)

表 7-26　拱肋相对残余应变

工况	测试截面	拱顶		$L/4$		$3L/4$		0 号台拱脚	
	主要测点编号	AS1	AS5	BS1	BS5	DS1	DS5	CS1	CS5
一	最大应变值 /με	96	-113	-74	3	-74	47	52	-114
	卸载残余应变值 /με	8	-15	-10	0	-13	4	4	-17
	残余应变比	8.3%	13.3%	13.5%	0.0%	17.6%	8.5%	7.7%	14.9%

续上表

工况	测试截面	拱顶		L/4		3L/4		0号台拱脚	
	主要测点编号	AS1	AS5	BS1	BS5	DS1	DS5	CS1	CS5
二	最大应变值/με	-67	25	-122	95	-56	27	-199	156
	卸载残余应变值/με	-12	3	-18	5	-12	1	-27	14
	残余应变比	17.9%	12.0%	14.8%	5.3%	21.4%	3.7%	13.6%	9.0%
三	最大应变值/με	-40	31	-60	39	-61	30	5	41
	卸载残余应变值/με	-5	2	-11	0	-8	3	0	6
	残余应变比	12.5%	6.5%	18.3%	0.0%	13.1%	10.0%	0.0%	14.6%

表 7-27　端板跨中板底相对残余应变

位置	4号板底
主要测点编号	S10
最大应变值/με	77
残余应变值/με	5
残余应变比	6.5%

表 7-28　端横梁跨中相对残余应变

位置	梁底
主要测点编号	LS1
最大应变值/με	81
残余应变值/με	2
残余应变比	2.5%

由上述各表可以看出，应变测点相对残余小于0.2，满足规范要求，表明混凝土弹性恢复能力较好。

3.拱肋挠度及应变随荷载增长线性关系

(1)工况一——分级加载情况下拱顶截面挠度随荷载增长线性关系(见表7-29和图7-52)

表 7-29　分级加载拱顶截面下缘测点挠度　(单位:mm)

工况	加载级数	拱顶竖向 F1	
		实测值	理论值
一	1	-2	-3.52
	2	-4.5	-5.953
	3	-7	-8.095
	4	-9.1	-9.92

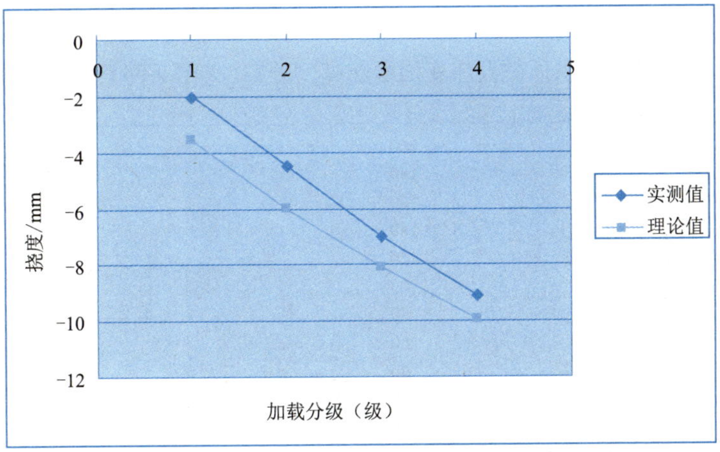

图 7-52 分级加载拱顶截面下缘测点挠度随荷载增长线性关系

(2)工况一——分级加载情况下拱顶截面应变随荷载增长线性关系(见表 7-30 和图 7-53)

表 7-30 分级加载拱顶截面下缘测点应变 (单位:με)

工况	加载级数	CS1	
		实测值	理论值
一	1	21	24.2
	2	59	69.4
	3	77	94.7
	4	96	116.15

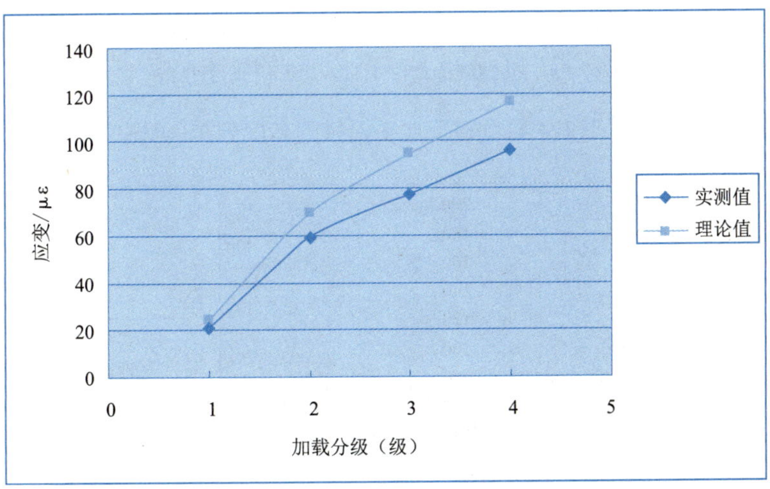

图 7-53 分级加载拱顶截面下缘测点应变随荷载增长线性关系

4.拱肋应变沿拱圈高度分布曲线

（1）工况一——加载情况下拱顶截面应变沿拱圈高度分布（见图 7-54）

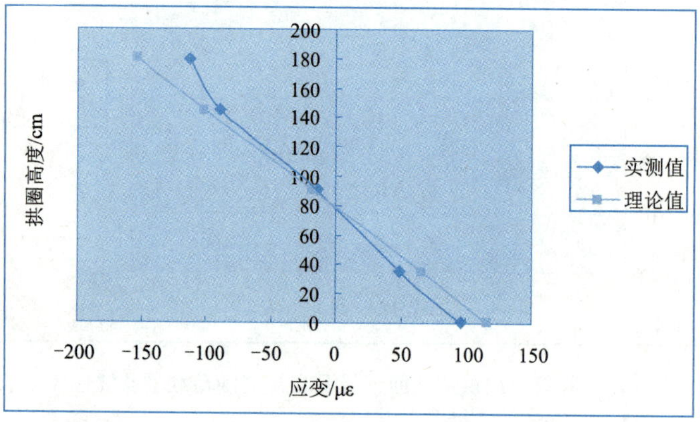

图 7-54　拱顶截面应变 AS1 ~ AS5 沿高度分布

（2）工况二——加载情况下拱脚截面应变沿拱圈高度分布（见图 7-55）

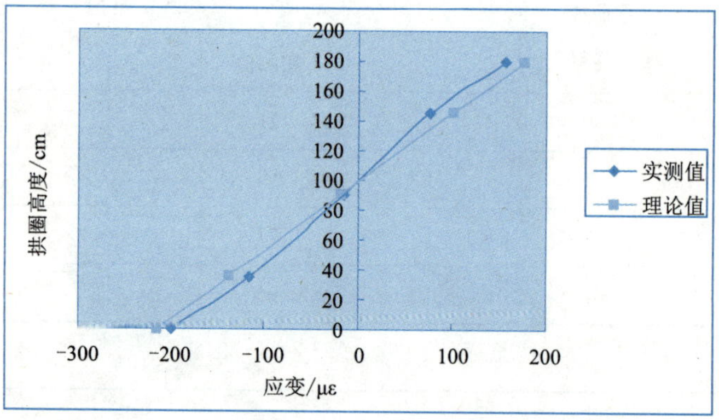

图 7-55　拱脚截面应变 CS1 ~ CS5 沿高度分布

（3）工况三——加载情况下 1/4 拱肋截面应变沿拱圈高度分布（见图 7-56）

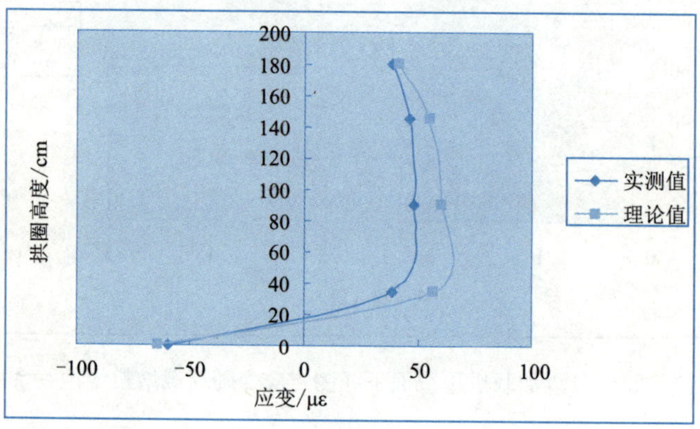

图 7-56　1/4 拱肋截面应变 BS1 ~ BS5 沿高度分布

5.桥面变形曲线

(1)工况——加载情况下桥面变形纵向曲线(见图7-57)

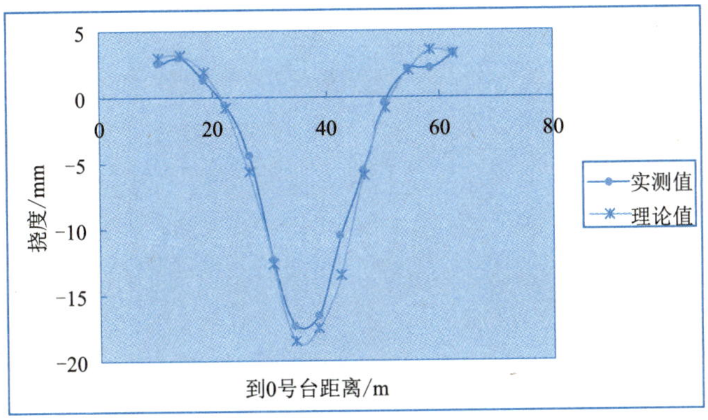

图7-57 桥面位移曲线

(2)工况二——加载情况下桥面变形纵向曲线(见图7-58)

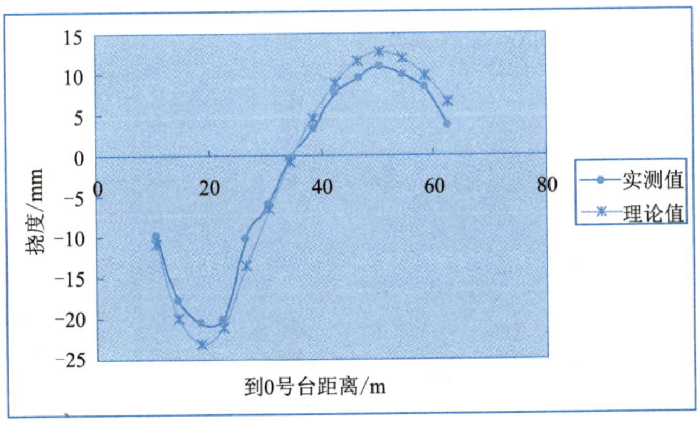

图7-58 桥面位移曲线

(3)工况三——加载情况下桥面变形纵向曲线(见图7-59)

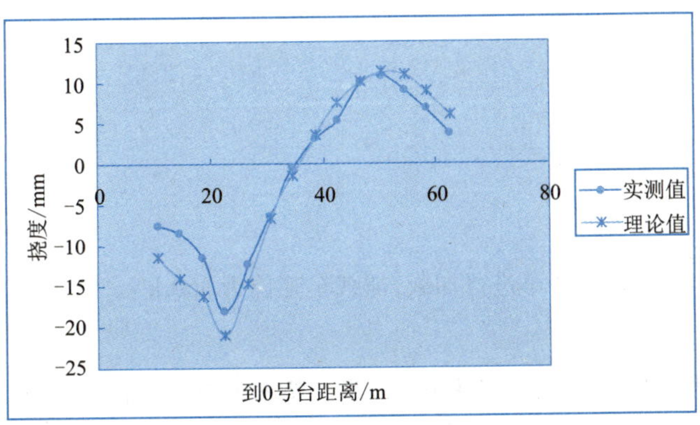

图7-59 桥面位移曲线

6.端板挠度横向和纵向分布曲线

(1)端板挠度横向分布曲线(见图 7-60)

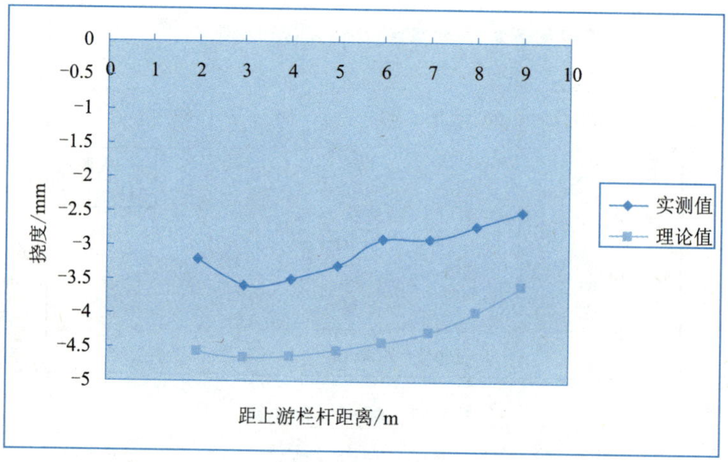

图 7-60　端板顶桥面横向位移曲线

(2)4 号端板挠度纵向分布曲线(见图 7-61)

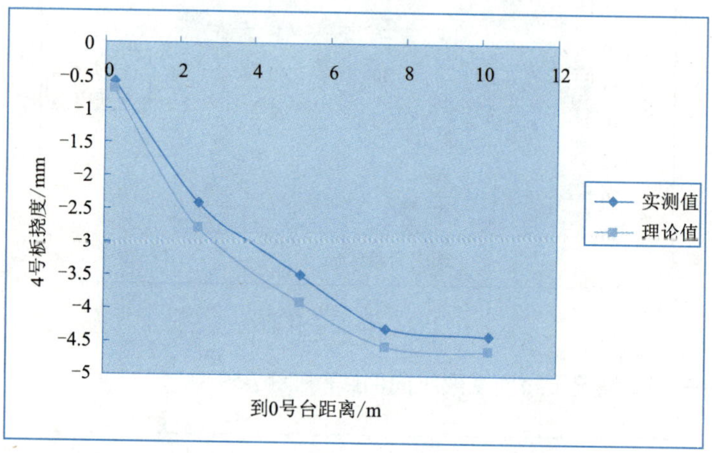

图 7-61　4 号端板顶桥面纵向位移曲线

7.3.5　动载试验

1.加载车辆

采用 1 辆东风牌后双桥自卸车进行加载,加载车吨位为 360 kN。

2.测试工况

①跳车试验:一辆预定载重的重车从 10 cm 高的垫木上以后轮自由落下,测试在该工况下,桥梁的动力响应(动应变、位移及加速度时程曲线)。经过对实测信号的分析,可得到桥跨结构的固有频率、阻尼等自振参数。

② 跑车试验：重车分别以 20 km/h、30 km/h、40 km/h、50 km/h 的速度在桥面上行驶，测试在该工况下，桥梁的动力响应（动应变、位移及加速度时程曲线）。

③刹车试验：用两辆计算吨位的重车以 20 km/h 的车速在桥面行驶，在测点处突然刹车，测试在该工况下，桥梁的动力响应（动应变、位移及加速度时程曲线）。

④脉动试验：自然激励下测试结构自振频率、振型及阻尼比。

图 7-62 所示为一阶竖向振型图（1.52 Hz）。

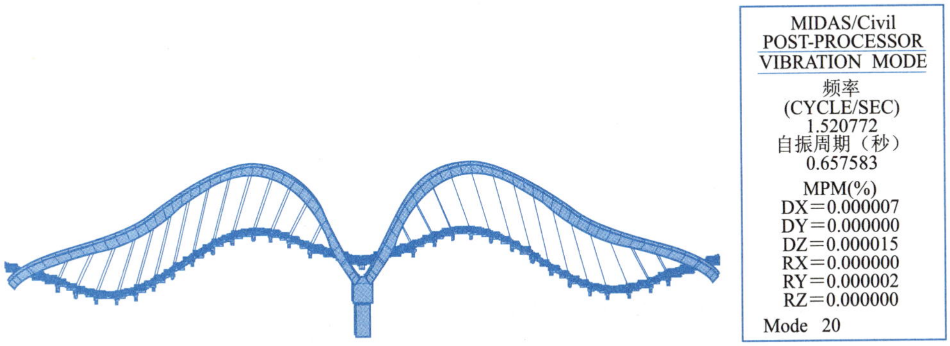

图 7-62 一阶竖向振型图（1.52 Hz）

3.测点布置

为准确量测桥梁结构的动力参数，将传感器布置在响应较大的截面处。根据拱桥的结构特点，分别以桥面和拱圈的二分点和四分点截面作为测试断面，在左右两侧的该截面处各布置 6 个垂向动挠度测点，另外在靠近伸缩缝的桥面上布置一个垂向传感器作为桥面结构的参考点，在拱圈靠近拱脚处布置一个垂向传感器作为拱圈结构的参考点，在拱顶布置一个横桥向的水平传感器，在两跨拱桥连接的墩台上放置一个水平传感器测量沿桥向的水平振动。

图 7-63 所示为测试自振特性的加速度传感器测点布置。

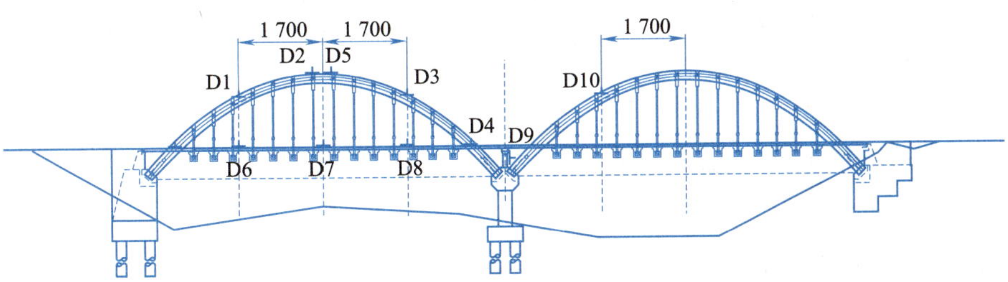

图 7-63 测试自振特性的加速度传感器测点布置

7.3.6 动载试验结果分析

1.桥梁振动频谱图、振型和阻尼比

拱桥的自振频率及阻尼比如表 7-31 所示，模态参数实测值及理论值比较见表 7-32；拱桥的振动频谱图、振型及自由振动衰减曲线分别如图 7-64 ~ 图 7-66 所示。

表 7-31　拱桥的自振频率和阻尼比

结构部分	拱肋和桥面的自振频率				
阶次	1	2	3	4	5
频率/Hz	1.69	2.94	3.72	4.03	5.52
阻尼比/%	0.95	0.87	1.65	0.49	0.99
描述	一阶竖向弯曲	竖向一阶扭转	二阶竖向弯曲	二阶竖向弯曲	二阶竖向扭转

表 7-32　模态参数实测值及理论值

振动阶次	自振频率(Hz)		阻尼比(%)
第 1 阶	实测值	1.69	0.47
	理论值	1.52	

图 7-64(c)中第三阶频率(3.72 Hz)很明显,体现了这一阶模态是两个拱肋与桥墩整体一同沿水平方向振动,而桥面系由于与拱肋是悬浮关系,所以在地震发生时会激起桥梁的拱肋和桥面系的不同模态,桥面系与拱肋运动不同步时,在交叉点就会发生碰撞,产生破坏。

实测值大于计算值,表明结构刚度较好。

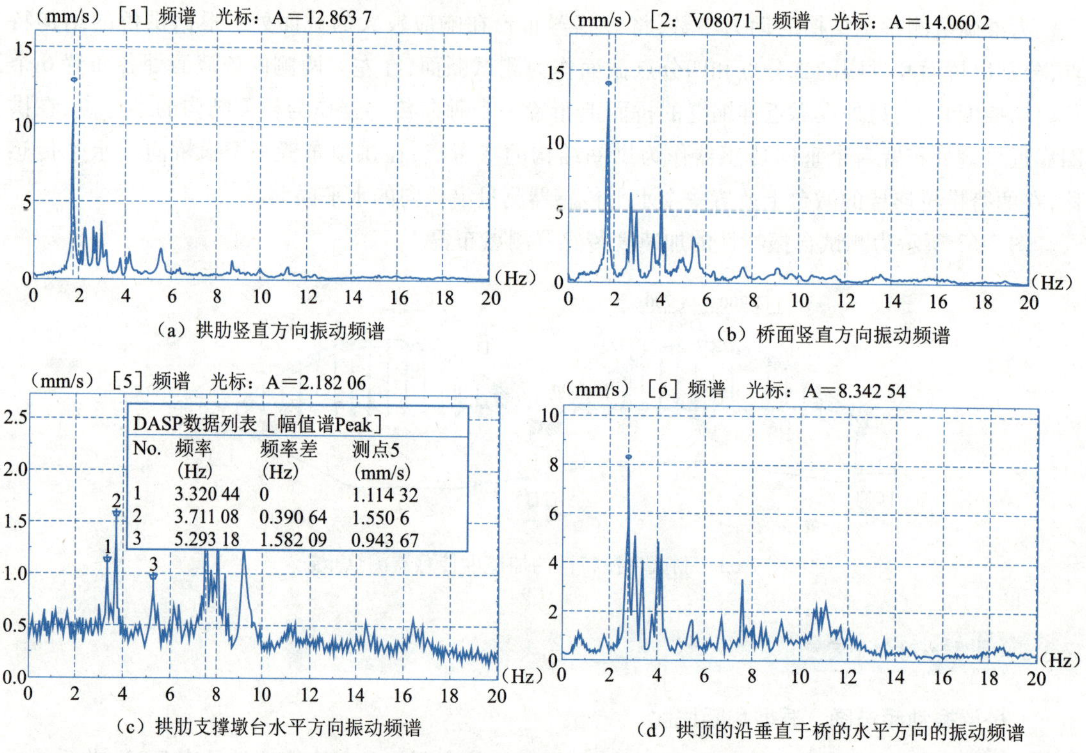

(a) 拱肋竖直方向振动频谱　(b) 桥面竖直方向振动频谱

(c) 拱肋支撑墩台水平方向振动频谱　(d) 拱顶的沿垂直于桥的水平方向的振动频谱

图 7-64　拱桥的振动频谱图

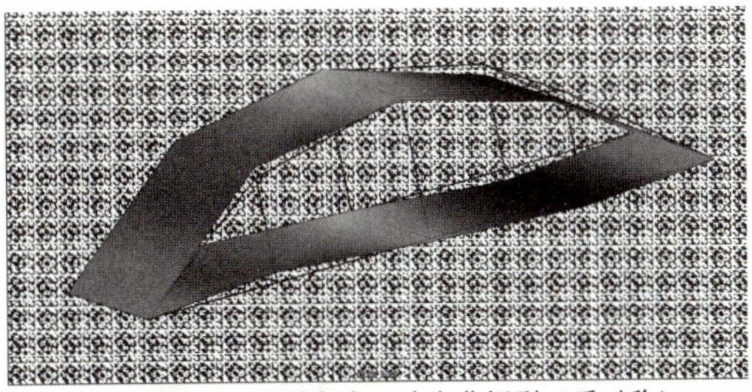

（a）拱肋与桥面的竖向一阶弯曲振型（反对称）

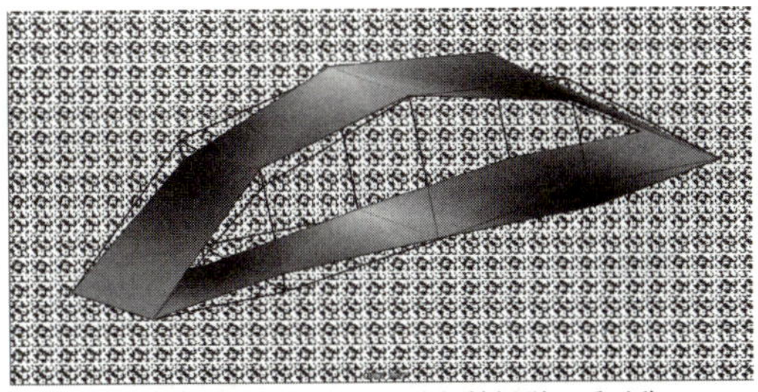

（b）拱肋与桥面的竖向一阶扭转振型（反对称）

（c）拱肋与桥面的竖向二阶弯曲振型（对称）

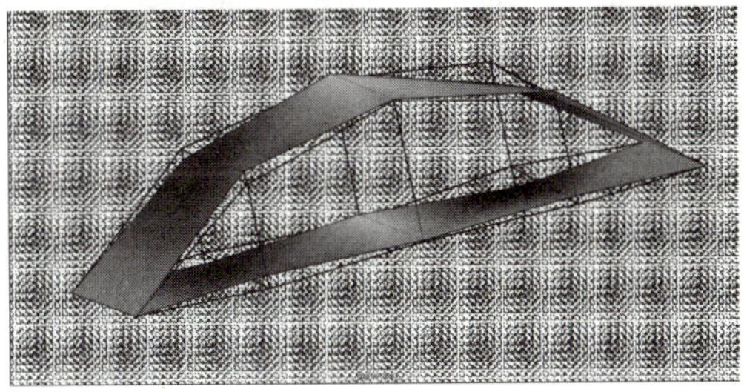

（d）拱肋与桥面的竖向二阶扭转振型（对称）

图 7-65　拱桥的振型图

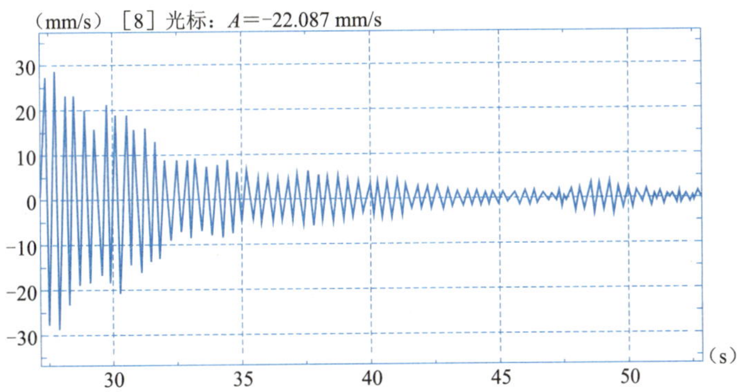

图 7-66　拱桥的自由振动衰减曲线图

2.动挠度时程曲线

测得拱肋二分点(D2 点)、四分点(D1 点)和桥面二分点(D7)的动挠度时程曲线如图 7-67 ~ 图 7-69 所示。

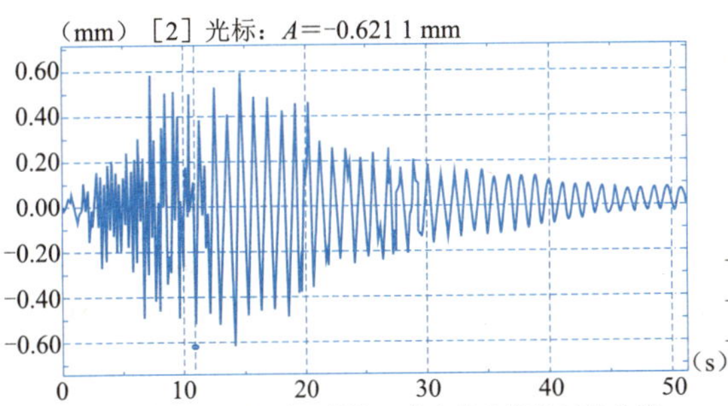

（a）跑车19 km/h时，拱肋二分点的动挠度时程曲线

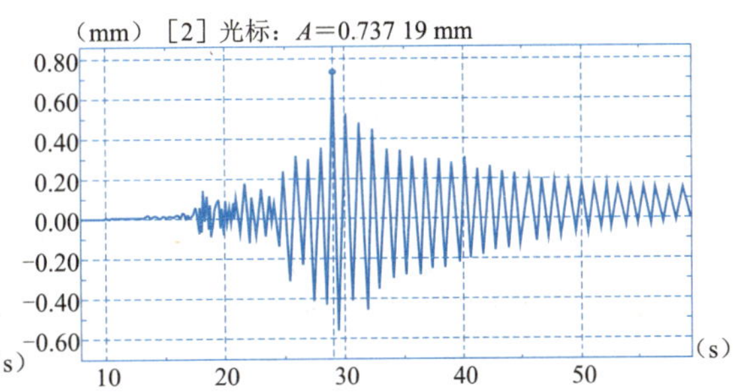

（b）跑车30 km/h时，拱肋二分点的动挠度时程曲线

图 7-67　拱肋二分点的跑车、刹车动挠度时程曲线

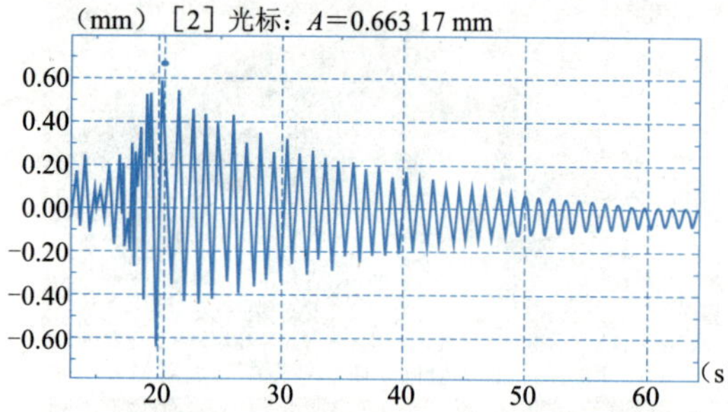

（c）跑车39 km/h时，拱肋二分点的动挠度时程曲线

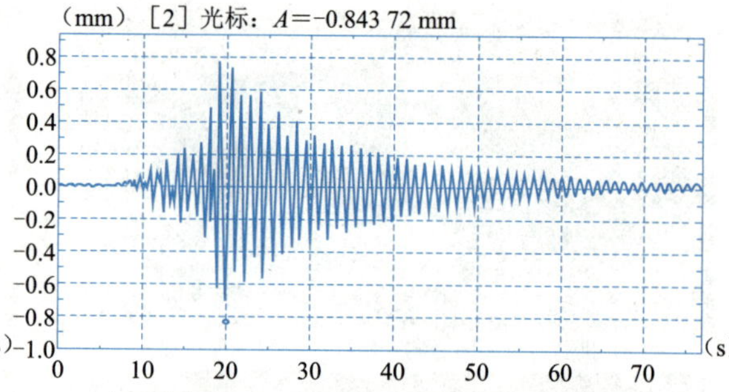

（d）跑车48 km/h时，拱肋二分点的动挠度时程曲线

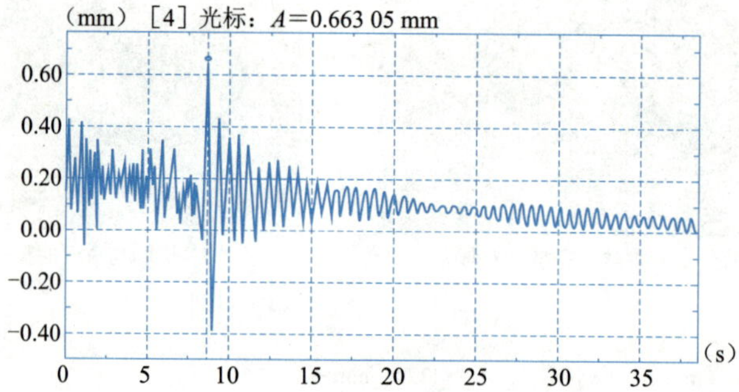

（e）刹车19 km/h时，桥面水平测点的动挠度时程曲线

图 7-67　拱肋二分点的跑车、刹车动挠度时程曲线(续)

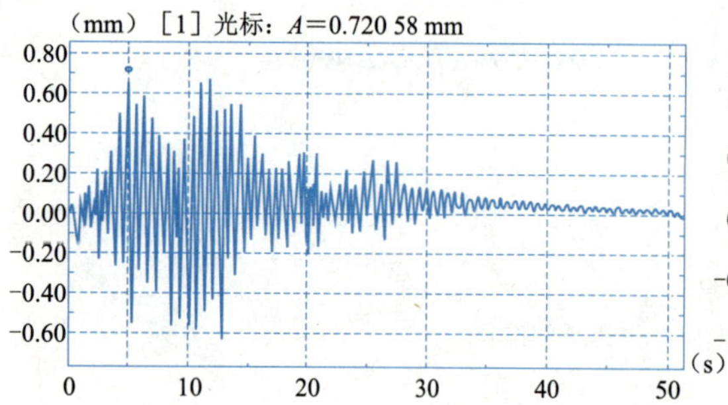

（a）跑车19 km/h时，拱肋二分点的动挠度时程曲线

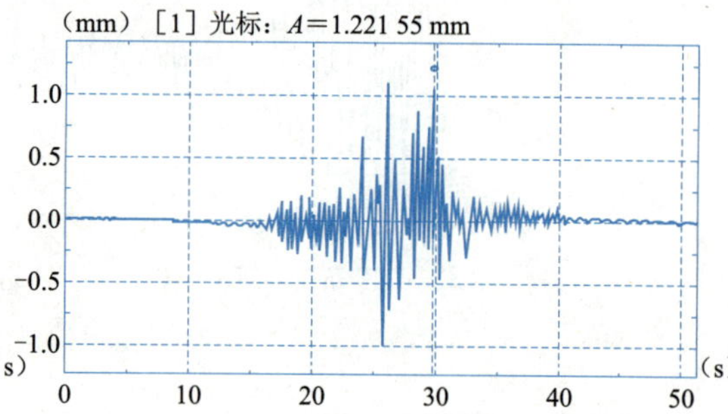

（b）跑车30 km/h时，拱肋二分点的动挠度时程曲线

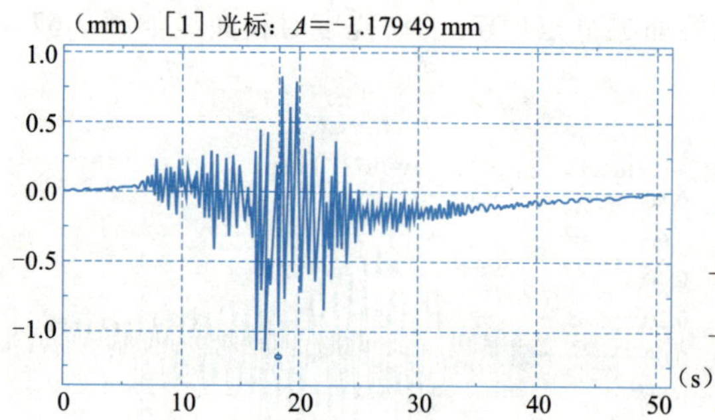

（c）跑车39 km/h时，拱肋二分点的动挠度时程曲线

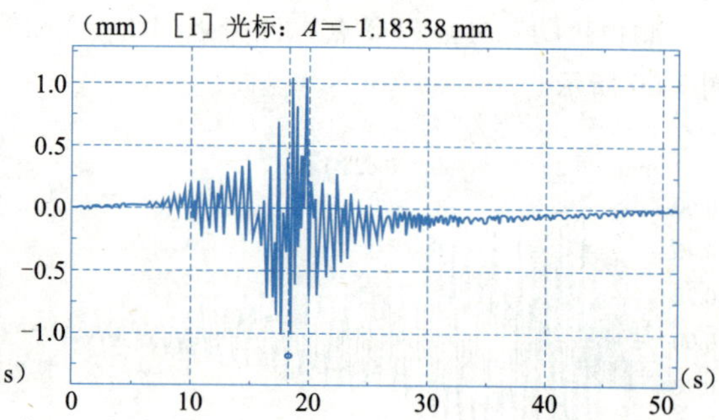

（d）跑车48 km/h时，拱肋二分点的动挠度时程曲线

图 7-68　拱肋四分点的跑车动挠度时程曲线

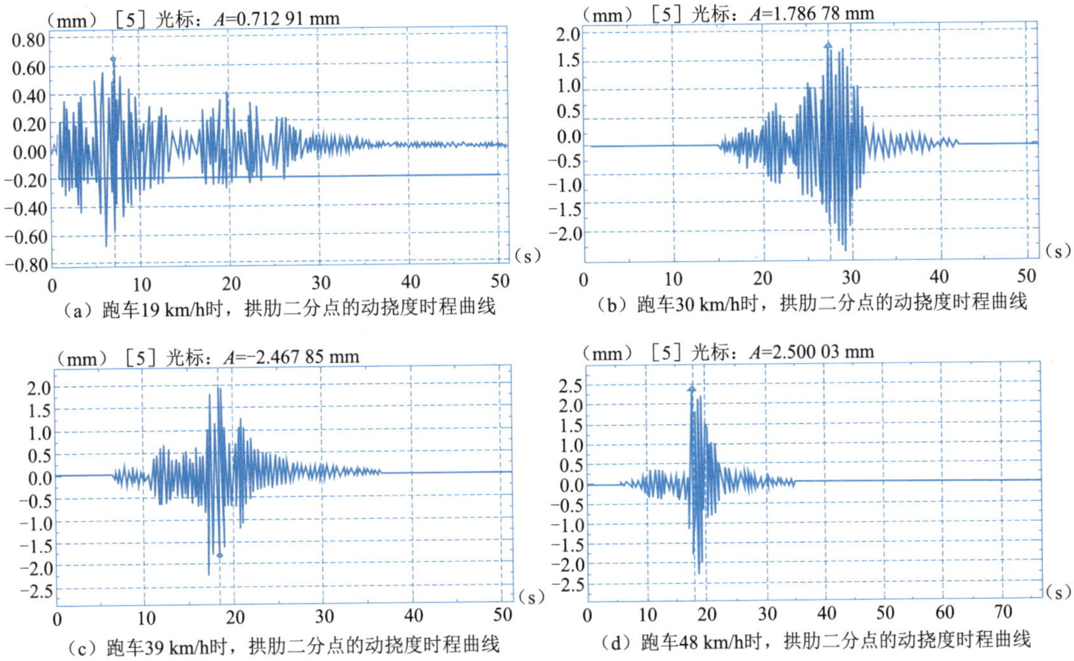

(a) 跑车19 km/h时，拱肋二分点的动挠度时程曲线

(b) 跑车30 km/h时，拱肋二分点的动挠度时程曲线

(c) 跑车39 km/h时，拱肋二分点的动挠度时程曲线

(d) 跑车48 km/h时，拱肋二分点的动挠度时程曲线

图 7-69 桥面二分点的跑车动挠度时程曲线

3.振动速度时程曲线

测得拱肋二分点(D2 点)速度时程曲线,如图 7-70 所示。

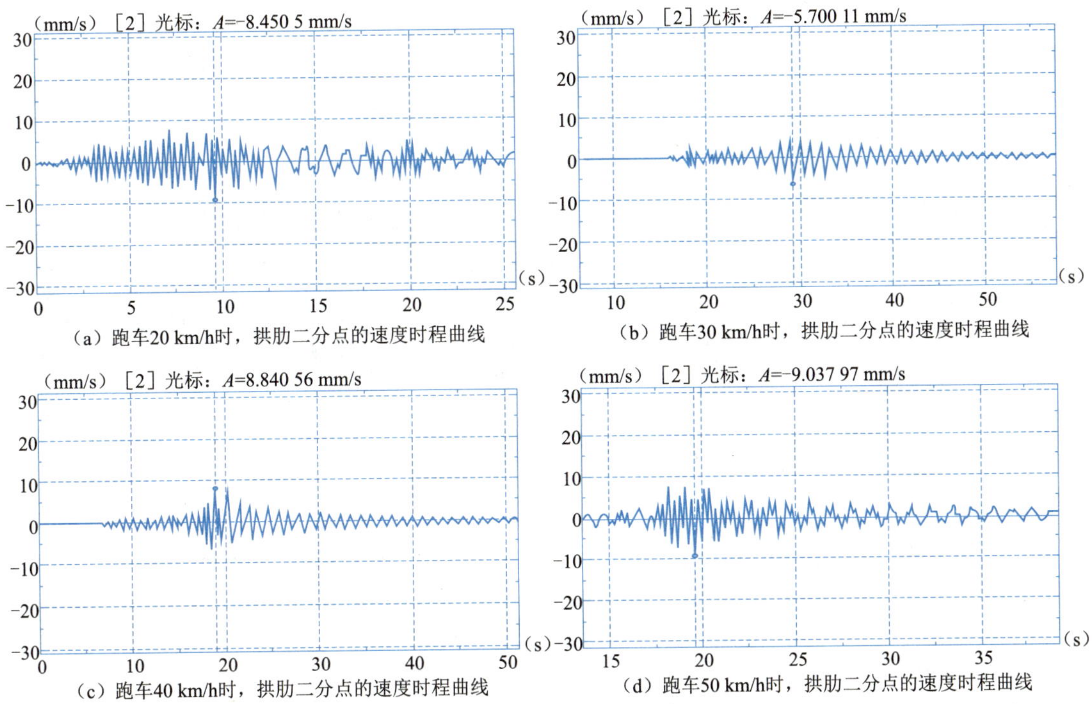

(a) 跑车20 km/h时，拱肋二分点的速度时程曲线

(b) 跑车30 km/h时，拱肋二分点的速度时程曲线

(c) 跑车40 km/h时，拱肋二分点的速度时程曲线

(d) 跑车50 km/h时，拱肋二分点的速度时程曲线

图 7-70 拱肋二分点的跑车、刹车速度时程曲线

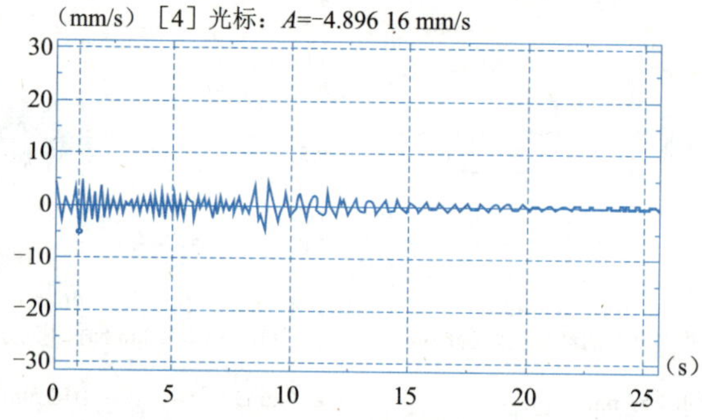

（e）刹车20 km/h时，桥面水平测点的速度时程曲线

图 7-70　拱肋二分点的跑车、刹车速度时程曲线(续)

4.跳车试验动挠度时程曲线

在桥梁跨中和四分之一处分别跳车，分别测试两处桥面和拱肋的动挠度时程曲线，如图 7-71 和图 7-72 所示。

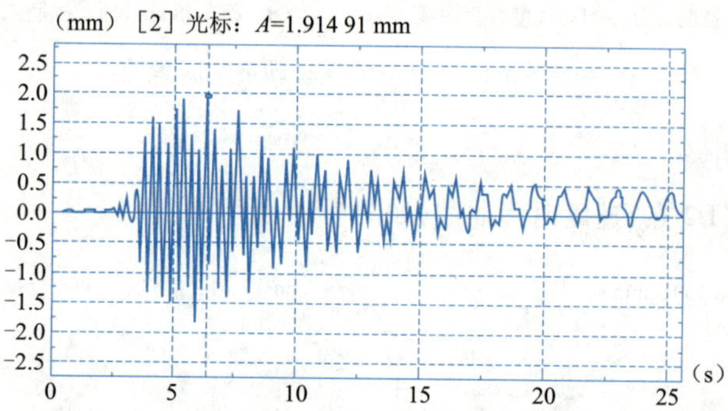

图 7-71　桥面跨中点跳车，拱肋中点的动挠度时程曲线

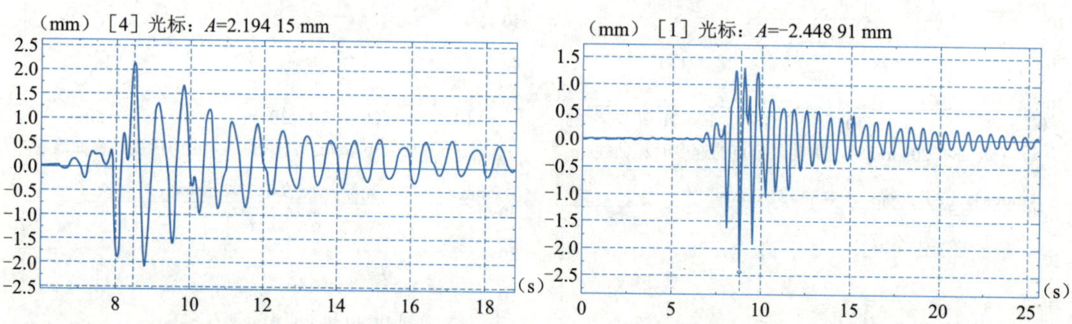

（a）桥面四分之一跨处跳车，桥面四分之一点的动挠度时程曲线

（b）桥面四分之一跨处跳车，拱肋四分之一点的动挠度时程曲线

图 7-72　桥面跨四分之一点跳车，动挠度时程曲线

5.结构动力性能参数

通过对频谱图、动挠度进行分析，可以得出拱桥的冲击系数，具体见表 7-33。

表 7-33 拱桥冲击系数值

位置	设定跑车速度 /(km/h)	实测跑车速度 /(km/h)	实测冲击系数
桥面	20	19	1.051
	30	30	1.128
	40	39	1.176
	50	48	1.179

7.3.7 试验结果综合分析

1.静载试验

①由静载试验应变和位移结果可见,各截面在对应工况的各级荷载作用下,应变校验系数和挠度校验系数最大为1.05,均未超过《大跨径混凝土桥梁的试验方法》中所规定的1.05的上限。说明桥跨结构在设计荷载作用下,承载能力满足设计要求。

②由静载试验残余应变和变形可见,各控制截面的残余应变和残余变形最大20.0%,均未超过《大跨径混凝土桥梁的试验方法》中所规定的20.0%的上限,因此可判断彩虹桥拱、梁、板、墩各结构处于较好的弹性工作状态。静载试验结果汇总表如表7-34~表7-38所示。

表 7-34 静载试验结果汇总表

工况		工况一	工况二	工况三
拱肋应变	校验系数	满足要求	满足要求	满足要求
	应变实测值随荷载增长关系	良好	—	—
	相对残余变形评定	满足要求	满足要求	满足要求
	应变沿拱圈高度分布情况	符合设计线形	符合设计线形	符合设计线形
拱肋挠度	校验系数	满足要求	满足要求	满足要求
	挠度实测值随荷载增长关系	良好	—	—
	相对残余变形评定	满足要求	满足要求	满足要求
桥面挠度	校验系数	满足要求	满足要求	满足要求
	纵向分布曲线	符合设计线形	符合设计线形	符合设计线形
	相对残余变形评定	满足要求	满足要求	满足要求

表 7-35 静载试验结果汇总表

工况四		
吊杆伸长量	校验系数	满足要求
	相对残余变形评定	满足要求

表 7-36　静载试验结果汇总表

工况五		
端板应变	校验系数	满足要求
	相对残余变形评定	满足要求
端板挠度	校验系数	满足要求
	相对残余变形评定	满足要求
裂缝开展评定		无裂缝

表 7-37　静载试验结果汇总表

工况六		
端横梁应变	校验系数	满足要求
	相对残余变形评定	满足要求
端横梁挠度	校验系数	满足要求
	相对残余变形评定	满足要求
裂缝开展评定		有裂缝，未发展

表 7-38　静载试验结果汇总表

工况七		
中墩位移	校验系数	满足要求
	相对残余变形评定	满足要求

2.动载试验

①检测桥梁实测基频略大于计算值，表明结构刚度较好。

②桥梁的桥面实测冲击系数为 1.179，此时车速为 48 km/h。

3.外观检查

试验前后各试验测试截面均未发现新增缺陷，从上部结构外观看，结构工作状态正常。

通过以上的静、动荷载试验结果表明：承载能力满足设计要求，建议限载 40 t，限速 50 km/h，并对结构既有病害及时维修加固处理。

习　题

1. 简述桥梁静载试验的含义。
2. 简述桥梁静载试验的类别。

3. 简述桥梁静载试验的原则。
4. 简述桥梁静载试验的目的。
5. 简述桥梁静载试验的方案设计。
6. 简述桥梁静载试验现场组织内容。
7. 简述试验原始资料的内容。
8. 简述桥梁动载试验的含义。
9. 简述桥梁结构动力响应的测试激振方法。
10. 简述振动测试系统组成。

模块8

桥梁承载力评定

知识目标

1. 掌握结构技术状况检查与检算的承载能力评定方法。
2. 掌握荷载试验的承载能力评定方法。

能力目标

1. 能掌握圬工结构桥梁承载能力评定。
2. 能掌握配筋混凝土桥梁承载能力评定。
3. 能掌握钢结构桥梁承载能力评定。
4. 会拉吊索承载能力评定。
5. 会桥梁地基评定。
6. 会分项检算系数确定。
7. 能掌握圬工与配筋混凝土桥梁承载能力检算系数的确定。
8. 能掌握钢结构桥梁承载能力检算系数的确定。
9. 会拉吊索承载能力检算系数确定。
10. 会圬工与配筋混凝土桥梁结构或构件的截面折减系数的确定。

模块要点

1. 圬工结构桥梁承载能力评定。
2. 配筋混凝土桥梁承载能力评定。
3. 钢结构桥梁承载能力评定。
4. 拉吊索承载能力评定。
5. 桥梁地基评定。
6. 分项检算系数确定。
7. 实桥承载能力评定。

8.1 概 述

通过试验检测评定桥梁结构实际承载能力一般采用两种方法:一种是适用于大多数在用桥梁的,通过桥梁技术状况检查,结合结构检算评定桥梁承载能力的方法。另一种是确定新建或在用桥梁承载能力最直接、有效,但花费物力相对较大的荷载试验方法。

《公路桥梁承载能力检测评定规程》(JTG/T J21—2011)(以下均称 JTG/T J21—2011)提出,在用桥梁应以《公路桥涵设计通用规范》(JTG D60—2015)、《公路钢筋混凝土及预应力混凝土桥涵设计规范》(JTG 3362—2018)、《公路污工桥涵设计规范(附条文说明)》(JTG D61—2005)、《公路钢结构桥梁设计规范》(JTG D64—2015)、《公路桥涵地基与基础设计规范》(JTG 3363—2019)等桥梁设计规范(以下称《桥规》)为基础,按承载能力极限状态和正常使用极限状态等两类扱限状态计算桥梁结构或构件抗力效应和作用效应,并采用引入分项检算系数修正极限状态设计表达式的方法进行在用桥梁承载能力检测评定。

JTG/T J21—2011 规定,在用桥梁有下列情况之一时,应进行承载能力检测评定:

①技术状况等级为四、五类的桥梁。

②拟提高荷载等级的桥梁。

③需通行大件运输车辆的桥梁。

④遭受重大自然灾害或意外事件的桥梁。

这里首先提到技术状况等级为四、五类的桥梁,因为技术状况等级低的桥梁,无疑其结构已严重退化或因材料强度下降造成抗力下降,桥梁工程师理所当然要关注这类桥梁的安全承载能力。但是,有许多在用桥梁的情况并不那么简单。

一座桥梁的承载能力通常是指其在保证安全使用条件下整体能承受的最大外作用,难就难在知道存在但又不能简单确认诸如共同作用、影响荷载分布的约束等与桥梁实际承载能力相关的因素。这样就导致对技术状况评级差的桥梁,理论上既不能证实其有足够的承载能力,但也没有充分的理由怀疑其实际承载能力可能会大于计算值。所以应谨慎对待这类桥梁实际承载能力的评估。

另一方面,桥梁工程桥型多样、结构各异,交通荷载超等级且又变化多端。具体评定桥梁的承载能力时,一般都限于将桥梁上部结构视为多数桥梁中最薄弱的单元,然后再是桥梁支座和基础,其中承载能力最低的那部分就是全桥能通过荷载的标准。反过来,如果处在能力最低的那部分通过加固补强或其他工程措施提升了承载能力,那么桥梁整体承载能力也将随之提高。这种情况通常与上述②、③、④情况有关。

如果可以找到一种方法证明这座桥其实有能力(或经过适当加强使其有能力)承受所需的活荷载,那么它就可以保留继续服务。这种方法就是对桥梁实施实桥荷载试验。一个合适的荷载试验可以帮助消除理论与现实之间的差距。这种测试相对较快,可以消除初步评估所做假设的疑惑。

JTG/T J21—2011 实际已将上述复杂问题简单化,以便于实施。

8.2 结构技术状况检查与检算的承载能力评定

基于结构技术状况检查和检算的主要内容包括：按现行规范、标准[《公路桥涵养护规范》(JTG H11—2004)和《公路桥梁技术状况评定标准》(JTG/T H21—2011)]中有关定期或特殊检查的规定和本书前面章节所述方法，对结构构件缺损状况、材质状况与状态参数以及实际运营荷载状况等进行检查评估。按《桥规》和 JTG/T J21—2011 分别检算结构或构件在持久状况下承载能力极限状态下的强度、稳定性和正常使用极限状态下的刚度、抗裂性。

JTG/T J21—2011 规定：计算圬工结构、配筋混凝土和钢结构桥梁承载能力极限状态的抗力效应时，应根据桥梁技术状态检查结果，引入检算系数，并分别考虑截面折减系数和材性恶化系数等。对交通繁忙和重载车辆较多的桥梁，通过活载影响修正系数计算汽车荷载效应。

JTG/T J21—2011 还规定：当桥梁结构或构件的承载能力检算系数评定标度为 1 或 2 时，结构或构件的总体状况较好，可不进行正常使用极限状态评定检算；当桥梁结构或构件的承载能力检算系数评定标度 $D \geqslant 3$ 时，应进行持久状况正常使用极限状态评定检算，并采用引入检算系数 Z 的方式对结构应力、裂缝宽度和变形进行修正计算。

此外，JTG/T J21—2011 指出：桥梁结构检算应针对结构主要控制截面、薄弱部位和出现严重缺损部位。在用桥梁结构检算宜遵循桥梁设计规范，也可采用通过科研所证实的其他可靠方法。桥梁检算宜依据竣工资料或设计资料，并应与桥梁实际情况进行核对修正。对缺失资料的桥梁，可根据桥梁检查结果，参考同年代类似桥梁的设计资料或标准定型图进行检算。结构检算时，宜参照设计采用的计算假定，根据结构预应力状况、恒载分布状况、结构尺寸和开裂状况等方面的检查评定结果，对计算模型的边界条件、结构初始状态等进行调整，重新建立符合实际的计算模型。

1.圬工结构桥梁承载能力评定

圬工结构桥梁承载能力极限状态，应根据桥梁检测结果按式(8-1)进行计算评定。

$$\gamma_0 S \leqslant R(f_d, \xi_c a_d) Z_1 \tag{8-1}$$

式中：γ_0——结构的重要性系数；

S——荷载效应函数；

$R(\cdot)$——抗力效应数；

f_d——材料强度设计值；

a_d——结构的几何尺寸；

Z_1——承载能力检算系数；

ξ_c——截面折减系数。

抗力效应值应按现行设计规范进行计算，Z_d、ξ_c 应按 JTG/T J21—2011 有关规定取值。

2.配筋混凝土桥梁承载能力评定

配筋混凝土桥梁承载能力极限状态，应根据桥梁检测结果按式(8-2)进行计算评定。

$$\gamma_0 S \leqslant R(f_d, \xi_c a_{dc}, \xi_s a_{ds}) Z_1 (1 - \xi_e) \tag{8-2}$$

式中：γ_0——结构的重要性系数；

S——荷载效应函数；

$R(\cdot)$——抗力效应函数；

f_d——材料强度设计值；

a_{dc}——构件混凝土几何参数值；

a_{ds}——构件钢筋几何参数值；

Z_1——承载能力检算系数；

ξ_e——承载能力恶化系数；

ξ_c——配筋混凝土结构的截面折减系数；

ξ_s——钢筋的截面折减系数。

抗力效应值应按现行设计规范进行计算，Z_1、ξ_e、ξ_c、ξ_s 应按 JTG/T J21—2011 有关规定取值。正常使用极限状态宜按现行设计和养护规范及检查结果分以下三方面进行计算评定：

(1)限制应力

$$\sigma_d < Z_1\sigma_L \tag{8-3}$$

式中：σ_d——计入活载影响修正系数的截面应力计算值；

σ_L——应力限值；

Z_1——承载能力检算系数。

(2)荷载作用下的变形

$$f_{dl} < Z_1 f_L \tag{8-4}$$

式中：f_{dl}——计入活载影响修正系数的荷载变形计算值；

f_L——变形限值；

Z_1——承载能力检算系数。

(3)各类荷载组合作用下裂缝宽度

$$\delta_d < Z_1\delta_L \tag{8-5}$$

式中：δ_d——计入活载影响修正系数的短期荷载变形计算值；

δ_L——变位限值；

Z_1——承载能力简算系数。

桥梁结构或构件在持久状况下裂缝宽度小于表 8-1 的限值。

表 8-1 裂缝限值表

结构类别	裂缝部位	允许最大缝宽/mm	其他要求
钢筋混凝土梁	主筋附近竖向裂缝	0.25	
	腹板斜向裂缝	0.30	
	组合梁接合面	0.50	不允许贯通接合面
	横隔板与梁体端部	0.30	
	支座垫石	0.50	
全预应力混凝土梁	梁体竖向裂缝	不允许	
	梁体横向裂缝	不允许	
	梁体纵向裂缝	0.20	

续上表

<table>
<tr><th>结构类别</th><th colspan="3">裂缝部位</th><th>允许最大缝宽/mm</th><th>其他要求</th></tr>
<tr><td rowspan="3">A 类预应力混凝土梁</td><td colspan="3">梁体竖向裂缝</td><td>不允许</td><td></td></tr>
<tr><td colspan="3">梁体横向裂缝</td><td>不允许</td><td></td></tr>
<tr><td colspan="3">梁体纵向裂缝</td><td>0.20</td><td></td></tr>
<tr><td rowspan="3">B 类预应力混凝土梁</td><td colspan="3">梁体竖向裂缝</td><td>0.15</td><td></td></tr>
<tr><td colspan="3">梁体横向裂缝</td><td>0.15</td><td></td></tr>
<tr><td colspan="3">梁体纵向裂缝</td><td>0.20</td><td></td></tr>
<tr><td rowspan="3">砖、石、混凝土拱</td><td colspan="3">拱圈横向</td><td>0.30</td><td>裂缝高小于截面高一半</td></tr>
<tr><td colspan="3">拱圈纵向</td><td>0.50</td><td>裂缝长小于跨径的 1/8</td></tr>
<tr><td colspan="3">拱波与拱肋接合处</td><td>0.20</td><td></td></tr>
<tr><td rowspan="7">墩台</td><td colspan="3">墩台帽</td><td>0.30</td><td rowspan="7">不允许贯通墩台身截面的一半</td></tr>
<tr><td rowspan="5">墩台身</td><td rowspan="2">经常受能性环境水影响</td><td>有筋</td><td>0.20</td></tr>
<tr><td>无筋</td><td>0.30</td></tr>
<tr><td rowspan="2">常年有水，但无侵蚀性影响</td><td>有筋</td><td>0.25</td></tr>
<tr><td>无筋</td><td>0.35</td></tr>
<tr><td colspan="2">干沟或季节性有水河流</td><td>0.40</td></tr>
<tr><td colspan="3">有冻结作用部分</td><td>0.20</td></tr>
</table>

注：表中所列除特殊要求外适用于一般条件。对于潮湿和空气中含有较多腐蚀性气体等条件下的缝宽限值应要求严格一些。

3.钢结构桥梁承载能力评定

钢结构桥梁承载能力极限状态，应根据检测结果，采用引入检算系数 Z_1 的方式进行修正计算。结构构件的强度、总稳定性和疲劳验算时应执行现行设计规范，其应力限值取为 $Z_1[\sigma]$。

荷载作用下的变形应按式(8-6)计算评定：

$$f_{dl} < Z_1[f] \tag{8-6}$$

式中：f_{dl}——计入活载影响修正系数的短期荷载变形计算值；

$[f]$——允许变形值；

Z_1——承载能力检算系数。

4.拉吊索承载能力评定

拉吊索强度应按式(8-7)计算评定：

$$\frac{T}{A} \leqslant Z_1[\sigma] \tag{8-7}$$

式中：T——计入活载影响修正系数索的计算索力；

A——索的计算面积；

$[\sigma]$——允许应力限值。

5.桥梁地基评定

参照《公路桥涵地基与基础设计规范》(JTG 3363—2019)第3.3.6条相关规定，经久压实的桥梁地基土，在墩台与基础无异常变位的情况下可适当提高承载能力，最大提高系数不得超过1.25。

6.分项检算系数确定

(1)圬工与配筋混凝土桥梁承载能力检算系数Z_1的确定

应综合考虑桥梁结构或构件表观缺损状况、材质强度和桥梁结构自振频率等的检测评定结果。

①按式(8-8)计算确定结构或构件承载能力检算系数评定标D：

$$D = \sum \alpha_j D_j \tag{8-8}$$

式中：α_j——某一项检测指标的权重值，$\sum_{j=1}^{3} \alpha_j = 1$，按表8-2的规定取值；

D_j——结构或构件某项检测指标的评定标度(桥面系、上部和下部结构技术状况等级1、2、3、4和5，对应的缺损状况评定标度值为1、2、3、4和5)，按表8-3和表8-4取值。

表8-2　承载能力检算系数检测指标权重值

检测指标名称	缺损状况	材质强度	自振频率
权重α_j	0.4	0.3	0.3

表8-3　桥梁混凝土强度评定标准

K_{bt}	K_{bm}	强度状况	评定标度
≥0.95	≥1.00	良好	1
$0.95 > K_{bt} \geq 0.90$	≥0.95	较好	2
$0.90 > K_{bt} \geq 0.80$	≥0.90	较差	3
$0.80 > K_{bt} \geq 0.70$	≥0.85	差	4
<0.70	<0.85	危险	5

表8-4　桥梁自振频率评定标准

上部结构	下部结构	评定标度
f_{mi}/f_{di}	f_{mi}/f_{di}	
≥1.1	≥1.2	1
[1.0,1.1)	[1.0,1.2)	2
[0.9,1.0)	[0.95,1.0)	3
[0.75,0.90)	[0.80,0.95)	4
<0.75	<0.80	5

②根据结构或构件承载能力检算系数评定标度，按表 8-5 确定 Z_1 值。

表 8-5　圬工及配筋混凝土桥梁的承载能力检算系数 Z_1 值

承载能力检算系数评定标度 D	受弯构件	轴心受压	轴心受拉	偏心受压	偏心受拉	受扭构件	局部承压
1	1.15	1.20	1.05	1.15	1.15	1.10	1.15
2	1.10	1.15	1.00	1.10	1.10	1.05	1.10
3	1.00	1.05	0.95	1.00	1.00	0.95	1.00
4	0.90	0.95	0.85	0.90	0.90	0.85	0.90
5	0.80	0.85	0.75	0.80	0.80	0.75	0.80

注：1. 小偏心受压可参照轴心受压取用承载能力检算系数 Z_1 值。

2. 检算系数 Z_1 值，可按承载能力检算系数评定标度 D 线性内插。

（2）钢结构桥梁承载能力检算系数 Z_1 的确定

根据钢结构或构件缺损状况评定标度，按表 8-6 确定 Z_1 值。

表 8-6　钢结构桥梁承载能力检算系数 Z_1 值

缺损状况评定标度	性状描述	Z_1 值
1	焊缝完好，各节点铆打、螺栓无松动、构件表面完好，无明显损伤，防护涂层略有老化、污垢	(0.95,1.05]
2	焊缝完好，少数节点有个别铆钉、螺栓松动变形；构件表面有少量锈迹，防护涂层油漆变色、起泡剥落，面积在 10% 以内	(0.90,0.95]
3	少数焊缝开裂，部分节点有铆钉、螺栓松动变形；构件表面完好，有少量锈迹，防护涂层油漆明显老化变色并伴有大量起泡剥落，面积在 10%～20% 以内。个别次要构件有：异常变形，行车稍感振动或摇晃	(0.85,0.90]
4	焊缝开裂，并造成截面削弱。连接部位铆钉、螺栓松动变形，10%～30% 已损坏；构件表面锈迹严重，截面损失在 3%～10% 以内，防护涂层油漆明显老化变色并普遍起泡剥落，面积在 50% 以上。个别主要构件有异常变形，行车有明显振动或摇晃并伴有异常声音	(0.80,0.85]
5	焊缝开裂严重，造成截面削弱在 10% 以上。连接部位 30% 以上铆钉、螺栓已损坏、构件表面锈迹严重，截面损失在 10% 以上，材质特性明显退化；防护涂层油漆完全失效。主要构件有异常变形，行车振动或摇晃显著并伴有不正常移动	≤0.80

（3）拉吊索承载能力检算系数 Z_1 确定

根据拉吊索缺损状况评定标度，按表 8-7 确定 Z_1 值。

表 8-7 拉吊索承载能力检算系数 Z_1 值

缺损状况评定标度	性状描述	Z_1 值
1	表面防护完好,锚头无积水,锚下混凝土无裂缝	(1.00.1.10]
2	表面防护基本完好,有细微裂缝,锚头无锈蚀,锚固区无裂缝	(0.95,1.00]
3	表面防护有少数裂缝,伴有少量锈迹,锚头有轻微锈蚀,锚固区有细小裂缝	(0.90,0.95]
4	表面防护普遍开裂,并有部分脱落,锚头锈蚀,锚固区有明显的受力裂缝	(0.85,0.90]
5	表面防护普遍开裂,并有大量脱落,钢索裸露,钢索锈蚀严重,锚头积水锈蚀,锚固区有明显的受力裂缝,裂缝宽度大于 0.2 mm	≤0.85

(4)配筋混凝土桥梁承载能力恶化系数 ξ_e 的确定

承载能力恶化系数 ξ_e 是考虑评定基准期内桥梁结构质量状况进一步衰退恶化产生的不利影响,通过承载能力恶化系数 ξ_e 来反映这一不利影响可能造成的结构抗力效应的降低。

①依据检测结果,按表 8-8 确定构件恶化状况评定标度 E。

表 8-8 配筋混凝土桥梁结构或构件恶化状况评定标度

序号	检测指标名称	权重 α_j	综合 i 平定方法
1	缺损状况	0.32	恶化状况评定标度按下式计算: $E=\sum_{i=1}^{7}E_j\alpha_j$ 式中:E_j——结构或构件某一检测评定指标的评定标度; α_j——某一检测评定指标的权重
2	钢筋锈蚀电位	0.11	
3	混凝土电阻率	0.05	
4	混凝土碳化状况	0.20	
5	钢筋保护层厚度	0.12	
6	氯离子含量	0.15	
7	混凝土强度	0.05	

注:对混凝土电阻率、混凝土破化状况、氯离子含量三项检测指标,按规程规定不需要进行检测评定时,其评定标度值应取1。

②根据恶化状况评定标度 E 及桥梁所处的环境条件,按表 8-9 确定配筋混凝土桥梁的承载能力恶化系数 ξ_e。

表 8-9 配筋混凝土桥梁的承载能力恶化系数 ξ_e 值

恶化状况评定标度 E	环境条件			
	干燥,不冻,无侵蚀性介质	干、湿交替,不冻,无侵蚀性介质	干、温交替,冻,无侵蚀性介质	干、湿交替,冻,有侵蚀性介质
1	0.00	0.02	0.05	0.06
2	0.02	0.04	0.07	0.08
3	0.05	0.07	0.10	0.12
4	0.10	0.12	0.14	0.18
5	0.15	0.17	0.20	0.25

注:恶化系数 ξ_e 按结构或构件恶化。

(5)圬工与配筋混凝土桥梁结构或构件的截面折减系数 ξ_c 的确定

①依据材料风化、碳化、物理与化学损伤三项检测指标的评定标度,按式(8-9)计算确定结构或构件截面损伤的综合评定标度 R:

$$R = \sum_{j=1}^{N} R_j \alpha_j \tag{8-9}$$

式中:R_j ——某项检测指标的评定标度,按表 8-10、表 8-11 的规定确定;并根据测区碳化深度平均值与实测保护层厚度平均值的比值 K_c,按表 8-12 的规定确定混凝土碳化评定标度;

α_j ——某项检测指标的权重值,$\sum_{j=1}^{n} \alpha_j = 1$,按表 8-13 的规定确定;

N ——对砖、石结构,$N=2$;对混凝土及配筋混凝土结构,$N=3$。

表 8-10　圬工与配筋混凝土桥梁材料风化评定标准

评定标度	材料风化状况	性状描述
1	微风化	手搓构件表面,无砂粒滚动摩擦的感觉,手掌上粘有构件材料粉末,无砂粒。构件表面直观较光洁
2	弱风化	手搓构件表面,有砂粒滚动摩擦的感觉,手掌上附着物大多为构件材料粉末,砂粒较少。构件表面砂粒附着不明显或略显粗糙
3	中度风化	手搓构件表面,有较强的砂粒滚动摩擦的感觉或粗糙感,手掌上附着物大多为砂粒,粉末较少。构件表面明显可见砂粒附着或明显粗糙
4	较强风化	手搓构件表面,有强烈的砂粒滚动摩擦的感觉或粗糙感,手掌上附着物基本为砂粒,粉末很少。构件表面可见大量砂粒附着或有轻微剥落
5	严重风化	构件表面可见大量砂粒附着,且构件部分表层剥离或混凝土已露粗集料

表 8-11　圬工与配筋混凝土桥梁物理与化学损伤评定标准

评定标度	性状描述
1	构件表面较好,局部表面有轻微剥落
2	构件表面剥落面积在 5% 以内;或损伤最大深度与截面损伤发生部位构件最小尺寸之比小于 0.02
3	构件表面剥落面积在 10% 以内;或损伤最大深度与截面损伤发生部位构件最小尺寸之比小于 0.04
4	构件表面剥落面积在 15% 以内;或损伤最大深度与截面损伤发生部位构件最小尺寸之比小于 0.10
5	构件表面剥落面积在 20% 以内;或损伤最大深度和截面损伤发生部位构件最小尺寸之比大于 0.10

表 8-12　混凝土碳化评定标准

K_c	评定标度	K_c	评定标度
<0.5	1	[1.5,2.0)	4
[0.5,1.0)	2	≥2.0	5
[1.0,1.5)	3		

表 8-13 材料风化、碳化及物理与化学损伤权重值

结构类别	检测指标名称	权重值 α_j
砖、石结构	材料风化	0.20
	物理与化学损伤	0.80
混凝土及钢筋混凝土结构	材料风化	0.10
	混凝土碳化	0.35
	物理与化学损伤	0.55

注：对混凝土碳化，按 JTG/T J21—2011 规定不需要进行检测评定时，其评定标度值应取 1。

②依据截面损伤的综合评定标度，按表 8-14 确定截面折减系数 ξ_c。

表 8-14 圬工与配筋混凝土桥梁截面折减系数 ξ_c 值

截面损伤综合评定标度 R	截面折减系数 ξ_c
$1 \leqslant R < 2$	(0.98,1.00]
$2 \leqslant R < 3$	(0.93,0.98]
$3 \leqslant R < 4$	(0.85,0.93]
$4 \leqslant R < 5$	≤0.85

（6）确定配筋混凝土结构钢筋截面折减系数 ξ_s（见表 8-15）

表 8-15 配筋混凝土钢筋截面折减系数 ξ_s 值

评定标度	性状描述	截面折减系数 e
1	沿钢筋出现裂缝，宽度小于限值	(0.98,1.00]
2	沿钢筋出现裂缝，宽度大于限值，或钢筋锈蚀引起混凝土发生层离	(0.95,0.98]
3	钢筋锈蚀引起混凝土剥落，钢筋外露，表面有膨胀薄锈层或坑蚀	(0.90,0.95]
4	钢筋锈蚀引起混凝土剥落，钢筋外露、表面膨胀锈层显著，钢筋断面损失在 10% 以内	(0.80,0.90]
5	钢筋锈蚀引起混凝土剥落，钢筋外露、出现锈蚀剥落，钢筋断面损失在 10% 以上	≤0.80

（7）活载影响修正系数 ξ_q 的确定

依据实际调查的典型代表交通量、大吨位车辆混入率和轴荷分布情况确定活载影响修正系数 ξ_q。

$$\xi_q = \sqrt[3]{\xi_{q1}\xi_{q2}\xi_{q3}} \tag{8-10}$$

式中：ξ_{q1} ——典型代表交通量影响修正系数；

ξ_{q2} ——大吨位车辆混入影响修正系数；

ξ_{q3} ——轴荷分布影响修正系数。

8.3 荷载试验的承载能力评定方法

JTG/T J21—2011 规定：当检算的作用效应与抗力效应的比值为 1.0 ~ 1.2 时，应通过荷载试验评定桥梁承载能力。这主要是考虑按规范检算时材质参数取值留有一定的安全储备，在保证桥梁安全的前提下，为充分发挥桥梁的承载能力，对作用效应大于抗力效应且在 20% 以内的桥梁，可通过荷载试验进一步评定其实际承载能力。

荷载试验的结果必须非常明确地表明，桥梁是否具有承受达到正常使用极限状态或承载能力极限状态作用荷载的能力。

通过试验荷载作用下结构或构件控制断面变形和应力实测值与对应理论计算值的分析和比较，得到变形和应力校验系数。这个校验系数的大小显然与桥梁实际结构的承载能力大小有关，所以可以用以评估试验桥梁的实际承载能力。

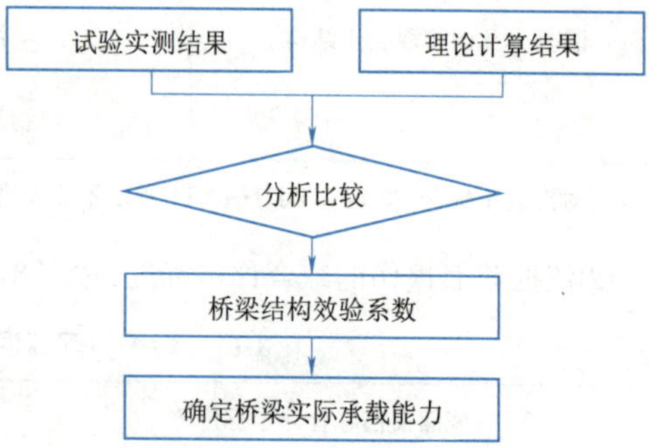

图 8-1　由荷载试验结果确定桥梁承载能力的过程

整个过程如图 8-1 所示。

1.桥梁结构校验系数 λ

试验荷载作用下，结构主要控制断面或构件控制测点的弹性变形或应力实测值与对应理论计算值的比值，以校验系数 λ 形式表示：

$$\lambda = \frac{S_e}{S_s} \tag{8-11}$$

式中：S_e——试验荷载作用下控制测点的实测弹性变形（或应变）值；

S_s——试验荷载作用下控制测点的理论计算变形（或应变）值。

校验系数 λ 是反映结构工作状态的一个重要指标。实际工程上总是取各控制断面或最不利受力（如简支梁跨中下缘受拉应力）测点值进行计算，并作为整桥校验系数的控制值。简单理解：校验系数小于 1，说明桥梁结构实际强度或刚度有安全储备；大于 1，则表明强度或刚度不足。

但实际桥梁的 ζ（静力荷载试验结构校验系数）值因不同桥型、桥跨，或不同材质差别较大。如有些钢结构桥梁，由于材质稳定、计算准确（附加刚度或质量影响小），其应力校验系数会十分接近。所以主要应从实测值与对应计算值比较的思路和方法上理解。一方面，校验系数的大小肯定与桥梁结构实际承载能力有关；另一方面，结构校验系数与实测值和计算值关系都很直接。这实际意味着，当出现 ζ 偏小或偏大的时候，除了要确认实测值的可靠性外，还应核实结构尺寸、材料性能以及计算方法和结果是否正确。

2.实桥承载能力评定

对于荷载试验结果，JTG/T J21—2011 规定：当出现下列情况之一时，应判定桥梁承载能力不满足要求：

①主要测点静力荷载试验校验系数大于 1。

②主要测点相对残余变位或相对残余应变超过 20% 。

③试验荷载作用下裂缝扩展宽度超过表8-1的限值，且卸载后裂缝闭合宽度小于扩展宽度的2/3。

④在试验荷载作用下，桥梁基础发生不稳定沉降变位。

因为按对桥梁进行荷载试验的条件是检算的作用效应大于抗力效应且在20%以内，此检算结果已经预判了被测桥梁的承载能力有不满足要求的可能性。所以如荷载试验的结果控制断面的校验系数仍大于1，那就应评定桥梁承载能力不满足要求。而相对残余变位或相对残余应变过大，裂缝超限且闭合状况不良，表明桥梁结构在试验荷载作用下有较大的不可恢复的部位或应变，是结构的实际状况偏不安全，所以可直接依据试验结果判定承载能力不满足要求。再者，对正常在用桥梁而言，其地基在长期荷载作用下是趋于稳定的，如在试验荷载作用下发生基础不稳定沉降部位，就可直接评定其承载能力不满足要求。

JTG/T J21—2011规定：判定桥梁承载能力时，应取主要测点应力校验系数或变位校验系数较大值，按表8-16确定检算系数 Z_2，代替式(8-1)～式(8-7)中的 Z_1，进行承载能力评定。

表8-16 经过荷载试验的承载能力检算系数 Z_2 值表

λ	Z_2	λ	Z_2
0.4及以下	1.30	0.80	1.05
0.50	1.20	0.90	1.00
0.60	1.15	1.00	0.95
0.70	1.10		

当按JTG/T J21—2011检算的荷载效应与抗力效应的比值小于1.05时，应判定桥梁承载能力满足要求，否则应判定桥梁承载能力不满足要求。

习　题

1. 简述结构技术状况检查与检算的承载能力评定方法。
2. 简述荷载试验的承载能力评定方法。

参考文献

[1]中华人民共和国交通运输部. JTG F80/1—2017 公路工程质量检验评定标准 第一册 土建工程[S]. 北京:人民交通出版社,2017.

[2]中华人民共和国交通运输部. JTG/T F50—2011 公路桥涵施工技术规范[S]. 北京:人民交通出版社,2011.

[3]中华人民共和国交通运输部. JTG D60—2015 公路桥涵设计通用规范[S]. 北京:人民交通出版社,2015.

[4]中华人民共和国交通运输部. JTG 3362—2018 公路钢筋混凝土及预应力混凝土桥涵设计规范[S]. 北京:人民交通出版社,2018.

[5]中华人民共和国交通部. JTG D61—2005 公路圬工桥涵设计规范(附条文说明)[S]. 北京:人民交通出版社,2005.

[6]中华人民共和国交通部. JTG 3363—2019 公路桥涵地基与基础设计规范[S]. 北京:人民交通出版社,2007.

[7]中华人民共和国国家质量监督检验检疫总局,中国国家标准化管理委员会. GB/T 228.1—2010 金属材料 拉伸试验 第1部分:室温试验方法[S]. 北京:中国标准出版社,2011.

[8]中华人民共和国国家质量监督检验检疫总局,中国国家标准化管理委员会. GB/T 232—2010 金属材料 弯曲试验方法[S]. 北京:中国标准出版社,2010.

[9]中华人民共和国交通部. JTG E41—2005 公路工程岩石试验规程[S]. 北京:人民交通出版社,2005.

[10]中华人民共和国交通部. JTG E42—2005 公路工程集料试验规程[S]. 北京:人民交通出版社,2005.

[11]中华人民共和国交通部. JTG E30—2005 公路工程水泥及水泥混凝土试验规程[S]. 北京:人民交通出版社,2005.

[12]中华人民共和国国家质量监督检验检疫总局,中国国家标准化管理委员会. GB/T 5224—2014 预应力混凝土用钢绞线[S]. 北京:中国标准出版社,2014.

[13]中华人民共和国国家质量监督检验检疫总局,中国国家标准化管理委员会. GB/T 5223—2014 预应力混凝土用钢丝[S]. 北京:中国标准出版社,2014.

[14]中华人民共和国国家质量监督检验检疫总局,中国国家标准化管理委员会. GB/T 14370—2015 预应力筋用锚具、夹具和连接器[S]. 北京:中国标准出版社,2015.

[15]中华人民共和国住房和城乡建设部. JGJ/T 23—2011 回弹法检测混凝土抗压强度技术规程[S]. 北京:中国建筑工业出版社,2011.

[16]中华人民共和国交通运输部. JTG/T 3512—2020 公路工程基桩检测技术规程[S]. 北京:人民交通出版社,2020.

[17]中华人民共和国住房和城乡建设部. JGJ 55—2011 普通混凝土配合比设计规程[S]. 北京:中国建筑工业出版社,2011.

[18]中华人民共和国住房和城乡建设部. JGJ/T 98—2010 砌筑砂浆配合比设计规程[S]. 北京:中国建筑工业出版社,2010.

[19]于忠涛,范忠明.桥梁结构检测技术[M].北京:人民交通出版社,2004.
[20]王建华,孙胜江.桥涵工程试验检测技术[M].北京:人民交通出版社,2004.
[21]卞国炎.公路施工试验与检测[M].北京:人民交通出版社,2003.
[22]刘自明.桥梁工程检测手册[M].北京:人民交通出版社,2002.
[23]朱新实,刘效尧.预应力技术及材料设备[M].北京:人民交通出版社,2005.
[24]刘志强.公路工程试验检测技术与标准规范应用实务手册[M].长春:吉林音像出版社,2003.
[25]周福田.土工试验及地基承载力检测[M].北京:人民交通出版社,2000.
[26]朱之基.混凝土灌注桩质量无损检测技术[M].北京:人民交通出版社,1993.
[27]吴新璇.混凝土无损检测技术手册[M].北京:人民交通出版社,2003.
[28]刘志明,王邦楣.桥梁工程鉴定与加固手册[M].北京:人民交通出版社,2004.
[29]陈开利,王邦楣,林亚超.桥梁工程检测手册[M].北京:人民交通出版社,2005.
[30]金桃,张美珍.公路工程检测技术[M].北京:人民交通出版社,2005.
[31]谌润水,胡钊芳.公路桥梁荷载试验[M].北京:人民交通出版社,2003.
[32]黄晓明,张晓冰,高英.公路工程检测手册[M].北京:人民交通出版社,2004.
[33]周德军.公路与桥梁检测技术[M].北京:人民交通出版社,2005.
[34]伍必庆.道路材料试验[M].北京:人民交通出版社,2002.
[35]夏连学,宁金成.公路与桥梁结构检测[M].郑州:黄河水利出版社,2002.
[36]张俊平.桥梁检测[M].北京:人民交通出版社,2002.
[37]张美珍.公路工程试验与检测[M].北京:人民交通出版社,2003.
[38]孙忠义,王建华.公路工程试验工程师手册[M].北京:人民交通出版社,2004.
[39]杨文渊.公路工程质检工程师手册:桥涵工程部分[M].北京:人民交通出版社,2005.
[40]朱芳芳,于忠涛,杨晓琳.桥梁工程试验与检测.北京:人民交通出版社,2019.